圖解系列

五南圖書出版公司 印行

火災學

作者 **盧守謙**

協同作者 **陳承聖**

閱讀文字

理解內容

觀看圖表

圖解讓
火災學
更簡單

推薦序

推薦序

　　爲培育出國家消防安全設備之設計、監造、裝置、檢修及防火防災實務型人才,本校特創立消防安全學士學位學程之獨立系所,建置了水系統、警報系統及氣體滅火系統專業教室等軟硬體設備,擁有全方位師資團隊,跨消防、工程科技、機械工程、電機、資訊等完整博士群組成,每年消防設日間部四技班、進修部四技班及進修學院二技班等,目前也刻正籌備規劃消防系(所),爲未來消防人力注入所需的充分能量。

　　本校經營主軸爲一核心之提升人的生命品質;三主軸之健康促進、環境保育、關懷服務;四志業之健康、管理、休閒、社會福利等完整理念目標。在消防學程發展上,重視實務學習與經驗獲得,促進學生能儘快瞭解就業方向;並整合相關科系資源,創造發展出綜合性消防專業課程模組,不僅能整合並加強教學資源,使課程更爲專業及專精,還能順應新世紀社會高度分工發展,提升學生消防就業市場之競爭能力。在課程規劃上,含消防、土木建築、機械、化工、電機電子、資訊等基礎知識與專業技能,培育學生具備公共安全、災害防救、職業安全衛生管理等市場所需之專業領域知識;並使學生在校期間,取得救護技術員、防火管理人、保安監督人、CAD 2D、CAD 3D 或 Pro/E 等相關證照,及能考取消防設備士、消防四等特考、職業安全/衛生(甲級)或職業安全/衛生管理師(員)等公職及專業證照之取得。

　　本書作者盧守謙博士在消防機關服務期間累積豐富之現場救災經歷,也奉派至英國及美國消防學院進階深造,擁有消防設備師,也熟稔英日文能力,教學經驗及消防書籍著作相當豐富。本書再版完整結合理論面與實務面內涵,相信能使讀者在學習上有系統式貫通了解,本人身爲作者任教大學之校長,也深感與有榮焉,非常樂意爲本書推薦給所有之有志消防朋友們,並敬祝各位身心健康快樂!

大仁科技大學校長

自序

自序

在過去 500 年，科學已經從早期的一般數學近似，利用一套能量守恆定理來解決大量問題，並加速發展。雖然火是人類最早利用工具之一，但只是在過去 50 年才得到相關數學表達式，因為火確實是過於複雜，於近十幾年來火災研究工作卻有相當加速發展，湧現出大量的新理論。在本書也儘可能網羅 NFPA, SFPE Handbook, Drysdale's Book 等，納入其內涵、圖表與運算，也加入多元化型態，如鐵皮屋等本土化常發生火災。在此以 30 年火場實務經驗之消防本職博士專業背景，來進行系統式精心彙編，並儘量插入工學應有之數值運算演練，以整合一門完整之學科。

觀之國內坊間火災學書籍繁多，關於建築物火災發展過程中，閃燃現象是一種非常態，以國內居多之耐火建築物，發生閃燃需滿足火三要素環境，始有可能發生。對於引火、發火點、閃火點或著火，這些專業名詞之間常混為使用，令很多讀者感到困惑，而許多適用木造建築物之實驗曲線或關係式，如開口因子、燃料控制燃燒或通風控制燃燒等，這些公式用於鋼筋混凝土內纖維／塑膠燃料或鐵皮屋建築，是必須依燃燒物不同而作修正的。因此，對於火災專業用語及觀念，沒有統一及整合，令年輕學子在學習火災學時，可能在某種程度上是一知半解的。

作者任教於大仁科技大學，學校特成立火災鑑識組織，由作者專責執行火災原因調查與鑑定、火災／消防研究產學合作及廠區防火安全技術顧問等，也順應社會市場需求，另於消防學程舉辦各種消防訓練班，有消防 20 學分班、防火管理人初訓／複訓班及消防設備師士考前衝刺班等推廣教育，也接受客製化消防訓練。在本書改版上，一些專有名詞再考究更多原文資料，予以明確化，也儘量移除消防搶救或應變等內容，回歸以火災動力為主，並大幅增加圖表及其精進化，其中也納入最新考題精解，以符讀者群之反應及高度期待。作為一位消防教育工作者，無不希望國內消防教材之專業水平能提升，這也是作者孳孳不倦之動力根源。

盧守謙 博士
大仁科技大學火災鑑識中心主任

CONTENTS 目錄

第 3 章　滅火原理

第 4 章　固體火災學理

第 5 章　液體火災學理

第 6 章　氣體火災學理

第 7 章　滅火劑適用

第 8 章　爆炸工學

第9章　區劃空間火災發展

第10章　區劃空間火災煙流

第 11 章　建築火災概論

第 12 章　電氣火災概論

第 13 章　化學火災概論

Note

第1章
緒　論

（作者美國訓練照片）

1-1 氧化與起火

氧化反應

　　由碳和氫構成的物質才能被氧化，而大多可燃性固體有機物、液體和氣體，就是以碳和氫為主成分。最常見氧化劑是空氣中的氧，空氣約由 1/5 氧和 4/5 氮組成。氧化性物質如硝酸鈉（NaNO₃）和氯酸鉀（KClO₃）是一種易於釋出氧，此種分子中含有氧，反應時無需外界氧，遇熱能自行氧化燃燒。

　　氧化（Auto-Oxidation）是一種發熱反應，由於氧化速度不同，如蘋果削好一些時間表面泛黃，或報紙久置數年形成泛黃，此種氧化速度慢，發熱量小，沒有明顯熱及光之物理現象。人類呼吸作用就是氧化葡萄醣，使得葡萄醣中的氫被氧取代，氧化發熱至 37℃。基本上，氧化是一種有機化合物與氧分子發生的自由基鏈反應，於金屬物質特別容易自動氧化如鐵生鏽、鋁陽級氧化（Anodization）產生蝕洞或銀表面喪失光澤。為防生鏽，以油擦拭金屬或擦油漆，使金屬表面隔離空氣中氧，致其不能氧化反應；又如油性乳液抹在臉部肌膚上產生抗氧化效果，以保青春，其理在此。

　　生活中許多有機物易於自動氧化，橡膠與塑膠的老化變質，常是緩慢氧化過程的結果，如橡皮筋於一段長時間慢慢氧化（發熱）變黏。假使船艙中貨物自動氧化所產生熱量，如不散失就會自行升溫（Self-Heating），甚致自燃。多孔性固體物質，如煤更是如此，因空氣能滲入到內部自動氧化，卻因物質多孔的空氣隔熱屬性（空氣為不良熱導體），而能有效蓄熱，致常形成煤炭自燃現象。

起火

　　起火（Ignition）是溫度與時間的一個函數，能自行持續的一種燃燒過程，若沒有外界引燃源而本身起火係為自燃現象。物質的起火溫度是指某一可燃物質達到起火的最低溫度，通常物質遭到熱源引燃溫度顯著低於其自燃溫度。

　　因此，可燃物質起火現象，不僅包含複雜化學過程，也包含熱物理過程，如熱傳導、對流及質傳過程，以及這些過程之相互作用等。一般而言，燃料和氧分子產生化學反應之前，需先在一定溫度以上激發成活性狀態。

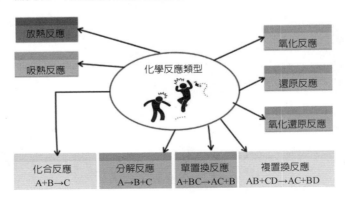

氧化燃燒質量不滅定律

瓶子與瓶內煤等
內容物是100 g

假設煤是完全燃燒掉

燃燒生成物是物質，具有重量

瓶子與瓶內容物
仍是100 g

燃燒與空氣（氧）

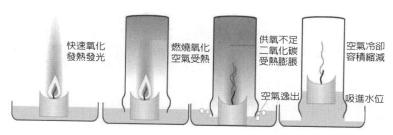

快速氧化
發熱發光

燃燒氧化
空氣受熱

供氧不足
二氧化碳
受熱膨脹

空氣冷卻
容積縮減

空氣逸出

吸進水位

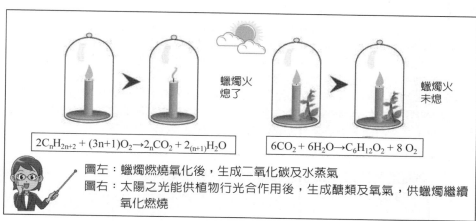

蠟燭火
熄了

蠟燭火
未熄

$$2C_nH_{2n+2} + (3n+1)O_2 \rightarrow 2_nCO_2 + 2_{(n+1)}H_2O$$

$$6CO_2 + 6H_2O \rightarrow C_6H_{12}O_2 + 8O_2$$

圖左：蠟燭燃燒氧化後，生成二氧化碳及水蒸氣
圖右：太陽之光能供植物行光合作用後，生成醣類及氧氣，供蠟燭繼續
　　　氧化燃燒

氧化與燃燒異同

項目		氧化	燃燒
相異點	氧化速度	慢	快
	化學反應	慢	快
	產生熱量	小	大
	產生光亮	無	有
	發生要素	氧、物質	氧、可燃物、熱量
相同點		皆為氧化反應	

1-2 吸熱與潛熱

吸熱和放熱化學反應

物質固體受熱熔化（物理變化）為液體（化學變化），液體再受熱蒸發（物理）為氣體（化學）；或固體直接受熱分解昇華（物理）為氣體（化學），上述化學過程皆為吸熱反應（Endothermic）；反之過程，則為放熱化學反應。

以乙炔而言，是一種吸熱化合物，在組成乙炔時需吸收大量熱，一旦乙炔分解時，就放出其在生成時所吸收熱：

$$C_2H_2 \rightarrow 2C + H_2 + 226.4 \frac{J}{mol}$$

乙炔在化學上分解時有固態碳及氫氣，如果是密閉容器內，分解產生放熱反應使溫度升高，壓力增大致形成爆炸之危險。因此，乙炔在物理上常溶於丙酮或酒精等液體儲存，這類似二氧化碳溶於水中，形成碳酸氣泡水一樣。當打開鋼瓶閥門，壓力下降，蒸發（液體至氣體）潛熱吸收大量熱。工業上，乙炔配合氧氣，使其更完全燃燒，形成氧乙炔火焰，能高達攝氏 3200 度，以進行快速切割金屬作業。

潛熱

物質從固態轉成液態，或液態轉成氣態，所吸收的熱量稱為潛熱（Latent Heat），潛熱可分為熔化熱及氣化熱。與之相反，從氣態至液態或從液態至固態轉變過程中，則會放出熱量。潛熱是物質在液相與氣相之間轉變（蒸發潛熱）或固相與液相之間轉變（溶解潛熱）時吸收的熱量，以單位質量內焦耳數[註1]計量。水在沸點（100℃）下的氣化潛熱為 2260 J/g（539 cal/g），使水是所有物質中具有最高蒸發潛熱，這正是水能快速冷卻，作為有效滅火劑之主因，使水在火焰中高溫氣化時吸走燃燒中大量熱量。以現今一般消防車是裝水，假如未來有比水更經濟的有效物質，屆時消防車就有可能不裝水，改裝如此物質。

物質潛熱比較（水由液體氣化吸收熱量最大）

物質	熔化潛熱 J/g	熔點℃	氣化潛熱 J/g	沸點℃
乙醇	108	−114	855	78.3
氨	339	−75	1369	−33.34
二氧化碳	184	−78	574	−57
氫	58	−259	455	−253
氧	13.9	−219	213	−183
甲苯		−93	351	110.6
水	334	0	2260	100

[註1] 焦耳（Joule，J）為功（Work）或能量之單位，為每一單位力（1 牛頓），移動物體至單位距離（1 公尺）之能量（或功）。1 焦耳能量相當於使 1 g 的水溫度升高 0.24℃，1 卡 ＝4.184 焦耳。

物質轉變吸熱及放熱

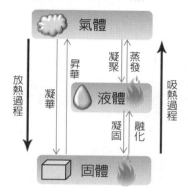

物質汽化熱

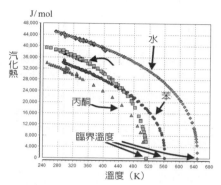

水汽化熱373 K（100℃）＝ 40680 J/mole
＝ 40680 J/18 g ＝ 2260 J/g

吸熱與放熱例

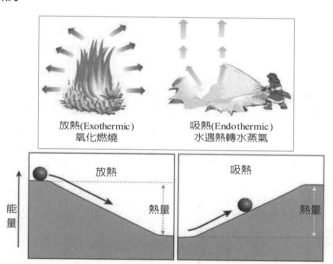

物質三態潛熱變化與乙炔潛熱

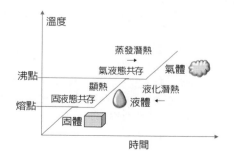

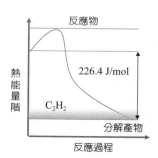

1-3 熱傳導（一）

熱傳遞

　　火災是一種熱量傳遞之結果，對熱量或能量轉移之熱傳理解，是了解火行為和火災過程之關鍵。從火三角的概念可知熱能是燃燒必要條件之一，燃燒一旦開始，重要的是了解火如何藉熱能傳遞而持續進行。熱傳之基本條件是存在溫度差異，根據熱力學第二定律，熱傳之方向必往溫度較低移動，溫度差就是構成熱傳之推動力。

　　在區劃空間如船艙能夠透過熱傳 4 種方式中的一個或多個進行傳輸：即傳導、對流、輻射和火焰直接接觸（Impingement）。事實上，熱傳對一物質而言，是一種熱損失。於固體的傳熱方式主要是傳導，熱從高溫的物體傳到低溫的物體，即固體溫度梯度內部傳遞的過程。基本上，在固體或靜止流體（液體或氣體）中，熱傳導是由於物體內分子、原子、電子之無規則運動所造成，其是一分子向另一分子傳遞振動能的結果。各種材料熱傳導性能不同，傳導性能佳如金屬，其電子自由移動，熱傳速度快，能做熱交換器材料；傳導性能不良如石棉，能做熱絕緣材料。以物質三態熱傳導性，為固體 > 液體 > 氣體。依傳立葉定律（Fourier's Law）指出，在熱傳導中，單位時間內通過一定截面積的熱量，正比於溫度變化率和截面面積，而熱量傳遞的方向則與溫度升高的方向相反。

傳導問題

　　以下思考一下！把 1 張 A4 紙完全貼在牆壁上，以打火機進行引燃 A4 紙，卻無法使其點燃，為什麼？又引燃 1 張拿在手上 A4 紙時，從邊緣或中央位置何者較易點燃？為什麼？如果你可正確回答此問題，表示你已具某種專業知識。解答：貼在牆壁紙張受打火機之熱量，接收到熱量一直被牆壁大面積熱傳導擴展出去，無法使熱量累積至紙張能點燃或是自行延燒程度。又紙張從中央位置起燃，其熱量透過四面八方擴散出去，但以邊緣位置熱傳面積有限（空氣為熱不良傳導體），而易以點燃。

熱傳導與火災

　　在建築物火災中熱傳導之熱量相當有限，主要是以火災之起火期階段為主，電線設備、煙蒂、線香、火星等熱源，接觸可燃物進行熱傳導，導致起火。在台灣建築物係屬鋼筋混凝土結構，且牆壁厚度相對厚，依傳立葉定律（Fourier's Law），固體物質厚度與熱傳量成反比難以熱傳導；但在船舶結構如同鐵皮屋火災一樣，金屬牆壁薄，比熱容小，易以熱傳，這也導致鐵皮屋或船舶火災鋼製邊界層扮演熱傳重要因素，尤其是上面屋頂（艙頂）面會有溫度最大傳導熱量。

　　又依傳立葉定律（Fourier's Law），熱量傳導與距離成反比，所以火災蔓延常以相鄰空間，火勢擴大規模是有限的。

　　以防火塗料而言，使用熱傳導係數（k）低之無機材質，噴灑在鋼結構之厚度愈厚，保護效果愈佳，即增加上述公式之 L（厚度）使 Q（熱量）減小；有些防火塗料利用在高溫下生成一層比原塗層厚十倍難燃炭層，且其熱傳導係數（k）低，也是同樣增加 L，減小 k，以隔絕火焰對底材加熱，達到防火之目的。

熱傳

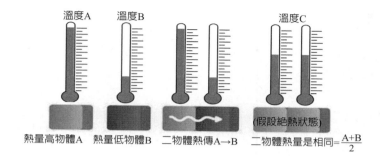

熱量高物體A　熱量低物體B　二物體熱傳A→B　二物體熱量是相同$=\dfrac{A+B}{2}$

熱傳導

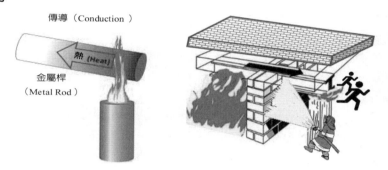

（火焰熱量造成分子運動致溫度沿金屬桿上升）　（火災透過牆柱樑進行熱傳導）

炒菜以熱傳導方式使金屬鍋內菜煮熱

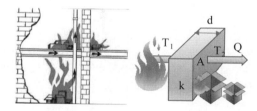

（銅鍋熱傳導是鐵鍋5倍，能省瓦斯，
但其熔點較低會釋放重金屬）

（牆壁熱傳導使另一端碰及可燃物起火）

熱傳導公式

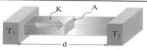

依傅立葉定律（Fourier's Law）指出熱傳導公式

$$\dot{Q} = kA\frac{(T_1 - T_2)}{d}$$

Q = 熱傳導量（W）；k = 熱傳導係數（W/mK）；A = 垂直於傳熱方向之截面積
（m²）；d 是從溫度 T_1 到溫度 T_2 之溫度梯度傳輸之距離或厚度（m）

1-4 熱傳導（二）

熱傳導影響因子

1. 截面積（A）

依傅立葉定律（Fourier's Law），單位時間通過一定截面積，正比於熱傳量，如減焰器（Flame Arrester）是化工廠內常見之防火防爆設備，如裝在車輛排氣管，此種使高溫氣體排出，防止不完全燃燒火星，由減焰器內部金屬網（良好熱傳），以擴大接觸表面積吸收熱能，達到防火防爆之功能。又炒菜鍋面與火接觸截面積愈大，熱傳導熱量傳輸也就愈快。

2. 厚度或距離（d）

依傅立葉定律（Fourier's Law），固體物質厚度與熱傳量成反比，如金屬鍋底愈厚，熱容愈大，熱傳量將較慢。

3. 溫度差（ΔT）

溫度差是熱傳之推動力，溫度差與熱傳導量成正比，火場燃燒速度愈快，溫度增加愈快，一旦發生閃燃艙內溫度遽增，火勢則難以控制（閃燃延伸閱讀見8-8節部分）。

4. 熱傳導係數（或傳導率 k）

傳導佳如金屬，其電子自由移動熱傳快，能做熱交換器材料；傳導不良如石棉，能做熱絕緣材料。在熱傳導率，固體 > 液體 > 氣體，其中固體以金屬熱傳導最好，如銅熱傳導幾乎是木材 2000 倍，銅為一理想傳導體常做為電線使用。依此，氣體難以散熱而最易燃燒，塊狀金屬則較難燃燒。纖維物質如毛氈、布和紙是不良導體，所以相對易於燃燒。空氣也是不良導體，所以保溫杯以雙層內含空氣，進行隔熱保溫作用。又如棉絮內（Batting）多含氣囊（Air Pockets）能成為良好衣物保溫材料。

炒菜時靠金屬鍋面及鍋內油進行熱傳導，使鍋內食物煮熟，又將食物切的很細，以增加其熱傳導之表面積，因而較易煮。在鍋子把手需以不易熱傳導之非金屬材質（如木塊或塑膠等），避免燙傷人員，其理在此。

有一平板絕緣層內面溫度為 270℃，外面以熱對流方式散失到 20℃的空氣中，平板厚度為 4 cm，熱傳導係數 K = 1.2 W/m℃，若要使平面外面的溫度不超過 70℃，試求其對流熱傳係數的極小值？（106 年設備士）

解　因題意 $K = \dfrac{1.2W}{m}℃$，故以℃計算，熱傳導 $Q = kA\dfrac{(T_1 - T_2)}{d} = 1.2 \times A \times \dfrac{(270 - 70)}{0.04m} =$

6000A →熱對流 $\dot{Q} = hA(T_1 - T_2)$

熱傳導 6000A = 熱對流 h × A × (70 − 50) = 50hA

熱傳導 6000A = 熱對流 50hA → h = 120 W/m²℃

窗戶鐵絲網玻璃

鐵絲網增加熱傳導接觸面積，增加冷卻、減低火焰伸出及爆炸碎片

一般玻璃

船舶如同鐵皮屋火災有顯著熱傳導問題

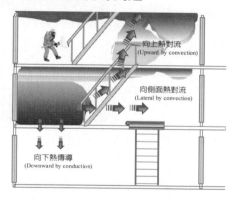

向上熱對流
(Upward by convection)

向側面熱對流
(Lateral by convection)

向下熱傳導
(Downward by conduction)

排氣管滅焰器：內部金屬網增加熱傳導面積快速吸收熱能

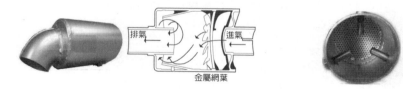

排氣

進氣

金屬網葉

---

1. 有一建築物其混凝土外牆，寬 8m、高 5m、厚度 200mm，熱傳導係數 K = 1.0W/m-K，牆內外二面熱對流係數 h = 10W/m²-K，若建築物內外溫度分別為 25℃及 15℃，試問穩流下，其總熱量損失為多少？

解　$\dot{Q} = \dfrac{A(T_1 - T_2)}{\dfrac{1}{h} + \dfrac{L}{K} + \dfrac{1}{h}} = \dfrac{40(10)}{\dfrac{1}{10} + \dfrac{0.2}{1} + \dfrac{1}{10}} = 1000W = 1kW$

1-5 熱對流

　　液體和氣體傳熱主要是對流（Convection）。由於流體整體運動引起流體各部分之間發生相對位移，從熱移到相對冷部分而產生能量傳輸，而較密到較疏位置，進行質量傳輸，此種冷熱流體引起相對位移之熱傳過程為熱對流。不同的溫度差導致整體密度差，是造成對流的原因。對流熱傳因牽扯到動力過程，所以比熱傳導迅速。當手掌放置在火焰上方會感覺到熱量的原因，即使手沒有與火直接接觸，這是熱對流之作用所致。

對流分類

　　引起對流原因可分自然對流與強制對流；依流動介質可分氣體對流與液體對流。

1. 自然對流與強制對流

　　• 自然對流（Natural or Free Convection）：透過溫差造成的密度差，而產生能量傳遞者，如自然排煙作用，又穿衣服來減低體溫（37℃）與外界冷空氣自然對流；睡覺時蓋棉被主要是可以防止棉被內外空氣的對流，而保持住體溫；或水煮蛋後置於桌面上，蛋之自然冷卻。

　　• 強制對流（Forced Convection）：透過外力如電風扇或幫浦去帶動流體者，如機械排煙，使用吹風機或水煮蛋後，蛋以電風扇吹達到快速冷卻作用。

2. 液體對流與氣體對流

　　• 液體對流：液體受熱後，體積膨脹密度變小而上升，溫度較低者則下降，此種運動過程伴隨著熱量傳遞。

　　• 氣體對流：根據牛頓冷卻定律傳遞熱量與溫度差成正比，意即燃燒愈猛烈，溫度成長愈快，對流熱傳愈大，且火煙因對流作用會往上方發展，所以火煙是往上的，如往下就違反物理對流原理。

對流影響因子

　　於穩態熱傳（$\dot{Q}$, W）基本方程式，熱對流公式如次：

$$\dot{Q} = hA(T_1 - T_2)$$

　　其中
h = 對流係數（W/m²K）　　　　　　　　A = 垂直於傳熱方向之截面積（m²）
T = 溫差（K）
　　根據牛頓冷卻定律（Newton Law of Cooling），溫度高於周圍環境的物體向周圍介質傳遞熱量逐漸冷卻時所遵循的規律，即對流熱通量與流體和固體表面間的溫度差成正比，其比例常數稱為對流熱傳係數。與熱傳導係數不同，對流熱傳係數本身不是物質本身參數，而是與流體性質（熱傳係數、密度、黏性等）、流體參數（速度和流動狀態）以及固體的幾何性質有關。對於自然對流，典型的對流熱傳係數介於 5～25 W/m²K 之間；而強制對流介於 10～500 W/m²K 之間。

建築物初期火災對流熱傳

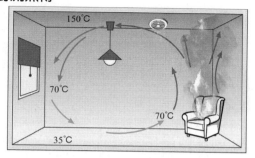

熱對流：從受熱液體或氣體之熱能轉移

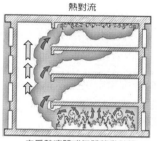

溫探測器靠對流產生感知

強制與自然對流

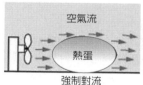 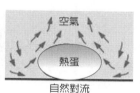

如無對流：燃燒產物無法帶走

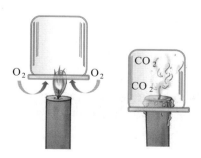

煙流透過空調之對流蔓延

（火災時空調會使煙流經由管道至各空間）

1-6 熱輻射（一）

對流與火災

燃燒的氧化劑是來自周圍的空氣，靠重力加速度來產生對流，將燃燒產物帶走，並且補充氧氣，使其繼續燃燒。若沒有對流，燃料起火後會立刻被周圍的燃燒產物及空氣中不可燃的氣體包圍，火會因沒有足夠氧氣而熄滅。

當船艙火災時空氣受熱，體積變大（壓力差），密度變小，對流由溫度差引起密度差驅動而產生的。以艙內而言，對流作用形成火羽流，後又形成艙頂板噴流，使艙頂板溫度是最高的，而地板則為相反。因空氣受熱密度變小，體積變大膨脹上升，火勢蔓延主要是透過對流向上的方向（火煙是往上層發展）；火煙蔓延透過管道、走廊、電梯井（Up Elevator Shafts）、向上管道間、向上樓梯間等，此為熱對流所造成，此因火煙氣體移動是採取阻力最小之路徑進行（Least Resistance）。

在油槽火災而言，輕質油類不易產生熱對流作用，但重質油類則會對流導致熱波形成，出現危險之沸溢與濺溢現象。在船舶火災，對流主要在艙頂板位置，比傳導或輻射更具較大的影響力。火災時偵溫式探測器或撒水頭之感知作動，靠熱對流傳遞到其設備感知面，受熱後再熱導至感熱裝置作動。而自然排煙也是靠熱對流所產生動力達到排煙之作用。所以，上述消防安全設備主要裝置目的是火災成長階段，藉由熱對流進行使艙頂板消防設備動作，以保護船舶安全為目的。

熱輻射

物體因自身溫度而具有向外發射能量之特性，不需任何物質當媒介（Medium），以有一定頻率（電磁波）進行熱傳稱為輻射（Radiation）。當物質內原子或分子中之電子組成改變時，能量以電磁波（Electromagnetic Waves 或光子 Photons）傳輸；以手掌靠近至火焰側邊，即會感覺到熱輻射之威力。太陽熱量傳達至地球表面，即使是不直接與地球接觸（傳導），也不是以氣體加熱之方式（對流），而是透過電磁波的形式進行傳輸，其熱是相類似於光波（Light Waves）之屬性，但輻射與光波之間區別在於週期的長度。熱輻射波（Heat Waves）有時也被稱為紅外線（Infrared Rays），比光波更長；如紅外線火災探測器之應用。

輻射特點

1. 輻射以光速（3×10^8 m/s）進行即使是真空環境也是一樣。
2. 所有在絕對零度（0 K，$-273°C$）以上物體都具電磁能形式輻射能量，這是物體因其自身溫度而發射出的一種電磁輻射。
3. 任何物體不但能自身發射輻射熱，轉換輻射能，進行能量轉換，也能同時吸收其他發射輻射能，再轉換為輻射熱，形成火災室之輻射能相互回饋增溫現象。

輻射：不需介質以電磁波傳輸

$$I = \varepsilon \times \sigma \times T^4$$

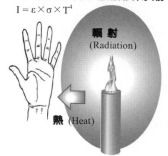

輻射
(Radiation)

熱 (Heat)

輻射能量與距離平方成反比

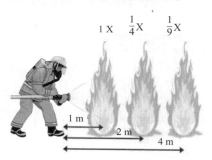

$1\,X$　$\frac{1}{4}X$　$\frac{1}{9}X$

1 m
2 m
4 m

電暖器：輻射能轉換熱能

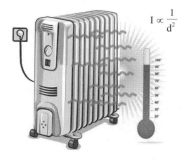

$$I \propto \frac{1}{d^2}$$

熱輻射

由電磁波穿越空間到固體吸收

區劃空間輻射熱回饋

閃燃輻射熱回饋理論

吸收熱量轉能量發射

---

1. 輻射熱受「輻射物體」與「受輻射體」之相對位置所影響，若輻射角 θ 為 0 度時，「受輻射體」受到之輻射熱量為 Q，則若輻射角度為 60 度時，其受到之輻射熱量 Q 為多少？

解　輻射角 θ 為 0 度時為 Q，輻射角度 60 度[註2] = Q × cos(60) = 0.5Q

[註2]

θ	0	30	45	60	90	120	135	150	180	270	360
cos	1	$\frac{\sqrt{3}}{2}$	$\frac{\sqrt{2}}{2}$	$\frac{1}{2}$	0	$-\frac{1}{2}$	$-\frac{\sqrt{2}}{2}$	$-\frac{\sqrt{3}}{2}$	-1	0	1

1-7 熱輻射（二）

熱輻射影響因子

根據玻茲曼（Stefan-Boltzman）定律，絕對溫度 T 物體單位時間發射能量為

$$I = \varepsilon \times A \times \sigma \times T^4$$

I 是輻射總能量（稱輻射強度或能量通量密度），W/m^2

T 是絕對溫度，K

A 是表面積

ε 是輻射係數（emissivity）若為絕對黑體則 $\varepsilon = 1$。

σ 是斯蒂芬－玻茲曼（Stefan-Boltzman）常數（$5.67 \times 10^{-8}\ W/m^2K^4$）。

1. 溫度：電磁波輻射傳輸速度取決於熱源絕對溫度，溫度愈高輻射愈強，且輻射與溫度 4 次方成正比。
2. 距離：輻射與距離平方成反比，即：假使一物體距離 2 m，輻射強度 8 kW/m^2，當物體移動至 4 m 遠，則輻射強度為 2 kW/m^2（1/4 倍強度）。
3. 截面積與方位：輻射與截面積方面，即接受熱量之表面積成正比，或表面愈粗糙則表面積愈大；又輻射面與受軸射面成平行時，即輻射角度為 0 時，承受熱量最高，如向日葵向陽光移動著，或是使用太陽能板必須對著太陽光來源，其理即此。
4. 顏色與材質：物體顏色愈深且材質愈粗糙，輻射係數會愈大，如冬天穿黑色較暖和，夏天則穿白色涼爽。

熱輻射與火災

船舶火災直徑超過 30 cm 時，熱輻射將成為艙內火災的主要傳熱方式。而熱輻射與溫度之 4 次方成正比，這就意味著火災室內溫度提高 1.5 倍，從 298 K（25℃）成長到 447 K（174℃），熱輻射強度將上升為 5.1 倍。火災時火顏色，主要是燃燒不完全的粉狀物質以及碳素微粒子所形成，而火焰的輻射熱，亦是由於這些物質熱放射的結果。在艙內火災成長至一定程度時，透過空間輻射熱進行傳輸，熱輻射遇到不透光物體（Opaque Object），會從其表面依次回饋返回，形成艙內火災輻射能回饋效應。

	項目	傳導	對流	輻射
相異點	介質	固體	流體	不需
	熱傳	間接	間接	直接
	接觸	需要	需要	不需
	火災階段	起火初期	成長期初	成長期末至最盛期
	一場火災熱傳量	較少	次之	最多
相同點		皆為熱量傳遞		

船艙火災熱傳方式

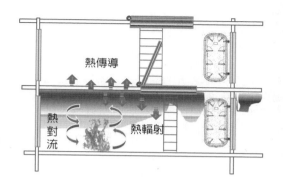

建築物火災輻射鄰宅

火災延燒之虞：1樓3 m內
建築法規：相鄰建物從境界線各退縮1.5 m

熱傳三公式

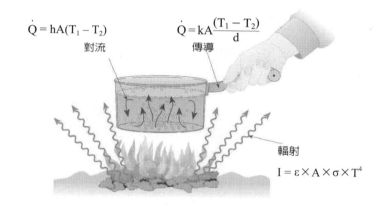

$$\dot{Q} = hA(T_1 - T_2)$$
對流

$$\dot{Q} = kA\frac{(T_1 - T_2)}{d}$$
傳導

輻射
$$I = \varepsilon \times A \times \sigma \times T^4$$

（三者都與係數傳導 k、對流 h、輻射 ε、溫度 T 皆成正相關，傳導／對流／輻射都與表面積 A 成正相關，傳導與距離 d 成反比、輻射與 d 平方成反比－輻射公式並未顯示）

例1. 一般電暖器安全設計運作溫度為 260℃，請問此輻射強度為多少？如附近置一黑色木質椅子（放射率 1.0），假使電暖器安全設計零件因長期使用過熱，致內部運作溫度增加至 500℃，請問電暖器是否能引燃附近範圍內的椅子？（Drysdale，2008）

解 (1) $I = 1.0 \times 5.67 \times 10^{-11} \times (533)^4 = 4.6$ kW/m²

(2) $I = 1.0 \times 5.67 \times 10^{-11} \times (773)^4 = 20.2$ kW/m²，此值足以自動引燃室內可燃物質

例2. 已知史蒂芬波茲曼常數為 5.67×10^{11} kW/m² K⁴，若一物體之溫度為 227℃，放射率（Emissivity）為 0.5，則其熱輻射強度為多少 kW/m²？

解 $I = 0.5 \times 5.67 \times 10^{-11} \times (227 + 273)^4 = 1.77$ kW/m²

1-8 火焰接觸與熱慣性

火焰接觸

火焰是反應生成之氣體及固體混合物，釋放可見光、紅外線甚至是紫外線之現象；如燃燒木頭形成熟悉的橙紅色火焰，這類火焰的光譜為連續光譜。完全燃燒時會形成淺藍色的火焰，因分子內各種電子移動時，產生單一波長輻射。當直接火焰接觸（Direct Flame Contact）時，則由傳導、對流和輻射之組合熱傳作用。

熱慣性

熱慣性（Thermal Inertia）為固體燃燒程度一種指標，描述物質熱傳能力之 k、代表物質內部緊密程度之 ρ、及物質吸熱或散熱能力之 c 三者之乘積平方根。

1. 熱傳導係數（Thermal Conductivity, k）：熱量藉由分子的振動或自由電子的傳遞，由高溫的地方傳到低溫的地方。熱傳導係數（k）指材料傳導熱量的能力，k 值愈大導熱效果愈好，此 k 值大，能廣泛用於鍋子、散熱器等，而 k 值愈小則作為保溫、熱絕緣。k 值大小依次：金屬固體＞非金屬固體＞液體（k 值 0.09～0.7）＞氣體（k 值 0.008～0.6）。熱傳導係數的倒數為熱阻抗率（Thermal Resistivity），其為任何管路或容器隨著使用時間的增長，其表面將因流體所攜帶之雜質或表面之腐蝕或氧化作用而形成結垢物，對熱傳遞造成額外的阻抗。

2. 比熱（Special Heat Capacity, c）：比熱（c，$\frac{J}{kg \times K}$）是 1 公斤物質溫度上升 1 K 所需的能量。比熱愈大，物體的吸熱或散熱能力愈強，即比熱愈小，愈易引燃。$c = \frac{H}{m \times \Delta T}$，H 為所需熱能、m 為質量、$\Delta T$ 是溫差。

3. 熱慣性（kρc）：熱慣性（Thermal Inertia）是當物質受熱或冷卻時，物質溫度上升或下降變化需要經過一定時間，而對物質溫度變化的一種物理量度。熱慣性高代表物質有高的熱容（儲存熱量能力）。在物質熱傳能力之熱傳導係數 $k\left(\frac{W}{m \times K}\right)$（k 值愈小愈易引燃）、密度 $\rho\left(\frac{kg}{m^3}\right)$（ρ 值愈小愈易引燃），以及物質比熱 $c\left(\frac{J}{kg \times K}\right)$（c 值愈小愈易引燃）[註3]；於物質具有較高之比熱（c）是需要較多之能量來提高溫度。因此，從上述三者之乘積平方根，即為左右物質是否容易因受熱而燃燒之指標，為物質之一種熱阻抗。假使物質 $\sqrt{k\rho c}$ 愈高，物體內部愈易熱傳，則需更多的能量才能被點燃，反之 $\sqrt{k\rho c}$ 愈低愈不易熱傳，使內部易於達到燃點；如木塊較聚苯乙烯更難著火，其理是木塊具有較高之熱慣性。於防火工程中將物質之熱慣性，視為防火材料之選用指標；而在感知撒水頭，即使用不同材質（熱慣性），來設計出撒水頭元件。此外，當火勢達到定常溫度時，密度（ρ）及比熱（c）對於熱傳導則顯得較為不重要。因此，熱慣性之作用主要是表現在火災之初期至成長期階段，如防焰材質遇到全面閃燃階段，則照樣快速捲入火焰燃燒中。

[註3] 比熱（J/g・℃）是一公克物質的熱容量；熱容量（J/℃）是一定量物質在一定條件下，溫度升高 1 度所需要的熱量。二者關係式：熱容量（J/℃）＝ 比熱（J/g・℃）× 質量（g）。

熱慣性

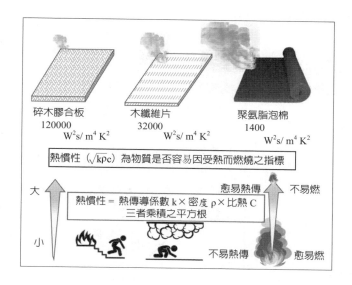

碎木膠合板
120000
W²s/ m⁴ K²

木纖維片
32000
W²s/ m⁴ K²

聚氨脂泡棉
1400
W²s/ m⁴ K²

熱慣性（$\sqrt{k\rho c}$）為物質是否容易因受熱而燃燒之指標

大

小

愈易熱傳　　不易燃

熱慣性＝熱傳導係數 k×密度 ρ×比熱 C
三者乘積之平方根

不易熱傳　　愈易燃

火焰接觸食物使熱傳加速

大氣壓與水沸點

大氣壓0.83atm

水沸點　95℃

1500 m

熱傳方式

傳導　　　對流　　　輻射

熱傳導隨距離而遞減

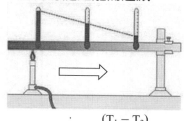

$$\dot{Q}=kA\frac{(T_1-T_2)}{d}$$

物質熱傳導係數（Wm⁻¹K⁻¹）

物質	固體									液體	氣體
	保麗龍	岩棉	人體皮膚	水泥牆	鐵	鋁	黃金	銅	鑽石	水	空氣
係數	0.032	0.29	0.37	0.56	80	237	318	401	2300	0.6	0.024

1-9 火災特性（一）

火災是指從微小火源或明火引燃物質或自燃發火，在失去人為控制擴大，並造成財物或人命損失之過度燃燒事件。換言之，火災是在時間和空間上失去控制燃燒，所造成之災害，在眾多災害中，火災是發生頻率最多的一種災害。火災特性為不定性、偶發性及成長性。

不定性

火災發展是一種非常複雜理化的動態事件（Dynamic Event）。於室外火災是明顯受到風、雨量或地形等氣象影響，而室內火災則受到通風開口、空間體積及高度、現有燃料量等許多變數的影響。現今消防人員面臨多元化災害現場，如石化油槽、船舶、危險物品、高層樓或地下室等各類火場，在天氣變化、現場環境及火災種類情況，面臨這種不定性環境，消防人員必須時常不斷接受各類救災訓練，消防戰術亦需調整因應，以應付時常變化不定之火災現場。

偶發性

由於人為蓄意或疏忽管理所引起火災，無法事先預測，惟有從預防面如防火教育宣導或防火管理角度等，來避免或減輕所造成之人員財物損失。因此，消防人員必須全天候 24 小時待命備勤，消防救災採取整體作戰方式，人員休假制度採取輪流方式，隨時保持一定消防力（人員、車輛裝備、水源），以備隨時出勤來應付災害發生之偶發性。

成長性

火災從一起火就有逐漸成長之趨勢，在燃料與氧氣供應下持續燃燒擴大。假使在不受外力（人為滅火、風雨等）干擾情況下，燃燒面積與經過時間之平方成正比。基本上，在初期火災階段是很容易撲滅掉，一旦燃料量 2 kg 以上捲入火勢，滅火上已需由室內消防栓或撒水設備等較多滅火藥劑來滅火；而火勢增強至 50 kg 以上燃料量，就需消防人員使用消防水帶等大量水來進行控制。

火災發生與偵知

建築物起火大多會經歷醞釀發展（所需時間是數秒至數小時），此時會釋出裂解氣體，粒子大子通常為 < 0.3 Microns[註4]，這是一種人類不可見煙粒子，難以偵知到熱量之形成，需使用室內空氣取樣（Air Sampling）或離子式偵煙探測器[註5]予以感知潛在起火情況。接著高溫成悶燒狀態，熱裂解可見煙粒子（> 0.3 Microns）、少量微小火焰，但周遭仍沒有多少熱出現，此階段得使用光電式偵煙探測器[註6]，予以感知。繼續成長至小火出現，致第一起火物燃燒現象，形成可見輻射能及不可見之紅外線及紫外線光譜火焰，可使用火花（Sparks Detectors）或火焰式（Flame Detectors）探測器[註7]等感知火災。

[註4] 1 microns = 10^{-6} m.

[註5] 離子式偵煙探測器之感知部為放射性金屬（鋂 Am^{241}），煙粒子致正、負極離子電流變化。

[註6] 光電式偵煙探測器之感知部為發光二極體，可分散亂光與遮光式煙粒子致離子電流變化。

[註7] 火焰式可分紫外線、紅外線為不可見光波，波長 0.36～075 μm 為人類可見光波。

火災特性

不定性

（何種火不定性）

偶發性

（任一時間發生）
（時間平方成長）

成長性

火災消防策略

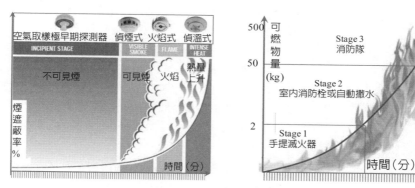

（火災成長性與相應消防策略）

t² 火災成長模式（NFPA 92B）

成長模式	火災成長係數 $(kW/s^2)\ \alpha$	達到 1 MW 所需時間（秒）K	典型可燃物
慢速	0.0029	600	藝術畫廊、體育館、運輸公共空間、火載量有限建築場所
中速	0.0117	300	住宅、診所、醫院、旅館房間、辦公室、學校教室
快速	0.0468	150	高堆疊木托盤場所、購物中心、圖書館、劇院、電影院、超級市場
極快速	0.1876	75	易燃傢俱場、高疊塑膠品廠、化工廠、含酒精油類倉庫

1-10 火災特性（二）

火災成長

初期火勢會繼續擴大成長，鄰近可燃物受到高熱至其起火點，此使用偵溫探測（定溫或差動式）感知或是使用自動感知撒水頭。

因此，區劃空間火災處於成長期，火勢大小隨著時間成正相關發展。而消防人員車輛於每日早晨勢必發動引擎暖車，一旦火災發生消防人員能於白日 60 秒、夜間 90 秒內完成車輛駛離車庫，開始馳往火災現場。

t²成長

依據建築物 t² 火災成長模式，分為慢速成長（Slow）、中速成長（Medium）、快速成長（Fast）以及極快速成長（Ultra-Fast Fire Growths）。

$$\dot{Q} = \alpha(t - t_0)^2$$

其中，$\dot{Q}$ 為火災熱釋放率（kW）、t_0 為火災醞釀期至起火現象發生（sec），α 為火災成長係數（kW/s²），範圍從非常慢速成長火災 10^{-3} kW/s² 至極快速成長火災 10^{-1} kW/s²。而火災醞釀期至起火發生（t_0）時間，依起火源屬性與其位置而定。

$$\dot{Q} = \left(\frac{t}{K}\right)^2$$

上述 K 值相當於從 0 發展到閃燃發生之 1 MW 程度（即 1000 kW，一般文獻視為閃燃可能會發生之指標為 1～2 MW）之所需相當時間。

火災成長與熱釋放率

上述可知，火災成長之時間歷程主要取決於可燃物的熱釋放率，在建築物火災預防上熱釋放率扮演重要角色。依 NFPA 921 火災熱釋放率主要取決於物質燃燒速率與燃燒熱值。因此，室內使用燃燒熱值高之傢俱如聚氨酯發泡塑料之椅子、沙發或地毯等，這些將使火災成長期縮短，快速進入閃燃或最盛期。所以，垂直性快速燃燒之窗簾、布幕、展示用廣告板或施工用帆布等使用防焰規制，以抑制初期火災之成長，且儘量使室內不燃化，減少火載量及控制發火源是火災預防上之重要策略。

建築物 t² 火災成長模式

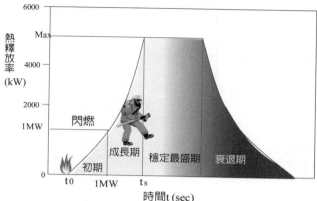

---

1. 室內火災以快速成長（K = 150）時，室內熱釋放率達到 4 MW 時，所需時間？

解 $4\,MW = \left(\dfrac{t-0}{150}\right)^2$

  $t = 300\,(sec)$

---

2. 依據「建築物火災 t² 成長理論」所述，假設在快速成長發展速率的火災，燃燒 10 分鐘時，其釋熱率約為多少（MW）？　(A) 10　(B) 12　(C) 14　(D) 16

解 $Q = (\dfrac{t}{K})^2 \rightarrow Q = (\dfrac{t-Q}{150})^2 = \dfrac{(10 \times 60)^2}{22500}$

  $\dot{Q} = 16\,(MW)$

---

3. 火災非常危險，試說明其定義及特性。（20 分）（88 年設備士）
4. 試述火災的特性，並說明消防人員從事滅火搶救工作時應有的作為。（25 分）（102 年 3 等特考）
5. 現今消防人員必須不斷接受各種訓練了解火災的特性，以因應日漸多元化的火災現場，試申論火災的基本特性？（25 分）（105 年 4 等特考）

解 見本節所述。

1-11 火災分類

A類火災

普通可燃性物質，如木材、布、紙、棉毛、橡膠或塑膠等可燃性固體所引起之火災。基本上，一般建築物火災如住宅，幾乎為 A 類火災，滅火時以水來進行冷卻至低於其起火溫度，即可滅火，如一般水箱或水庫消防車是裝載水。

B類火災

石油類、有機溶劑、油漆類等易燃或可燃性液體及液化石油氣、天然氣或乙炔等可燃性氣體所引起之火災。基本上，一般儲油設施或室內停車空間或如引擎機艙油類、幫浦、汽油、機油、礦物油、醇類或油輪等石油系燃料、潤滑油、潤滑油脂是常見的 B 類火災的燃料。以氧氣排除所產生窒息（Smothering）或覆蓋（Blanketing）作用，是最有效的滅火，也有助於減少額外的蒸氣產生。其他滅火方法包括移除燃料、溫度冷卻、乾粉中斷化學鏈式反應等。基本上，氣體燃料於燃燒前不需要氣化（Vaporization），直接進行燃燒，而需要較少輻射熱反饋（Radiative Feedback），即可繼續維持燃燒擴展。以燃料蒸發氣化容易度為揮發性（Volatility），如機艙火災，一般液體燃料比固體燃料更容易氣化。採用滅火策略時，對液體燃料中比重（Specific Gravity）和溶解度（Solubility）為消防活動所需重要考量因素。液體比重小於滅火藥劑時，將漂浮在滅火藥劑頂部，並可能會繼續燃燒，而滅火無效。如果易燃液體在水中是可溶性的，其能稀釋液體至一定程度，使其不能燃燒。碳氫類燃料（Hydrocarbon Fuels）是不溶於水，但可溶於醇類（Alcohols）和一些溶劑。

C類火災

帶電之電氣設備火災，如配電盤、電動機、電纜、電氣配線、變壓器、工程開關設備、電腦設備、交換機電路（Circuitry）和元件等。滅火時以不導電的滅火劑如海龍替代藥劑、乾粉或二氧化碳等，能控制 C 類火災。最快的滅火程序是先採取斷電措施，然後依所涉及的燃料，採取適當地進行滅火。基本上，當電源被斷電時，一般火災將視為 A 類火災，即可以用水來進行撲滅。

D類火災

可燃性金屬，如鋁、鎂、鈦、鋯、鈉、和鉀（Potassium）。這些物質粉末的形式是特別危險的。在空氣中有濃度金屬粉塵，如有一合適起火源，可引起強烈粉塵爆炸。一些燃燒金屬會產生極高的溫度，致使用水和一般常見滅火劑無法見效。於公共危險物品處理儲存不當，易發生火勢且難以撲滅；如金屬以固體形式，必須高於其引燃溫度（Ignition Temperature）才維持燃燒；但以粉末或細屑（Fine Shavings），則能自我一直維持燃燒現象（Self-Ignition）。鋁粉末和金屬氧化物的混合物之熱反應燃燒，會產生極端高熱，使用水和其他常見滅火劑，達不到滅火之效果。目前並沒有一個能有效地控制所有可燃性金屬火災。特殊滅火劑僅可控制某一特定金屬火災，並明確地標記為該金屬滅火器。事實上，使用 ABC 類滅火劑可能會導致可燃性金屬火災發生劇烈反應。一些 D 類滅火劑是採取覆蓋燃燒物，以形成厚殼窒息的方式，以控制火災。

滅火藥劑與火災分類關係

項目		A 類火災	B 類火災	C 類火災	D 類火災
主要燃燒物		紙，木材，一般固體可燃物	油類，有機溶劑，油漆等可（易）燃液（氣）體	配電盤，電動機，電腦設備等用電處所	鋁，鎂，鈦，鋯，鈉，鉀等金屬
主要場所		住宅，集合住宅，商業大樓等一般建築物	石油設施，化學工廠，氣體等可（易）燃液（氣）體	變電所，配電等帶電設備場所	金屬加工等場所
滅火劑	水	○ 冷卻	×	×（水） ○（高壓霧狀）	×
	泡沫	⊙ 冷卻／窒息	⊙ 冷卻／窒息	×	×（空氣泡沫） Δ（化學泡）
	二氧化碳	×	○（注意復燃） 稀釋氧	○ 稀釋氧	×
	鹵化烷	×	Δ（注意復燃） 稀釋氧／抑制	⊙ 稀釋氧／抑制	×
	惰性氣體	Δ 稀釋氧	○（注意復燃） 稀釋氧	○ 稀釋氧	×
	乾粉 ABC 類	○（注意復燃） 窒息／抑制	○（注意復燃） 窒息／抑制	○（注意復燃） 窒息／抑制	Δ（注意復燃） 窒息／抑制
	乾粉 BC 類	Δ（注意復燃） 窒息／抑制	○（注意復燃） 窒息／抑制	○（注意復燃） 窒息／抑制	Δ（注意復燃） 窒息／抑制
	乾粉 D 類	Δ（注意復燃） 窒息／抑制	Δ（注意復燃） 窒息／抑制	Δ（注意復燃） 窒息／抑制	○（注意復燃） 窒息／抑制

註：× 表示不可，⊙、○、Δ 表示適用（適用度：⊙＞○＞Δ）
　（消防設備士資格研究會，平成 23 年）

大型滅火器定義

乾粉滅火器：**18 kg**以上
機械泡沫滅火器：**20ℓ**以上
二氧化碳滅火器：**45 kg**以上
強化液滅火器：**60ℓ**以上
水或化學泡沫滅火器：**80ℓ**以上

步行距離
≤20 m

1-12 火災與氣象

氣象對森林火災影響相當顯著，一個地區常發生較大的森林火災，確實有其特定氣象條件，在大火發生之前，往往會出現氣候特殊現象，如降水量減少、連續乾旱、氣溫升高等等現象。在氣象影響森林火災重要因素，其中太陽輻射、氣溫、風速及蒸發量等與林火危險度呈正相關；而降雨、相對溼度則與林火危險度呈負相關。對林火行為最有影響力的氣象變數是降水、風、氣溫／相對溼度。這些影響因素分述如次：

火災與降雨量

降雨量的多少與乾旱日數的長短為林火發生的重要指標，它直接影響燃料溼度的變化如降雨量減少、連續乾旱日數較長，森林中的燃料含水量將不斷下降，林火發生的可能性和嚴重性也隨之增高，如 2003 年武陵森林大火連燒 5 日後遇下雨熄滅，其即是持續長期的乾旱及燃料過度的累積所造成大火延燒現象。假使降雨時間多，如台灣梅雨季，接連為颱風季節，此期間是不太可能有林火發生。

火災與風

氣象因素中對林火行為的影響，風是相當重要的變數之一。風會增加火焰區空氣的流動，使氧氣和燃料充分混合。當林火時會使空氣質量產生上升對流柱，其運動是受林火釋放的熱量和熱差異所影響，風愈大使大氣之湍流愈強，並會造成飛火（Fire Spotting），於下風處產生新的火源而形成另一火場。

火災與氣溫／相對溼度

氣溫在自然界中，能量的來源為太陽能，溫度愈高，森林中燃料水分蒸發和乾燥速度愈快，相對溼度也會明顯的降低，促使可燃物乾燥化，林火發生的可能性就增高。相對溼度低於 30% 有利於林區引燃和林火蔓延。燃料含水率愈大，引燃時需有較多能量供應，因此，林火強度與相對溼度呈負相關。

相對溼度和大氣溫度，透過其影響地表枯落物燃料含水率，間接影響著林火行為，在台灣之冬季容易發生火災，即因天氣乾燥，相對溼度低所致。在氣象預報上，一般使用相對溼度，而在某一特定空間使用則為絕對溼度，其為單位體積空氣中所含水蒸氣的質量。此外，另有實效溼度，係指當日相對溼度加上過去相對溼度之影響值而言。

$$H_e = (1 - r)(H_m + rH_1 + r^2H_2 + r^3H_3 \cdots r^nH_n)$$

式中 H_e：實效溼度（%）、H_m：當日相對溼度（%）、H_n：n 日前相對溼度（%）、
　　　r：過去相對溼度之影響值，一般火災取 0.7，森林火災取 0.5。

林火行為

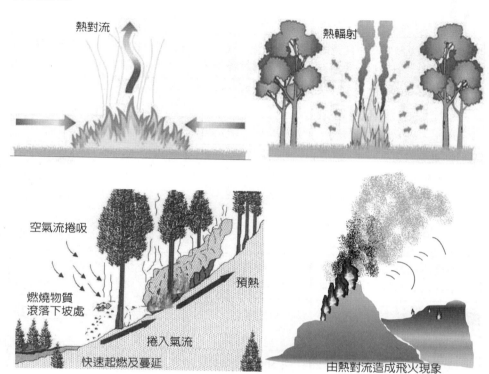

熱對流

熱輻射

空氣流捲吸

燃燒物質
滾落下坡處

預熱

捲入氣流

快速起燃及蔓延

由熱對流造成飛火現象

煙流快速上升

熱煙流預熱

捲入供氧

飛火

峽谷風效應

---

1. 森林火災發生時，當天的溼度為 60%，若一天前的溼度為 70%，兩天前的溼度為 80%。請問這三天森林之實效溼度為多少？

解　$H_e = (1 - 0.5)(0.6 + 0.5 \times 0.7 + 0.5^2 \times 0.8) = 57.5\%$

---

2. 為何火災成長會與時間之平方成正比，請說明之？

解　燃燒面積 $A = \pi r^2 \rightarrow$ 距離 $r\,(m) =$ 速度 $V\,(m/s) \times$ 時間 $t\,(sec)$

$A = \pi r^2 = \pi(V \times t)^2 \rightarrow A = \pi \times V^2 \times t^2 \rightarrow A$ 正比於 t^2

所以火災（面積）成長會與時間之平方成正比

面積A
半徑r
起火點

---

3. 物體在 327℃時的輻射強度為 E，則當溫度升高到 927℃時的輻射強度為何？
(A) 16 E　(B) 8 E　(C) 4 E　(D) 64 E　　　　　　（108 年消防設備士）

解　(A)：$\left(\dfrac{927 + 273}{327 + 273}\right)^4 = 2^4 = 16$；輻射與溫度之 4 次方成正比，而火災學溫度為絕對溫度

---

4. 牆壁兩側的溫度分別為 20℃ 與 500℃，下列何者熱通量最小？
(A) 牆厚 0.1 m，熱傳導率為 0.5 W/m-K　　(B) 牆厚 0.1 m，熱傳導率為 0.3 W/m-K
(C) 牆厚 0.2 m，熱傳導率為 0.5 W/m-K　　(D) 牆厚 0.2 m，熱傳導率為 0.6 W/m-K
　　　　　　　　　　　　　　　　　　　　　　　　　（108 年四等特考）

解　(C)：$Q = k\dfrac{(T_1 - T_2)}{d}$，A 為 $0.5 \times \dfrac{(773 - 293)}{0.1} = 2400$ W/m^2，B 為 1440 W/m^2，C 為 1200 W/m^2，D 為 1440 W/m^2

---

5. 依據建築物火災 t2 成長理論，在一定義為快速成長的火災中，釋熱率達到 1 MW 的時間應為多少秒？　(A) 75　(B) 150　(C) 300　(D) 600
　　　　　　　　　　　　　　　　　　　　　　　　　（108 年消防設備士）

6. 火場鐵捲門外 2 公尺輻射熱值，如達到 25 kW/m^2，再接近鐵捲門 1 公尺時，其輻射熱為多少 kW/m^2？　(A) 50　(B) 75　(C) 100　(D) 125（108 年四等特考）

解　5.(B)；6.(C)

第2章
燃燒原理

（作者美國訓練照 片）

2-1 活化能與化學反應

活化能

　　燃燒過程本質是激烈化學反應過程，而化學反應本質是分子或原子間碰撞之結果。然而，並不是碰撞就會發生化學反應，有的碰撞只是交換能量而已。欲使氧化反應發生，首要條件就是分子相互之間碰撞，但這些分子沒有足夠能量來產生氧化反應，只有當一定數量分子獲得足夠能量後，才能在碰撞時產生顯著振動，使分子中、原子間結合弱化，分子各部分重排才有可能，並引向化學反應。反應物質不能全部參與化學反應，只有其中一部分活化分子才能參與反應；這些具有足夠能量在碰撞時會發生化學反應的分子，稱為活性分子。而使普通分子轉變為活性分子所必須最低能量稱為活化能（Activation Energy），其是一種與反應物能量之差值。

　　把活化能想像成一座山頭能量，要發生化學反應，反應物分子必須越過山頭。每一個化學反應都對應著不同高度山頭。亦即反應物分子必須達到「山頂」，活化分子才能轉化為生成物。所以，活化能實際上是分子反應時所必須越過之門檻。顯然，山頭愈高，所需能量愈高，即活化能（山頭）愈大，分子活化愈困難，反應速率也就愈小。

化學反應

　　化學反應（Chemical Reaction）依反應形式分類：
A. 化合反應：二種以上物質生成一種物質，如 $C+O_2 \rightarrow CO_2$
B. 分解反應：一種物質分解成二種以上物質，如 $C_2H_2 \rightarrow 2C + H_2$
C. 單置換反應：一種物質化合反應，生成另外一種物質，如 $CuO+H_2 \rightarrow Cu + H_2O$
D. 複置換反應：一種化合物和另一種化合物反應，進行互相交換成分，而反應物質必須有可溶於水，如 $Na_2CO_3 + 2HCl \rightarrow 2NaCl + CO_2 + H_2O$

　　在反應速率上，物質分子反應是藉著相互間碰撞產生的，愈多碰撞則反應速率愈快，催化劑是一種不參與反應卻能加快反應速率之物質。而溫度能直接影響分子的動能及其相互間碰撞機率；意即增高溫度能使分子化學反應速率加快，如鐵與煤炭之空氣中氧化，在常溫時緩慢，但在高溫時進行甚速。而化學反應係反應物原子之間重新排列組合，形成新的，如甲烷與氧氣燃燒反應生成二氧化碳與水。此過程僅是原子之重新排列組合而已。

$$CH_4 + 2O_2 \rightarrow CO_2 + 2H_2O$$

　　左邊原子種類與右邊完全相同，僅組合方式不同，其中某些鍵被破壞，某些鍵又生成，並不是消滅某原子而產生新原子。所以方程式平衡必須遵循原子不滅之原理。

$$16 \text{ g } CH_4 + 2 \text{ (32 g) } O_2 \rightarrow 44 \text{ g } CO_2 + 2 \text{ (18 g) } H_2O$$

　　即反應物 16 + 64 = 80 g →產物 44 + 36 = 80 g

所需活化能高低

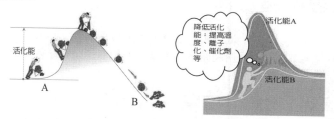

活化能與化學反應關係式

$$V = A \times \exp^{(\frac{-E}{RT})}$$

V = 熱分解速率；A = 碰撞頻率因子，與溫度無關一種常數（$J\,cm^{-3}\,sec^{-1}$）
E = 活化能或分解必要熱能（$J\,mol^{-1}$）；R = 氣體常數（$J\,mol^{-1}K^{-1}$）
T = 絕對溫度（K）
反應速率（熱分解速率）（V）是隨著溫度（T）升高，而溫度會使分子間相互碰撞，反應速率提高，致活化能（E）所需能量降低。

反應速率與溫度關係圖

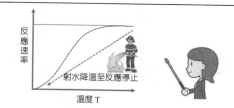

當溫度以算術級數增加時，反應速率則以 $e^{(\frac{-E}{RT})}$ 幾何級數急增著至某一定值。這是個規則，不是一個定律。相反，降低溫度會使反應速率下降，如迅速降溫甚至使化學反應停止，這常用於消防射水滅火方法。

反應過程能量示意

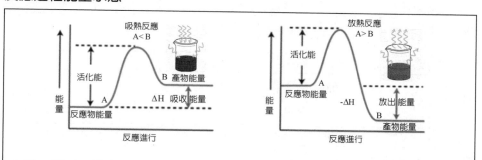

左圖 A 端至 B 端之 ΔH＜0 為吸熱反應，右圖 A 端至 B 端之 ΔH＞0 為放熱反應

2-2 理想氣體定律

理想氣體定律（Ideal Gas Law）近似氣體的實際物理行為，以其變量多（溫度、壓力、體積及氣體莫耳數）、適用範圍廣而著稱。理想氣體定律是建立在波以耳定律、查理定律、亞佛加厥定律基礎：

1. 波以耳定律：在 T（定溫）、n（定量）下，$V \propto \dfrac{1}{P}$
2. 查理定律：在 P（定壓）、n（定量）下，$V \propto T$
3. 亞佛加厥定律：在 P（定壓）、T（定溫）下，$V \propto n$

上述也共同顯示壓力（P）、絕對溫度（T）與莫耳數（n）對氣體體積（V）的影響。理想氣體狀態方程式為

(1) $P(atm) \times V(L) = n(mole) \times R$（氣體常數 0.082）$\times T(K)$

(2) $P(kpa) \times V(m^3) = m(kg) \times R$（氣體常數 $\dfrac{8.314}{n}$）$\times T(K)$

$$PV = \frac{W}{M}RT$$

式中莫耳數（n）為 $\dfrac{重量（W）}{分子量（M）}$，為使二邊值相等，引入一比例常數 R $\left(0.082 \times \dfrac{L \times atm}{K \times mol}\right)$。

依查理定律，在定壓下，溫度每升降 1℃，體積增減在 0℃時，體積的 $\dfrac{1}{273}$。在定容下，溫度每升降 1℃，壓力增減在 0℃時，壓力的 $\dfrac{1}{273}$。

而空氣主要為氮氣（N_2）與氧氣（O_2）組成，以一莫耳空氣有 28.84 g（$28 \times 79\% + 32 \times 21\% = 28.84$）

---

1. 在 0℃及 1 atm 之理想氣體，求 1 莫耳體積？

解　$V = \dfrac{nRT}{P} = \dfrac{1 \text{ mol} \times 0.082 \dfrac{L \times atm}{K \times mol} \times 273 \text{ K}}{1 \text{ atm}} = 22.42 \text{ L}$

---

2. 由實驗得知壓力 1 atm，溫度 0℃時，一莫耳的氣體的體積約為 22.4 公升，則理想氣體常數（R）為多少，始能使 PV = nRT 之二邊值相等？

解　$R = \dfrac{PV}{nT} = \dfrac{1 \text{ atm} \times 22.4 \text{ L}}{1 \text{ mole} \times 273 \text{ K}} = 0.082 \dfrac{L \times atm}{K \times mol}$

---

3. 在 25℃及 1 atm 之理想氣體，求 1 莫耳體積？

解　$V = \dfrac{nRT}{P} = \dfrac{1 \text{ mol} \times 0.082 \dfrac{L \times atm}{K \times mol} \times 298 \text{ K}}{1 \text{ atm}} = 24.4 \text{ L}$

---

4. 一甲烷氣體在 25℃下體積為 4.1 公升，等壓下受熱至 200℃時，體積為何？

解　從理想氣體定律得知 $= \dfrac{V}{T} = \dfrac{nR}{P}$

$\dfrac{V_1}{T_1} = \dfrac{nR}{P} = \dfrac{V_2}{T_2}$　$V_2 = \dfrac{T_2 V_1}{T_1} = \dfrac{473 \times 4.1}{298} = 6.5$

莫耳質量與濃度

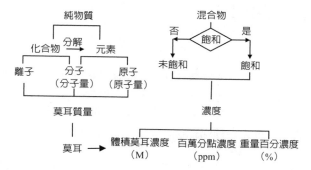

密度與氣體常數 R 值

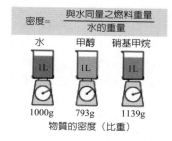

物質的密度（比重）

R 值	單位
8.314	$\dfrac{J}{K \times mol}$
0.082	$\dfrac{L \times atm}{K \times mol}$
1.985	$\dfrac{cal}{K \times mol}$

溫度與壓力成正相關

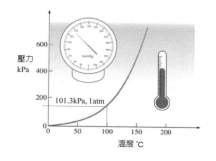

在 0℃，1 atm 時

$$莫耳數 = \frac{氣體體積（L）}{22.4\ L}$$

$$莫耳數 = \frac{質量}{分子量（或原子量）}$$

當鍋爐破裂回復常壓時，鍋爐內高壓高溫之水會氣化膨脹 1700 倍而造成蒸氣爆炸，丙烷槽車也一樣，當受熱造成槽車破裂時，高壓之液化丙烷亦會氣化造成蒸氣爆炸，試問理論上丙烷槽車內之液化丙烷產生蒸氣爆炸時，其膨脹倍數約為幾倍？（液化丙烷之比重為 0.58、沸點為 −45℃）（104 年警大消佐班）

解 比重與密度是一樣，只是比重無單位，密度有單位

$$液態水\ V_1 = \frac{M}{D} = \frac{44g}{0.58g/mL} = 75.86mL$$

$$氣態水\ V_2 = \frac{nRT}{P} = \frac{1 \times (0.082\frac{L \times atm}{K \times mol}) \times (273 - 45)}{1} = 18.696L$$

$$\frac{V_2}{V_1} = \frac{18.696 \times 1000mL}{75.86mL} = 246$$

2-3 燃燒與爆炸

燃燒

　　燃燒（Combustion）是一種可燃物受熱分解或氧化、還原，解離為游離基，在高溫中游離基具有比普通分子動能更多活化能，易與其他分子進行反應而生成新游離基，或者自行結合成穩定分子。此種化學過程中也伴隨物理之效應。熱量是在化學過程中所釋放出的物理能量。光是一種儲存在煙灰粒子能量之物理結果。燃燒與一般氧化作比較，差異如上一頁表所示。

　　許多自發性反應之速率緩慢，分子化學鍵需被打斷，而打斷化學鍵需要額外能量來啟動，才能自行持續的連鎖反應，這種啟動化學反應的能量為活化能。而燃燒涉及固相、液相或氣相燃料，一種發熱反應現象。固態和液態燃料在燃燒前需氣化；有些固體燃燒可直接是無焰燃燒或悶燒，如香菸、家具蓆墊或木屑等具多孔性，空氣能滲入至內部空間，以固態方式產生無焰氧化燃燒，其主要熱源係來自碳之氧化作用。另一方面，氣相燃燒通常伴有連鎖反應，形成可見的火焰，若燃燒過程被封閉在某一範圍內，因氣體分子不停地碰撞壁面而產生壓力，致壓力會迅速上升，形成一定壓力波現象，則為爆炸。

　　在燃燒、火災與化學性爆炸現象，在實質上是相同的，主要區別在於物質燃燒速度，後者是極短時間完成之瞬間燃燒，唯一不同的，爆炸是帶有壓力波現象。而顆粒大小直接顯著影響物質燃燒速度，如煤塊燃燒通常是緩慢甚至是悶燒，但磨成煤粉時，則煤粒子表面積與體積比大，能產生大面積氧化反應，而產生極快速之粉塵爆炸狀態。

爆炸

　　從歷史上看，以爆炸（Explosion）為術語是很難精確界定其定義。物理性爆炸通常由純物理（溫度、壓力及體積）之一定高壓氣體之釋壓現象；而化學性爆炸是一種非定常燃燒，也是一種發焰燃燒中之混合燃燒現象。與火災不同的是，大多的火災需先分解出可燃氣體或蒸氣，再與氧氣混合後燃燒；而化學性爆炸往往是可燃氣體或蒸氣，已與氧氣預先混合，而產生一種極快速燃燒現象，當燃燒變為強烈時，會產生壓力波，當壓力波變為充分強力時，便會形成爆轟（Detonation）現象。

　　因此，火災與化學性爆炸差異，主要是燃燒速度與有無壓力波之形成。亦即，化學性爆炸是爆炸前，燃料和氧化劑已混合。因燃料和氧化劑不需進行逐一混合，故燃燒反應能不延遲而迅速地進行。若預混合的氣體被侷限制在一定範圍，燃燒升溫膨脹，可導致迅速升壓爆炸。火災情況與此相反，燃料和氧化劑混合，受燃燒過程本身所控制（燃料需先高溫氧化），火災燃燒速率低得多，不會發生帶有壓力波之特徵。

燃燒與火災異同

<table>
<tr><th colspan="2">項目</th><th>燃燒</th><th>火</th></tr>
<tr><td rowspan="2">相異點</td><td>火焰</td><td>可能沒有</td><td>一定有</td></tr>
<tr><td>連鎖反應</td><td>可能沒有</td><td>一定有</td></tr>
<tr><td colspan="2">相同點</td><td colspan="2">· 皆為燃燒且快速氧化反應
· 皆需三要素</td></tr>
</table>

<table>
<tr><th colspan="2">項目</th><th>燃燒</th><th>火災</th></tr>
<tr><td rowspan="5">相異點</td><td>物質</td><td>單一物質</td><td>多重物質</td></tr>
<tr><td>規模</td><td>小</td><td>大</td></tr>
<tr><td>使用</td><td>控制</td><td>未控制</td></tr>
<tr><td>發展</td><td>室內外差異小</td><td>室內外差異大</td></tr>
<tr><td>控制</td><td>燃料控制燃燒</td><td>室內分燃料及通風控制燃燒</td></tr>
</table>

火災與化學性爆炸異同

<table>
<tr><th colspan="2">項目</th><th>火災</th><th>爆炸</th></tr>
<tr><td rowspan="5">相異點</td><td>氧化燃燒速度</td><td>相對慢</td><td>極快</td></tr>
<tr><td>化學反應</td><td>相對慢</td><td>極快</td></tr>
<tr><td>壓力波</td><td>無</td><td>有</td></tr>
<tr><td>燃料和氧化劑</td><td>未混合</td><td>已混合</td></tr>
<tr><td>階段</td><td>初期、成長、最盛及衰退期</td><td>瞬間</td></tr>
<tr><td rowspan="3">相同點</td><td colspan="3">皆需氧化劑、可燃物、熱量及連鎖反應</td></tr>
<tr><td colspan="3">皆有可能是固、液態或瓶裝氣態</td></tr>
<tr><td colspan="3">總燃燒熱值二者是相同的</td></tr>
</table>

燃料氣體危險

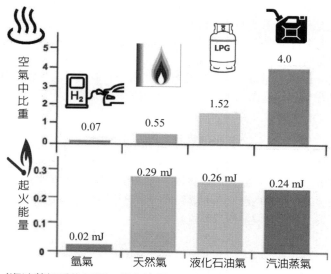

（汽油蒸氣重往下沉，起火能量比二種瓦斯低，易引起火危險）

2-4 燃燒熱與熱釋放率

燃燒熱

在 1 大氣壓（或 101 kPa）時，1 莫耳物質在 25℃完全燃燒所釋放的熱量，爲燃燒熱（Combustion Heat, ΔHc, kJ/mol、kcal/mol、kJ/kg、kJ/m³）。對於很多可燃物，如煤、木材、紙張、汽油等，由於沒有確定分子式，其莫耳質量無法確定，因此在計算中使用熱值來表示燃燒熱之大小。

熱值爲單位質量或體積可燃物完全燃燒所放出的熱量。碳是大多數可燃物的主要可燃成分，它的多少基本上決定了可燃物發熱量大小。碳發熱量爲 $3.35×10^7$ J/kg；氫發熱量 $1.42×10^8$ J/kg，是碳的 4 倍多。當可燃物中的水分和氫元素燃燒生成的水以液態存在時，稱高熱值；而燃燒生成的水以氣態存在時，因氣態轉爲液態需釋出熱量，稱低熱值。

分子之每莫耳燃燒熱在 100 kcal 以上之氣體或液體均屬可燃性。基本上，含碳數愈高，莫耳燃燒熱愈大，而每克燃燒熱則愈小。燃燒熱愈大溫度也愈高，則該燃料潛在危險則愈大。

根據 Burgess-Wheeler 定理，燃燒下限和燃燒熱之乘積大致呈一定值，而烷類遵循 Burgess-Wheeler 定理，烷類的燃燒熱跟分子量幾乎成正比，其燃燒下限（體積%）跟莫耳燃燒熱成反比，所以推知分子量和燃燒下界（體積%）成反比：

$$燃燒下限 × 燃燒熱（kcal/mole）= 1059$$

熱釋放率

在火災動力學中，燃料質量損失率（Mass Loss Rate）和熱釋放率（Heat Release Rate, HRR）的概念是很重要的。熱釋放率（kW）是描述火焰釋放之能量大小（瓦特，W），爲確定火災危險性的一種函數，依美國防火協會（NFPA 921）定義，火災熱釋放率常以單位時間所釋放的熱量表示（J/s），爲燃燒所產生熱量之一種速率。因此，熱釋放率（HRR）是確定可燃物之燃燒行爲一個最重要之參數，其爲物質燃燒速率（g/s）與燃燒熱（ΔHc, kJ/g）之函數，由於燃燒通常爲不完全燃燒，所以必須考慮燃燒效率（∝）。

$$HRR = ∝ × \dot{m} × ΔHc$$

在火災中形成火羽流（Fire Plume）主要取決於火災規模大小，即火災所產生熱釋放率，而火羽流產生是由周圍較冷氣體，由溫度和密度較低的質量產生密度差，這些影響火災發展，如建築物內部充滿熱煙氣體，和建築結構能承受火災熱程度，如抗火時效等，這些皆受物質燃燒熱釋放率所影響。

熱釋放率

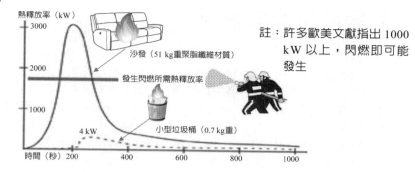

註：許多歐美文獻指出 1000 kW 以上，閃燃即可能發生

燃燒熱

名稱	化學式	沸點	燃燒熱（KJ/g）	莫耳燃燒熱（KJ/mole）
甲烷	CH_4	−162	55.6	890（＝55.6×16）
乙烷	C_2H_6	-88.6	52.0	1560
丙烷	C_3H_8	-42.1	50.0	2015
丁烷	C_4H_{10}	-0.5	49.3	2859

1. 等莫耳數的酒精、汽油、庚烷、苯，完全燃燒所產生的熱量，何者最大？
   (A) 酒精　(B) 汽油　(C) 庚烷　(D) 苯

解 (B) 汽油（辛烷），含碳數較多

2. 請問 10 莫耳丙烷重量？根據 Burgess-Wheeler 定理，已知丙烷的燃燒下限爲 2.2，其燃燒熱爲多少 KJ/mole ？

解 (1) 10×44 g = 440 g
   (2) 2.2× 燃燒熱 = 1059，燃燒熱 481.36 kcal/mole = 2014.03 KJ/mole[註1]

3. 根據 Burgess-Wheeler 定理，已知乙烷的燃燒下限爲 3.0，其燃燒熱約爲多少 MJ/m³ ？

解 3× 燃燒熱 = 1059，燃燒熱 = 353 kcal/mole = 1482.6 KJ/ 0.0224 m³ = 66.2 MJ/m³

4. 某物質每克的燃燒熱爲 1000 焦耳，若 100 克該物質於 10 秒內平均燃燒完，燃燒效率 75%，則該物質之熱釋放率爲多少？

解 $\dot{m}$ = 10 g/s，HRR = 0.75×10 g/s×1000 J/g = 7.5 kW[註2]

5. 某物質每克的燃燒熱爲 1 仟焦耳，若 100 克該物質於 10 秒內平均燃燒完，則該物質之熱釋放率爲何？（106 年消防設備士）

解 HRR = $\propto × \dot{m} × \Delta H_c$ →燃燒速率（$\dot{m}$, g/s）爲 100g/10s = 10g/s，HRR = 10g/s ×1000J/g = 10000W = 10kW

[註1] 1 kcal = 4.2 kJ，0°C時 1 mole = 0.0224 m³
[註2] 1 W = 1 J/s

2-5 燃燒所需空氣量

各種燃料都是由碳、氫、氧、氮、硫五種元素和灰分、水分組成的。只是不同的燃料各元素和灰分、水分所占的比例不同而已。但是這五種元素有碳、氫和硫是可以燃燒的。燃燒所產生熱量,使其中熾熱的固體粒子和某些不穩定的中間物質(自由基)電子發生跳躍,從而發出各種波長的光。因此,燃燒是燃料中的可燃元素(C、H、S)與氧氣(O_2)在高溫條件下化學反應,並發生發光、發熱之物理現象。如果燃燒反應速度極快,則因高溫條件下產生的氣體和周圍氣體共同膨脹作用,使反應能量直接轉變為機械功,在壓力釋放的同時產生強光、熱和壓力聲響,這就是所謂的爆炸。

空氣莫耳質量$\left(0.21 \frac{\text{mol O}_2}{\text{mol 空氣}}\right) \times \left(\frac{32 \text{ g}}{\text{mol O}_2}\right) + \left(0.79 \frac{\text{mol N}_2}{\text{mol 空氣}}\right) \times \left(\frac{28 \text{ g}}{\text{mol N}_2}\right) = \left(\frac{28.84 \text{ g}}{\text{mol 空氣}}\right)$、

氧體積 21%、氧重量為$\frac{(0.21) \times (32)}{(28.84)} = 23.3\%$。依亞佛加厥理論(Avogador Theory),在同溫同壓同體積下任何氣體含有相同分子數,在 STP 狀態下 1 莫耳氣體容積為 22.4 L,1 莫耳氧分子 32 g。

理論空氣量

理論空氣量為單位燃料完全燃燒所需之最小空氣量。根據燃料中碳和氫元素的含量和化學方程式,計算出來的 1 公斤燃料完全燃燒所需要的標準狀況下空氣,稱為理論空氣量。而燃燒所需理論空氣量,是假定在燃料燃燒所需的空氣和生成的煙氣均為理想氣體($22.4 \text{ m}^3/\text{mol}$),略去空氣中的稀有成分,只由 N_2 和 O_2 組成,且二者容積比為 79:21。

$$Lw = [11.6 \times C + 34.8 \times (H - \frac{O}{8}) + 4.3 \times S] \% \quad (kg)$$

$$Lv = [8.9 \times C + 26.7 \times (H - \frac{O}{8}) + 3.3 \times S] \% \quad (m^3)$$

燃燒所需空氣量 $\quad \dfrac{\text{重量} \times \text{氧分子量} \times \text{氧莫耳數}}{\text{分子量}} \times \dfrac{100}{23} \quad (kg)$

$\dfrac{\text{重量} \times \text{氧體積} \times \text{氧莫耳數}}{\text{分子量}} \times \dfrac{100}{21} \quad (kg)$

實際空氣量

實際空氣量為考慮單位燃料不完全燃燒下所需之空氣量。
而實際空氣量 = 理論空氣量 + 過剩空氣量。

$$\alpha = 空氣比 = \frac{實際空氣量}{理論空氣量}$$

固態物質 $\alpha = 1.02 \sim 1.2$;液態物質 $\alpha = 1.1 \sim 1.3$;氣態物質 $\alpha = 1.3 \sim 1.7$

燃燒所需空氣量

二氧化碳

一氧化碳（無色透明）

碳素微粒

完全燃燒　　　　　　　　　不完全燃燒

生成二氧化碳　　　　　　　不足氧與碳素微粒無法完全結合
（無色透明）　　　　　　　生成一氧化碳（無色透明）

---

1. 於 1 kg 碳完全燃燒所需空氣量為何？

解 使 1 kg 碳完全燃燒時（$C + O_2 = CO_2$），需 $11.6kg\left(=\dfrac{1000 \times 32}{12} \times \dfrac{100}{23}\right)$ 或

$8.9 \ m^3 \left(=\dfrac{1000 \times 22.4}{12} \times \dfrac{100}{21}\right)$ 空氣量

$C + O_2 = CO_2$，C 莫耳數 1 kg/12 g = 83.3，$83.3 \times 22.4 \times \dfrac{100}{21} = 8900$ L（$1 \ m^3 = 1000$ L）

$83.3 \times 32 \times \dfrac{100}{23} = 11600$ g

---

2. 於 1 kg 硫完全燃燒所需空氣量為何？

解 硫 $S + O_2 = SO_2$，需 $3.33 \ m^3 \left(=\dfrac{1000 \times 22.4}{32} \times \dfrac{100}{21}\right)$ 或 $4.35 \ kg \left(=\dfrac{1000 \times 32}{32} \times \dfrac{100}{23}\right)$ 空氣量

---

3. 於 10 kg 天然氣（CH_4）完全燃燒所需空氣量為何？

解 $\dfrac{\text{重量} \times \text{氧分子量} \times \text{氧莫耳數}}{\text{分子量}} \times \dfrac{100}{23} = \dfrac{10000 \times 32 \times 2}{16} \times \dfrac{100}{23} = 174$ (kg)

---

4. 於 10 kg 燃料，其組成 C 佔 20%、S 佔 15%、H 佔 25% 與氧佔 5%，其燃燒所需空氣量為何？

解 10 kg 之 C = 10×20% = 2 kg、S = 10×15% = 1.5 kg、H = 10×25% = 2.5 kg、O = 10×5% = 0.5 kg

$Lv = [8.9 \times 2 + 26.7 \times (2.5 - \dfrac{0.5}{8} \times 0) + 3.3 \times 1.5] = 87.83 (m^3)$

---

5. 重油含有 C、H、S、O 分別為 84%、8%、4%、4%，假如燃燒後 CO_2 濃度為 14%，試求 1 kg 的重油燃燒所需的理論空氣量在 0℃，1 atm 之下為多少 m^3？
（104 年四等一般特考）

解 燃燒時具有最低之理論空氣量為：

$Lw = \lceil 11.6 \times C + 34.8 \times (H - O/8) + 4.3 \times S \rfloor \times\% \ (kg)$ 有重量代入公式

$Lv = \lceil 8.9 \times C + 26.7 \times (H - O/8) + 3.3 \times S \rfloor \times\% \ (m^3)$

理論空氣量（容積）$= [8.9C + 26.7(H - O/8) + 3.3S] \times 1/100$

$[8.9 \times 84 + 26.7 \times (8 - 4/8) + 3.3 \times 4] \times 1/100 = 9.6 \ m^3$

2-6 燃燒界限（一）

可燃物、氧化劑與熱量是燃燒或爆炸之必要條件，但並不是充分條件，應是一定氧化劑、一定可燃氣體濃度及一定熱量，且前二者必須相混合在一定比例。可燃氣體是否會點燃或引爆，是由可燃氣體在空氣中的濃度來決定的。當氣體濃度太低，沒有足夠燃料來維持燃燒；當氣體濃度太高，沒有足夠氧氣來燃燒。可燃氣體只有在兩個濃度之間才可能燃燒，此稱燃燒（爆炸）界限（範圍）。燃燒界限以氣體或蒸氣在空氣中所佔體積百分比表示，其最低體積百分比為燃燒下限（Lower Flammable Limits, LFL），最高體積百分比為燃燒上限（Upper Flammable Limits, UFL）。這種體積百分比隨著溫度和壓力的變化而有改變。

以氫／空氣混合物在 21℃下，氫濃度在 4%～74%（以體積計）之間，火焰會持續傳播。溫度升高，則燃燒下限降低，燃燒上限提高，燃燒範圍變寬；溫度降低時，範圍變窄（下圖）。但亦有例外，如 CO 在壓力愈高時反而減小其燃燒範圍，現今對此一事實，尚無適當之理論性解釋。在特定環境條件下，使混合氣濃度處於燃燒範圍之上或之下，則可燃性混合氣將變爲不可燃性；或是工業上常添加不活潑性氣體，其效果大小依序以氦、氮氣、氬，其中氦熱傳導係數最大，造成熱損最高，使其燃燒範圍變窄。

燃燒上限

以當量濃度（Stoichiometric Concentration）求之燃燒上限計算法，烷類公式如次：

$$燃燒上限 = 6.5\sqrt{燃燒下限}$$

燃燒下限

燃燒下限是能支持燃燒的最小可燃混合濃度，液體燃燒下限也就是閃火（引火）點，是液體危險性之重要指標，以容積百分比（%）作表示。一般在爆炸防制策略上，添加不燃性氣體使其惰性化，其燃燒下限變化不大，主要是使其上限顯著降低，使燃燒範圍變窄。

燃燒下限計算法，基本上有 3 種方法：

1. 在氣體依 Jone's 理論，可燃性物質之爆炸下限為其化學理論濃度之 0.55 倍

$$燃燒下限 = 化學理論濃度 \frac{1}{1 + 4.76n}（或當量濃度）\times 0.55（其中 n 為氧莫耳數）$$
$$= \frac{0.55}{1 + 4.76n}（註：n 為氧莫耳數）$$

上述對所有有機可燃性氣體均適用，但不適於無機可燃性氣體。

2. 在液體能以閃火點之飽和蒸氣壓（P_0）計算

$$燃燒下限 = \frac{P_0}{P}（其中爲一大氣壓，即 760\ mmHg）。$$

3. 在固體依據 Burgess-Wheeler 定理，碳化氫系之燃燒下限 C（V%）與燃燒熱 Q（Kcal／mole）之乘積，大致呈一定值：C×Q (Kcal/mole) = 1059

可燃物燃燒範圍／界限

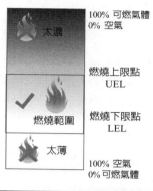

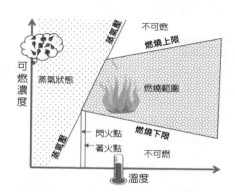

液／氣體	燃燒下限	燃燒上限
乙炔（Acetylene）	2.5	100.0
一氧化碳（Carbon Monoxide）	12.5	74.0
乙醇（Ethyl Alcohol）	3.3	19.0
1 號燃料油（Fuel Oil No.1 ）	0.7	5.0
汽油（Gasoline）	1.4	7.6
氫（Hydrogen）	4.0	75.0
甲烷（Methane）	5.0	15.0
丙烷（Propane ）	2.1	9.5

1. 請寫出丙烯（C_3H_6）請計算其當量濃度？及其爆炸上下限？

解 (1) $C_3H_6 + 9/2O_2 \rightarrow 3CO_2 + 3H_2O$

(2) 當量濃度 $= \dfrac{1}{1 + 4.76n} = \dfrac{1}{1 + 4.76(9/2)} = 4.4\%$

(3) $0.55 \times$ 當量濃度 $= 2.43\%$（下限）

上限 $= 6.5 \sqrt{2.43} = 10.1(\%)$

2. 根據 Burgess-Wheeler 定理，己烷化學式是 C_6H_{14}，燃燒熱是 4159.1 KJ/mole，其燃燒下限計算？

解 燃燒下限 × 燃燒熱 = 1059　　　燃燒熱 = 4159.1 KJ/mole = 990 Kcal/mole

燃燒下限 = 1.07 %

3. 根據 Burgess-Wheeler 定理，已知苯的燃燒熱為 3120 kJ/mol，其燃燒下限約為多少？

解 燃燒下限 × 燃燒熱 = 1059　　　燃燒熱 = 3120 KJ/mole = 743 Kcal/mole

燃燒下限 = 1.42%

2-7 燃燒界限（二）

當量濃度

當量濃度又稱化學理論濃度，當燃料氣體濃度等於化學理論濃度時，燃料與氧分子處於最佳比例，這是理論上最大燃燒速度。但實際最大壓力，卻是位於稍高於理論濃度，即當量濃度 1.1～1.2 範圍（SFPE, 2008），這是因為爆炸性混合物之燃料氣體分子可能比氧氣分子大，移動速度比氧氣分子慢，若燃料分子濃度稍高一點，能與氧氣分子碰撞頻率增加，此時反應才是產生熱量最多，壓力也最大。

當量濃度＝氣體完全燃燒時，可燃氣體所佔全部氣體之比例

$$\frac{可燃氣體體積（烷類）}{可燃氣體體積（烷類）＋空氣體積}$$

$$當量濃度 = \frac{1}{1 + 4.76n}（n 為氧氣莫耳數）$$

混合燃燒界限

依 Le Chatelier 定律指出混合氣體燃燒上下限，S_1、S_2、S_3.. 為各氣體組成百分比，U_1、U_2、U_3.. 為各氣體之燃燒上限值，D_1、D_2、D_3.. 為各氣體之燃燒下限值。Le Chatelier 定律極適合於碳氫化合物類之混合物，而不適合於含氫等混合物，其公式如次：

$$混合氣體燃燒上限值，M_U = \frac{1}{\dfrac{S_1}{U_1} + \dfrac{S_2}{U_2} + \dfrac{S_3}{U_3} \cdots} \times 100\%$$

$$混合氣體燃燒下限值，M_D = \frac{1}{\dfrac{S_1}{D_1} + \dfrac{S_2}{D_2} + \dfrac{S_3}{D_3} \cdots} \times 100\%$$

最小氧濃度（LOC）

可燃物能夠燃燒所需要之最小氧濃度（Limiting Oxygen Concentration, LOC），以氧的體積百分比為單位表示，在設計防火防爆系統時，極限氧濃度是必要的參數。LOC 會隨著壓力和溫度而變化，也取決於惰性（不燃性）氣體的類型，如 CO_2 氣體有較高的莫耳熱容量（Molar Heat Capacity），在滅火上能吸收相當多熱量，而比 N_2 更有效。

$$LOC = 燃燒下限 \times 氧莫耳數（完全燃燒）$$

氣體／液體燃燒屬性

可燃物質	下限	上限	閃火點	LOC	MIE（mJ）	AIT（°C）
氣體						
甲烷 Methane	5.0	15.0	−188	12	0.28	600
乙烷 Ethane	3.0	12.5	−135	11	0.24	515
丙烷 Propane	2.1	9.5	−104	11.5	0.25	450
氫 Hydrogen	4.0	75.0		5	0.018	400
氨 Ammonia	16.0	25.0				651
一氧化碳 Carbon Monoxide	12.5	74.0		5.5		609
硫化氫 Hydrogen Sulfide	4.3	45.0		7.5		260
乙炔 Acetylene	2.5	80.0	−18		0.020	305
液體						
己烷 Hexane	1.2	7.5	−23	12	0.248	234
乙烯 Ethylene	2.7	36.0	−136	10		450
苯 Benzene	1.4	7.1	−11	11.4	0.225	562
乙醇 Ethanol	4.3	19.0	13	10.5		422
甲醇 Methanol	7.5	36.0	11	10	0.140	463
甲醛 Formaldehyde	7.0	73.0	−53			430
丙酮 Acetone	2.6	12.8	−18	11.5		538
苯乙烯 Styrene	1.1	6.1	32	9.0		490
汽油 Gasoline	1.4	7.6	−43	12		

（註：LOC 為最小氧濃度；MIE 為最小起火能量；AIT 為自燃溫度）

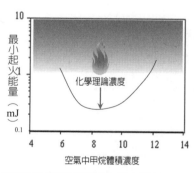

（甲烷當量濃度時最小起火能量最小）

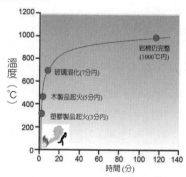

（室內火災發展溫度與可燃物起火）

1. 若空氣中之氧氣含量為 20%：

(1) 請寫出丙烯（C_3H_6）燃燒之化學平衡式？

(2) 請計算其當量濃度（Stoichiometric Concentration）？

解 (1) $C_3H_6 + 9/2O_2 \rightarrow 3CO_2 + 3H_2O$

(2) 當量濃度 $= \dfrac{1}{1 + 4.76(9/2)} = 4.4\,\%$

2. 試以化學理論濃度之方法計算甲烷之燃燒下限爲多少%？

解 燃燒下限 = 0.55 × 化學理論濃度（當量濃度）

$CH_4 + 2O_2 \rightarrow CO_2 + 2H_2O$

$(1 \times 22.4^{[註3]}) \div ((1 + 2/0.21) \times 22.4) = 0.095$

燃燒下限 = $0.55 \times 0.095 = 5.23\%$

另一算法，1 mole CH_4 需 2 mole O_2，即 1 mole CH_4 燃燒需 10 mole 空氣，化學理論濃度 = $1/(1+10) = 0.091$　燃燒下限 = $0.55 \times 0.091 = 5.0\%$

3. 試求一氧化碳在空氣中化學理論濃度？

解 不同算法，氧氣佔空氣體積 21%，氮氣佔 79%，即 21%：79% → 1：3.76

$2CO + O_2 + 3.76N_2 \rightarrow 2CO_2 + 3.76N_2$

參加反應物質總體積爲 2 + 1 + 3.76 = 6.76

則 2 體積 $CO = \dfrac{2}{6.76} = 29.6\%$

4. 氧乙炔併用於工業上燒焊作業，試求乙炔與氧氣混合化學理論濃度？

解 $2C_2H_2 + 5O_2 \rightarrow 4CO_2 + 2H_2O$

參加反應物質總體積爲 2 + 5 = 7

則 2 體積 $C_2H_2 = \dfrac{2}{7} = 28.6\%$

5. LPG 燃燒下限爲何？在常溫（25℃）常壓（1 atm）室內長寬高分別爲 10 m×4 m×3 m，該 LPG 洩漏量（kg）達到多少即形成潛在爆炸環境？

解 $C_3H_8 + 5O_2 \rightarrow 3CO_2 + 4H_2O$

理論濃度 = $\dfrac{1}{1 + 4.76n} = 0.038$

$C_下 = 0.55 \times 0.038 = 2.2\%$

依理想氣體方程式

a) P(atm)×V(L) = n (mole)×R（氣體常數 $0.082 \dfrac{L \times atm}{K \times mol}$）×T(K)

b) P(kpa)×V(m³) = m (kg)×R（氣體常數 $\dfrac{8.314}{n}$）×T (K)

$101 \times (120 \times 2.2\%) = m \times \dfrac{8.314}{44} \times 298$

m = 4.78(kg)

6. 丙烯睛閃火點爲 77℃，飽和蒸氣壓（P）爲 10 mmHg，則其燃燒下限爲何？

解 燃燒下限 = $\dfrac{P_0}{P} = \dfrac{10}{760} = 1.32\%$

7. 請計算丙烯（C_3H_6）燃燒最小氧濃度（Limiting Oxygen Concentration）？

解 $C_3H_6 + 9/2O_2 \rightarrow 3CO_2 + 3H_2O$

當量濃度 = $\dfrac{1}{1 + 4.76n} = \dfrac{1}{1 + 4.76(9/2)} = 4.4\%$

0.55× 當量濃度 = 2.43%（燃燒下限）

燃燒下限 × 氧莫耳數 $0.0243 \times 9/2 = LOC$　　LOC = 10.9%

[註3] 標準狀況下（0℃、101 kPa）一氣體爲 22.4 L/mol，如 C_3H_8 分子量 12×3 + 8 = 44 即一莫耳爲 44 g，故 C_3H_8 丙烷氣體密度 = 44 g÷22.4 L=1.96 g/L。

8. 如有一可燃性氣體，其閃火點下的飽和蒸氣壓為 38 mmHg，試求其燃燒下限？
   （一大氣壓下，飽和蒸氣壓為 760 mmHg）　(A) 5%　(B) 10%　(C) 15%　(D) 20%

解　(A)：液體燃燒下限 = $\dfrac{蒸汽壓}{一大氣壓（= 760）} = \dfrac{38}{760} = 0.05$

9. 如下表某混合可燃性氣體由乙烷、環氧乙烷、丁烷等三種可燃性氣體組成，試計算此一混合氣體在空氣中之爆炸上限與爆炸下限？

物質名稱	爆炸界限（%）	組成百分比
乙烷	3.0～12.4	25%
環氧乙烷	3.6～100	50%
丁烷	1.8～8.4	25%

解　依 Le Chatelier 定律混合氣體燃燒上下限計算
   混合氣體燃燒上限

$$M_U = \dfrac{1}{\dfrac{S_1}{U_1} + \dfrac{S_2}{U_2} + \dfrac{S_3}{U_3} \cdots} \times 100\% = \dfrac{1}{\dfrac{25}{12.4} + \dfrac{50}{100} + \dfrac{25}{8.4}} \times 100\% = 18.2\%$$

   混合氣體燃燒下限

$$M_D = \dfrac{1}{\dfrac{S_1}{D_1} + \dfrac{S_2}{D_2} + \dfrac{S_3}{D_3} \cdots} \times 100\% = \dfrac{1}{\dfrac{25}{3.0} + \dfrac{50}{3.6} + \dfrac{25}{1.8}} \times 100\% = 2.8\%$$

10. 一混合可燃氣體含 H_2 30%、CO 15%、CH_4 55%，其 H_2、CO、CH_4 燃燒上限各為 75%、74% 及 15%，下限各為 4.0%，12.5% 及 5%，試求混合氣體之燃燒上下限？

解　依 Le Chatelier 定律混合氣體燃燒上下限計算
   混合氣體燃燒上限

$$M_U = \dfrac{1}{\dfrac{S_1}{U_1} + \dfrac{S_2}{U_2} + \dfrac{S_3}{U_3} \cdots} \times 100\% = \dfrac{1}{\dfrac{30}{75} + \dfrac{15}{74} + \dfrac{55}{15}} \times 100\% = 23.4\%$$

   混合氣體燃燒下限

$$M_D = \dfrac{1}{\dfrac{S_1}{D_1} + \dfrac{S_2}{D_2} + \dfrac{S_3}{D_3} \cdots} \times 100\% = \dfrac{1}{\dfrac{30}{4} + \dfrac{15}{12.5} + \dfrac{55}{5}} \times 100\% = 5.2\%$$

11. 多種可燃性混合氣體（H_2 30%、N_2 30%、CO_2 30%、CO 10%），當加入不燃性 CO_2 時，燃燒範圍為何？（N_2 30% 及 H_2 15% 為 a 混合氣體、CO_2 30% 及 H_2 15% 為 b 混合氣體、CO 10% 為 c 氣體，其中a：上限 75%、下限 13%，b：上限 67%、下限 13%，c：上限為 74%、下限 12.5%）？

解　依 Le Chatelier 定律混合氣體燃燒上下限計算
   混合氣體燃燒上限

$$M_U = \dfrac{1}{\dfrac{S_1}{U_1} + \dfrac{S_2}{U_2} + \dfrac{S_3}{U_3} \cdots} \times 100\% = \dfrac{1}{\dfrac{45}{75} + \dfrac{45}{67} + \dfrac{10}{74}} \times 100\% = 71.1\%$$

   混合氣體燃燒下限

$$M_D = \dfrac{1}{\dfrac{S_1}{D_1} + \dfrac{S_2}{D_2} + \dfrac{S_3}{D_3} \cdots} \times 100\% = \dfrac{1}{\dfrac{45}{13} + \dfrac{45}{13} + \dfrac{10}{12.5}} \times 100\% = 12.9\%$$

2-8 燃燒原則

燃燒理化

燃燒是一種可燃物或助燃物先吸收能量，受熱分解或氧化、還原，解離爲游離基，游離基具有比普通分子平均動能更多活化能，在一般條件下是不穩定的，易與其他物質分子反應而生成新游離基，或者自行結合成穩定分子。基本上，許多自發性反應之速率緩慢，因分子起反應之前，分子化學鍵需被打斷，而打斷化學鍵需要額外能量來啓動，才能自行持續的連鎖反應，這種啓動化學反應的能量爲活化能。燃燒過程通常（並非必然）與燃料被大氣中氧化有關，並伴同發光。

即固態和液態燃料在燃燒前需氣化，有些固體燃燒可直接是無焰燃燒或悶燒，如香菸、家具蓆墊或木屑等具多孔性，空氣能滲入至內部空間，而可以固態方式在悶燒中，此種無焰燃燒方式之主要熱源來自焦碳之氧化作用，所以悶燒之船艙內部更能生成有毒性物質。另一方面，氣相燃燒通常伴有可見的火焰，若燃燒過程被封閉在某一範圍內，因氣體分子不停地碰撞壁面而產生壓力，致壓力會迅速上升，形成壓力波或衝擊波現象，稱爲爆炸。

森林大火

以爆炸性的速度觀看，在試圖預測燃料分子鏈式反應情況，森林燃料含水量是一重要因子，因其是水分含量，不是質量（Mass），也非體積（Volume），也沒有尺寸（Size），也沒有燃料的排列問題，其爲首要判斷森林火災是否能眞正出現爆炸似燃燒之要素，因其森林燃料呈現連續性接連狀態。

因此，燃料起火，火的起火和擴散受熱解、熱傳和燃燒的物理化學過程控制。如上所述，只有當熱源、燃料和氧化劑三者同時存在於相同的物理空間中，在足夠高的溫度下才能發生分子反應，才能觸動燃燒的啓動步驟。當船艙上可燃物超過一定的「起火」溫度（300～400℃），物質以高速釋放易燃的氣體燃料，這是熱裂解過程（Pyrolysis Process）。氣體原子燃料與氧原子反應，這是火焰燃燒釋放熱量過程（Releasing Heat）。基本上，在起火之後及從其熱傳到相鄰燃料的熱量足夠高，以能使其起火，進而形成火災蔓延情況（Fire Spread）。

質量守恆定律

根據質量守恆定律，火不會使被燃燒物的原子消失，燃燒物只是從化學反應轉變了分子型態。基本上，火爲可燃物與助燃物（還原性物質與氧化性物質）二者起化學反應，此種需爲放熱反應，且放熱大於散熱之速度，如此則能使反應系之溫度上升，至發出光現象。

因此，燃燒是許多類型的氧化過程之一。這過程將含有碳氫化合物的燃料與氧氣結合起來，產生二氧化碳、水和能量。氧化是光合作用的逆過程，植物光能量是與二氧化碳和水結合，來產生有機物質的。氧化速度可以從塗料中亞麻籽油塗層的緩慢硬化，到石油化學產品的瞬間爆炸，而形成不等變化。而燃燒必須在高溫活化下燃料裂解分子型態，才能以氧分子結合產生迅速的氧化反應。

氧化速率變化

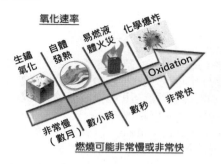

建築物火災燃燒

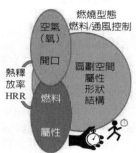

物質燃燒速率比較

1. 燃燒速率比音速快，每秒進行數公里之速度（km/s），如高階爆炸（Detonation）。
2. 每秒進行數公尺之速度（m/s），如低階爆燃（Deflagration）。
3. 每秒進行數公分之速度（cm/s），如火災或悶燒情況（Smolder）。
4. 每秒進行 0.01～100 毫米速度（mm/s），如自動氧化（Auto-Oxidation）。

人類爬樓梯速度

煙流垂直與水平擴散速度

每秒 0.5 m

每秒 0.3～0.8 m

飛行高度與分子密度

氣體分子集中在地表

地球大氣壓力和密度隨高度增加而降低，飛行阻力來自於空氣密度，密度愈高，阻力愈大。當飛行高度愈高，空氣密度低阻力愈小，阻力小則飛行加快。但飛得愈高氧氣愈稀薄至無法燃燒引擎，所以最佳飛行高度是在 10,500～12,500 公尺之間。

2-9 燃燒機制

燃燒物質三態轉換

燃料能以 3 種狀態之任何形式存在：即固體、液體或氣體。原則上，只有蒸氣或氣相時才能著火燃燒，只有少數物質可以固態形式直接燃燒，如炭、鎂等表面燃燒型態。基本上，液體或固體燃料燃燒，是需透過熱量活化轉換成蒸氣或氣體狀態。燃料氣體演變可以是從固體燃料的熱裂解過程（Pyrolysis Process）[註4]，昇華為氣體；或是物質透過熱傳進行化學分解（Chemical Decomposition）再蒸發為氣體現象；或熔點低可燃固體會先溶解為液體，或固體先溶解再加上分解為液體，也可以從液體的蒸發氣化（Vaporization）或先分解再蒸發至燃料氣體。這些過程最後是相同的，就如無論是水沸騰蒸發或是在陽光下水蒸發，以上情況下，皆是受熱導致氣（汽）化之現象。

在熱回饋機制上，液體受熱氣化、固體受熱進行熱裂解。從液體沸騰或固體裂分解中產生可燃性分子，在火焰中發生化學鍵斷裂，而更容易與空氣中氧氣進行混合。熱裂解是一種複雜非線性行為，在熱量作用下固相可燃物發生熱裂解及化學分解，致發生揮發性產物，包括可燃性與非可燃物成分。高溫時化學反應速率加快，致能分解同時產生可燃非揮發性炭，上述揮發性產物於固體表面上發生氣相氧化反應，有一部分可燃性氣相揮發部分被空氣迅速帶離，從而濃度不足以燃燒，而存在固相燃燒之殘留炭現象。

也就是，大部分固體可燃物隨著熱解與燃燒進行，會有相當量殘留物覆蓋在固體表面，灰燼（炭）層存在會使表面熱阻增大，較少受外空氣冷卻，而表面溫度上升，形成內部梯度，從而影響燃燒速率，如木材燃燒或燒金紙形成灰燼就是一顯著例子。

轉換氣態燃燒

液體燃燒過程中，比固體熱裂解過程所需熱量低，亦即液體燃料蒸發過程顯然較少的熱量輸入，因此液體燃燒速度勢必大於固體。又對氣體燃料火災滅火是困難的，因其前端滅火後高溫會再引火復燃的。氣體燃料是最危險的，因其是處在所需起火之自然狀態，而無需再進行燃料熱裂解或氧化之轉換過程。因此，氣體燃料也是最難以抑制的，也是危險的，會以混合燃燒之爆炸型態呈現。

因此，無論可燃物是以哪一種型態，絕大部分是以蒸氣或氣體狀態來燃燒。又如紙張分解燃燒，其實不是紙本身在燒，而是紙上方之揮發可燃氣體在燒，因其需由固體轉換成氣體之分子型態，始能以氧分子進行氧化結合燃燒；另如蠟燭亦是需先轉換成液體（蠟油）再轉換成氣體才燒（由白色棉繩藉虹吸作用吸取蠟油氣化）。在液體方面，如汽油燃燒不是液體本身，而是液面上油氣所蒸發燃燒，如溫度愈高，其蒸氣壓愈高，蒸發油氣愈多，燃燒愈旺。有時，車禍會導致車輛油箱爆炸，其油箱存油絕對不是滿的狀態，滿的油箱（皆為液體）頂多形成漏油火災，而無從爆炸。所以，任何可燃液體容器內愈少，則內部充滿更多揮發氣，這是一種會以爆炸呈現之狀態。

[註4] 可燃物在燃燒前會熱裂解為簡單的分子，分子中共價鍵在外界因素（如光、熱）影響下，裂解而成化學活性非常強的原子或原子團，此稱為自由基。

固體：高溫熱裂解及化學分解可燃氣分子與氧分子結合之火焰型態

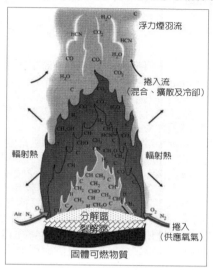

固體可燃物質

室內火災質傳與熱傳

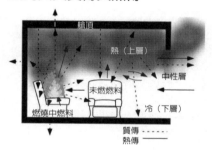

防火區劃概念

1. （A）火柴、蠟燭燃燒，屬於下列何種燃燒型態？（109 年一般消防四等）
   (A) 擴散燃燒　(B) 混合燃燒　(C) 無焰燃燒 (D) 表面燃燒

解　本題易使讀者搞混，擴散燃燒大多是氣體燃燒型態

2. （D）下列何者為表面燃燒？（106 年一般消防四等）
   (A) 汽油油盆燃燒　(B) 木材有餤燃燒　(C) 瓦斯燃燒　(D) 木炭無餤燃燒

解　汽油油盆為蒸發燃燒；木材有餤為分解燃燒；瓦斯為擴散燃燒；木炭無焰為表面燃燒

3. （C）棉被悶燒屬於何種燃燒型態？（107 年一般消防四等）
   (A) 快速燃燒　(B) 混合燃燒　(C) 無焰燃燒　(D) 完全燃燒

解　僅有固體才會悶燒，且多為多孔世之多孔性之表面氧化燃燒，為無焰燃燒

2-10 燃燒速率

氣相燃燒

可燃物與氧必須在原（分）子接觸條件下，才會產生所需的化學作用，這就意味著燃燒是一種氣相（Vapor-Phase）現象。亦即火焰是一種氣化燃料和空氣間所發生反應之區域地帶。通常情況，熱輻射通常是在此區域地帶釋放出來，其以一黃色熾光型態出現。然而，也有以藍色光替代黃色光，如某些醇類。含碳量低之醇類燃燒效率是非常高的，其僅形成少數煤煙顆粒，並以藍色熾光。

燃燒速率的快慢主要取決於：可燃物與氧化學反應速度，可燃物和氧的接觸混合速度。前者稱化學反應速度，後者稱物理混合速度。化學反應速度正比於壓力、溫度、濃度有關，其中壓力增高使分子間距離接近，碰撞機率增高，使燃燒反應更易進行。而物理混合速度取決於空氣與燃料的相對速度、紊流、擴散速度等。在高揮發性（Highly Volatile）液體和固體的燃燒，常受到燃燒區內氧的流入速率所影響，特別是貧乏通風條件。而氣體分子間是極易相互混合在空氣中燃燒，如氫或甲烷，是一種非常快速之過程。但固體與液體是比氣體分子間較為濃縮緊密（Concentrated），燃燒時必先揮發（Volatilization）轉化為氣態，這個過程需吸收相當多熱能，以分解較多揮發氣體物質。

燃燒過程

可燃性物質一般受高熱先形成裂解，再分解成揮發性氣體於燃料表面，此時需空氣中氧氣參與混合後，再形成燃燒行為，而空氣中氧氣濃度與燃料受熱揮發成氣體濃度，與該燃料表面之距離為一種函數關係。亦即，愈靠近燃料表面之可燃氣體愈濃，而氧氣濃度愈少。也就是說，可燃物必須受熱才能引發燃燒，所接受的熱量需使燃料氧化（Vaporize）到一定的量，才能觸動燃燒反應，且熱量足以加速此種化學燃燒反應的速度，直到其能自身持續下去。基本上，起火所需的熱量，在很大程度上取決於可燃物的物理狀態與周圍環境的熱傳屬性。因此，粉塵狀的可燃物，有一較大與氧接觸之表面積與體積比（Surface-to-Volume Ratio），所以氧化燃燒非常容易，甚至爆炸，而塊狀固體的同樣物質，卻連起火也很難（起火能量需非常大，如火炬噴槍）。

固體與蒸氣（或氣體）比較，可燃固體危險性較小，因固體物不易蒸發，在正常的環境溫度與大氣壓力下也不分解出氣體。所以，固體可燃物的起火，需要熱源與該可燃物接觸的時間足夠長，產生熱裂解氣體，以致釋出可燃氣分子。而液體表面上早已存在易於起火的蒸氣，與固體與氣體一樣，三者皆需有足夠氧氣混合。但悶燒是個例外，像木炭這樣的物質，是一種多孔碳質，不蒸發或分解也能發生熾熱之悶燒行為。

燃燒速率

燃燒速率是氧化發生之化學反應如何快速之一種函數，有時化學反應速率很快，而物理上混合速率相對慢時，則燃燒速率必然取決於物理混合速率。如是混合火焰（Premixed Flames），即燃燒前可燃物與氧在物理上已混合，則決定燃燒速率只是物質化學反應之固有速率。這種速率一般很高，在預混合情況下，火焰以每秒幾公尺的速度傳播。正因如此，空氣與可燃蒸氣的接觸極為危險，這個過程一旦起火，除非在有專門封閉空間，否則，因極其快速，要中止這種燃燒過程，事實上是不可能的。

固／液體燃燒型態

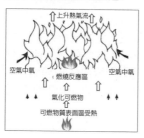

船艙火災蔓延

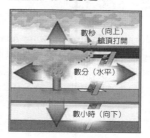

物質燃燒速率方程式

物質燃燒速率（$\dot{m}$）能由以下表示：

$$\dot{m} = \frac{Q_F - Q_L}{L_V} \times A$$

$\dot{m}$ [註5] 是燃燒速率（g/s）。

Q_F 是從火焰到燃料表面的熱通量（Heat Flux），此是熱獲得（kW/m²）

Q_L 是從燃料表面熱損失的熱通量（如輻射傳導），此是熱損失（kW/m²）

A 是燃料表面積（m²）

L_V 是氣化熱（相當於液體蒸發潛熱）（kJ/g），通常固體 > 液體 > 氣體。

例題：有一開放式直徑 0.5 m、高度 2 m 圓形斷熱容器，內置甲苯，燃燒時產生 60 kW/m² 的輻射熱通量時，甲苯氣化潛熱為 351 J/g，求其燃燒速率為多少？（假設容器沒有熱傳損失）

$$\dot{m} = \frac{Q_F - Q_L}{L_V} \times A = \frac{60 - 0}{351} \times (0.25 \times 0.25 \times 3.14) = 0.0335 \ KW \cdot g/J = 33.5 \ g/s$$

燃燒能量及中性層

燃燒能量釋放

起火

熱傳

中性層

[註5] $\dot{m}$ 於 m 上面一點是表示隨著時間而變化；1 W×sec = 1 J

2-11 燃燒危險性

物質危險性（Burning Hazard of Materials）是物質燃燒時所產生的熱量，即燃燒熱（Combustion Heat）。燃燒熱愈大溫度也愈高，則該燃料潛在危險性愈大。燃燒熱大小由物質化學屬性（Chemical Composition）決定；而燃燒速率則取決於物理屬性，如細刨木片（Excelsior）與等重木塊相比，二者燃燒熱量相等，但燃燒速率顯然是前者較快的。

有機物

只要討論到物質危險性，就必然講到有機物（Organic Materials），即含碳物質，這無非是因有機物普遍存在地球各處。但碳的氧化物、碳化鈣、碳酸鹽、氰化物、氰酸鹽等，則視為無機物。

有機化合物較無機化合物不安定，易起變化，多數能燃燒，加熱即行分解。最簡單有機化合物，如甲烷（CH_4）和丙烷（C_3H_8），此為商業上普遍燃料；而有機液體如溶劑等。但種類繁多卻是有機固體，如木材、紙張、紡織品、大部分塑膠，無不都是有機固體。上述這些物質都以碳為主成分，幾乎又含氫，許多還含氧、氮等元素，只是含量不盡相同。

小分子連接成長鏈叫聚合（Polymerization），聚合的產物叫聚合物。最簡單的聚合物如塑膠。非常大分子通常是天然的，如纖維素之木材、棉花和羊毛。此外，也能是人工合成的，如塑膠之聚乙烯由數千個乙烯分子（C_2H_2）的化學鍵連接一起，並形成一大塊聚乙烯。因此，聚合物不論是天然的還是合成的，與簡單的固體、液體、氣體相比，有一主要區別，固體物必須在一定程度上分解，才能氣化產生揮發物質，但聚合物的分子太大，不能照原樣轉化為氣相，必須把存在的化學鍵打破，但這要消耗能量，也就是活化能。

能量產生

大部分有機物易於燃燒，燃燒後產物是 H_2O（氫氧化物）與 CO_2。有機物質能分為2 大類：烴類（Hydrocarbon Based）與纖維素類（Cellulose Based）。從某種意義說，纖維素類在自然狀態下已部分氧化了。所以，這 2 類有機物經燃燒而成二氧化碳和水時，纖維素類耗氧量是較少的，且產生熱量也較少。

以等量（Equivalent）生成氧化物而言，烴類物質耗氧量要多 50%，產生的熱量也大 50% 左右。如以重量為基礎，則差異更大，烴類物質產生的熱要比等重的纖維素所產生的大 100% 以上。因此，從能量觀點而言，油類或天然氣燃料比木材好，因木材主要是由纖維素所組成。天然烴類幾乎全是工業用的化學品或者是商業上燃料，如大多數塑膠是用烴類而不是用纖維素製造，這樣烴類燃燒高熱對於建築防火安全而言，就是一個非常重要之課題。

有機類燃燒過程

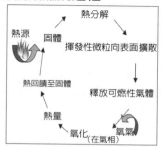

（熱分解分子型態始能與氧分子化合）

燃燒─火災─爆炸

三態特性

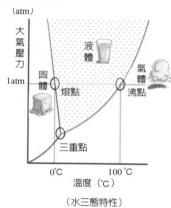

（水三態特性）

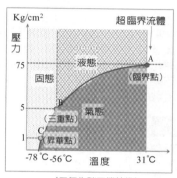

（二氧化碳三態特性）

物質燃燒屬性（NFPA, Fire Protection Handbook）

物質	化學式	分子量	$\triangle Hc$ 淨燃燒熱（MJ/Kg）	沸點（℃）
碳	C	12	32.8	4200
氫	H_2	2	130.8	-252.7
一氧化碳	CO	28	10.1	-191
甲烷	CH_4	16	50.3	-162
乙炔	C_2H_2	26	48.2	-84
乙醇	C_2H_6O	46	26.8	78.5
丙烷	C_3H_8	44	46.3	-42
尼龍	$C_6H_{11}NO$	113	29	-
聚丙烯	C_3H_6	42	43.2	-
鋁			31.0	
鐵			7.4	
鈦			19.7	

註：碳沸點相當高，難以氣化，致燃燒生成物碳含量多，而濃煙溫度與輻射熱回饋皆是歸因於高溫之碳粒子所賜。氫非常輕但卻燃燒熱多，早期非常適用於熱氣球，但其爆炸下限低而具高危險。乙炔燃燒熱需配合純氧，在完全燃燒下用於快速燒切作業。

2-12 五大燃燒

擴散燃燒

為氣體燃燒型態，其能直接與空氣中氧結合，不需像固體、液體類經分解、昇華、液化、蒸發過程；如氫、乙炔或瓦斯等可燃氣體與空氣接觸直接燃燒。氣體燃燒僅分擴散燃燒及混合燃燒二種，混合燃燒就是所謂化學性爆炸，其不在一般火災燃燒形式作探討。擴散燃燒就是可燃氣體一邊擴散一邊燃燒的情形，如瓦斯爐之爐火燃燒一樣，假使瓦斯點火一直沒點燃（代表瓦斯已與空氣中氧混合），待點燃時會形成混合燃燒之小型爆炸。

蒸發燃燒

為液體類燃燒，油類燃燒後所產生之熱釋放率，能迅速地達到穩定狀態。因液體燃燒非液體本身在燃燒，液體火焰並不是緊貼在液面上，而是液面上方空間位置，也是液體蒸氣壓所生之蒸氣在燒，此種火焰大小取決於液體蒸發速度，而蒸發速度則取決於本身蒸氣壓及液體從火焰區所吸收到熱量多少。固體方面，熔點較低固體類，受熱後熔融液化，蒸發成蒸氣而燃燒，如硫磺、瀝青、石蠟等固體，則先熔融液化，形成蒸發燃燒型態。液體物質若於開口容器內發生火災時（液體表面積小），較易處理，但若容器破裂時（液體表面積大），會導致大面積燃燒，所以需有防液堤之設置。

分解燃燒

為固體類燃燒，大多數固體可燃物係屬分解燃燒型態，固體受熱時先失去水分，再起熱裂解與化學分解可燃氣體分子，與氧分子給合後產生燃燒，最後分解往往僅剩炭質固體及殘留無機之灰燼物質。在固體可燃物具較大分子結構，如木材、紙、布、熱固性塑膠、合成塑膠、纖維等，或高沸點之物質，於受熱後不發生整體相變，而是逐一相變之化學分解產生燃燒。絕大多數高分子材料都是可燃的，受熱後熔化，產生熔滴形成分子斷裂，由大分子裂解成小分子，裂解中不斷釋出 H_2、CH_4、CO 等可燃性氣體。

表面燃燒

為少數類固體燃燒，這種固體受熱後不生化學分解和相變，也不熔化及不氧化型態，僅在其接觸空氣中的氧，可燃物（固相）直接吸附氧（氣相）產生氧化反應熱，燃燒區域高溫熾熱形成 2 個相態（氣／固相），不生火焰之非均一系反應，燃燒緩慢，燃燒後仍保留原狀，如結構穩定熔點較高的木炭、焦炭、鐵絲、鋁箔、鈉等。

自己燃燒

為少數類固體燃燒，一些可燃性固體之分子含有氧原子，不需外界氧供應，如大多數火藥、賽璐珞、硝化棉、硝化甘油或固體推進劑，如人造衛星打入無氧之外太空，靠本身氧維持旺盛燃燒等，此種反應速度快，燃燒速度較迅速，甚至有爆炸性燃燒如黑火藥（硝、硫、炭比例 10:1:3）、爆炸物等。

五大燃燒形式

擴散燃燒 （瓦斯乙炔） **氣體**	蒸發燃燒 （汽油酒精） **液體**	分解燃燒 （木材紙張） **固體**	表面燃燒 （木炭硫磺） **固體**	自己燃燒 （含氧物質） **固體**

 1. 請問固體類燃燒中有「有焰燃燒」與「悶燒」現象，請問此二種現象燃燒機制差異性？又「悶燒」與「表面燃燒」皆為無焰燃燒，請問二者之燃燒機制有何異同？（107 年消防設備師）

解 (1) 有焰燃燒和悶燒

有焰燃燒情況，固體是以分解可燃性氣體進行連鎖反應；而悶燒情況，僅在空氣接觸可燃性表面或內部多孔性，使其氧化發熱反應持續，而反應熱保持在內部，產生熱裂解。悶燒常見於傢俱軟墊物質如寢具或沙發等，在缺氧環境中使悶燒非常緩慢。

項目		有焰燃燒	悶燒
相異	相態氧化	燃料和氧是在處於相同狀態之均相氧化	燃料和氧是處於不同狀態之多相氧化
	反應	2 種氣體混合進行燃燒反應	燃料是固體，氧是氣體，進行氧化發熱反應
	火焰	有	無
	連鎖反應	有	無
	燃燒生成物	毒性較少	毒性較多（CO）
相同		皆需火三要素（燃料、氧及熱量）	

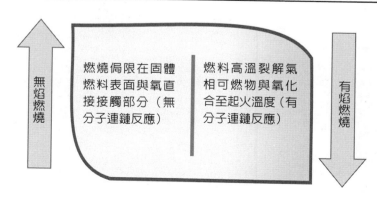

(2) 悶燒和表面燃燒
   悶燒與表面燃燒比較，二者皆發生在可燃物表面與空氣接觸，產生氧化反應，都是無焰燃燒；二者區別在悶燒有分解反應，而表面燃燒則表面氧化反應。

燃燒形態	悶燒	表面燃燒
相同點	燃燒速度慢 在固體表面與空氣界面氧化反應，均為無焰燃燒	
相異點	有分解反應	無分解反應
	發生於表面或內部	僅發生於表面
	常發生在火勢初期階段	發生在火勢衰退熄滅階段
	供氧不足、溫度較低	供氧可能充足、溫度較高
	能轉變有陷燃燒	無法轉變有焰

第3章
滅火原理

（作者英國訓練照片）

3-1 發火源（一）

溫度是測量物體間熱流有關的量度，熱則是能量的形式，用來維持或改變物質的溫度。發火源（Sources of Heat Energy）是一種熱能，熱能使物質分子運動加速之一種條件；即物質受熱使分子間運動速率增加，致溫度升高。發火源是各縣市消防局火調課，所要調查火災原因對象。為幫助讀者了解燃料如何成為發火源，以能進一步來控制或預防火災發生。在此分出 5 大類型的熱能（見右圖），從這些知識了解，在防火（如何防止這些能量引起火災）和滅火（如何最有效地撲滅），是很重要的。

電氣發火源

電氣能量（Electrical Heat Energy）分電氣設備、靜電及閃電造成火災；電氣設備在台灣常列為火災原因之前三位，因電氣熱能可以發生在不同方式，而每一種方式都會產生一定高熱，並有能力引燃可燃性物質。靜電延伸閱讀請見 11-5 節所述，閃電延伸閱讀請見 12-9 節所述。而電氣設備火災依 NFPA 可分如次：

1. 發熱裝置（Heat-Producing Devices）

發熱裝置是造成電氣設備周遭可燃物質受熱起火之原因；係屬一種直接受熱起火。此類常因使用不當或故障，導致火災發生，如可燃物落入電氣設備、發熱設備忘記關掉、油炸鍋或電鍋溫度控制裝置失敗、電暖器等發熱裝置不當使用等。

2. 電阻發熱（Resistance Heating）

電阻發熱是熱量透過電流在一導體上所造成著火，如短路、電路過載、電氣設備過載、連接不良、高電阻錯誤、中性線未接等現象，這些常造成電氣火災之原因；延伸閱讀見 12-3 節探討。

3. 電弧發熱（Heat From Arcing）

電弧發熱是發生在電流的流動被中斷，和電力在電路中的開口或間隙產生跳躍現象。電弧溫度是非常高，甚至可能熔化導線體；此類如高壓電弧、分離電弧（串聯）、積汙導電（並聯）、電弧跨愈碳化路徑、火花（平行、高電流）及靜電（粉塵或可燃氣起火）；延伸閱讀見 12-4 節探討。

化學發火源

化學性熱能包括明火、微小火源、自燃發火（含準自燃發火及混合發火），是一種化學反應所致火災之結果。

1. 有焰火源（Flame）

有焰火源即明火，依內政部消防署近 5 年來統計，依其高低人為縱火、爐火烹調、燃燒金紙（祭祖等）、施工不慎（燒焊火炬）、燈燭、自殺放火、玩火、烤火及其他，如燃燒精油、燃燒垃圾等。其中人為縱火有時使用易燃液體加速劑，於建築物火災快速進入最盛期造成人命死亡；燒焊等施工不慎常造成工業上火災，超高溫作業（～3500℃）極易造成周遭及下方可燃物質引燃火災。

火災爆炸原因——發火源種類

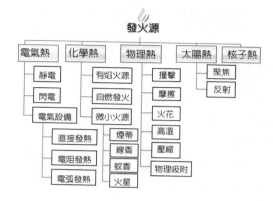

靜電起火

油罐車裝卸油作業未適當接地致靜電起火

農藥製作倒入正庚烷粉靜電引火

（工業製作運輸過程中靜電引火問題，厚生勞働省平成31年）

火柴棒起火過程

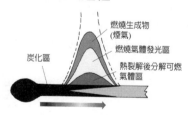

燃燒生成物(煙氣)

燃燒氣體發光區

熱裂解後分解可燃氣體區

炭化區

燒焊火災

電焊燒焊之高溫火花常導致工業火災

---

1. 試說明發火源的種類。（25 分）？（90 年設備士、102 年 4 等一般特考）

解 見本節所述。

2. 根據分子動能和溫度的關係，當溫度上升時，分子的運動速率會變快。請問溫度由 25℃上升至 35℃時，求分子運動速率變化量？

解 $\frac{1}{2}mv^2 \propto T$，$\frac{V_2}{V_1} = \sqrt{\frac{T_2}{T_1}} = \sqrt{\frac{308}{298}} = 1.02$

當粒子的溫度由 25℃上升至 35℃，運動速率增加約 2%

3-2 發火源（二）

2. 微小火源

微小火源（Small Fire Source）是無焰之燃燒，如菸蒂、線香、蚊香、木質火星等化學性火源，及金屬火花屬物理性火源（衝擊摩擦，不含電氣電弧火花）。微小火源著火危險性往往取決於環境條件，在蓄熱大於散熱產生溫升情況，進而悶燒達到熱裂解及分解出足夠可燃性氣體，始能著火。一般，焊接或熔接之掉落高溫金屬火花幾乎能引燃一般可燃物，一些微小火源能使棉製品或沙發等纖維類，產生悶燒；但紙張方面則較難以引燃，因其熱量易傳導散熱。微小火源除了金屬火花外，對汽油可能較難以引燃，因其無法產生悶燒作用，這必須在特定條件，如油蒸氣量多且微小火源較大（如木質火星）或是菸蒂擲落地面時，始有可能引燃。

3. 自燃發火（Spontaneous Heating）

自燃發火是有機物質沒受到外部熱，而是本身所生熱量起火。大多是通風不良環境，所產生熱量不能分散掉，其熱是屬較低等級（Low Grade）化學分解所生熱量。如油抹布，將其揉成一個球狀，扔在某一通風不良角落地面，生成熱難以散失，持續蓄熱自燃。又如煤炭堆、含亞麻仁油、沾油漆紙張等，氧化發熱至引起火災，在全球各地案例不勝枚舉。有關自燃之延伸閱讀見 13-1 節。

物理發火源

物理發火源（Physical Heat Energy）係屬於機械能轉為熱能一種現象，如撞擊、摩擦、機械火花、壓縮及物理吸附等。撞擊及摩擦熱是由彼此運動的 2 個表面體所產生熱量或形成火花，這些熱能使易燃性氣體或蒸氣，發生火災／爆炸現象。使用撞擊熱，如槍支彈殼內火藥在扣板機下撞擊熱擊發。摩擦方面，如打火機以手動摩擦滾輪起火。在壓縮熱方面，如柴油引擎之絕熱壓縮，而不使用火星塞，又如自行車輪胎以打氣筒打氣，持續打氣使筒內壓力升高而發熱。物理吸附是一種放熱反應，如矽膠或活性碳吸附發火之物理性現象。而高溫熱傳上，係高溫固體，如火爐、熱水器、蒸氣管或壁爐等，長期熱傳導致木材低溫起火現象。

太陽熱源

太陽熱能（Solar Heat Energy）是光能轉化為熱能，來自太陽電磁波輻射形式所傳輸能源。典型的太陽能是相當均勻地分佈在地球表面，本身並不會引起火災。然而，當太陽能集中在一特定區域或點，透過放大鏡作用，能聚焦能量使可燃性物質起火。在日本曾有火燒車案例文獻，在露天停車場上於車內儀表板上置一寶特瓶水，近中午時分太陽光透過車內擋風玻璃後，太陽光波形成較高能量之短波長，在封閉車內呈現溫室效應，如此短波長穿透圓柱體寶特瓶，形成焦距作用導致火燒車事件。

核熱源

核能少成為火災爆炸原因，因少及非常嚴謹。核子當原子進行分裂之裂變（Fission）或融合（Fusion）時生成熱能。在受控環境，原子裂變過程來驅動渦輪機。

木材低溫起火

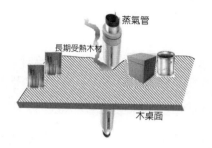

（蒸氣管觸及木桌成多孔性低溫起火）

機械火花

（切割火花引燃，厚生勞動省平成 31 年）

發火源種類

（海上波浪劇烈晃動貨物摩擦熱致起火）

（太陽能能透過放大鏡作用使可燃物質起火）

金屬火花引爆

（硫磺沉澱池內二硫化碳蒸氣爆炸為攪拌金屬葉片撞擊火花，厚生勞動省平成31年）

---

1. 一般所稱之微火源是指哪些？請詳述其分類與著火危險性，並就其有無可能引燃紙張、棉製品、汽油等作一說明。（25 分）（98 年 3 等特考）

解 微火源欲引燃汽油，除了金屬火花外，餘較困難，見本節說明。

3-3 火四面體（一）

明火與悶燒

由於大多數可燃物質燃燒是在蒸氣或氣體狀態下進行的。所以，火災燃燒有 2 種基本燃燒模式：火焰燃燒和無火焰之悶燒。教育學家以前曾使用火三角（Fire Triangle）來代表悶燒的燃燒模式，直到被證明除了燃料、熱量和氧化劑（氧氣）共同存在外，於火焰燃燒還有另一因素涉及，即不受抑制化學鏈反應，因而發展出火四面體。

基本上，無火焰燃燒以火三角來表示，應是合理的；但對於有明火燃燒，在燃燒過程中存在未受抑制分解物（游離基）作為介質以形成鏈式反應。因此，在此四個必要元素使其取出任一個，燃燒就無法持續發生。可燃物在燃燒前會裂解為簡單的分子，分子中共價鍵在外界因素（如光、熱）影響下，裂解成化學活性非常強的原子或原子團—此為游離基，如氫原子、氧原子及羥基等。由於游離基是一種高度活潑化學型態，能與其他的游離基及分子產生反應，而使燃燒持續下去，形成燃燒鏈式反應現象。

燃料／可燃物

什麼是燃料（Fuel）？分子結構主要由碳、氫和氧組成，即 CxHyOz，也可能含有氮或氯，如聚氨酯或聚氯乙烯（C_2H_3Cl）n，其在火中常趨於不完全燃燒，常生成 HCN 或 HCl。基本上，在地球上燃料大致包括如次：

A. 氫類	D. 碳水化合物（Carbohydrates）
B. 碳類（如煤、木炭）	E. 其他有機化合物
C.含有大量的碳和氫化合物（即碳氫化合物）	F. 硫化物（Sulfur）
易燃程度排序，則 A ＞ C ＞ D ＞ B ＞ F	

上述硫化物雖然可燃，燃燒時呈藍色火焰，有惡臭並產生 SO_2，遇水產生 H_2SO_3（亞硫酸）。由於硫化物會產生酸性氣體（當其與水結合，如酸雨），所以很少被視為一種生活中燃料。

$$S + O_2 = SO_2 \rightarrow SO_2 + H_2O = H_2SO_4$$

燃料三種型態
固體：如布、紙、木材、塑膠等；
液體：如汽油、酒精、油漆等；
氣體：如瓦斯、乙炔氣、一氧化碳等。

火災可分四種燃料類型：即 A 類、B 類、C 類及 D 類（見 1-11 節說明）。誠如之前所述，可燃物係指常態下能被氧化物質，起燃時所需活化能使可燃物分子被活化後，以分子型態與氧氣進行反應。但氧化熱小物質因不易維持活化能量，此如添加抑制劑使物質所需活化能提高，如防焰物品。因此，燃燒物質所產生熱量是取決於物質氧化熱本身，可分耐燃一級（不燃性）、耐燃二級及耐燃三級之分。

可燃物質燃燒過程

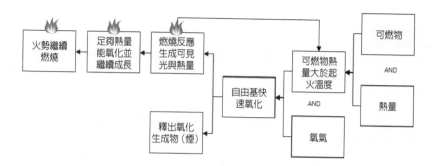

火四面體與燃料

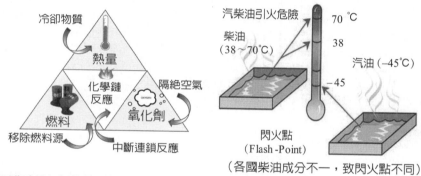

氧氣濃度對人體影響

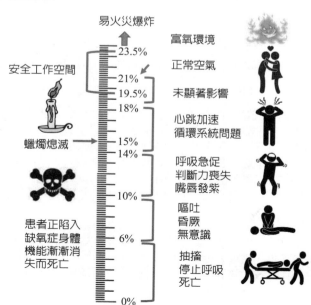

3-4 火四面體（二）

助燃物或氧氣

氧氣（Oxygen）存在於地球表面上，空氣中氧氣含量約 1/5（21%，相當於 210,000 ppm），其他將近 4/5 爲氮氣，及微少部分之二氧化碳等。就目前所知，在整個太陽系各行星中，就唯獨地球有氧氣而已，在金星（Venus）空氣大多爲二氧化碳以及一些氮氣，而火星（Mars）亦是如此，根本就沒有氧氣。而地球上人類、爬蟲類、鳥類或魚類等動物在消耗氧氣，而植物行光合作用在製造氧氣；假使地球上植物逐漸稀少，所有動物將因消耗氧氣而趨於滅亡。在助燃物方面，如鎂帶能在二氧化碳中燃燒，此時二氧化碳即爲助燃物。此外，有一些燃料燃燒不需外在氧氣，因本身含有氧化劑，如化學式中有 -oxy 或 -xo 字根，又如有機過氧化物（Organic Peroxide），有時我們能透過其化學特性來識別這些燃料屬性。

就火而言，火對氧氣需求非常迫切，假使氧氣濃度降到 15% 以下時，火勢會趨於萎縮熄滅；這是火之致命弱點，所以針對氧氣是最快滅火方法，如油鍋起火時蓋鍋蓋或是覆蓋溼布使其缺氧熄滅，比其他撒鹽巴或撒茶葉使其降低熱量都來得滅火快。

因此，燃燒（Combustion）是定義爲快速氧化的過程中所導致起火，但地球上物質氧化並不總是迅速。如前所述其可能是非常緩慢的，或者它可能是瞬間的。這兩種極端都不會產生生火焰，如氧化極慢如生鏽，而瞬間氧化如一個子彈殼體內的火藥被板機撞擊點燃時，所發生爆炸現象。

供氧狀況

氧化過程的速度會決定釋放熱量的速率和反應的爆發力。在氧化劑（Oxidizer）存在下可加速燃料，從緩慢燃燒現象發展到快速之爆炸情況，有時這種規模很小，而不是很明顯。氧氣對瓦斯燃燒很重要，在通風不足情況易造成一氧化碳中毒，如丁烷爐在充足氧氣燃燒時，會產生二氧化碳和水蒸氣：

$$2(C_4H_{10}) + 13(O_2) \rightarrow 8(CO_2) + 10(H_2O)$$

假使通風不良致供氧不足，則會產生水蒸氣和碳（C）或轉成一氧化碳（CO）。

$$2(C_4H_{10}) + 5(O_2) \rightarrow 8(C) + 10(H_2O)$$

在不同壓力下不同氧濃度，燃燒速率產生重大變化，燃燒速率與氧濃度、壓力皆成正相關，如右圖所示。NFPA 53 指出，在純氧中之最小著火能量約與壓力平方成反比。對於某些液體與氣體，在純氧中之最小點火能量數值約低於空氣中的 100 倍。又高濃度氧易與油脂產生劇烈氧化，氧化過程會伴隨著發熱，致出現燃燒現象，如使用油類或潤滑脂來擦拭氧氣設備等危險動作。

富氧環境

NFPA 定義富氧空氣（OEA）環境，爲空氣中氧濃度大於 23.5%。因氧氣比空氣重，易積聚於低窪區域如坑、溝渠或地下空間。當管內液氧漏出，此種低溫氧會比空氣重三倍。而氧氣又易與大多數物質產生反應，使物質所需起火能量降低，而燃燒迅速更高溫（如氧乙炔燒焊），甚至形成爆炸。

不同星球空氣組成

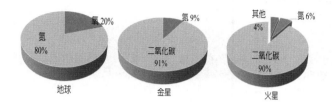

地球　金星　火星

常見氧化劑

溴酸鹽（Bromates）	溴（Bromine）
氯酸鹽（Chlorates）	氯（Chlorine）
氟（Fluorine）	碘值（Lodine）
硝酸鹽（Nitrates）	硝酸（Nitric Acid）
亞硝酸鹽（Nitrites）	高氯酸鹽（Perchlorates）
高錳酸鹽（Permanganates）	過氧化物（Peroxides）

（表內『酸』為 O_3 之意，IFSTA, 2010）

不同壓力燃燒速率隨氧濃度變化

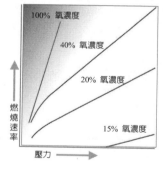

水蒸氣冷凝

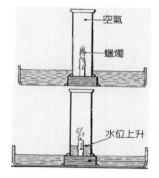

蠟燭燃燒消耗 1 mole 氧生成 2 mole 水蒸氣依理想氣體定律 100℃水蒸氣凝結成水滴時體積縮小 1700 倍！吸力超強，致瓶內水位上升現象！

氧氣瓶

（從不以油脂潤滑氧氣瓶）

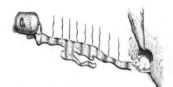

（氧氣瓶洩漏往低窪處沉積，NFPA 1986）

1. 根據 NFPA 定義，下列哪一項（選項均為體積百分比）屬於富氧環境（OEA）？
   (A) 0.5 大氣壓下，氧為 40%　(B) 0.8 大氣壓下，氧為 25%
   (C) 1.5 大氣壓下，氧為 16%　(D) 3.0 大氣壓下，氧為 6%

解 (C)：富氧空氣（OEA）環境，為空氣中氧濃度大於 23.5%；A) 為 0.5×40% = 20%，B) 為 0.8×25% = 20%，C) 為 1.5×16% = 24%，D) 為 3×6% = 18%

3-5 火四面體（三）

熱能

地球上能形成火災之熱量是以各種形式存在，如物理熱如摩擦、機械能（撞擊、壓縮……）；化學熱如爐火、菸蒂等；電氣熱（電氣、閃電、靜電……）；太陽能等。古代人類以鑽木取火，其中熱量是鑽木摩擦生熱方式。單就熱量於一固體和液體型態，能自我維持燃燒反應，大多是取決於輻射熱回饋，提供固體熱分解或液體揮發，持續產生可燃性蒸氣之能源。火災是要衰退或成長，除可燃物外，主要仍取決於其所產生熱量。一正熱平衡時，熱量回饋返回至燃料本身。如果熱量散失比其生熱速度快，則會形成一負熱平衡。在化學熱能方面，如電焊燒焊等火花有較高熱量使物質起火所需時間短，但其他微小火源需較長時間，甚至數小時之久。

化學連鎖反應

燃燒過程中氫鍵（H）、氫氧鍵（OH）是促進燃燒繼續之主要因素。即化學鏈反應（Chemical Chain Reaction）是一種系列反應，由每個單獨個別反應添加到其餘的結果延續。雖然科學家們只能部分地理解在燃燒化學連鎖反應會發生什麼，但並不知道，受熱的燃料所揮發出蒸氣物質與氧結合，參與燃燒反應之複雜理化機制。一旦火災發生時，它只能繼續產生足夠的熱能，導致燃料蒸氣持續發展。自我維持化學反應及快速增長火勢，能使用隔離方法，在船舶使用關閉艙口與艙門，使火勢缺氧難以氧化反應。

如 $H_2 + Cl_2 \rightarrow 2HCl$：

$$Cl_2 + M \rightarrow 2Cl + M \quad （1）$$
$$Cl + H_2 \rightarrow HCl + H \quad （2）$$
$$H + Cl_2 \rightarrow HCl + Cl \quad （3）$$
$$\cdots\cdots\cdots\cdots\cdots\cdots\cdots\cdots\cdots\cdots$$
$$2Cl + M \rightarrow Cl_2 + M \quad （4）$$

在反應（1）中，靠熱、光、電或化學作用產生活性組分——氯原子，隨之在反應（2）、（3）中活性組分與反應物分子作用而交替重複產生新的活性組分——氯原子和氫原子，使反應能持續不斷地循環進行下去，直到活性組分消失，此即鏈反應。在反應（1）中，靠熱或化學作用產生活性組分——氯原子，隨之在反應（2）、（3）中活性組分與反應物分子作用而交替重複產生新的活性組分——氯原子和氫原子，使反應能持續不斷地循環進行下去，直到活性組分消失，此即鏈式反應。反應中的活性組分稱爲鏈載體。此種鏈反應機制可分三階段：

A. 鏈觸動階段：反應開始需要外界輸入一定能量，如撞擊、光照或加熱等，使反應物分子斷裂活化反應，產生自由基的過程，如反應（1）。

B. 鏈傳遞階段：上述作用產生新的鏈和新的飽和分子的反應，如反應（2）、（3）；意即游離基反應的同時又產生更多的游離基，使燃燒持續甚至擴大。

C. 鏈終止階段：游離基相撞失去能量或者所有物質反應盡了，沒有新游離基產生而使反應鏈斷裂，反應結束成了穩定性物質，如反應（4）。

連鎖反應機制

① 鏈反應觸動—游離基生成

② 鏈傳遞—游離基與其他反應化合物產生新游離基

③ 鏈終止—游離基碰撞生成分子或與非活性或惰性分子碰撞將能量分散或撞擊壁面被吸附等使反應結束

（悶燒無連鎖反應，滅火劑以抑制法無法使其熄滅，如乾粉對悶燒火災無效，其理即此）

連鎖反應

煙
一些分子較難起火（需較多熱）
每一反應產生熱與光
氧氣與其他原子捲入火勢
燃料裂解成分子結構
鏈式反應

滅火中破壞燃燒連鎖反應，如氟、氯、溴、碘等鹵化烷類之滅火劑。

$$H_\alpha + Z^- \rightarrow H_Z + \alpha^-$$
$$OH^- + H_Z \rightarrow H_2O + Z^-$$

上述 H_α 是含有氫原子，Z 是鹵族元素，Z^- 奪取燃燒物中 H^+ 形成 H_Z，然後與燃燒物中 OH^- 中和並分離出 Z^-，此循環作用而抑制連鎖反應。因其會奪取自由基 H^+ 和 OH^-，產生負觸媒效果，抑制燃燒進行。

$$\begin{array}{c} \overset{\text{失掉 O（還原）}}{\downarrow} \\ CuO + H_2 \rightarrow Cu + H_2O \\ \underset{\text{結合 O（氧化）}}{\uparrow} \end{array}$$

1. 假設空氣體積為 V，其中氧佔 0.21 V，至少需加入多少體積之不燃性氣體，燃燒作用將無法持續？

   解 $\dfrac{0.21V}{(V+x)} =$ 氧濃度 $\dfrac{15}{100}$　　x = 0.4 V

2. 假設空氣體積為 V，在設計全區放射方式 CO_2 滅火設備，設定滅火濃度值氧氣需至 12.5%，請問需加入多少體積 CO_2 氣體才能達到設定值？

   解 $\dfrac{0.21V}{(V+x)} = \dfrac{12.5}{100}$　　x = 0.68 V

3-6 火三角應用

本節在此以火三角應用（Application Fire Triangle Theory）於工業上及日常生活中，來作探討使讀者更易於了解火三角之真諦。

打火機

以打火機為例，火三角熱量是打火石以手轉動滾輪摩擦方式產生、可燃物是液化瓦斯、氧氣在空氣中。或是以電氣式打火機，以按下電氣開關火花為熱量，其餘與上述一樣。

瓦斯爐具

工業上許多三要素熱能往往以電能來轉換，一般電氣能量是相當高，僅次於核能，比常見化學能及物理能還要高。如瓦斯熱水器或瓦斯爐為例，火三角熱量是電能轉熱能，需藉由電氣產生電氣火花、可燃物是液化或天然瓦斯、氧氣在空氣中。

車輛

以汽車為例，火三角如下述：
1. 可燃物大多是汽（柴）油，但汽（柴）油是液體必須由化油器或噴霧嘴，將汽油轉成氣體，以發揮最佳燃燒效益；
2. 汽車氧氣來源是空氣濾清器，以過濾較乾淨空氣中氧氣濃度；
3. 汽油引擎點火之熱量，是以電池供應電源至火星塞，形成高壓火花方式來產生。
而柴油引擎中點火並無火星塞，熱量是以絕熱壓縮產生的；依理想氣體定律，汽缸活塞運動初始壓力（P）加大，而溫度（T）也相對增加，缸內混合氣產生高壓縮比（16～18：1），氣缸內溫度隨著高壓自然上升至 300℃以上，遠大於柴油發火溫度而自動點火，產生動力。

槍枝

又以槍枝子彈發射為例：
1. 可燃物是彈殼之火藥；
2. 氧氣則存在於空氣中，另火藥中含氧化物得自行燃燒；
3. 熱量則是以扣板機之撞擊方式來產生。
但撞擊必須大面積撞才有足夠物理熱，為防啞彈情況，以彈殼底端設計底火，使板機一扣引發高能量，確保能擊發子彈射出。

火三角應用

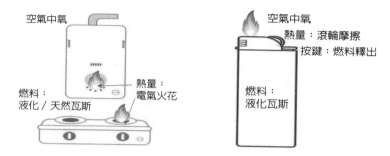

子彈—火三要素

（形成自己燃燒）

柴油與汽油引擎

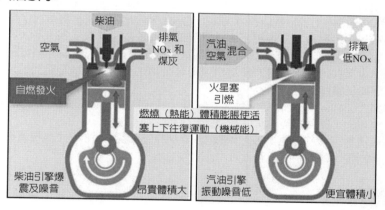

屬性	柴油引擎	汽油引擎
燃料特性	閃火點約 50℃，發火點約 250℃	閃火點 −40℃，發火點約 300℃
燃燒方法	發火（自燃）	引火（引燃）
	柴油噴入已壓縮空氣高溫自燃	汽油與空氣混合氣，火星塞點火
壓縮比	16～18，熱效率高	9～12，熱效率相對低
引擎體積	大，爆壓大結構強固，爆震和噪音	小，爆炸壓力低，振動噪音低
燃燒輸出	中低速扭力大，不適高速運轉	能高速功率輸出
燃燒產物	高壓縮比（會爆震）在燃料和空氣混合均勻前就高溫發火，局部缺氧形成不完全燃燒 NOx 和煤灰生成（黑煙）	低壓縮比燃燒中，從燃料噴射到點火時間增加，燃料和空氣完全混合進行，相對完全燃燒

3-7 滅火原理（一）

　　產業上防火防爆主要是控制發火源（熱量）如危險物品場所，使用防爆電氣設施，消除潛在發火源；而一般建築物防火安全，重點也是發火源，即用火用電。在滅火方法，則較多元，只要使其四缺一，火就能熄滅。亦即，滅火能透過四種方法：降低溫度（冷卻法）、隔離或關閉燃料（移除法）、稀釋／隔絕氧氣（窒息法）或抑制連鎖反應（抑制法）。在上述四種滅火原理（Fire-fighting Basic Theory），最重要與應用最多是冷卻法與移除法。單純窒息／稀釋法或化學抑制法，因受自然條件或本身限制，除非是密閉空間之全區應用，否則火勢較大時，難以滅火，一般用於初期火災較多。

　　以消防安全設備而言，水系滅火設備係使用冷卻法，如自動撒水設備、水霧（細水霧）設備及室內（外）消防栓；使用窒息法有消防砂、CO_2 滅火設備、泡沫設備、惰性氣體如 IG-541, IG-01, IG-55, IG-100；使用抑制法有乾粉設備、鹵化烷如海龍滅火設備及大多數海龍替代品（FM-200, NAFS-III, CEA-410, FE-13 等）。

稀釋或窒息氧氣

　　將空氣中氧濃度降至 15%，火就難以持續；火對氧氣需求度比人類還迫切。因此，以缺氧是較快的滅火方法。但以稀釋氧方法如二氧化碳或惰性氣體，或以窒息氧方法如泡沫等，是不適用於自我氧化（Self-oxidizing）之化學類或金屬類（D 類）火災。

1. 油鍋起火以鍋蓋、電視機起火以棉被覆蓋或是當身體衣服起火了，在地上滾幾圈即可將火熄滅；但要注意，這種滅火方法是要完全窒息，不能有任一縫隙。
2. 船艙火災採用關閉艙房門及艙口，或建築物小房間火災也是關門關窗戶，使內部燃燒氧濃度自行降低。
3. 全區式（Flooding）惰性氣體或 CO_2 滅火系統釋放，稀釋氧氣濃度。
4. 泡沫滅火，覆蓋整個油面以達到窒息火勢之作用。
5. 防火塗料或有些阻燃劑，如磷酸酯是利用較高溫度下生成硬質覆蓋層或分解泡沫狀物質，覆蓋表面，達到防火及阻燃之效果。

冷卻熱量

　　滅火最常用方法就是使水冷卻，這也是各國消防隊最常使用滅火方法，以消防車裝載水（有 3,000 L 水箱車及 8,000～12,000 L 水庫車）或是街道消防栓。滅火原理是水遇熱轉化成水蒸氣，帶走高熱；以 1 公升水可吸收 2500 KJ 熱量，對 A 類火災滅火能力相當佳。但油類火災，因水比重大於油，在實驗觀察油池火災噴水時，當水滴接觸到油面時，會有所謂「爆濺（Flare-up）」現象，產生瞬間激化作用，因而增加油類蒸發速度；當水滴撞擊高溫且具有高沸點液體時，產生激烈蒸發現象形成球狀火焰。

1. 阻燃劑有些是利用燃燒過程中吸收熱量，達到阻燃效果，如氫氧化鋁阻燃劑在 300℃能產生分解反應，並吸收相當熱量。

$$2Al(OH)_3 \rightarrow Al_2O_3 + 3H_2O - 1.97 \text{ J/g}$$

2. 火災溫度的降低取決於水流大小與應用方式，當射水時以噴霧形式，能涵蓋更多的表面積，得到最佳吸熱效果。

火焰燃燒與滅火要素

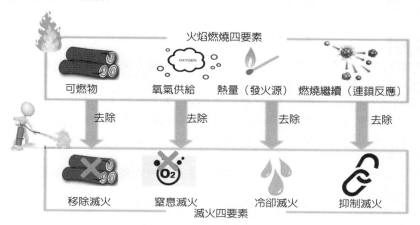

氧來源：公共危險物品

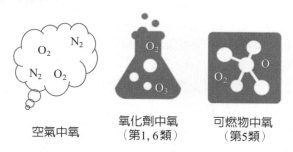

水吸熱能力

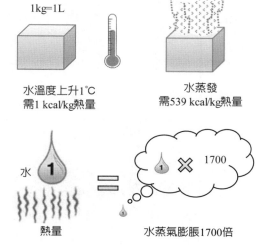

3-8 滅火原理（二）

移除燃料

火災與燃燒不同之一，即火災需要一定火載量，因此，將燃燒物質與未燃之燃料予以隔離，即是一種滅火方法。

1. 將著火物質鄰近可燃物移走，如機車棚某一機車著火，移開左右邊機車，使其無法向左右邊機車排進行延燒；或森林大火砍掉火勢前方一排樹並移除，即開關防火線來控制火災；或山林田野火災使用以火攻火，以小火燒除大火前雜草，燒除大火燃料源。

2. 將正在燃燒物體移至空曠處，如船舶某一堆可燃物體燃燒，將其移至海上或衣服著火，將衣服脫掉移除。

3. 將正在燃燒物體分成小堆，使火勢減弱，並個別撲滅，如紙堆、垃圾堆或煤炭堆深層火災，使用挖土機進行挖掘，並切割成小堆狀再行滅火。

4. 設置防液堤、防火區劃、防火間距，將流動燃料侷限，避免火勢規模擴大

5. 關閉燃料源，如流動液體或氣體燃料火災，關閉閥門停止供應。

6. 有些阻燃劑如磷酸銨、氯化銨或酸碳銨是利用燃燒過程中產生 CO_2、HCl、H_2O 等不燃性，使燃料熱分解可燃性氣體被稀釋，達到阻燃之效果。

抑制連鎖反應

以化學抑制作用需使用滅火藥劑，滅火中遊離基結合，破壞或阻礙連鎖反應（Chemical Flame Inhibition）。化學抑制滅火劑對氣體和液體燃料滅火是有效的，因其要有火焰燃燒才有連鎖反應。使用於固體類火災，因其冷卻效果有限，滅火後高溫會形成復燃現象，但對悶燒火災則是無法徹底撲滅。

1. 乾粉或鹵化烷捕捉自由基，使活化分子惰化，抑制連鎖反應。

2. 鹵系阻燃劑利用燃燒過程中釋放鹵（HBr）與 OH 自由基反應生成 H_2O，使自由基減少，達到阻劑作用。

化學反應平衡

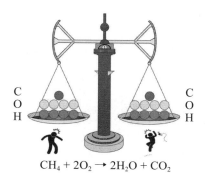

$$CH_4 + 2O_2 \rightarrow 2H_2O + CO_2$$

滅火原理

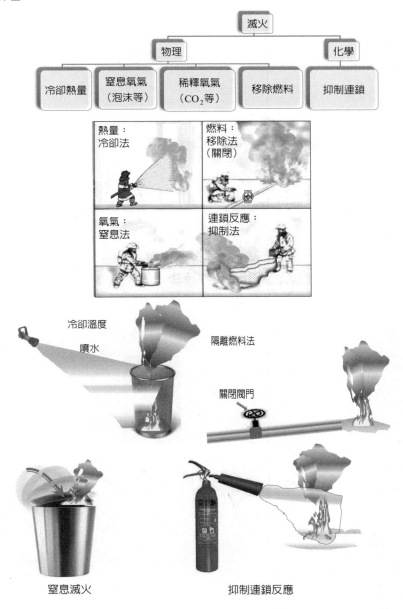

冷卻溫度

噴水

隔離燃料法

關閉閥門

窒息滅火　　　　　　　抑制連鎖反應

1. 何謂「燃燒四面體」？試由「燃燒四面體」探討滅火之方法為何？（25 分）
（107 年消防備士）

解　見本節說明。

Note

第4章
固體火災學理

（作者博士論文野外火燒實驗）

4-1 固體理化性

固體物質基本特性，為每分子均被其他粒子所吸引，結合相當緊密，能產生振動而幾乎不能移動，使固體具有一定剛性及硬度之幾何形狀。所以，固體不能像液體或氣體類之自由擴散或流動。當固體物質受熱增加時，粒子動能增加，使粒子振動幅度加大，固體剛度與硬度因而降低，最後會有較大動能的分子掙脫，而離開原本位置自由地移動，此為固體熔化成液體的現象。如果持續加熱增加粒子動能，某些具有足夠能量快速運動粒子，脫離進入空氣中，此就是液體氣化成氣體之現象。

粒子與分子

基本上，由粒子間距離來決定物質固液氣之三種狀態，在距離大小以固體 < 液體 < 氣體，粒子間距離改變會發生物理變化，而粒子間排列方式改變則發生化學變化。又粒子間作用力大小以固體 > 液體 > 氣體，密度大小以固體 > 液體 > 氣體。因此，固體與液體均不能壓縮，僅有氣體可進行壓縮[註1]，這是因為氣體分子間距離很大，分子間引力小，故氣體具有高壓縮性、高熱膨脹性與高擴散性。

熔點

在熔點也稱液化點，為大氣壓下由固態轉為液態過程中，固液共存狀態的溫度，是一種吸熱過程。熔點與所受壓力成正相關，即壓力愈大熔點愈高。不過，與沸點不同，沸點受壓力影響較小，因固態轉變為液態過程中，物質體積幾乎不變化。以火場而言，一些物質受高溫在多少時間內熔化為液態。

閃火點

而一小部分固體是具有閃火點，依公共危險物品暨可燃性高壓氣體管理辦法，指出易燃性固體，指固態酒精或一大氣壓下，閃火點未達 40℃之固體。當加熱時，固態變液態釋放出易燃蒸氣，如黏貼蠟（Paste Waxes）或拋光劑（Polishes）等。

固體結構

固體可分 2 大類：柔軟性（Flexible Materials，如紡織品、襯墊等）與硬結構性（Structural Materials，如鋼材、塑膠等）。可燃固體熱裂解溫度一般要比液體蒸發潛熱大，最小起火能量遠比液體與氣體大。

基本上，燃燒是以分子型態在進行著，因此無論燃料是否為液相或固相，幾乎大多皆需轉為氣相型態，以便與氧氣分子結合燃燒。唯一例外，是表面燃燒。

[註1] 氣體壓縮時，僅縮減分子間之距離，而未縮小分子自身之體積。

氣體、液體及固體

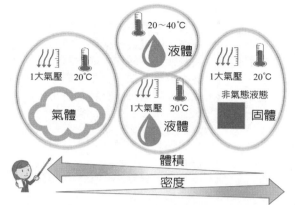

（公共危險物品之氣體、液體及固體定義，溫度及壓力決定物質三態）

體積與溫度壓力關係

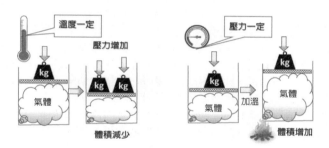

壓力與體積關係

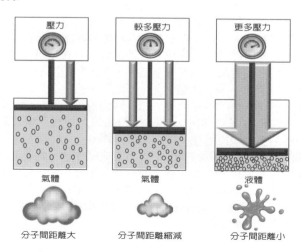

4-2 固體燃燒型態

1. 分解燃燒：大多數固體可燃物係屬分解燃燒型態，固體受熱時先失去水分，再起熱裂解與分解而產生可燃氣體，燃燒最後僅剩炭質固體，形成無焰之表面燃燒，及殘留無機灰燼物質。在較大分子結構，如木材、紙、布、熱固性塑膠、合成塑膠、纖維等，或高沸點物質受熱後不發生整體相變，而是熱分解出可燃氣體擴散而產生有焰燃燒。絕大多數高分子材料都是可燃的，受熱後熔化，產生熔滴形成分子斷裂，由大分子裂解成小分子，裂解中不斷釋出 H_2、CH_4、CO 等可燃性氣體。粉塵爆炸乃粒子表面氧化反應，由於發火源使粒子表面受熱分解出可燃氣體，因空氣是良好絕熱體，使粒子不生熱傳（熱損失），因燃燒反應傳播迅速，致形成化學性爆炸。

2. 表面燃燒：可燃性固體受熱後不發生分解和相變，也不熔化及不氧化之燃燒型態，僅在其接觸空氣表面，可燃物（固相）直接吸附氧（氣相）產生氧化反應熱，燃燒區域形成高溫熾熱 2 個相態（氣固相），不生火焰非均一系反應，燃燒速度緩慢，燃燒完後仍保留原狀，如結構穩定、熔點較高之木炭、焦炭、鐵絲、鋁箔等。這種可燃物質由熱分解結果產生無定形碳化物，在固體面與空氣接觸處形成吸附氧氣之碳素化合燃燒區，蒸氣壓非常小，或者難以發生熱分（裂）解，不能發生蒸發燃燒或分解燃燒，遇氧時呈熾熱狀態之無焰燃燒。燃燒僅維持在表面，也沒有鏈式連鎖反應，因表面燃燒乃藉氧氣或含氧氣體接觸固體碳元素之表面與其化合，只見無焰火光。因此，可燃性金屬燃燒乃金屬在大塊之情形下極不易燃，但為粉末、鑽屑、鋸屑之情形下，則因比表面積大熱傳小，與空氣氧接觸面大，易於氧化反應燃燒。

3. 自己燃燒：分子內含有相當的氧，不需外界氧供應，如大多數火藥、賽璐珞、硝化棉、硝化甘油（$C_3H_5N_3O_9$）或固體推進劑等，如人造衛星打入無氧之外太空，靠本身氧維持旺盛燃燒等，此種反應速度快，燃燒速度較迅速，甚至有爆炸性燃燒，如黑火藥（硝、硫、炭比例 10:1:3）、爆炸物等。

4. 蒸發燃燒：蒸發燃燒主要是液體類燃燒特性，僅有少數熔點較低固體類，受熱後熔融液化蒸發成蒸氣，如硫磺、蠟燭、瀝青等，或是直接昇華蒸氣擴散而燃燒過，程如萘（$C_{10}H_8$）、樟腦等固體。但固體蒸發燃燒機制與液體是一樣的。

5. 悶燒：悶燒僅可燃固體特有的，材質質地鬆軟、多孔、纖維狀或堆疊等有機物質，因供氧不足、溫度低、溼度或是微小火源，於成捆堆放的棉、麻、紙張、煤堆、木屑、雜草堆、溼木材或沙發、床舖等，假使通風條件改變或可燃物水分已蒸發，悶燒與有焰燃燒間會發生相互轉化現象。當可燃物質只有一小部分能在燃燒過程中形成多孔性炭（Porous Char），這能形成悶燒狀態。悶燒是一種獨特的無焰燃燒緩慢過程，與有焰燃燒相當不同。悶燒和火焰燃燒之間根本區別是在悶燒發生在固體的表面，而不能成氣相態。當物質形成悶燒，發生在燃料表面現象，所釋放出來的熱，僅維持其本身燃燒，燃燒程度通常較不完全，有些熱量能滲入熱傳到多孔燃料的內部，而由物質分解一些顆粒、纖維或細胞結構，形成聚集體（Aggregates），這些扮演內部較深層保溫（Thermal Insulation）而減少熱損失之作用。

分解與表面燃燒型態

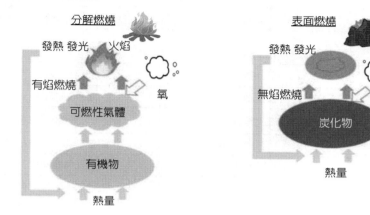

蠟燭燃燒原理

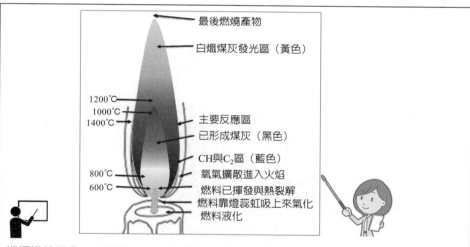

蠟燭燃燒可分 3 個明顯區域，即固態區（受熱熔化蒸發之物理變化）、液態區（液化蒸發）及氣態區（蒸氣擴散與空氣中氧邊混合邊燃燒之化學變化），此種火焰大小取決於固體熔化及液體氣化速度，而熔化與氣化速度則取決於固體及液體從火焰區所回饋吸收熱量多寡。蠟燭蒸發燃燒呈現一種擴散火焰，首先蠟燭（固體）受熱熔化的燭油（液體）形成小液池，再吸入到燈芯（Wick），再轉成氣體，與周遭空氣接觸形成擴散火焰。火焰熱量反饋至蠟燭本身，產生融化，但不足以使其蒸發。因此，需透過燈芯之虹吸作用。因蠟燭係屬長碳鏈，燃燒前先裂解到簡易成分，火焰明亮部分是來自發光煤煙粒子。在反應區中氧化產生碳氧化合物，如 CO_2 和 CO 等，伴隨水蒸氣和熱量。在蠟燭內部火焰，充滿了燃料分子，形成過濃燃料氣體（Fuel-Rich），而火焰燃燒區發生在其外圍處，是燃料和氧採邊擴散邊燃燒方式呈現。

悶燒與表面燃燒相異點

燃燒型態	悶燒	表面燃燒
相同點	1. 燃燒速度慢 2. 在固體表面與空氣界面氧化反應，均為無焰燃燒	
相異點	有分解反應	無分解反應
	發生於表面或內部	僅發生於表面
	常發生在火勢初期階段	發生在火勢衰退熄滅階段
	供氧不足、溫度較低	供氧可能充足、溫度較高
	能轉變有焰燃燒	無法轉變有焰

悶燒

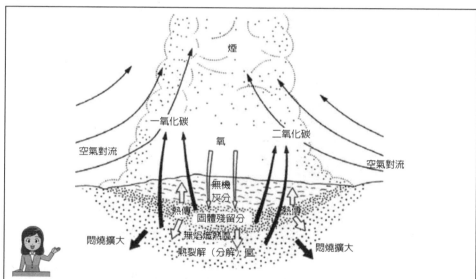

悶燒可分三個區域：即熱裂解區、無焰熾熱區及殘炭無機灰燼區。悶燒與表面燃燒比較，二者皆發生在表面與氧接觸，產生氧化反應，都是無焰燃燒；二者區別是悶燒有分解反應，而表面燃燒則僅表面氧化反應。悶燒以一種蠕動遲緩方式約 0.1 mm/s 之速度在進行，溫度能高達 453～871℃。在固體熱分解的過程中，假使能形成多量焦炭時，較易維持悶燒反應。儘管悶燒時僅產生微弱燃燒特性，但悶燒卻是人命危險的，其理如次：

1. 悶燒比有焰更能不完全燃燒，炭粒子生成多並散發有毒氣體，使燃料轉換成更多有害成分（如一氧化碳），而留下大量固體殘餘物。
2. 釋放出氣體是易燃的，所需引燃的熱能更少，能稍後在氣相狀態自行點燃，而過渡到有焰燃燒狀態。

固體燃燒型態

分解燃燒	表面燃燒	自己燃燒	蒸發燃燒	悶燒
如木材	如木炭	如火箭燃料	如塑膠	如沙發菸蒂

固體燃燒型態

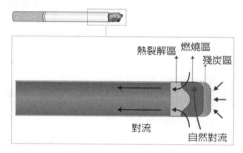

（香菸之悶燒傳播區域）

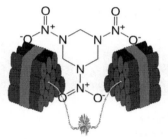

（火藥含大量氧不需外部氧之自己燃燒）

（植物油洩漏到成捆棉布悶燒自燃現象）

（不產生鏈式反應之木炭表面燃燒現象）

1. 固體燃燒之種類有哪五種？請分述之。（25 分）（97-1 年設備師）
2. 請問固體類燃燒中有「有焰燃燒」與「悶燒」現象，請問此二種現象燃燒機制差異性？又「悶燒」與「表面燃燒」皆為無焰燃燒，請問二者之燃燒機制有何異同？（25 分）（107 年消防備師）

解 見本節所述。

4-3 固體燃燒速度影響因素

內在因素

1. 熱慣性（Thermal Inertia）：起火時間（Ignition Time）主要取決於可燃物之熱慣性（$W^2s/m^4 K^2$），這是物質一種屬性，即熱傳導係數 k（$W/m\times K$）、密度 ρ（kg/m^3）、比熱 c（$J/kg\times K$），熱慣性為三者乘積平方根，密度小如發泡性塑膠能迅速燃燒。假使物質 $\sqrt{k\rho c}$ 愈高，需 多能量才能被點燃，反之 $\sqrt{k\rho c}$ 愈低愈不易燃。於防火工程中將物質熱慣性，視為防火材 之選用指標。延伸閱讀請見 1-8 節探討。

2. 最小氧濃度（LOC, Limiting Oxygen Concentration）：最小氧濃度（LOC）為燃燒所需氧的最小濃度，若低於此氧濃度則無法燃燒，以氧的體積百分比為單位表示。

$$LOC = \frac{O_2}{N_2 + O_2} \times 100\%$$

有機過氧化物或硝化物等分子含活性氧，能降低最小起火能量，不需外界氧供給，也能產生激烈爆炸。當加入阻燃劑或防火劑使其 LOC 升高，達到阻燃防火作用。

外在因素

1. 狀態：火焰蔓延速度主要是向上的，向下火焰蔓延速度是較慢的，由於這樣的事實，即物質表面受熱是不以相同方式在進行，如直立向上燃燒速度是最快的。

2. 質量：如紙張塑膠等材質不同，而量係火載量為單位面積之可燃物重量（kg/cm^2），火載量大，因燃燒之輻射能相互回饋強，使熱釋放率增強大，使燃燒速率加快。

3. 含水量：含水量愈高，吸熱量愈大，會耗掉大量燃燒熱能，使燃燒速度減慢。當含水分達到極限值以上時，可燃物將無法被點燃。

4. 阻燃劑：可燃性固體添加阻燃劑，燃燒速度會明顯減緩。

5. 受熱量：受熱量愈大起火較容易，延燒也相對快。

6. 通風程度：通風會增加固體物質燃燒所需氧氣供給速度，大多數燃燒速度與風速成正相關；但風速大於可燃物質熱裂解速度，會扮演散熱冷卻及稀釋熱裂解可燃氣體濃度之作用，反而使燃燒減緩。

7. 形狀：

   A. 表面形狀（Surface Geometry）：位於室內角落火焰具 2 個燃燒表面（牆壁），從而增加蔓延速度之間互動。角落角度愈小有較快火焰蔓延。這是由於熱量被困在角落進行能量回饋，而較小空氣量被吸入熱火羽流內，所產生冷卻作用。

   B. 表面積與體積比（Surface to Mass Ratio）：表面積與體積比（比表面積）即燃料表面積與燃料體積之比率，當燃料形狀更小和更細碎，比表面積將增大，所需起火能量亦低，燃燒性也大幅增加。

   C. 排列高低與排列密度：燃料排列愈高，上方燃料較易接受下方火焰，產生預燃效應，如同可燃物垂直燃燒一樣。而排列密度主要是與空氣中氧接觸程度，如同上揭之比表面積一樣。

固體燃燒速度影響因素

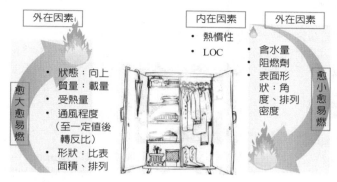

比表面積與起火能量高低

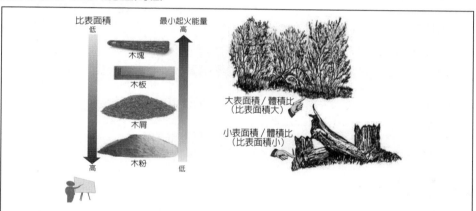

表面積增加,熱傳是較容易,物質受熱亦更迅速,接觸空氣中氧氣量變多,從而較易形成熱裂解現象,致快速起火,如木材劈成小塊較易於燃燒;如同粉塵爆炸一樣,砂糖顆粒大撒向火源不會燒,但砂糖磨成砂粉時,撒向火源時將整體快速燃燒現象,亦即顆粒小其比表面積大,接觸氧大而易於氧化燃燒。

---

1. 依照木材和木炭的燃燒原理,說明何者有分解燃燒的過程?又為何此等材質在消防安全上有深層燃燒的特殊考量?(25分)(106年設備師)

解 木材為分解燃燒,而木炭為表面燃燒,餘見本節說明。在深層燃燒方面因木材往往作為大型傢俱使用或是建築結構,體積往往較大,且其燃燒係分解型態,最後往往僅剩炭質固體,形成無焰之表面燃燒,及殘留無機之灰燼層物質。在火災預防上,有時在常有熱源環境,如神明桌或廟宇等,木材易出現低溫起火或深層燃燒現象,而燃燒後生成灰燼層,具有難以熱傳作用,以致形成一層隔熱層。在火災搶救上而,消防射水往往難以水柱或水霧滲透至內部,此種深層火災(deep-seated fire)現象,需靠人工或機械挖掘內部,始能有效滅火。

4-4 木材類燃燒（一）

木材具有重量輕、持久的撓性和彈性的性質，建築傢俱經常佈置了木材製品，如纖維板、天花板、貼面板、膠合板和木板等。由於木材燃燒過程中沒有熔化現象，同時木材熱傳導係數小，又具多孔性能，燃燒時能從表面及內部雙重路徑，來進行分解燃燒。

木材化學性

1. 特性（Nature）

木材化學組成包括纖維素（Cellulose）、半纖維素（Hemicellulose）、木質素（Lignin）、萃取成分（Extractives）及灰分（Ash）。如以分子量來區別，纖維素、半纖維素及木質素是屬於高分子量，熱分解速率以半纖維素 > 木質素 > 纖維素。低分子量的物質則包括萃取成分與灰分。木材中碳約 50%、氫約 6%、氧約 42% 和 1% 以下之礦物質灰分，但其不含有其他燃料中常有的硫，此區別於其他大多數的固體燃料。

2. 含水量（Moisture Content）

木材和纖維素都是易吸溼物，在大氣相對溼度與材料平衡含水量（EMC）有關，二者具有函數關係。

建築木材經過乾燥後水分含量仍有 9%，但用於傢俱木材則乾燥到 7% 以下。在木材中含水率是烘箱乾燥重量百分比來做計算如次：

$$含水率 = \frac{原來重量 - 烘乾重量}{烘乾重量}$$

木材物理性

1. 物理形式（Physical Form）

小片木材使用相對小的熱源，即能引燃，而較重之原木塊（Logs）則能耐火（Resist Ignition）相當長時間才能引燃，這是本章上一節所述，木材顆粒尺寸減小，比表面積（Surface Area to Volume）會增大，如此與空氣中氧接觸面積就多，而空氣又是不良熱傳體而易於蓄熱，故易於起燃之條件。這也就是燒柴時，需砍成小柴片再燒之理。

2. 熱傳導係數（k, Thermal Conductivity）

木材是一種不良熱傳導體，鋼與鋁熱傳導係數比木材分別高 350 倍與 1000 倍。木材熱傳導係數取決於木紋取向軸（Grain Orientation Axis）、含水率與密度（比重）。橫向木紋（Grain）受熱時，分解氣體易於沿著木紋方向擴散離開，但縱向木紋受熱時，因木質纖維與營養運輸導管與加熱方向一致，含水量大於 30%，能先行預燃使熱分解氣體易於沿著木紋方向預先受熱起火。此外，橫向熱傳導係數比縱向大 2 倍，其熱量較不易累積，這如同身上衣物或紙張縱向起火時、一樣站立時，將使燃燒加速，如躺下或橫向，燃燒將慢下來。

當木材暴露於火災熱，木材的絕熱（Insulating）性質減慢了木材內部核心（Core）溫度上升，且木材表面能形成碳化層（Char Layer），這提高了木材絕熱作用，並防止空氣中氧氣滲入到內部燃燒區域，這說明林火後有些樹木仍能存活因素之一。

木材化學組成結構

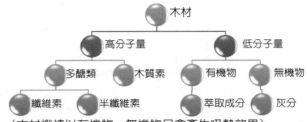

（木材燃燒以有機物，無機物只會產生吸熱效果）

大氣相對溼度與平衡含水率

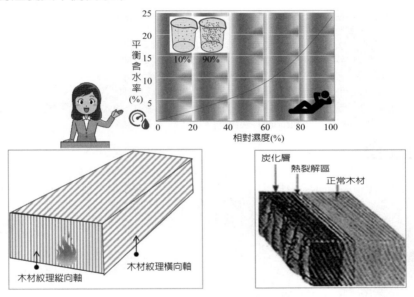

（木材紋理縱向熱傳導係數比橫向小2倍而易於燃燒）　（木材受高溫後外表形成炭化層）

木材與金屬受熱強度衰減

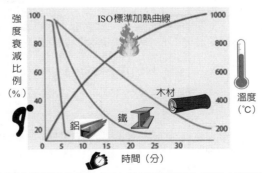

（鐵皮屋火災屋頂易塌，而木柱結構則有火災較大強度）

4-5 木材類燃燒（二）

起火階段

木材熱裂解（Pyrolysis）是其纖維素和相關化合物之一種複雜熱分解（Thermal Decomposition）過程。通常，先受高溫熱裂解後再產生分解可燃氣體和蒸氣，釋放到空氣中與氧混合。當這些可燃氣體和蒸氣以足夠速率產生時，通常能出現火焰燃燒現象。

有關木材熱解反應，於第一階段產生揮發性氣體、焦油與焦炭，其中焦油又發生第二階段熱解反應，生成揮發性氣體與焦炭。整體上，木材起火燃燒能分 4 個階段，如下：

第一階段當溫度到～200℃時，釋放出水蒸氣，半纖維素熱裂解出不燃生成物，如 H_2O、CO_2，是一吸熱狀態。

第二階段在 200℃～260℃，大部分水已釋放，纖維素熱裂解出可燃生成物，如一氧化碳，但所產生的量是相對小的。這個階段與第一階段一樣，仍然是吸熱狀態。

第三階段在 260℃～480℃，木質素是最後熱解組分，高溫分解出可燃氣體，此階段反應最為激烈，是木材起火過程的關鍵階段，為放熱反應。

第四階段在溫度 480℃以上，木質部氧化，揮發 1～4 個烴類可燃氣體，纖維素中的碳分解更小的炭（Charcoal）殘餘物。

低溫起火

木材在長期受熱環境，如廟宇、神明桌、電燈底木或熱水器附近木材，物理上逐漸乾燥成多孔狀（氧氣得以深入），具斷熱效果，產生保溫性；另在木材含樹脂，尤其是軟木，在其受熱氧化分解，化學上氧化熱在物理上保溫性，使其蓄熱不散形成高溫，即使未達到 260℃引火溫度，就能形成低溫起火之危險現象，這也是古蹟歷史建築易以發生火災之原因。

木材燃燒

1. 燃燒速率（Rate of Combustion）

大多數固體火災於成長期階段，火勢遵循 t^2 曲線。木材燃燒速率是顯著受到可燃物之物理形式、空氣供給量、水分含量因素之主要影響。通常木材於熱通量 10 kW/m² 上即會被引燃。

在木材燃燒炭化深度，被炭化之木材具有導電性，而焦炭層則具相當隔熱效果。這使得木材建築結構構件在火災期間，仍能保留一定強度。依日本學者濱田稔之實驗研究，處於無外在氣流且定溫加熱環境下的木材，在加熱時間與炭化深度（x）有如下關係式：

$$x = 1.0\left(\frac{Q}{100} - 2.5\right)\sqrt{t}$$

x 為炭化深度（mm）；Q 為加熱溫度（℃）；t 為加熱時間（min）

2. 燃燒熱

建築和傢俱材料燃燒熱是防火安全一個重要的考量因子，假使以塑膠傢俱來更換木製傢俱，火災燃燒熱將會增加。

木材燃燒流程

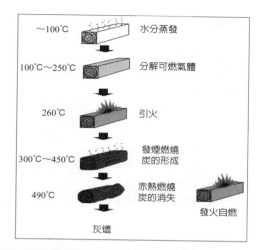

階段	溫度（℃）	木材部位	熱裂解產物	反應
一	～200	半纖維素	熱裂解出不燃氣體如水蒸氣、二氧化碳與醋酸	吸熱反應
二	200～280	纖維素	熱裂解出可燃氣體如一氧化碳	吸熱反應
三	280～500	木質素	熱裂解出可燃氣體與煤微粒	放熱反應
四	500～	木質部	皆已氧化，形成殘餘炭	放熱反應

燃燒之熱釋放率

瓦特（W）　　　千瓦特（KW）　　　百萬瓦特（MW）

1. 依日本學者濱田的實驗研究，處於無外在氣流且定溫加熱環境下的氣乾材，當加熱時間加倍時，其炭化深度將變為幾倍？　(A) 2^{-1}　(B) 2　(C) $2^{-1/2}$　(D) $2^{1/2}$

解　(D)：與 $\sqrt{t}$ 成正比

2. 依據濱田稔之實驗研究，一定溫度無氣流中加熱之氣乾松木，加熱 20 分鐘碳化深度為 20 mm，若加熱 40 分鐘，碳化深度約為若干？　(A) 22 mm　(B) 28 mm　(C) 40 mm　(D) 80 mm

解　(B)：$\dfrac{x}{20} = \sqrt{\dfrac{40}{20}}$

3. 試以木材為對象，說明木材之主要成分？引發木材發火之危險溫度及其發火過程？（25 分）（107 年消防三等特考）

解　見本節說明。

4-6 金屬類燃燒（一）

元素週期表中的元素約有 75 個以上爲金屬，所有的金屬都是可燃物，只是依溫度而定，除了水銀是液體外，常溫常壓下所有金屬都是固體。金屬具有自由電子，表現出良好的導電性、導熱性，同時金屬熔點都比較高。有些金屬如鈣、鉿（Hafnium）、鋰、鎂、釔、鉀、鈉、釷（Thorium）、鈦、鋅、鋯等，由於其細薄部分、細碎顆粒或熔融狀態時易於起火，所以稱做可燃性金屬；在此注意是鋰、鈉等熔融態金屬，在二氧化碳中也會激烈燃燒。但當這些金屬在大塊之固體形式時，仍是難以起火的。

某些如鋁、鐵與鋼，在正常情況下並非可燃物，但如果是細碎顆粒，接觸到其他燃燒中物質時，則能起火並燃燒，如細鋼絲就會起火。有幾種如鈾、釷、釔燃燒會發出輻射，如 α 射線、β 射線、γ 射線粒子，使滅火更複雜化，同時還有健康及汙染問題。

金屬燃燒型態

金屬熱值大，燃燒溫度顯著高於一般可燃物燃燒溫度。大多數金屬燃燒遇到水會使氫氣釋出形成爆炸現象。有些熾熱之金屬會在二氧化碳、氮或蒸氣中繼續燃燒，此使金屬火災之屬性，涵蓋範圍相當廣。鈦燃燒時生成很少之煙霧，而鋰燃燒時煙霧卻相當多而濃厚。有些被水溼潤過潮溼金屬粉末，如鋯燃燒時猛烈程度接近爆炸，但同樣粉末被油浸溼了，燃燒時卻寂靜無聲。鈉燃燒時產生熔化且流動，鈣卻不是。有些金屬，如鈾長期置於潮溼空氣下，使增加其燃燒傾向，但如長期置於乾燥空氣下的金屬，卻使其更難以起火。而金屬燃燒型態，如次：

1. 表面燃燒：如鋁、鐵或鈦等高熔點金屬，產生無焰燃燒現象。
2. 蒸發燃燒：如鈉、鉀、鎂或鈣等低熔點活潑金屬，受熱熔化後形成液體蒸發，生成大量氧化物之白煙，並產生有焰燃燒現象。

滅火

滅火方面，涉及傳統滅火行動所不常見的技術，因大多數金屬火災射水，會使化學反應加劇，不但不能降溫，反使火源溫度更高，甚至爆炸；因水會使之引起放熱反應，釋出易燃性氫氣，且水中氧會使燃燒加速。因此，金屬火災需以抑制燃燒的連鎖反應來撲滅。

鹼金屬

鹼金屬（鈉、鉀、鈉鉀合金與鋰）係屬公共危險物品第 3 類禁水性物質，鹼金屬放入水中會產生爆炸，此分 2 階段：首先，金屬和水反應產生氫氣，此反應主要在水下進行，因此不產生火焰。接下來，第一階段反應產生的熱量，通常會點燃新產生的氫氣，使其在空氣中爆炸性燃燒，這一氫氣爆炸可在水面上產生可見的火焰。如水與鈉和鉀反應會劇烈，生成熱量可使金屬熔化，使金屬表面積增大，與水又進一步反應，並放出氫氣產生爆裂現象。

$$2Na + 2H_2O \rightarrow 2NaOH + H_2 + 88.2 \text{ Kcal}$$
$$2K + 2H_2O \rightarrow 2KOH + H_2 + 92.8 \text{ Kcal}$$

滅火時使用特殊乾粉，而乾砂、乾燥氯化鈉、乾蘇打粉，也都是有效滅火。把上述弄成細碎物覆蓋在火焰上，使金屬逐漸冷卻至起火溫度之下，最後熄滅火勢。

金屬化學元素週期分類

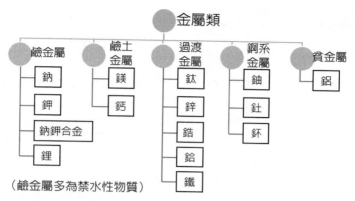

（鹼金屬多為禁水性物質）

金屬熔點、沸點與起火溫度

	溫度（℃）		
純金屬	熔點	沸點	固體金屬起火
鋁 Aluminum	660	2452	1000[AB]
鉿 Hafnium	2222	5399	-
鈣 Calcium	842	1441	704
鐵 Iron	1535	3000	930[A]
鈽 Plutonium	640	3316	600
鋰 Lithium	186	1336	180
鎂 Magnesium	650	1110	623
鋇 Barium	725	1140	175
鉀 Potassium	62	760	69[AB]
鈉 Sodium	98	880	115
鍶 Strontium	774	1150	720[A]
釷 Thorium	1845	4500	500[A]
鈾 Uranium	1132	3816	3816[A]
鈦 Titanium	1727	3260	1593
鋅 Zinc	419	907	900[A]
鋯 Zirconium	1830	3577	1400[A]

A 氧氣中起火，B 在潮溼空氣中能自燃起火（Fire Protection Handbook, 1997）

1. （D）下列關於固體可燃物之燃燒型態類別區分何者正確？（101 年警大消佐班）
   (A) 木材為表面燃燒 　　(B) 金屬粉為自己燃燒
   (C) 賽璐珞為分解燃燒 　(D) 硫黃為蒸發燃燒

   解 A 為分解；B 為表面；C 為自己

2. （A）某些物質如賽璐珞（Celluloid）起熱分解後，除會產生可燃性氣體外，同時亦會產生氧，此類物質不需空氣之氧助燃，只依賴分子之氧即可燃燒，此種燃燒稱為： 　(A) 自己燃燒 　(B) 分解燃燒 　(C) 蒸發燃燒 　(D) 表面燃燒（94 年警大消佐班）

4-7 金屬類燃燒（二）

鹼土金屬

鹼土金屬（鎂與鈣）為公共危險物品第 3 類禁水性物質，都是活潑金屬，可以製成許多合金，如鎂鋁合金。這 2 個元素在地殼形成的礦物，如白雲石、石灰石和方解石等。在鎂合金中，鎂金屬所產生火焰高度一般低於 30 cm，但火焰溫度可高達 1371℃。鎂燃燒時熔化形成熔融鎂的坑洞（Puddles），其遇到水時能呈現氫氣爆炸之危險。

$$Mg + 2H_2O \rightarrow Mg(OH)_2 + H_2$$

過渡金屬

大多數過渡金屬都是以氧化物、硫化物等形式，存在於地殼中，只有金、銀等可以穩定存在。

1. 鈦：鈦之尺寸和形狀，會決定其起火容易性。極薄的切屑，用一根火柴就能點燃，相對少量鈦屑起火時，粗粒水沫是有效來撲滅火勢之一種安全手段。
2. 鋅：鋅板、鋅鑄件或其他大塊形式的鋅，因難於起火而不會造成嚴重的火災。但是一旦起火，大塊將猛烈燃燒。鋅粉塵在空氣中於 599℃時起火，燃燒時會產生相當多煙氣。
3. 鐵（Iron）：鋼鐵於正常情況為不燃燒金屬，一般不認為是可燃物，大塊形式（結構鋼、鑄鐵塊等）於普通火災是不會燃燒的。細鋼絲絨在遇到極高溫，如電焊時會起火。鋼結構受火災溫度影響之強度示意圖，如右圖。

貧金屬

鋁於正常情況為不燃燒金屬，熔點 658℃～660℃、沸點 2450℃，通常具有相當高之起火溫度，以致於鋁燃燒在大多數火災中不是一個問題因素。然而，鋁能在其他物質燃燒時，呈現相當猛烈；特別是，鋁接觸到鎂燃燒時易於起火，二者界面處並結成合金化。鋁熔融溫度低，許多飛機起火歸因於含易燃液體之薄鋁合金液壓管路，出事造成的。在壓力下，電線短路產生高溫電弧將鋁管熔化，釋出油類易燃液體。而鋁合金是建築中會採用典型材料，有時會替代鐵、鋼或銅，右圖顯示一般溫度升高時，鋁合金的強度示意圖。

鋼結構受火災溫度影響

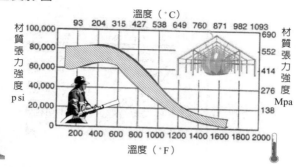

鋁合金受火災溫度影響

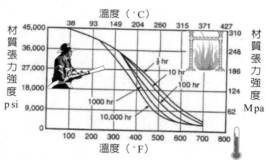

禁水性之鹼金屬元素比較

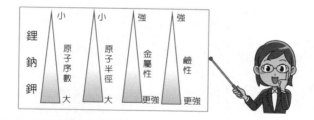

例：金屬燃燒熱極大，如鐵粒（原子量 55.8、比容積 0.127 $\frac{ml}{g}$）在氧氣中進行表面燃燒，耗氧量大，請求 1 g 鐵之燃燒熱及維持燃燒耗氧量？（註：$Fe + \frac{3}{4}O_2 \rightarrow \frac{1}{2}Fe_2O_3 + 97.6 \frac{kcal}{mol}$）

解　1 g 鐵燃燒熱 $\frac{97.6}{55.8} = 1.74 \frac{kcal}{g} = 7.27 \frac{kJ}{g}$

1 g 鐵燃燒耗氧量 $\frac{3}{4} \times \frac{22.4}{55.8} = 0.3 \frac{L}{g}$

維持燃燒需氧量 $0.3 (\frac{L}{g}) \div 0.127 (\frac{ml}{g}) = 2360$ 倍（NTP 體積）

Note

第5章
液體火災學理

（作者美國訓練照片）

5-1 液體燃燒屬性

液體儲槽起火一些安全設計如儲槽通風孔（能使爆炸可能性最小化），及滅焰器（Flame Arrestors）（防止火焰竄入儲槽內部）。大量儲存易燃液體分隔規定，也儘可能減少額外易燃液體加入。控制液體火災強度是由燃料揮發性（Fuel Volatility）與燃燒時熱釋放率所決定。因此，重油與焦油可能難以點燃，一旦起火，卻是非常容易燃燒而難以滅火。火焰所產生熱量，一部分輻射回到燃料面，使更多燃料氣化。大多有機液體來說，所給定物質氣化所需的熱量，只要百分比很小的燃燒熱就足夠了。

1. 蒸氣壓（Vapor Pressure）：任何物質都有揮發／蒸發成氣態的趨勢，其氣態也同樣具有凝聚為液態或固態的趨勢。由於液體的分子始終處於運動狀態（運動量大小取決於液體的溫度），分子從液體的自由表面逸出至其上部空間，並保持在上部氣態空間，另一些分子由於無規則運動與液體碰撞，而被重新捕獲至原液態空間，此稱蒸氣壓。較高蒸氣壓的物質通常具有較大揮發性，延伸閱讀5-3節等。如此亦顯示液體係不直接參與燃燒，而係其蒸氣。

2. 流動擴散：液體燃料具有流動的物理性，此與室內火災煙流一樣流動性，使內部人員陷於危險性。當液體洩漏會依物理狀態流動積聚在低窪區；而室內火災煙流卻相反地，往室上高處流動，使上層樓人員陷於危險環境。

3. 密度（Density）：密度是物質分子如何緊密地擠在一起之程度，較密物質是較重的。而密度是有單位的，而比重是無單位，比重是液體重體與水重量之比值。大多數易燃液體比重小於1，此意味著，當滅火人員進行此類液體火災搶救，水會沉到其底部，或隨著流動的水使油類火勢延伸。

4. 水溶性（Water Solubility）：液體燃料油漆稀釋劑、丙酮或醇類等極性溶劑，能溶解於水。如果使用大量的水，醇等極性溶劑能予以稀釋至不會燃燒程度。而烴類液體（非極性溶劑）是不溶於水，這就是為什麼水不能洗掉手上油類之道理。必須使用肥皂與水一起使用，以溶解該油狀物。

5. 蒸氣比重（Vapor /Air Proportion）：蒸氣比重是指在平衡溫度和壓力下，液體蒸發產生的蒸氣／空氣混合氣的重量，與同體積空氣重量之比值。

6. 熱值：同固體與氣體一樣，由燃燒反應生成熱量，會回饋到本身及周遭。因此，物質燃燒熱值愈大者，易使溫度上升而趨於擴大燃燒之可能。

7. 導電性：導電性小易累積靜電，增加引起火花放電機會，產生較高火災爆炸風險。

8. 比熱：比熱為物質每1公克提高1℃所需熱量。比熱愈小者，所需熱量愈小，溫度上升愈快，較具引火之風險。

9. 流速與靜電：流速愈大使靜電愈多在灌裝油類液體時，依日本靜電安全指南指出，在電導率 10^{-10} S/m 以上的液體，最大流速限制在 10 m/s 以下。灌裝時，從槽車等底部進入，使用金屬管材，因塑膠管帶靜電約為金屬管8倍。

10.閃火點（Flash Point）及著火點（Fire Point）：閃（著）火點愈低愈危險，見5-2節。

液體燃燒屬性

液體蒸氣壓

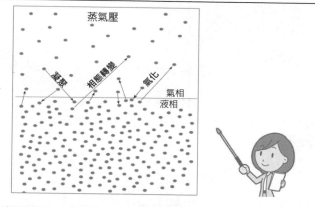

液面上總有一定量的蒸氣存在，此蒸氣的多少與液體溫度成正相關。從液體逸出分子的速率，與分子再回入液體的速率相等，在平衡點由逸出蒸氣所生的壓力稱為蒸氣壓（$kg / m \cdot s^2$ 或 kPa）。蒸氣壓也就是飽和蒸氣壓，為物質的氣相與液相達到平衡狀態時壓力，其為溫度之函數。

1.（BC）石蠟之燃燒係屬下列何種型態燃燒？（108 年一般消防四等）
   (A) 表面燃燒　(B) 分解燃燒　(C) 非均一系燃燒　(D) 混合燃燒

解 B 或 C 石蠟為分解燃燒或蒸發燃燒，由固體轉液體，最後生成氣體（非均一）

2.（D）汽油燃燒時主要方式為下列何者？（105 年消防設備士）
   (A) 溶解燃燒　(B) 分解燃燒　(C) 液態燃燒　(D) 蒸發燃燒

解 所有液體皆為蒸發燃燒

3.（C）硫磺之燃燒屬於下列何種固體燃燒現象？（107 年警大消佐班）
   (A) 自己燃燒　(B) 分解燃燒　(C) 蒸發燃燒　(D) 還原燃燒

蒸氣壓與溫度關係

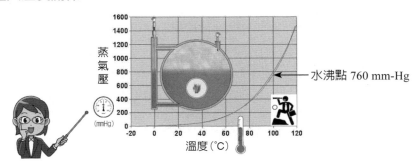

（水沸點100℃為一標準大氣壓等於760 mm-Hg）

液體燃燒屬性

碳氫類液體熱值高（筆者美國TCC訓練）

液體流動會往低窪處並擴大延燒

液體洩漏起火

石腦油（naphtha）洩漏出遭脫硫塔本身高溫點燃

比重

石油類分級表

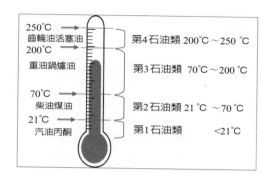

灌裝液體防止靜電事故

項目	容許流速	備註
大型油罐車	$V \times d \leq 0.8$	V 為液體流速（m/s）、d 為管徑（m）
一般汽車	$V \times d \leq 0.5$	
一般小型輸送管	$V \times d = 0.25\sqrt{\sigma \times L}$	L 為槽體水平剖面之對角線長度（m）、σ 為液體導電率（pS/m），80～200 mm 管徑，σ 為 0.8 pS/m

灌裝液體管內流速與管徑靜電問題　儲槽通風孔能減低爆炸可能性

1. 水於 100℃時，請問其蒸氣壓為多少？

解 $P = \exp(20.386 - \dfrac{5132}{T}) = \exp(20.386 - \dfrac{5132}{273+100}) = 759.62$ (mmHg)

2. 若乙醇之沸點為 78℃、比重為 0.8，試問其液體變為氣體之理論膨脹比為多少？

解 乙醇（C_2H_5OH）液態體積 $= \dfrac{質量}{密度} = \dfrac{46g}{0.8} = 57.5$ (mL)

氣態（1 mole）體積：$PV = nRT$，$1 \times V = (1\ mole) \times 0.082 \times (273 + 78)$，$V = 28.78\ L = 28780\ ml$

$\dfrac{氣態}{液態} = \dfrac{28780}{57.5} = 500.5$（倍）

5-2 閃火點、著火點與發火點

閃火點

　　閃火點（Flash Point 或引火點）是液體（或少部分固體）蒸發成氣體，與空氣形成混合後，在外部熱源情況下，能產生一閃即逝的最低溫度，此為決定液體危險性之物理上重要指標，也就是燃燒下限，因其液體蒸發速率小於其燃燒速率，故於閃火後無法維持燃燒現象。閃火點低於大氣溫度之液體，會隨時在表面上形成可燃混合氣體。假使液體一旦起火後，閃火點對液體燃燒已不具多大意義。測定閃火點的方法可分開口杯與閉杯，每種油品應選用開口杯或閉杯，視其蒸發性決定，一般蒸發性較大的石油製品多測閉杯，因測定開口杯閃火點時，油品受熱後形成的蒸氣向周圍空氣擴散，使測得閃火點偏高。對重質油因其蒸發性小，則可採開口杯測定。

1. 依閃火點高低作分類

　　根據閃火點測定，制訂了危險物品分類系統，依 NFPA 30 指出液體閃火點高於 37.8℃為可燃液體，低於 37.8℃且其蒸氣壓不超過 40 psi 者為易燃性液體。

2. 依分子結構

　　A. 分子量增加而閃火點升高。
　　B. 沸點增加而閃火點升高。
　　C. 密度增加而閃火點升高。
　　D. 蒸氣壓增加而閃火點降低。

3. 影響閃火點環境因素

　　A. 壓力：閃火點溫度會隨著壓力增加而提高，隨著壓力減少而降低。
　　B. 氧濃度：閃火點溫度受氧濃度很大之影響。
　　C. 溫度：液體溫度愈高其蒸氣壓也會愈大。
　　D. 其他：氣流、起火源大小等。

著火點

　　液體蒸發成氣體在外部熱源情況下，能點燃並達到持續燃燒的最低溫度為著火點（Fire Point 或引燃點）。著火點通常比閃火點高出幾度，閃火點 100℃以下之物質，其著火點與閃火點之差異較小，甚至相同。一般燃料，支持燃燒所要求的最小蒸發速率，約為 4（g/ m²）/sec。

發火點

　　液體蒸發成氣體，在沒有任何外部熱源情況下，能自行起火並維持燃燒的最低溫度為發火點或自燃點（Auto-ignition Point）。在汽油閃火點約 –43℃，煤油閃火點約 60℃，二者差異很大，但二者在發火點差異卻是很小。

液體閃火點、著火點及發火點

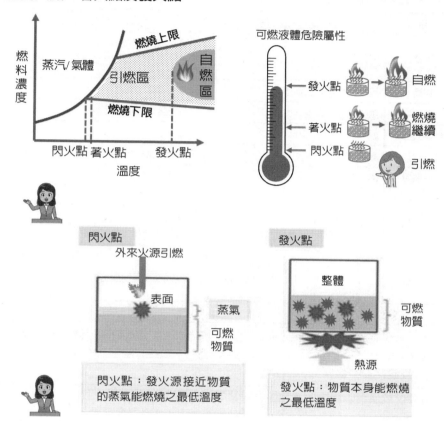

閃火點：發火源接近物質的蒸氣能燃燒之最低溫度

發火點：物質本身能燃燒之最低溫度

閃火點與著火點異同

項目	閃火點（引火點）	著火點（燃點、引燃點）
定義	由外來火源直接供給熱能，至某一液相溫度時出現液面上閃火現象。此時溫度稱為引火點或閃火點。	由外來火源直接供給熱能，至某一液相溫度時出現液面上閃火且持續燃燒現象。此時溫度稱為著火點或燃點。
物質	液體及相當少之固體	固體、液體、氣體
速度	蒸發速度＜燃燒速度	蒸發速度＞燃燒速度
發生時溫度	較低	稍高
相同點	1. 需蒸發出一定可燃性蒸氣量。 2. 與空氣中氧混合比例在燃燒範圍內。 3. 需達到一定溫度。	

閃火點與發火點異同

項目	閃火點（引火點）	發火點（自燃點）
定義	由外來火源供給熱能，至某一液相溫度時出現液面上閃火現象。	不受外來火源供給熱能，本身反應發熱至某一特定高溫時，出現自燃發火，並持續燃燒現象。
物質	液體及相當少之固體	固體、液體、氣體
速度	蒸發速度＜燃燒速度	蒸發速度＞燃燒速度
發生時溫度	較低	較高
起火源	直接	間接或本身發熱
外在熱源	需外在熱源	已不需外在熱源
火災危險	1. 引火為外來火源，明顯較能採取預防。 2. 需作密閉儲存。 3. 需控制儲存溫度與壓力，以免引火危險。	1. 因無外來熱源，因此不易防範。 2. 需控制儲存溫度與壓力，且通風良好以免自燃危險。
相同點	1. 需有一定可燃性氣體或蒸氣量。 2. 與空氣中氧混合比例在燃燒範圍內。 3. 需達到一定溫度。	

1. （C）液體在極快速情況下受熱汽化為氣體時，因能量在瞬間內釋放，將會形成爆炸現象，此狀況稱為何者？　(A) 聚合爆炸　(B) 分解爆炸　(C) 蒸氣爆炸　(D) 反應性失控爆炸

解 液體燃燒僅有一種即蒸發燃燒，液體爆炸也僅有一種即蒸氣爆炸。

2. （B）蒸氣爆炸是屬於下列何者？　(A) 氣態爆炸　(B) 液態爆炸　(C) 固態爆炸　(D) 混合爆炸

解 液體燃燒為蒸發（蒸氣）。

3. （D）汽油燃燒時主要方式為下列何者？　(A) 溶解燃燒　(B) 分解燃燒　(C) 液態燃燒　(D) 蒸發燃燒

解 所有液體皆為蒸發燃燒。

4. 何謂發火點（或著火點）？何謂引火點？（15 分）（90 年設備士）（96-1 年設備士）

解 本題有相當瑕疵，發火點（或著火點）是不同事件，顯見出題老師火災學專業的問題。解答見本節所述。

5. 物質的燃燒型態有「引火」與「發火」二種重要的現象，請說明此二現象的意義，並比較二者的異同與可能產生的火災危險為何？（25分）（98-2年設備師）
6. flash point 和 fire point 的中文名稱分別為何？（10分）從定義上來看，上述兩者有何不同？（15分）（106年設備士）
7. 閃火點的測試方法有哪兩種？哪一種方法所測得的數值較高？為什麼？（25分）（106年消防3等特考）

解 見本節所述。

液體蒸氣壓

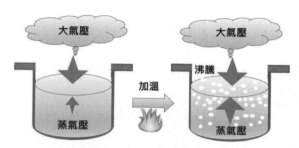

液體中能量較高分子有脫離液面傾向，這是液體之本性；若在密閉容器中裝滿液體，沒有空間形成蒸汽，也不會對液體產生壓力

大氣壓＞蒸氣壓　　　　　　大氣壓＝蒸氣壓（沸騰）

液體蒸發燃燒

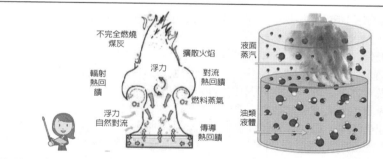

液體類燃燒型態為蒸發燃燒，其燃燒非液體本身在燃燒，液體火焰並不是緊貼在液面上，而是液面上方空間位置，也是液體蒸氣壓所生之蒸氣在燒，此種火焰大小取決於液體蒸發速度，而蒸發速度則取決於本身蒸氣壓及液體從火焰區所吸收到熱量多少。油類火災使用泡沫其比油輕能覆蓋油面，抑制液體蒸發及斷絕空氣中氧接觸之雙重滅火機制。燃燒後所產生熱釋放率，能迅速地達到穩定狀態。固體方面，熔點較低固體類，受熱後熔融液化，蒸發成蒸氣而燃燒，如熱塑性塑膠、硫磺、瀝青、石蠟等固體，則先熔融液化，形成蒸發燃燒型態。液體物質若於開口容器發生火災時（液體表面積小）較易處理，互容器破裂時（液表面積大），而導致大面積燃燒，因燃燒與表面積成正相關，所以需有防液堤之設置。

5-3 液體燃燒型態與速度

液體燃燒型態

一、蒸發燃燒：液體燃燒實際上是在氣相中（Vapor Phase）發生，而液體具高蒸氣壓
或高揮發性是最危險的。液體蒸發速度取決於蒸氣壓，而蒸氣壓則取決於液體分
子間之引力，分子間引力大之液體會有相當低之蒸氣壓，因需要高能量才能使分
子自液相逃離成氣態。因此，大分子量物質通常具低蒸氣壓。而蒸氣壓則與溫度
是成正相關。

二、火球燃燒

1. 易燃性液體油槽外洩，大量蒸發燃燒成為火球火災。
2. 可燃液化氣體外洩並急速氣化，在開放區域形成蒸氣雲，一旦起火所產生火球。

三、臨界燃燒現象：重質油類儲槽火災，延伸閱讀請見 13-9 節，沸溢與濺溢現象。

液體燃燒速度影響因素

一、內在因素

1. **蒸氣壓**（Vapor Pressure）：液體蒸氣壓是液體溫度函數。溫度升高蒸氣壓力增
   加，導致液體表面蒸發蒸氣之濃度增加。
2. **蒸發速率**（Evaporation Rate）：蒸發速率是在一定溫度和壓力下液體蒸發到蒸
   氣狀態之速率，愈大愈危險。液體燃燒速率取決於其蒸發速率。
3. **燃燒速率**（Burning Rates of Liquids）：汽油、輕質和重質餾分油類火災時，起
   初輕質餾分燃燒較迅速，汽油燃燒速率為 150～300 mm/Hour 之深度，而煤油則
   為 130～200 mm/Hour 之深度。
4. **氣化潛熱**（Latent Heat of Vaporization）：是一大氣壓下一克液體轉化成蒸氣所
   吸收熱量（Cal/g）。氣化潛熱愈小則液體愈易氣化，危險性愈大。
5. **閃火點**（燃燒下限）：燃燒下限愈小引火危險性愈大。
6. **燃燒界限**：引火或著火燃燒，需在燃燒界限內。
7. **最小起火能量**：最小起火能量愈小引火危險性愈大。
8. **沸點**：為液體蒸氣壓等於外部壓力溫度。沸點愈低則閃火點亦低，引火危險大。

二、外在因素

1. **溫度和外在壓力**：壓力降低蒸發程度會增加，即液體上方外在壓力增加會導致
   較少蒸氣發生。在較高溫度液體蒸氣壓會較高，形成較多蒸發量。
2. **容器表面積**：Hottel 學者以油槽直徑 D>1 m 火災實驗時，輻射為熱傳主要方式。
   燃燒速率隨油槽直徑增加會有一最大值，之後不再增加而以穩定燃燒速率進行。
3. **風速**：風速能加快氧供應並使燃燒產物及時送走。Cecilia 學者以油槽直徑 0.3 m
   燃燒速率，風速 0.5～0.7 m/s 有一最大值，之後風速增加反而冷卻減少燃燒速率。
4. **斷熱變化**：斷熱環境下，將無法熱傳之熱損失，使引火（著火）及燃燒較易進
   行。

液體燃燒速度影響因素

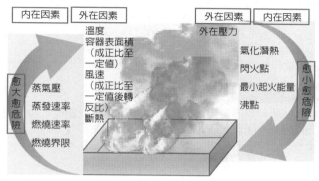

蒸氣壓為溫度函數

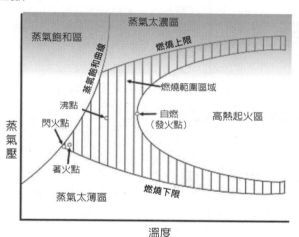

---

1. 何謂引火？影響引火之因素爲何？試述之。（25分）（85年3等特考）

解

(1) 引火

引火在日文原意是區別於發火，而與可燃性不同是其易於揮發出氣體，一般是指液體類。在其揮發可燃氣體與空氣中氧適度混合，一遇外來發火源使其著火燃燒之意。但國內火災學課本卻與發火（大多指氣體）或起火（大多指固體）混爲使用。

(2) 影響引火因素如同影響液體燃燒速度因素無多大區別，見本節所述。

5-4 液體起火能量

火焰

火焰（Flames）是一種能量很大、明確的起火源。

火花（電氣、靜電和摩擦）

電氣火花能量是高於火焰溫度，通常能引燃液體蒸氣。然而，摩擦火花不一定能引燃，因摩擦火花的持續時間短，不足以加熱液體蒸氣至其起火點，欲引燃需具足夠的持續時間或強度。

熱表面

熱表面（Hot Surfaces）有足夠大和高熱，就能成為一起火源。熱表面愈小則熱能需愈高熱才能引燃混合氣。可燃液體與熱表面接觸必有足夠長的時間，以形成一定蒸氣混合濃度。如高揮發性液體，撒到高溫 1093℃電熱板上就能起火。但撒在戶外的排氣管，即使其溫度高於液體起火溫度，混合氣也很少會引燃。

絕熱壓縮

絕熱壓縮（Adiabatic Compression）是指在沒有熱傳情況下壓縮所產生熱量。在氣壓上升時，這時氣體溫度也會上升。自行車打氣時，因氣體壓力上升足夠快到可視為絕熱過程，因而溫度上升。另一方面，在氣壓下降時，氣體溫度也會下降；如給輪胎放氣，可以明顯感覺到放出氣體比較涼，這因氣體壓力下降，溫度下降。而汽油引擎靠火星塞來點燃，而柴油引擎則靠高壓縮比（16～23:1）來壓縮空氣其溫度迅速上升超過 500℃，來自行點燃霧化的柴油。此種絕熱壓縮方式，當空氣分子被導入汽缸壓縮後，空氣中之分子受到互相衝撞與摩擦，因而使分子移動速度被迅速地增加，所以造成溫度上升，如同理想氣體定律 $PV = nRT$，P 與 T 成正比。

假設在理想氣體狀態，體積為 V_0 以斷熱壓縮，壓縮比為 $\dfrac{V_0}{V}$ 至 V 時，壓力由 P_0 至 P 時，溫度則自 T_0 升高至 T 時，形成以下公式：

$$\frac{P}{P_0} = \left(\frac{V_0}{V}\right)^r$$
$$\frac{T}{T_0} = \left(\frac{V_0}{V}\right)^{r-1}$$

式中 $r = \dfrac{定壓比熱}{定容比熱}$，則其間關係亦為

$$\left(\frac{T}{T_0}\right)^r = \left(\frac{P_0}{P}\right)^{1-r}$$

在處理易燃液體時，要防止液體混有微小氣泡或防止液體較大高度落下，可能會氣泡絕熱壓縮成為發火源事故。

---

1. 斷熱壓縮是發火源之一，假設斷熱壓縮前之體積為 V_0、壓力為 P_0，溫度為 T_0，斷熱壓縮後之體積為 V、壓力為 P、溫度為 T，$r =$ 恆壓比熱 / 恆容比熱，下列公式何者錯誤？

   (A) $(T/T_0)^r = (P_0/P)^{1-r}$　　(B) $(P/P_0) = (V_0/V)^r$　　(C) $(T/T_0) = (V_0/V)^{r-1}$　　(D) $(T/T_0) = (P_0/P)^{1-r}$

解 (D)

絕熱壓縮

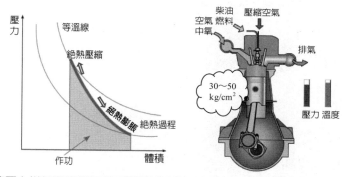

（壓縮壓力增加溫度增加作功體積減小）（柴油引擎斷熱壓縮形成高溫使柴油自燃）

1. 一斷熱壓縮狀態，開始壓縮時的壓力爲 1 atm，溫度爲 20℃，空氣比熱比爲 1.4，壓縮後壓力爲 25 atm，求壓縮比 $\dfrac{V_0}{V}$ 爲多少？

解 $\dfrac{P}{P_0} = \left(\dfrac{V_0}{V}\right)^r \rightarrow \dfrac{25}{1} = \left(\dfrac{V_0}{V}\right)^{1.4} \rightarrow \dfrac{V_0}{V} = 9.8$

2. 汽油引擎於節氣門全開時運行，開始壓縮時的壓力爲 50 kPa，溫度爲 60℃，該引擎的壓縮比爲 9.5：1，空氣之定容比熱爲 0.821 kJ/kg-K，比熱比爲 1.4，求斷熱壓縮後壓力及溫度各爲多少？

解 (1) $\dfrac{P}{98} = (9.5)^{1.4} \rightarrow P = 2291$ kPa (22.6 atm)

(2) $\dfrac{T}{60+273} = (9.5)^{1.4-1} \rightarrow T = 819$ K (546℃)

3. 柴油引擎點火未使用火星塞，係以斷熱壓縮方式，最初壓力爲 1 atm，溫度 20℃，該引擎的壓縮比爲 13.5：1，空氣比熱比爲 1.4，求斷熱壓縮後壓力及溫度各多少？

解 (1) $\dfrac{P}{1} = (13.5)^{1.4} \rightarrow P = 38.2$ atm

(2) $\dfrac{T}{20+273} = (13.5)^{1.4-1} \rightarrow T = 830$ K (557℃)

4. 氣體在絕熱環境下壓縮，其溫度會急速上升（絕熱壓縮爲火源的一種），壓縮後的溫度 T_2 與壓縮前的溫度 T_1 間的關係如下：

$T_2 = T_1\left(\dfrac{P_2}{P_1}\right)^{\frac{\gamma-1}{\gamma}}$，其中 $\gamma = \dfrac{c_p}{c_v}$

若某一氣體於定壓下的熱容量 Cp 爲 29.1 J/mol·K，定容下的熱容量 Cv 爲 20.8 J/mol·K，該氣體於 15℃下由 1 atm 分別壓縮至 50 atm，溫度爲多少℃？（25 分）（106 年消防設備士）

解 $\gamma = \dfrac{29.1}{20.8} = 1.4$

$T_2 = 288\left(\dfrac{50}{1}\right)^{\frac{1.4-1}{1.4}} = 880.7(\text{K}) = 607.7℃$

5-5 引火性與高閃火點

引火性液體

指閃火點在 100℃以下之引火性液體。

1. 燃燒特性上
    A. 易引火。
    B. 易積靜電。
    C. 多數蒸氣有毒。
    D. 富於流動性,火焰傳播快。
    E. 閃火點低,故與著火點接近,易著火爆炸。
    F. 蒸氣比重大於 1,滯留低窪區著火危險。
    G. 液體比重小於 1,浮於水面液體表面積擴大。
    H. 有一部分非常低燃點,儲存處理不當有發火可能。
    I. 若接觸布料纖維,表面積變大,即使溫度低於閃火點仍易引火。

2. 火災預防上
    A. 密封作業。
    B. 存放在陰涼處。
    C. 為防靜電需接地。
    D. 使用防爆電氣設備。
    E. 容器內保有必要空間體積(氣化膨脹)。
    F. 避免接近火焰、火花及過熱等。
    G. 注意溫度增加,蒸氣上升危險。
    H. 處理時蒸氣具足夠通風或抽除至戶外。
    I. 蒸氣滯留區不使用易生火花,如機械設備。

高閃火點液體

指閃火點在 100℃以上之第四類公共危險物品。
    A. 流動性慢。
    B. 較黏稠具低揮發性。
    C. 重質油類燃燒,具難以著火,一旦著火即難以撲滅。
    D. 重質油槽燃燒,具沸溢、濺溢或冒泡溢危險現象。
    E. 閃火點低於 250℃,儲存處理製造需遵照公共危險物品法規。

引火性液體

燃燒特性：
靜電
有毒
易引火
流動性
閃火點低
滯留低窪
浮於水面擴大
儲存發火
接觸纖維危險

火災預防：
密封
存放陰涼
靜電接地
防爆電氣
容器空間
避免火焰
蒸氣上升
蒸氣通風
蒸氣滯留

高閃火點液體

閃火點高於100℃
流動性慢
黏稠低揮發
難著火難撲滅
油槽沸溢
低於250℃遵照法規

引火性液體種類

引火性液體	閃火點
乙醚、汽油、乙醛、環氧丙烷、二硫化碳	< -30℃
正己烷、環氧乙烷、丙酮、苯、丁酮	-30℃～0℃
乙醇、甲醇、二甲苯、乙酸戊酯	0℃～30℃
煤油、輕油、松節油、異戊醇、醋酸	30℃～65℃

1. 請問何謂「引火性液體」？另請敘述引火點在 100℃ 以下之引火性液體具有哪些特性？（25 分）（99 年設備師）
2. 何謂液體之引火與發火？引火性液體與高閃火點液體各有何特性？試詳述之。（25 分）（101 年 4 等一般特考）

 解 見 5-2 節及本節所述。

5-6 液體防火防爆方法

防止液體火災和爆炸的措施，可根據下列火三要素一種以上的技術或原理來設計。

氧氣面

1. 惰性化：密閉容器充填惰性氣體。
2. 真空化：排出空氣使其無法氧化反應。

熱源面

1. 移位：周遭有顯著起火源，無法排除時進行移位作業。
2. 消除：消除潛在起火源。
3. 防爆設施：如防爆電氣設備等防爆設計。

燃料面

1. 抽除：有可燃蒸氣之虞，應抽風排出之戶外一定高度。
2. 通風：為防止易燃蒸氣累積，通風是非常重要的。雖然自然通風有其優點，但不如機械通風效率來得有效。
3. 密閉容器：作業過程中易生中毒和火災事故，不宜使用敞口容器。
4. 開放空間作業：蒸餾塔和泵等裝備，應放置在開放處以減少蒸氣逸出累積。
5. 不燃性液體取代：如果可以，以不易燃或高閃火點體取代較危險的溶劑。

爆炸類型

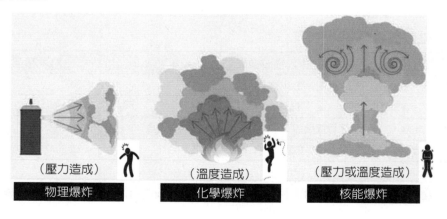

液體防火防爆

移位
消除
防爆設施

抽除
通風
密閉容器
開放空間作業
不燃性體取代

熱源
燃料
氧氣

惰性化
真空化

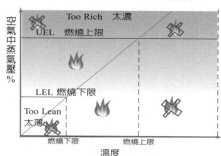

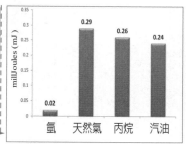

液體蒸氣壓與溫度成正相關

汽油比瓦斯更易起火

---

1. 將高粱酒（酒精濃度60%）灑在桌面上，於室溫下接觸火源，是否可被點燃？
   將啤酒（酒精濃度5%）灑在桌面上，於室溫下接觸火源，是否可被點燃？申
   論其原因。（108年消防三等特考）

解 $C_2H_5OH + 3O_2 \rightarrow 2CO_2 + 3H_2O$（氧莫耳數 n = 3）

燃燒／爆炸下限 $= \dfrac{0.55}{1 + 4.76n} = \dfrac{0.55}{1 + 4.76(3)} = 3.6\%$

將高粱酒（酒精濃度60%）灑在桌面上，於室溫下接觸火源，是否可被點燃？
本題其關鍵是在三要素之燃料部分，酒精燃燒下限為3.6%，酒精係蒸發燃燒型
態，因此燃料蒸發一定可燃性氣體並能累積相當濃度（3.6%以上），因此相信
在室內無風狀況，酒精本身閃火點低，燃燒下限僅3.6%，接觸火源即可輕易燃
燒。而將啤酒（酒精濃度5%）灑在桌面上，於室溫下接觸火源，是否可被點
燃？因此燃料蒸發一定可燃性氣體並能累積相當酒精濃度（3.6%以上），但酒
精濃度僅5%勢必在三要素之燃料部分，因可燃氣體濃度不足，縱使有火源接
觸，仍缺乏三要素之一定蒸氣燃料濃度，而無法被點燃。

Note

第6章
氣體火災學理

（作者美國訓練照片）

6-1 氣體理化性

與固體／液體相比，氣體組成最簡單，大多為多種分子碳氫化合物組合。氣體本身無形狀亦無體積，液體無形狀但有一定體積，固體則有形狀和體積。氣體是由恆定運動極微小粒子所組成的，這種運動影響氣體性質和行為，如溫度愈高分子運動愈迅速。

化學性

依 NFPA 指出，可燃氣體在空氣中燃燒與可燃液體蒸氣在空氣中燃燒的方式，是相同的，但閃火點是可燃液體一種常見危險用語，對可燃氣體則無實際用語。可燃氣體通常是高於其沸點的溫度下存在，即使當氣體處於液態時也是如此。

在烷系碳氫化合物，如甲烷（CH_4）、乙烷（C_2H_6）、丙烷（C_3H_8）、丁烷（C_4H_{10}）等，分子式皆屬於 C_nH_{2n+2} 型。而烯系碳氫化合物，如乙烯（C_2H_4）、丙烯（C_3H_6）、丁烯（C_4H_8）等，其分子式皆屬於 C_nH_{2n} 型。在常溫下，$C_1 \sim C_4$ 烷類為氣態、$C_5 \sim C_{17}$ 烷類為液態、C_{18} 以上烷類為固態。碳數愈多、鍵結愈多。因此，化合物的結構愈堅固分子間的引力和鍵結強度愈高；而烷類化學性質極安定，分子量愈大，分散力愈大，所以沸點也就愈高。在烷類熔點，大致上隨分子量增大而增加，分子量大經常不能夠完全燃燒，在燃燒時會有黑煙產生，就是炭黑。基本上含碳數愈多，莫耳燃燒熱愈大，但燃燒熱卻愈小。

物理性

氣體本身比液體或固體輕，能區別出氣體是在液態還是氣態，這對防火和滅火措施是重要的。火災期間氣體受熱膨脹，使容器中壓力增加，容器受高溫喪失強度而破裂。基本上，高溫對壓縮氣體和液化氣體，略有不同的影響。

1. 壓縮氣體（Compressed Gas）：壓縮氣體（完全處於氣態），如氫氣、氧氣、氮氣或天然氣等，受高溫產生膨脹，並遵行氣體行為規律（波以耳及查爾斯定律）。
2. 溶解氣體：如乙炔氣，在容器內注入丙酮溶劑，再把氣體以高壓灌入成溶解氣體，若單獨將乙炔壓縮則會分解爆炸。
3. 液化氣體（Liquefie Gas）：液化氣體如丙烷、丁烷、丙烯、丁烯、二氧化碳（非可燃性）等氣體，也包括低溫氣體，其比壓縮氣體有較複雜行為。假使液體膨脹導致容器中充滿液體（原來的氣相冷凝），則會有嚴重壓力增高現象。在少量的熱就可導致壓力大量地上升。由於這種原因，需十分注意液體儲存溫度。因此，充填容器時，決不可超過其容納量，需留出一定氣體空間。在液化氣體充填密度，比重大物質有較多充填量，大容器比小容器可充填更多數量，因其從日光溫度吸收熱量要花費較長時間。又地面下容器可充填得較多，因環境溫度相對恆定。

在液化石油氣方面，丙烷（C_3H_8）氣體密度為 44 g÷22.4 L = 1.96(g/L)；而丁烷 C_4H_{10} 氣體密度為 58 g÷22.4 =2.59(g/L)；丙烷氣體比重（與空氣質量比）為 44 g÷28.9 g = 1.52，丁烷氣體比重為 58 g÷28.9 g = 2.0。丙烷液體比重於 15℃時為 0.51，而丁烷為 0.58，1 公升液化丙烷重量約 0.5 公斤，而 1 公升液化丁烷重量約 0.6 公斤。

容器破裂爆炸

（壓縮和液化氣體是利用物質濃度大小，因此容器意味著有很大的潛在能量釋放）

物質三態物理狀態

物質狀態	形狀	體積
氣體	×	×
液體	×	✓
固體	✓	✓

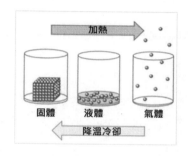

碳氫化合物分類

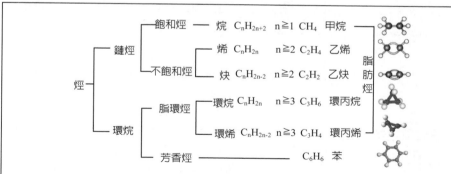

在烷類、烯類、炔類三者同為烴類物性相似。

1. 完全燃燒後產生二氧化碳和水並放出大量熱，燃燒效果：炔 > 烯 > 烷。
2. 密度均小於 1。
3. 均不溶於水，但溶於極性低有機溶劑，如：醚、氯仿及非極性之苯。
4. 熔點與沸點隨碳原子數增加而增加。
5. 性質活潑，易起加成與聚合反應。

原油分餾產物

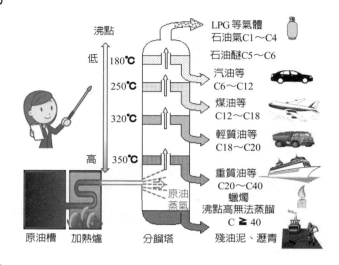

氣體行為規律

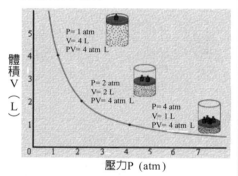

1. 波以耳定律（Boyle's Law）：波以耳定律指出，溫度不變下一定質量氣體所佔體積（V, m³）與絕對壓力（P, kPa）成反比。

$$PV = Constant$$
$$P_1 \times V_1 = P_2 \times V_2$$

2. 查理定律（Charles' Law）：查理定律指出，壓力不變下一定質量氣體所佔體積（V, m³）與絕對溫度（T, K）成正比。

$$\frac{V}{T} = Constant$$

因此，溫度、壓力和體積之間的關係：

$$\frac{T_1}{T_2} = \frac{P_1 \times V_1}{P_2 \times V_2}$$

液化石油氣之物理性

丙烷沸點 –42°C，此溫度比水之溫度還低，洩露此液體時，瞬即變成氣體，而水就成為熱源使其加速氣化。丙烷液體比重 0.51，即 1 公斤液體約佔有 2 公升體積。丙烷氣化潛熱 101.8 kcal/m³，為氣體被壓縮時所產生熱量（或液態在氣化時可吸收熱量），以上對該設備操作或災害處理時，應特別留意以免發生重大事故。

1. 假設某一天然氣壓縮儲槽內容積為 600 m^3、最高灌裝壓力為 1.2 MPa，則此儲槽可儲存之數量為多少 m^3？

解 依公共危險物品暨可燃性高壓氣體管理辦法第 63 條，壓縮氣體儲槽儲存能力（Q, m^3），$Q = (10P + 1) \times V_1$

P：儲存設備之溫度在 35℃（乙炔氣為 15℃）時之最高灌裝壓力值（MPa）

V_1：儲存設備之內容積值（m^3）

因此，$Q = (10 \times 1.2 + 1) \times 600 = 7800(m^3)$

2. 假設某一低溫液化天然氣儲槽內容積為 1.2×10^6 L、液化比重 0.3，此儲槽可儲存之數量為多少 kg？

解 依公共危險物品暨可燃性高壓氣體管理辦法第 63 條，液化氣體儲槽儲存能力（W, kg），$W = C_1 \times w \times V_2$

C_1：0.9，低溫儲槽內容積可儲存液化氣體部分容積比值

w：常用溫度時液化氣體之比重值（$\frac{kg}{L}$）

V_2：儲存設備之內容積值（L）

因此，$W = 0.9 \times 0.3 \times 1.2 \times 10^6 = 3.24 \times 10^5(kg)$

例 3. 當鍋爐破裂回復常壓時，鍋爐內高壓高溫之水會氣化膨脹 1700 倍而造成蒸氣爆炸，丙烷槽車也一樣，當受熱造成槽車破裂時，高壓之液化丙烷亦會氣化造成蒸氣爆炸，試問理論上丙烷槽車內之液化丙烷產生蒸氣爆炸時，其膨脹倍數約為幾倍？（環境溫度 20℃，液化丙烷之比重為 0.58、沸點為 –45℃）

解 液態 $V_1 = \frac{M}{D} = \frac{44}{0.58} = 75.86$ mL

$$V_2 = \frac{nRT}{P} = \frac{1 \times \left(0.082 \frac{L \times atm}{K \times mol}\right) \times (293 - 45)}{1} = 20.366℃$$

$$\frac{V_2}{V_1} = \frac{20.366 \times 1000\,mL}{75.86\,mL} = 268 \text{（倍）}$$

例 4. 一 20 kg 液化丙烷鋼瓶，請問液化丙烷體積，鋼瓶內有多少空容積？（液化丙烷 20℃之比重為 0.58、充填比 2.35）

解 $\frac{體積（L）}{20(kg)} = 2.35$　則鋼瓶內容積 = 47 L

充填量 20 kg，比重為 0.58，$V = \frac{M}{D} = \frac{20}{0.58} = 34.5L$，此為鋼瓶內容積 $\frac{34.5}{47} = 73\%$，而鋼瓶內未裝填有 27% 是空容積。

6-2 氣體危險度及火焰型態

危險度

因可燃氣體不需再分解，已準備好燃燒，危險度可表示如次：

$$可燃氣體危險度 = \frac{爆炸上限 - 爆炸下限}{爆炸下限}$$

危險度值愈大愈危險。

大多數易燃氣體／空氣混合物中，約 90% 是空氣，其餘才是易燃氣體。此外，依 Graham 擴散定律指出，氣體擴散速度（r）與密度（d）平方根成反比

$$\frac{r_1}{r_2} = \sqrt{\frac{d_2}{d_1}}$$

氣體燃燒能直接與空氣中氧結合，不需像固體、液體類經分解、昇華、液化、蒸發過程；如氫、乙炔或瓦斯等可燃氣體與空氣接觸直接燃燒。而火是火焰紊流系統，以氣體燃燒火焰，僅擴散及預混合（混合）燃燒二種，預混合火焰是相對於擴散火焰，常用於管路系統燃燒區別，在擴散燃燒前先預混合方式，如瓦斯爐。而混合燃燒即一定規模之區劃空間內化學性爆炸。

預混合火焰

燃燒需要以分子型態來進行，於預混合是起火前燃料和空氣已混合，且混合濃度在燃燒範圍內，活化能是相對低的。在一些情況，氣體能在無外在起火源情況下引爆，這稱為自動起火（Auto-Ignite）。如建築物火災熱煙氣流之氣態質量（Mass）是與空氣中氧混合狀態，且處在燃燒範圍內，一旦煙層起火會形成危險之混合火焰型態（Premixed Flames），如閃燃即是。預混合火焰速勢必較擴散火焰快，因此預混合火焰產生較少的煙等生成物。試想一下，瓦斯爐點燃數次失敗，而洩漏出瓦斯已與空氣混合，終於點燃時常產生局部爆炸情況；或油類容器底部常存有殘餘體，環境溫度是高於該油類閃火點，這意味著，容器已存在可燃氣體，且與氧混合在燃燒範圍內，假使點燃火柴棒掉落在容器內，將會產生爆炸現象。這常發生在空的油管或油箱，進行動火燒焊時所發生爆炸，這是一種預混合火焰，也是一種混合燃燒型態。以起燃／爆時間順序，預混合火焰結構可分預熱區、火焰反應區及後火焰區。

擴散火焰

擴散火焰（Diffusion Flames）是起火前燃料和空氣是不相混合，在氧化燃料與空氣相遇時發生。透過分子擴散（Molecular Diffusion）方式，是一相對緩慢的過程，其燃燒速率由氧化燃料分子擴散至燃燒區，與氧氣接觸之物理作用所控制，火焰僅發生於兩種氣體交界處，此火焰是較穩定的。只有先預混合火焰存在下才能產生擴散火焰，靠近冷壁面擴散火焰區域，很可能存在過渡性預混合火焰。擴散火焰通常是黃色的，這是燃燒中煤灰（Soot）形成。擴散火焰之燃料分子與層流或紊流之氧氣混合，這分別產生了層流和紊流擴散火焰，而紊流作用（動態對流）有助於加速氧氣混合過程。以火羽流擴散火焰結構，依高低可分無焰熱流區、間歇火焰區及持續火焰區。

易燃氣體燃燒屬性

氣體類別	燃燒熱（MJ/m³）	燃燒下限	燃燒上限	比重	燃燒 1 m³ 氣體所需空氣量（m³）	起火溫度（℃）
天然氣	38.7	4.7	15.0	0.6	10.2	482-632
丙烷	93.7	2.15	9.6	1.52	24.0	493-604
丁烷	122.9	1.9	8.5	2.0	31.0	482-538
乙炔	208.1	2.5	81.0	0.91	11.9	305
氫氣	12.1	4.0	75.0	0.07	2.4	500
一氧化碳	11.7	12.5	74.0	0.97	2.4	609
乙烯	59.6	2.7	36.0	0.98	14.3	490

(NFPA 1986, Fire Protection Handbook)
註：液化比天然瓦斯之燃燒熱值多 2 倍，且需氧氣多，也較易 CO 中毒。

氣體爆炸能量

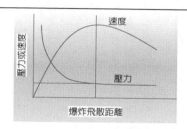

氣體爆炸能量（W, Joul），由速度（v, m/s）與質量（m, kg）之關係得出

$$W = \frac{1}{2} \times m \times v^2$$

預混合火焰與擴散火焰區別

擴散火焰　　　預混合火焰

---

1. 下列氣體甲烷、乙烷、丙烷及丁烷，其危險度大小排序為何？

解　甲烷 $= \dfrac{15 - 5}{5} = 2$

乙烷 $= \dfrac{12.5 - 3}{3} = 3.2$

丙烷 $= \dfrac{9.5 - 2.2}{2.2} = 3.3$

丁烷 $= \dfrac{8.5 - 1.9}{1.9} = 3.5$

危險度大小：丁烷 > 丙烷 > 乙烷 > 甲烷

混合與擴散燃燒異同

項目	預混合火焰（混合燃燒）	擴散火焰（擴散燃燒）
相異點	燃料與氧混合後遇火源起火	已有火源，燃料才與氧混合邊擴散邊燃燒
	不穩定燃燒	穩定燃燒
	燃燒速率相當快	燃燒速率相對慢
	火焰發生於混合範圍處	火焰僅發生於兩種氣體交界處
	起火能量低，燃燒煙少	起火能量高，燃燒煙多
	較少不完全燃燒	較多不完全燃燒
	偏藍色火焰	偏黃色火焰
	先有預混合火焰存在，才能有擴散火焰	
相同點	都需要火三要素（氧氣、熱量、燃料）	

可燃氣體空瓶爆炸

數空瓦斯罐
（殘留丁烷）
倒入紙箱中不
明發火源引爆

（改繪自勞動厚生省，平成31年）

2. 求 25℃及 1 atm 之環境，天然瓦斯與液化瓦斯之洩漏時，在不考慮內部壓力，依 Graham 擴散定律指出何者氣體擴散速率較快，差值為何？

解　25℃時，$V = \dfrac{nRT}{P} = \dfrac{1 \text{ mol} \times 0.082 \dfrac{L \times atm}{K \times mol} \times 298 \text{ K}}{1 \text{ atm}} = 24.4 \text{ L}$

天然瓦斯主要成為 CH_4 之氣體密度 $\dfrac{16\,g}{24.4\,L} = 0.66 \text{ (g/L)}$

液化瓦斯主要成為 C_3H_8 之氣體密度 $\dfrac{44\,g}{24.4\,L} = 1.80 \text{ (g/L)}$

$$\frac{r_{甲烷}}{r_{丙烷}} = \sqrt{\frac{d_{丙烷}}{d_{甲烷}}} = \sqrt{\frac{1.8}{0.66}} = 1.65$$

因此，一旦洩漏時，在不考慮內部壓力，以甲烷密度低較快，相差 1.65 倍。

3. 在初期火災 65℃及 1 atm 之環境，作為滅火劑之 CO_2 與 FM-200 之釋放時，在不考慮管內壓力，依 Graham 擴散定律指出何者氣體擴散速率較快，差值為何？

解　65℃時，$V = \dfrac{nRT}{P} = \dfrac{1 \text{ mol} \times 0.082 \dfrac{L \times atm}{K \times mol} \times 338 \text{ K}}{1 \text{ atm}} = 27.7 \text{ L}$

CO_2 之氣體密度 $\dfrac{44\,g}{27.7\,L} = 1.59 \text{ (g/L)}$

FM-200(CF_3CHFCF_3) 之氣體密度 $\dfrac{170\,g}{27.7\,L} = 6.14 \text{ (g/L)}$

$$\frac{r_{CO_2}}{r_{FM-200}} = \sqrt{\frac{d_{FM-200}}{d_{CO_2}}} = \sqrt{\frac{6.14}{1.59}} = 1.97$$

因此，一旦洩漏時，在不考慮管內壓力，以 CO_2 密度低較快，相差 1.97 倍。

4. 瓦斯是國內民生用燃源，但使用瓦斯不慎時會造成瓦斯氣爆、火災及一氧化碳中毒等三大災害，請說明：（106 年一般 4 等特考）
　1）常用瓦斯的種類（含名稱、主要成分、基本物性等）（5 分）
　2）瓦斯氣爆的原因及防範措施（6 分）
　3）瓦斯火災的原因及防範措施（6 分）
　4）一氧化碳中毒的原因及防範措施（8 分）

解

1）常用瓦斯種類為 A、液化石油氣主要成分為丙烷為主及少量丁烷，比重為空氣之 1.5 倍，於燃燒上下限：2～9.5%。B、天然氣主要成分為甲烷為主及少量乙烷，比重為空氣之 0.5 倍，於燃燒上下限：5～15%。

2）瓦斯氣爆為一種混合燃燒型態，原因是可燃性瓦斯洩漏後，與空氣中氧達到爆炸上下限範圍，一遇發火源產生爆炸現象。於防範措施上，首先避免瓦斯洩漏，使用合格之檢驗容器、燃燒用具及輸氣管線，或安裝瓦斯洩漏偵測器等。一旦洩漏，附近如有明火源，應即關閉，禁用任何電氣開關，成立管制區，通報 119。

3）瓦斯火災為擴散燃燒型態，原因為煮食不慎使爐具燃燒起來，或油鍋起火，或排油煙管燃燒，有些是長時間煮食時人離開等。於防範措施上，爐具周圍保持一定防火空間，油管應定期清洗或更換，煮食時切忌離開。

4）一氧化碳中毒原因，常因爐具裝設通風不良，使瓦斯不完全燃燒生成一氧化碳，一氧化碳與血液中血紅素結合，阻礙紅血素輸氧功能，產生內因性窒息。於防範措施上，燃氣設施應安裝於通風處所，裝設一氧化碳探測器，燃氣設施應定期檢查維護。

知識補充站

目前臺灣住戶使用二大瓦斯種類差異

項目	天然氣（NG）	液化石油氣（LPG）
		LPG
輸送	管路	桶裝
氣體種類	壓縮氣體	液化氣體
主成分	甲烷及少量乙烷	丙烷及少量丁烷
氣體比重	$\dfrac{CH_4}{N_2 \times 79\% + O_2 \times 21\%} = \dfrac{16}{28.84} = 0.55$ （往上升，易消散，危險性較低）	$\dfrac{C_3H_8}{N_2 \times 79\% + O_2 \times 21\%} = \dfrac{44}{28.84} = 1.52$ （往下沉，易囤積，危險性較高）
完全燃燒耗氧量	$CH_4 + 2O_2 \rightarrow CO_2 + 2H_2O$ 需 2 莫耳純氧	$C_3H_8 + 5O_2 \rightarrow 3CO_2 + 4H_2O$ 需 5 莫耳純氧
爆炸下限 n = 氧莫耳數	$\dfrac{0.55}{1+4.8n} = \dfrac{0.55}{1+4.8(2)} = 5.2\%$	$\dfrac{0.55}{1+4.8n} = \dfrac{0.55}{1+4.8(5)} = 2.2\%$ 爆炸下限低，危險高

6-3 氣體燃燒速度影響因素

混合濃度

爆炸混合物濃度（Fuel–Air Ratio）接近下限（LEL）情況時，爆炸後不傾向於產生火災，因幾乎所有燃料用於爆轟性傳播過程中耗燼。爆炸混合物濃度接近上限（UEL）情況時，爆炸後傾向於產生火災，因豐富燃料混合物，由這些剩餘燃料的延遲燃燒，而產生爆炸後火災。最強爆炸是發生在稍高於化學計量濃度，其能產生最有效的燃燒，能得出最高火焰速度與最大壓力。下圖中顯示氣體或蒸氣爆炸最低點，僅低於閃火點溫度幾度而已。

氣體 / 蒸氣密度

比空氣重之氣體 / 蒸氣（密度大於 1.0），產生洩漏時向下移動，隨著時間在低窪區域會得到更高濃度，並發展為化學計量濃度。比空氣輕之氣體，則會上升並流動到上部區域，較不具危險。

紊流

紊流（Turbulence）會產生動態對流致增加火焰速度，即使是燃燒下限（LFL），亦能產生較大威力。於密閉容器爆炸，遇到障礙物如欄柱、機械設備或牆壁隔板形成紊流，會加快火焰速度增加破壞效果。

密閉空間

在較小型容器體積內會有較快壓力上升速率，並且有較猛烈之爆炸。依波以耳定律指出壓力與體積二者成反比，即體積小壓力大效應。

起火源位置和大小

起火源發生在中心處，壓力上升速率將是最高的。起火源愈靠近壁面，會先行熱傳至壁面冷卻。起火源如電氣火花具有能集中能量效果，或有較大起火源（如雷管或爆炸裝置）能顯著增加壓力發展速度。

通風孔

容器通風口（Venting）數目、大小和位置，能決定爆炸威力；假使是爆轟（Detonations），會形成非常快速爆轟壓力前鋒，以致任何排氣口無法即時釋放，通風孔排氣效果將是微乎其微的。

管路系統

影響預混合火焰速度（通常指管路系統）包括：
1. 氣體的組成（組成簡單的氣體，燃燒速度較快）；
2. 氣體的濃度（濃度稍高於化學計量比時，燃燒速度最大）；
3. 可燃混合氣體的初始溫度（初始溫度愈高，燃燒速度愈快，因預熱所需的時間較短）；
4. 管徑增大，火焰傳播速度愈大，但管徑增大到某一極限，速度不再增加；當管徑減小到熄火直徑時，火焰無法傳播，滅焰器即是根據此原理製造。

氣體（蒸氣）燃燒速度影響因素

燃料（蒸氣）／空氣混合比例影響結構

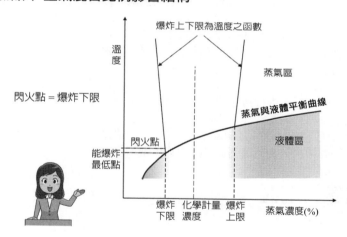

粉塵爆炸

（破碎機破碎產生粉塵蓄積加上破碎金屬刀片火花引爆，勞働厚生省平成31年）

6-4 氣體爆炸特性

氣體爆炸屬性

1. 化學爆炸：可燃氣體與空氣混合後，遇熱源氧化、聚合快速燃燒，或單一成分之分解即足以爆炸，並帶有壓力波之現象。
2. 物理爆炸：高壓設備管道設施內部質變，所導致爆炸；或設備管道設施受熱輻射或傳導等外部高溫，造成內部氣體膨脹，超過設施耐壓極限所導致爆炸。
3. 物理化學交互爆炸：儲槽區爆炸有時先化學性爆炸，其產生高壓高溫引起槽體物理性爆炸，然後再擴大化學性爆炸。

氣體化學爆炸階段與過程

1. 階段：①洩漏需達一定量——第一階段，②與空氣中氧形成可燃混合氣體濃度——第二階段，③起火（爆炸）——第三階段
2. 過程：
   A. 起爆（Initiation）：與氧混可燃濃度，在起火源給予活化能產生激烈化學反應，此階段防爆措施如起火源移除、燃料如密封或通風措施、氧氣充填不可燃氣體等。
   B. 成長（Growth）：由引爆所產生熱能，連鎖未反應部分，使其持續自我成長過程，先形成正壓後再形成負壓現象，此階段可採取抑制爆炸損害措施，如驟熄、排料或隔離等。
   C. 安定燃燒（Stable Combustion）：燃燒安定快速至能量消耗完畢，此階段就採取防護措施，如結構弱頂設計或防爆牆等。

開放與密閉空間氣體爆炸

1. 開放空間（戶外爆炸）
   A. 開放空間混合氣體起火爆炸，產生壓力波強度相對較弱。
   B. 若氣體洩漏涵蓋範圍廣，則爆炸損害就成了相當問題。
      a 火球之熱輻射強度、b 壓力波之強度、c 有無衝擊波。
   C. 假使衝擊波傳遞速度較音速快，產生不連續的壓力隆起，此時將空氣壓出之活塞動作，若不是非常高速，衝擊波將變成壓縮波消失。
2. 密閉空間（室內爆炸）
   A. 密閉空間混合氣體起火爆炸，產生壓力波強度相對較強。
   B. 密閉空間如開口會影響爆炸時壓力上升，爆炸時因氣體膨脹產生之壓力，導致窗戶等結構強度較弱部分破損，氣體排出致壓力減弱。
3. 狹長密閉空間爆炸
   A. 大管線或通道等狹長密閉空間爆炸時，壓力會有加速至爆轟現象。
   B. 2014 年 7 月高雄地下 4 吋丙烯管壁由外向內腐蝕並日漸減薄，無法負荷輸送管內壓力而破損，致運送中液態丙烯外洩，引起狹長密閉空間雙向爆炸增強事故。

開放與密閉空間氣體爆炸

	開放空間	密閉空間	
		室內爆炸	狹長管道
壓力波強度	較弱	較強	較強並增強為爆轟
爆炸影響	若氣體洩漏少，造成影響較小，但洩漏涵蓋範圍廣，爆炸損害可觀	洩漏量被侷限，爆炸威力與開口大小成反比	爆炸威力增強成雙向進行

1. 液化石油氣是家庭常用之燃料，請畫圖說明一般廚房用爐具的供氣系統和燃燒原理，並說明為什麼爐火不會順著瓦斯管線回燒至瓦斯桶而引起爆炸？（100 年警大消佐班）

解

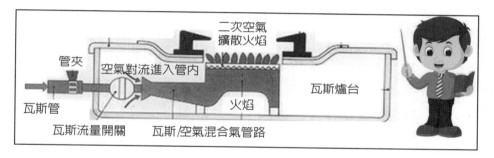

(1) 一般廚房用爐具的供氣系統和燃燒原理

預混合（混合）燃燒是燃料和空氣已混合在一起，且在起火發生前混合濃度必須在燃燒範圍內。預混合一詞表示燃料是被均勻地分佈並與空氣混合，這意謂室內瓦斯漏氣氣態質量與空氣是預混合狀態，一旦燃燒時會形成大範圍之火焰型態。

而一般爐具的供氣系統和燃燒原理是以擴散燃燒，在氣化燃料與空氣相遇時發生。在起火發生前燃料和空氣是不相混合，燃燒速率由氣化燃料分子擴散方式，與空氣中氧接觸；火焰僅發生於兩種氣體交界處，火焰燃燒處於安定狀態。

擴散火焰與預混合火焰之區別

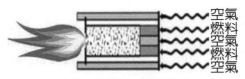

擴散火焰型態

(2)為什麼爐火不會順著瓦斯管線回燒至瓦斯桶而引起爆炸

爐火不會順著瓦斯管線回燒至瓦斯桶而引起爆炸之原因：

　a.壓力：瓦斯桶之液化壓力大於外界之常溫常
　　壓，除非瓦斯桶快沒了至壓力減少，外界常壓
　　始能進入桶內。

　b.濃度：瓦斯桶之瓦斯濃度太濃，遠高於其爆炸
　　上限，除非瓦斯桶快沒了，外界氧氣能進入桶
　　內，使其濃度稀釋，進入爆炸範圍內，始有回
　　火引爆之可能。

第7章
滅火劑適用

（鐵皮屋火災搶救）

7-1 固體滅火劑

　　固體滅火劑主要以乾粉，乾粉為一化學滅火藥劑，應用時以手提式滅火器、移動式軟管系統或固定式硬管全區防護系統方式，作為場所使用非水系統之火災防護目的。

乾粉滅火劑

　　乾粉在撲滅易燃液體火災時非常有效，但固體深層悶燒火災就要用水冷卻撲滅。多用途乾粉能用於易燃液體火災、帶電的電氣設備火災和普通可燃物的火災。由於化學乾粉使用效能較大，已成為國內相當普遍之一種滅火劑。

物理性

　　在乾粉物理特性，目前乾粉滅火劑產品主要基料是以碳酸氫鈉、碳酸氫鉀、氯化鉀、尿素－碳酸氫鉀和磷酸銨。在這些基料中混入各種不同的添加劑，可改進其儲存、流動和斥水特性。最常用的添加劑是金屬硬脂酸、磷酸三鈣或有機矽，將覆著於乾粉粒子外表，使之自由流動，能防止由潮溼和震動引起的結塊（Caking）。

滅火性

　　在乾粉滅火特性上，針對易燃液體滅火試驗，碳酸氫鉀比碳酸氫鈉乾粉更為有效。同時，磷酸銨的滅火效能是與碳酸氫鈉相等或更好。而氯化鉀的效能與碳酸氫鉀大致相等。而在所有測試乾粉中，以尿素－碳酸氫鉀效能最佳。

穩定性

　　在穩定性（Stability）方面，乾粉在低溫和常溫度下是穩定的。然而，某些添加劑在較高溫度下，可能溶化並造成發黏（Sticking），因此乾粉儲存溫度不可超過49。在火災溫度下，活性成分（Active Ingredients）在滅火中發揮其作用時會解離（Disassociate）或分解（Decompose）。因此把各種不同乾粉，不加區別混合會造成危險，這是極為重要。如把酸性（Acidic）之多用途乾粉（銨為基料）與鹼性（Alkaline）之乾粉（大多數乾粉）混合，會進行反應釋放出遊離二氧化碳並造成結塊；此種在滅火器筒體內化學反應，在美國曾發生數起爆炸案例。因此，在任何情況下進行重新充填時，都不能把不同乾粉相互混和。

項	目	乾粉滅火機制
抑制連鎖	斷鏈機制	由乾粉中無機鹽分解物，與燃燒生成自由基，發生化學抑制和副催化作用，其表面能捕獲 H^+ 和 OH^- 使之結合成水，而破壞鏈鎖反應，有效抑制火焰中 H^+、OH^- 等自由基濃度，導致燃燒中止。
遮隔	輻射熱遮隔	噴撒乾粉形成乾粉雲霧，產生輻射熱遮隔作用。
窒息	釋放 CO_2	釋放 CO_2 達到窒息作用，而第 3 種乾粉能分解磷酸銨在燃燒物上留下偏磷酸，產生黏附殘留體。
冷卻	分解吸熱	分解乾粉所需熱能，因而吸收熱量
皂化 [註1]	表面塗層	對於油類產生皂化形成表面塗層，達到覆蓋滅火

[註1]　皂化值是 1 克脂肪皂化反應所消耗氫氧化鉀數量之一種量度（mg）。

乾粉藥劑種類

項	目	內容	化學式
第一種乾粉	碳酸氫鈉 （$NaHCO_3$）	碳酸氫鈉即小蘇打粉，適用 BC 類火災，為白色粉末，為增加其流動性與防溼性，會加入一些添加劑。碳酸氫鈉易受熱分解為碳酸鈉、CO_2 和水。	$2NaHCO_3 \rightarrow Na_2CO_3 + H_2O + CO_2$ $Na_2CO_3 \rightarrow Na_2O + CO_2$ $Na_2O + H_2O \rightarrow 2NaOH$ $NaOH + H^+ \rightarrow Na + H_2O$ $NaOH + OH^- \rightarrow NaO + H_2O$
第二種乾粉	碳酸氫鉀 （$KHCO_3$）	適用 BC 類火災，效果會比第一種乾粉佳，為紫色乾粉，受熱分解為碳酸鉀、CO_2 與水。本身吸溼性較高，儲藏時應注意防溼。	$2KHCO_3 \rightarrow K_2CO_3 + H_2O + CO_2$ （化學式轉變大量吸熱反應） $2KHCO_3 \rightarrow K_2O + H_2O + 2CO_2$ $K_2O + H_2O \rightarrow 2KOH$ $KOH + OH^- \rightarrow KO + H_2O$ $KOH + K^- \rightarrow K_2O + H^+$
第三種乾粉	磷酸二氫銨 （$NH_4H_2PO_4$）	適用 ABC 類火災，為淺粉紅粉末，又稱多效能乾粉。磷酸二氫銨受熱後形成磷酸與 NH_3，後形成焦磷酸與水，偏磷酸，最後五氧化二磷。與燃燒面產生玻璃薄膜，覆蓋隔絕效果，但乾粉冷卻能力不及泡沫或 CO_2 等，火勢熄滅後注意復燃。	$NH_4H_2PO_4 \rightarrow NH_3 + H_3PO_4$ $2H_3PO_4 \rightarrow H_4P_2O_7 + H_2O$ $H_4P_2O_7 \rightarrow 2HPO_3 + H_2O$ $2HPO_3 \rightarrow P_2O_5 + H_2O$
第四種乾粉	碳酸氫鉀及尿素 （$KHCO_3 + H_2NCONH_2$）	適用 BC 類火災，為偏灰色，美國 ICI 產品，又稱錳鈉克斯（Monnex）乾粉。在滅火上，除抑制連鎖外，在熱固體燃料面熔化形成隔絕層，達到物理窒息。	$KHCO_3 + H_2NCONH_2$ $\rightarrow KC_2N_2H_3O_3 + H_2O$

1. 由磷酸二氫氨（$NH_4 \cdot H_2PO_4$）滅火時的化學反應，說明磷酸二氫氨的滅火原理。（25 分）（106 年警察消防三等特考）

解 第三種乾粉，即磷酸二氫銨（$NH_4H_2PO_4$）適用 A、B、C 類火災，為淺粉紅粉末，又稱多效能乾粉。磷酸二氫銨受熱後初步形成磷酸與 NH_3，產生高濃度游離 NH_3 與火焰燃燒反應中產生 OH 自由基，進行抑制作用，因而中止再次連鎖反應；之後形成焦磷酸與水，進行吸熱反應，再繼續變成偏磷酸，最後變成五氧化二磷。此種乾粉能與燃燒面產生玻璃狀之薄膜，覆蓋於表面上形成隔絕效果，所以也能適用於 A 類火災，但乾粉之冷卻能力不及泡沫或二氧化碳等，於火勢暫熄後，應注意火勢復燃之可能。

$NH_4H_2PO_4 \rightarrow NH_3 + H_3PO_4$

$2H_3PO_4 \rightarrow H_4P_2O_7 + H_4O$

$H_4P_2O_7 \rightarrow 2HPO_3 + H_2O$

$2HPO_4 \rightarrow P_2O_5 + H_2O$

乾粉使用侷限性

項	目	内容
悶燒火災	冷卻有限	用於悶燒火災，如深層或捆包儲存區，滅火後會重新復燃。
精密儀器	受熱發黏	乾粉高熱時變得發黏難以清除，不建議在精密機器。
高熱表面	重新復燃	乾粉不能在易燃液面上形成持久惰性氣體層，會重新復燃。
電子產品	絕緣特性	乾粉不應於電子區域，使其無法再使用。
微腐蝕性	物品受損	乾粉略有腐蝕性，滅火後應進行清除。
含氧物質	無穿透性	乾粉不能適用含氧物質之火災。
空氣泡不相容	斥水性	乾粉與大多數空氣泡沫是不相容的。

乾粉滅火設備全區防護

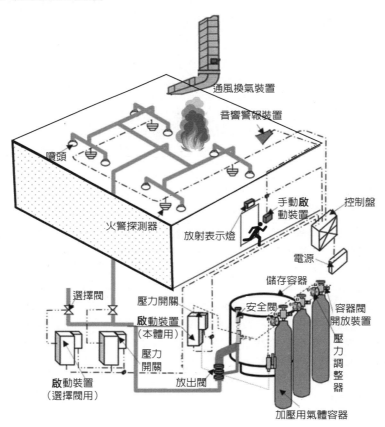

2. 某儲油槽直徑為 12 m、高 9 m，若採用加壓式乾粉滅火設備及第一種乾粉，所需乾粉藥劑量為 1000 kg，加壓氣體為氮氣時，其體積為何（35℃，錶壓力 150 kg/cm²）？依法令規定，加壓用氣體使用氮氣時，在溫度攝氏三十五度，大氣壓力（表壓力）每平方公分零公斤或 0 MPa 狀態下，每一公斤乾粉藥劑需氮氣四十公升。

解 $W = 40 \text{ (L/kg)} \times 1000 \text{ KG} = 40000 \text{ L}$

依波以耳定律 $\dfrac{P_1 \times V_1}{T_1} = \dfrac{P_2 \times V_2}{T_2}$

P_1：絕對壓力 = 表壓力 (0) + 1.033 kgf/cm²

P_2：絕對壓力 = 表壓力 (150) + 1.033 kgf/cm²

$\dfrac{1.033 \times 40000}{(35+273)} = \dfrac{(150+1.033) \times V_2}{(35+273)}$

$V_2 = 273.5 \text{ L}$

---

3. 有一室內停車空間（15 m×10 m×5 m），以全區放射第三種乾粉滅火設備作為火災防護，請問所需乾粉量多少？加壓氣體為氮氣時，其體積為何（35℃，錶壓力 150 kg/cm²）？依法令規定，第三種乾粉單位藥劑量為 0.36 kg/m³，加壓用氣體使用氮氣時，在溫度攝氏三十五度，大氣壓力（表壓力）每平方公分零公斤或 0 MPa 狀態下，每一公斤乾粉藥劑需氮氣四十公升。

解 $W = 0.36 \text{ kg/m}^3 \times 15 \text{ m} \times 10 \text{ m} \times 5 \text{ m} = 270 \text{ kg}$

$N_2 = 270 \text{ kg} \times 40 \text{ L/kg} = 10800 \text{ L}$

依波以耳定律 $P_1 \times V_1 = P_2 \times V_2$

P_1：絕對壓力 = 表壓力 (0) + 1.033 kgf/cm²

P_2：絕對壓力 = 表壓力 (150) + 1.033 kgf/cm²

$1.033 \times 10800 = (150+1.033) \times V_2$

$V_2 = 73.9 \text{ L}$

---

4. 請寫出 BC、KBC 與 ABC 等三種乾粉滅火藥劑受熱之化學反應式？（25 分）（104 年 3 等特考）

5. 試說明乾粉滅火器之滅火作用？（88 年設備士）

6. 試說明乾粉滅火劑對火災種類的適用性，以及其滅火作用為何？（25 分）（98-2 年設備士）

解 見本節所述。

7-2 水滅火劑

項目	內容
冷卻作用	1. 水透過冷卻燃料表面及水分滲入燃料內層來熄滅火勢。水引入到火勢促進熱傳作用，造成燃燒熱損失。當熱損失超過火勢熱獲得（Heat Gain），燃料表面將開始降溫，直到火焰熄滅。 2. 水冷卻而減少輻射熱通量（Radiant Heat Flux），降低燃料熱裂解（Pyrolysis）速率。當水沫吸熱率接近火災總熱釋放率，則火災會受到壓抑熄滅。
窒息作用 O_2	1. 當水施加到火勢形成水蒸氣，能圍繞燃料使空氣中氧氣遭到稀釋，如此窒息作用達到火勢抑制。火災不是水透過蒸氣產生窒息效應，而是冷卻效果使火勢熄滅。在細水霧系統（Water Mist Systems），能作為一種替代撒水系統或某些氣體滅火系統，已證實其能透過冷卻/窒息作用達到滅火目的。 2. 如果燃燒物質表面被冷卻到不能釋放出足夠的可燃氣體，則火將被撲滅。對閃火點 37.8 以下易燃液體，通常不推薦用水作為滅火劑（但重質油槽火災，使用射水或泡沫時，易形成危險之沸溢及濺溢現象）。 3. 當液體閃火點具有高於 37.8、比重大於 1.0 且不溶於水情況，水能藉由窒息燃燒中易燃液體。為了最有效地實現此一目標，在水中加發泡劑以形成泡沫-水溶液（Foam-Water Solution）。如果燃燒物能分解產生氧氣，那麼用任何藥劑之窒息作用是不可能達到滅火的。
乳化作用	1. 當 2 種不能相溶液體一起攪拌，其中一液體分散於另一液體時，即形成乳化液（Emulsion）。這種滅火方法是將水沫射至具黏性（Viscous）易燃液體上；由於液體表面冷卻作用，阻止其蒸氣釋放過程，來達到滅火作用。對於某些黏性液體而言，乳化是阻止蒸氣之繼續釋放。 2. 當水用於有深度的液體時，由於起泡現象可以使燃燒的液體體積膨脹而超愈容器壁流出，如沸溢或濺溢現象。因此通常是將一股相對粗的大水沫，流於液體表面形成乳化作用。滅火時應避免使用直線水柱流（Solid Stream），因其將引起激烈的起泡現象（Violent Frothing）。
稀釋作用	1. 水具有低沸點及高氣化熱，氣化熱為液體受熱後蒸發為氣體所需吸收的熱量。因此，水本身為極性分子，在某些情況下，對於水溶性（Water-Soluble）易燃液體火災可以透過稀釋燃料來滅火。例如，水和酒精充分混合，即能以稀釋方法成功地撲滅乙醇（Ethyl）或甲醇（Methyl）火災。 2. 如果是儲槽，則稀釋不是好的滅火方法。因需大量水，同時混合物被加熱到水的沸點時，會從底部產生起泡（Frothing）冒出，使液體溢流出槽外危險。

1.（B）下列何者不是金屬火災之滅火藥劑？ (A) 消防砂 (B) 水 (C) 滅火鹽 (D) 特殊乾粉（101 年消防設備士）

解 金屬火災用水，會產生氫

2.（D）水的滅火效果，下列何者正確？ (A) 沸點高易吸熱 (B) 添加介面活性劑可以增加水的潤滑效果 (C) 添加環氧乙烯可降低水的表面張力，有利滲透作用 (D) 添加乙二醇可降低凝固點有利寒冷地區使用（106 年消防設備士）

解 添加介面活性劑，降低水表面張力；水添加環氧乙烯後，與水反應形成環氧乙烷之危險

3.（C）下列有關氣霧式滅火系統敘述，何者錯誤？ (A) 適用於 A、B、C 類火災 (B) 滅火原理為利用吸熱及抑制連鎖反應 (C) 濃縮式氣霧釋放之氣體約占 35%，固體微粒占 65% (D) 固態混合藥劑組成一般不含鹵素，故不產生鹵素自由基，ODP（臭氧破壞值）為零（103 年消防設備士）

解 濃縮式氣霧，氣體占 48%，固體微粒占 52%。

水系統滅火優劣

項目		內容
優點		1. 冷卻效果佳 2. 經濟取得容易 3. 氣化大量膨脹性 4. 流動性，這是優點（滲透性）也是缺點（水損）
缺點	水損問題	水系統撒水後地面積水，尤其地下室火災時，無不可避免的水損問題
	表面張力	對付深層火災時往往不能奏效，但可以添加劑來改善
	導電性	因水具有導電性，消防射水需採取斷電措施
	地面逕流	危險物品火災時水流攜帶汙染物造成環境汙染問題
	摩擦損失	消防水帶或水管愈長，幫浦加壓則有愈大壓力損失。大部分壓力損失，是流動水流中湍流或轉換接頭所產生水分子顆粒之間摩擦的結果。水以層流遞送摩擦損失低，但滅火要求高速流，而產生湍流導致水粒子間摩擦。此在水帶壓力損失約佔 90%；而流動的水和水帶內部管壁之摩擦，僅佔 5～10%

消防射水之水柱與水霧比較

項目	水柱	水霧
射水距離	遠	近
用水量	大	少
水損	大	少
使用時機	火災成長期及最盛期	火災初期與衰退期
使用場合	高火載量，如工廠或木材火災強	濃煙多，進行某種程度排煙，驅散煙流作用，如地下室或大空間

---

1. （A）D 類火災不可使用何種滅火劑？（100 年消防設備士）
   (A) 水　 (B) 消防砂　 (C) 滅火鹽　 (D) 二氧化碳

解　金屬火災使用水，易使水中氫氣釋出。

$$2H_2O \rightarrow 2H_2 + O_2$$

---

2. （C）有關液體滅火劑之性質與滅火效果，下列何者正確？　 (A) 依美國防火協會公布的 NFPA750 資料，可知低壓系統之細水霧滅火系統管系壓力小於或等於 500psi（34.5bars）　 (B) 化學泡沫組成中的酸性 B 劑為硫酸鎂　 (C) 空氣泡沫放置於汽油上 30 分鐘後，須殘留 50% 以上　 (D) 撲滅酒精類火災，通常在加水分解蛋白質中，加入金屬石鹼之錯鹽，調成液狀，成分為 3% 型的耐酒精滅火泡沫　　　　　　　　　　　　　　　　　　（104 年消防設備士）

解　依美國防火協會公布的 NFPA750 資料，可知低壓系統之細水霧滅火系統管系壓力小於或等於 175psi；化學泡沫組成中的酸性 B 劑為硫酸鋁；撲滅酒精類火災，通常在加水分解蛋白質中，加入金屬石鹼之錯鹽，調成液狀，成分為 6% 型的耐酒精滅火泡沫。

7-3 細水霧

　　傳統水霧及細水霧於本節是併爲一同探討，二者差異是後者採取系統高壓使水粒子細小化，噴出後帶有強勁氣流迴旋作用，快速壓抑火勢。依 NFPA 750 指出，細水霧低壓系統是壓力小於 175 psi，中壓系統是 175～500 psi，高壓系統是大於 500 psi。

滅火機制

項	目	滅火機制內容
主要滅火機制	冷卻	區劃空間內釋放水霧能充斥大量水霧粒子，水之蒸發潛熱為 539 cal/g，能移除火災室高熱，顯著降低高溫，達到冷卻作用
	稀釋氧氣及可燃蒸氣	水霧遇到火災熱後，蒸發為水蒸氣，大量膨脹表面積效應，氧氣受到排擠作用，使燃燒區域氧氣大為縮減
	可燃物表面溼潤與降溫	使可燃物表面溼潤，吸收其熱能，使其難以熱裂解及分解，新氣相燃料之生成遭到抑制，火勢難以再成長
次要滅火機制	降低輻射回饋	大量水霧粒子產生遮蔽及吸收輻射熱，使其難以有熱量反饋
	流場動態效應	水微粒體積小重量輕，可延長水粒在空氣中漂浮時間，並藉由強勁氣流迴旋流場動態效應，到達所遮蔽物體內的火源

優勢及限制

項	目	優勢及限制內容
優勢	應用廣泛	能有效使用於Ａ類、Ｂ類、Ｃ類火災及噴射氣體之火災
	水量需求小	可降低對敏感設備水損問題。細水霧系統水量為 45 Lpm，而一般撒水頭則需達 70～100 Lpm
	成本低	兼具氣體與水滅火藥劑之特性，成本低
	避免復燃	乾粉或二氧化碳滅火後可能復燃，而水霧較無此之問題
	易於清潔	冷卻作用及較少清潔時間，允許火災後能短時間恢復使用
	管徑小	對於空間與重量要求上，具有明顯空間使用之優勢
	洗滌效果	大量霧化水微粒之吸附效應，將濃煙懸浮微粒物質溶入沉落於地面，產生洗滌濃煙之效果，尤其是減少煙對文物損壞
使用限制	大空間	對於開放空間或挑高空間，滅火效果會受到限定
	遮蔽	火焰受到遮蔽，滅火效果會受到限定
	快速火災	快速成長之火災，火羽流旺盛，細水霧難以達到火焰本身
	禁水性	不能使用與水產生劇烈反應，如 D 類、矽烷類火災
	液化氣體	不能使用於低溫之液化氣體

水霧滅火設備升位圖

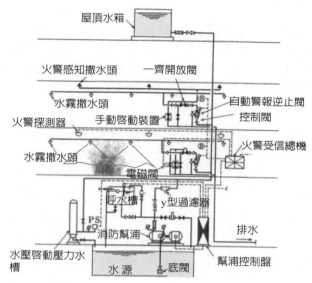

屋頂水箱

火警感知撒水頭　　一齊開放閥

水霧撒水頭　　　　　　　　　自動警報逆止閥

火警探測器　　手動啟動裝置　　　控制閥

水霧撒水頭　　　　　　　　　火警受信總機

電磁閥

呼水槽　　　y型過濾器

PS

消防幫浦　　　　　　　排水

水壓啟動壓力水槽　　　　　　　　　幫浦控制盤

水　源　　底閥

水霧應用於室內停車空間

地區境界堤

≥10 cm

排水溝　　排水溝　　　　　　　　停車區劃

≥ 2/100

（避免車輛油汙浮水面上造成火勢延伸，地面上應有斜度及排水設備）

1. 請說明細水霧滅火系統之滅火原理。（25 分）（99 年設備士）
2. 細水霧（Water Mist）是目前海龍替代品之一，請說明其滅火原理以及使用時的限制條件。（25 分）（94 年 3 等特考）
3. 消防工作上常見以「水」作為滅火藥劑，請回答下列與水有關的問題：（89 年設備士）
   （一）水的滅火原理為何？（2 分）
   （二）以水作為滅火藥劑有何優點？（4 分）
   （三）以水作為滅火藥劑有何缺點？（4 分）
   （四）水柱與水霧在滅火效果及使用上有何差別？（5 分）
4. 為取代破壞臭氧層的海龍滅火藥劑，現逐漸尋找替代藥劑或設備。請說明細水霧滅火設備之滅火作用機制為何。（25 分）（108 年設備士）

解　見 7-2 節及本節所述。

7-4 泡沫

　　泡沫在防護可燃液體火災具有優異及防止復燃之效果，於種類上分為化學泡和空氣泡，前者現已很少使用，現多使用後者。空氣泡以泡沫水溶液與空氣產生機械混合生成的，為機械泡沫，因其泡沫中所含氣體為空氣，稱為空氣泡沫，並以 1%、3% 及 6% 原液比例與空氣混合成泡沫，適合大規模油類火災。

泡沫滅火原理

項	目		內容
滅火原理	溫度	冷卻性	當泡沫受熱破裂，將水轉化為水蒸氣
		滲透性	沒有轉化為水蒸氣的泡沫溶液，可滲入 A 類可燃物質
	可燃物	隔絕	物體表面形成覆著層持續一段時間，形成一道隔離層
		抑制蒸發	於油表面形成乳化層，抑制油蒸發為可燃氣體
	氧氣	窒息	油表面形成乳化層，阻隔氧氣供應，產生窒息效果
		稀釋	泡沫中水受熱轉化為水蒸氣稀釋空氣，降低氧氣濃度

 1. 試簡要說明泡沫滅火劑之滅火原理、種類及滅火特性。（15 分）（95-2 年消防設備士）

解

一、滅火原理：

(1) 窒息：泡沫能覆蓋油類表面，阻隔氧氣供應及產生窒息效果，這是泡沫主要之滅火機制。

(2) 冷卻：泡沫溶液含有大量水分，可達到吸收熱量，冷卻效果。

(3) 遮斷：覆蓋燃燒物，遮斷火焰熱回饋作用。

(4) 抑制：泡沫具有黏性，覆著燃燒物表面，抑制油類蒸氣之蒸發作用。

二、種類：

(1) 化學泡沫：碳酸氫鈉與硫酸鋁混合液，化學反應作用產生大量二氧化碳泡沫。

(2) 空氣泡沫：又稱機械泡沫，依泡沫原液與水混合使用之濃度，法規分類如次：

　　A. 蛋白質泡沫液百分之三或百分之六。

　　B. 合成界面活性泡沫液百分之一或百分之三。

　　C. 水成膜泡沫液百分之三或百分之六。

三、滅火特性：泡沫是一種專門配方濃縮泡沫液的水溶液，能產生充氣藥劑，可撲滅普通火災外，主要用於油類火災，比易燃液體輕，能隔絕空氣及冷卻作用，來防止火勢復燃情況。

泡沫種類

項	目	內容
化學泡	化學泡被空氣泡取代	化學泡沫以碳酸氫鈉（A 鹼性）與硫酸鋁（B 酸性）反應細小泡沫，生成膠狀氫氧化鋁及硫酸鈉，泡沫中氣體為二氧化碳。 $6\,NaHCO_3 + Al_2(SO_4) \rightarrow 3\,Na_2\,SO_4 + 2Al(OH)_3 + 6\,CO_2$
空氣泡	水成膜泡沫（AFFF）	於蛋白質泡沫形成水溶性薄膜，其中 AFFF 3% 稱輕水泡沫。因含有氟化合成長鏈烴，具界面活性適合飛機燃料事故滅火
	氟蛋白泡沫（FFA）	蛋白聚合物與有氟化的界面活性劑，可迅速擴散覆蓋燃料面。實例常見於油槽液體下注入方法，及透過泡沫消防槍
	水成膜氟蛋白泡沫（FFFP）	薄膜的氟化界面活性劑快速展開分佈，形成自行閉合薄膜，使用水沫裝置，但產生的泡沫流掉很快，防止復燃作用有限
	蛋白泡沫	透過天然蛋白質化學浸漬進行細菌分解和水解得到。這些原液可產生穩定性優良、耐熱性好
	高膨脹泡沫	靠送風機形成機械氣泡，透過界面活性發泡劑溼潤濾網，生成 20：1～1000：1 倍泡沫，常見於全區放射冠泡體積[註2]，如地下室或船艙
	抑制蒸氣泡沫	抑制未點燃易燃液體蒸氣，泡沫覆蓋時不會攪動燃料，可應用於酸性或鹼性危險物質
	低溫用泡沫	含低溫抑制劑，環境溫度低至 −29°C 環境使用
	抗醇型泡沫	適用於醇類、稀釋劑、丙酮、丙烯腈、胺等於極性溶劑火災，避免破裂消泡，抗醇型泡沫液價格高
	界面活性泡沫	界面活性劑含有水中溶解之親水基化學物質

2.（C）地下室、倉庫等密閉或半密閉構造物的火災，由於煙及熱氣的關係，一般會使用下列那種泡沫滅火？　(A) 化學泡沫　(B) 空氣泡沫　(C) 高膨脹性泡沫 (D) 界面活性劑系泡沫 　　　　　　　　　　　　　　（104 年一般消防四等）

解　高膨脹性泡沫常使用於大空間體積，以達到快速覆蓋充滿空間滅火之目的。

3.（B）下列有關泡沫滅火劑之敘述，何者有誤？　(A) 空氣泡沫滅火劑一般有 3% 及 6% 兩種濃度　(B) 界面活性劑系泡沫滅火劑主要由加水分解蛋白、尿鐵素等組成　(C) 耐酒精泡沫滅火劑主要針對酒精類火災使用　(D) 高膨脹泡沫滅火劑，係將 1.5～3.0% 溶液，與水在混合器中混合，再用送風機經金屬網噴出 　　　　　　　　　　　　　　（102 年消防設備士）

解　空氣泡沫滅火劑主要由加水分解蛋白、尿鐵素等組成。

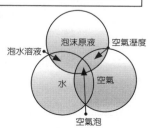

[註2]　冠泡體積指防護區域自樓地板面至高出防護對象物 0.5 公尺所圍之體積，$V = L \times W \times (H + 0.5)$ m^3；這是考量防護對象物頂端上火焰高度達 50 公分及泡沫遇高熱消泡之問題。

泡沫滅火準則

使用空氣泡沫（Air-foams）進行滅火時，可分固定式（常見於油槽或室內停車場）、移動式（泡沫消防栓、補助泡沫消防栓）及泡沫射水槍（常見於第 4 類公共危險物品顯著滅火困難場所）。

泡沫使用原則

項目	內容
供應平穩	泡沫供應愈平穩，滅火就愈迅速，所需的滅火劑總量就愈低
供應速率與滅火時間	使用泡沫的成功，取決於供應速率。供應速率是以每分鐘到達燃料表面的泡沫液體積量。如果發泡膨脹倍數為 8：1，那麼 4.1（L/min）供應速率於每分鐘可提供 32.8 L/m^3 體積泡沫量。如果供應速率非常低，使熱和燃料造成泡沫損耗速率大於泡沫供應速率，火災就不能被控制 滅火所需時間 min 5 4 3 2 1 0.05 0.1 0.2 0.3 臨界速率　最低建議速率 泡沫供應速率(gpm/ft²)【註3】 （泡沫供應速率與滅火所需時間關係）
壓力範圍	所有泡沫產生裝置超過其壓力限度，泡沫體品質將會降低
不混合	混合泡沫、乾粉等，可能會破壞原有滅火特性
導電性	泡沫是黏著的，泡沫噴霧比水沫的導電性更大

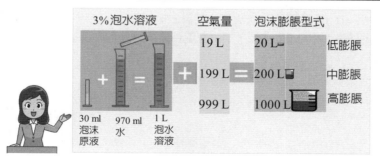

3% 泡水溶液　空氣量　泡沫膨脹型式

19 L　20 L　低膨脹
199 L　200 L　中膨脹
999 L　1000 L　高膨脹

30 ml 泡沫原液　970 ml 水　1 L 泡水溶液

【註3】　1 gpm/ft² = 40.746 (L/min)/m²

泡沫侷限性

項目	使用侷限性
低於沸點	危險性液體在環境溫度和壓力的條件下，必須低於其沸點
冒泡或濺溢	滅火高溫使泡沫形成蒸氣、空氣和燃料的乳化液（Emulsion）。儲槽火災時泡沫體會產生四倍體積，使燃燒中液體產生冒泡（Frothing）
非高可溶性	所防護的液體中，泡沫必須不具高可溶性（Highly Soluble）使其消泡
不與水反應	所防護液體必須不與水起反應
非立體火災	火災必須是水平表面火。燃料溢出形成三維或壓力下火勢不能用泡沫撲滅，除非對象物有相當高的閃火點
非氣體或液化之立體火災	如沸點低於室溫者之甲烷、丙烷或丁烷等火災

空氣泡沫滅火原理

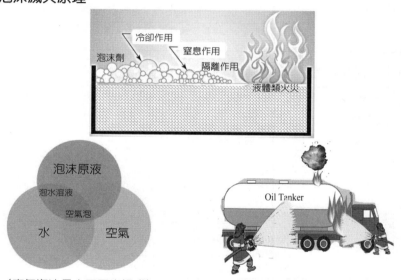

（空氣泡沫是由三元素組成）　　　（消防人員多使用低膨脹泡沫來進行滅火）

1. 試簡要說明泡沫滅火劑之滅火原理、種類及滅火特性。（87 年及 95 年 -2 設備士）
2. 試述「空氣泡沫」與「化學泡沫」之不同？（15 分）（91 年設備士）
3. 化學泡沫滅火劑係利用 $NaHCO_3$ 與 $Al_2(SO_4)_3$ 在水溶液中相混合，以致引起化學變化產生泡沫，其化學反應式如下：

   $a\ NaHCO_3 + b\ Al_2(SO_4)_3 \rightarrow c\ CO_2 + d\ Na_2SO_4 + 2\ Al(OH)_3$，求 $a + b + c + d = ?$

   (A) 14　(B) 16　(C) 18　(D) 20

解　第 1 題及第 2 題見本節，第 3 題 (B)。

7-5 CO₂氣體滅火劑

　　CO_2 於滅火已有很長歷史，本身具有許多特性，使其成為一種理想乾淨的物理性滅火劑。它不與大多數物質發生反應，且本身能提供壓力。CO_2 分子量 44，比空氣重 1.5 倍、密度為 1.96 g/L（0°C, 1 atm）[註4]，則 1 kg CO_2 體積 $0.510\ m^3$（0°C, 1 atm），噴出後可滲透並蔓延到火勢區域所有部分。無論 CO_2 為氣體或為固體乾冰皆不導電。

CO₂ 滅火劑物理特性

項	目	內容
釋放特性	形成氣霧	液態釋放，由於低溫，一些水蒸氣會從大氣中凝結，產生額外氣霧，這種氣霧在乾冰粒子沉降或昇華後會繼續存在一段時間
累積靜電	必須接地	自管口高速噴均不會帶電，但含有粉塵或霧滴時，則帶電
蒸氣密度	覆蓋窒息	是空氣密度 1.5 倍，冷的 CO_2 有較大密度，能覆著燃燒表面之原因
生理效應	安全措施	需靠一定高濃度始滅火，且釋放過程乾冰會使人體凍傷且產生窒息死亡，需有相當安全措施

CO₂ 滅火使用侷限性

項目		內容
冷卻不佳		CO_2 噴射出乾冰粒子不如水一樣，僅具相對低冷卻能力，無法潤溼或進行滲透
不能維持		覆蓋不能保留其滅火濃度
釋放時間長	深層火災	深層火災由於較厚燃料質量體能提供一層隔熱，以致減緩熱損失速率，釋放時間需長
	高溫金屬或悶燒火災	高溫金屬或熾熱含碳素物餘燼時，要完全撲滅，就需更高 CO_2 濃度和更長的釋放及保留時間
滅火無效	含氧物質火災	硝酸纖維素等本身含有氧火災，CO_2 不是有效的
	對活性或氫化金屬火災	活性和氫化金屬火災能使 CO_2 分解
安全考量	人員空間	全區放射必須確保釋放前人員安全疏散
	低能見度	釋放氣霧大幅降低能見度以及 CO_2 濃度使人員混淆及逃生困難
	難以察覺	漏入或流入地下等空間，人員覺察不到窒息性氣體存在

CO₂ 滅火特性

項	目	內容
窒息滅火	降低氧化速率	在任何火災中，熱量是由可燃物快速氧化所產生的。CO_2 能大量稀釋空氣中氧氣，氧化發熱減慢
冷卻滅火	避免復燃	局部應用使用低壓儲存，以液態 1 磅的 CO_2 潛熱約 120 BTU，冷卻效果是較明顯的

[註4]　CO_2 密度於 1 atm, 0°C為 $\dfrac{44\ g}{22.4\ L}$ = 1.96 g/L，於 25°C, 1 atm 為 $\dfrac{44\ g}{24.5\ L}$ = 1.80 g/L

CO₂ 物理三態

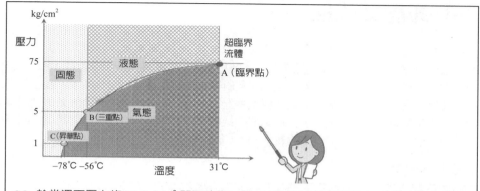

CO₂ 於常溫下壓力約 75 kg/cm² 即可液化，於 −78℃時昇華成固態 CO₂（乾冰）（圖中 C 點），在圖中 A 點時液體和氣體間無明顯界面。

---

1. 在一密閉空間釋放 CO₂ 量 0.75 kg/m³，請問釋放後該空間氧濃度爲多少？CO₂ 理論濃度爲多少？實際滅火濃度爲多少？

解 因 CO₂ 1 kg 體積約 0.534 m³（15℃），0.75 kg/m³ = 0.534 m³ = 0.4，

氧濃度 = $\frac{0.21V}{V+x}$，$\frac{0.21V}{V+0.4V}$ = 0.15，理論滅火濃度 $\frac{x}{V+x} = \frac{0.4}{1+0.4}$ = 28.6%

實際滅火濃度 = 理論濃度 + 20% 安全係數，28.6%×1.2 = 34%

---

2. CO₂ 滅火設備在防護空間單位體積所需之藥劑爲 0.9 kg/m³ 時，其二氧化碳之濃度爲多少？

解 CO₂ 1 kg 體積約 0.534 m³(15℃)，0.9 kg/m³ ×0.534 m³ = 0.48

CO₂ 理論滅火濃度 $\frac{x}{V+x} = \frac{0.48}{1+0.48}$ = 32.4%

---

3. CO₂ 滅火設備因防護二硫化碳空間，滅火設計濃度查表爲 72% 時，此氧氣濃度剩爲多少？

解 理論滅火濃度 = $\frac{x}{V+x}$，$0.72 = \frac{x}{V+x}$，x = 2.57 V

氧濃度 = $\frac{0.21V}{V+x}$，$\frac{0.21V}{V+2.57V}$ = 0.059

---

4. CO₂ 滅火設備防護一精密儀器之密閉空間（15m×10m×4m），放射時空間內氧濃度至 10%，請問此時空間內 CO₂ 濃度？需釋放 CO₂ 藥劑重量（充塡比 1.5）？

解 $\frac{0.21V}{(V+x)}$ = 氧濃度 = 0.10 → x = 1.1 V

$x = 1.1\ V = 1.1×(15×10×4) = 660\ m^3$（CO₂ 體積）

$PV = nRT → 1×V = 1mole×0.082×288K$（15℃）　　V = 23.6L

$\frac{1000g}{44g/mole} ×23.6L = 536 \frac{L}{kg} = 0.536 \frac{m^3}{kg}$（15℃）

$M = D×V → M = 1.87 \frac{kg}{m^3} ×660m^3 = 1234kg$（CO₂ 藥劑量）

【另一解法】$PV=nRT → 1×660= \frac{M}{44g} ×0.082×288K$（15℃），所以 M = 1230kg

7-6 海龍替代品

海龍滅火藥劑在滅火效能上已有諸多優異的表現，但其氟氯碳化物會造成大氣層中的臭氧層破壞，早在 1987 年全球簽署《蒙特婁公約》限制各國使用，並於 1994 年起全面禁止生產。海龍滅火藥劑氟、氯、溴及碘等物質，在遇到火焰時產生了觸媒作用後，使可燃物中碳氫化合物中的氫，與燃燒進行中產生氫氧結合，然而氫氧即是燃燒進行中連鎖反應的關鍵因素，因而抑制燃燒持續進行之作用。海龍藥劑與高溫接觸經分解置換出鹵元素，是屬於劇毒物質，NFPA 規定藥劑放射應在 10 秒內完成。

海龍替代品考量因素

項目	內容
滅火效能值高	能有效滅火是設備設置之主要目的
人員安全性高	放射時不生毒性，對於放射後藥劑殘留不生損害性
破壞臭氧層指數（ODP）溫室效應值（GWP）低	地球臭氧層破壞，太陽紫外線會使人類皮膚危害
滯留大氣時間（ALT）短	滯留在大氣時間長，藥劑受到紫外線照射分解鹵素原子與臭氧反應，使臭氧分解消失，間接造成地球臭氧層破壞
滅火藥劑穩定性高	滅火藥劑儲存時間久，且不生化學變化之質變特性
系統能取代原設備	從經濟考量並達到安全及有效之目的
易於維修	取得便利且經濟

海龍替代品滅火設備種類

種類	項目	成分或名稱	審核認可 NFPA	審核認可 臺灣	內容
惰性氣體	IG-541	$N_2$52%、Ar40%、$CO_2$8%	✓	✓	主要使用氮（N_2）及氬（Ar）降低氧濃度
	IG-01	Ar 99.9%	✓	✓	
	IG-55	Ar50%、$N_2$50%	✓		
	IG-100	$N_2$100%	✓		
鹵化烷化物	FE-13	HFC-23（三氟甲烷 CHF_3）	✓	✓	大多以高壓液化儲存，主要將破壞臭氧層之溴（Br_2）拿掉，藉由切斷火焰之連鎖反應達到滅火目的
	FE-25	HFC-125（五氟乙烷 C_2HF_5）	✓	✓	
	FM-200	HFC-227（七氟丙烷 C_3HF_7）	✓	✓	
	FC-3-1-10	CEA(PFC)-410（十氟丁烷 C_4F_{10}）	✓	✓	
	FK-5-1-12	NOVEC 1230（全氟化酮）	✓	✓	
	NAFS-Ⅲ	$CHClF_2$ 等（氟氯碳化物）	✓	✓	

海龍替代滅火藥劑比較

滅火藥劑	Inergen (IG-541)	FM-200 (HFC-227)	PFC-410 (CEA-410)	NAFS-III	FE-13 (HFC-23)	Halon1301
化學式	N$_2$ 52% Ar 40% CO$_2$ 8%	CF$_3$CHFCF$_3$	C$_4$F$_{10}$	HCFC	CHF$_3$	CF$_3$Br
製造商	Ansul	Great Lakes	3M	NAF	Dupont	
滅火原理	稀釋氧氣	抑制連鎖	抑制連鎖	抑制連鎖	抑制連鎖	抑制連鎖
破壞臭氧指數	0	0	0	0.044	0	16
溫室效應	0.08	0.3-0.6（中）	（高）	0.1（低）	（高）	0.8
大氣滯留時間	-	短 31-42 年	非常長 500 年	短 7 年	長 208 年	107 年
蒸氣壓（77°F）	2205 psi 高壓系統	66 psi 低壓系統	42 psi 低壓系統	199 psi 低壓系統	686 psi 高壓系統	241 psi
等效替代量	10.5	1.70	1.67	1.09	1.93	1
安全性	安全	安全	安全	安全	安全	不安全
滅火濃度	30%	5.9%	5.9%	7.2%	12%	3.5%
熱分解物	無	HF	HF	HF	HF	HF
儲存狀態	氣態	液態	氣態	氣態	液態	氣態

註：惰性氣體如 IG-541，滅火機制為稀釋氧氣，以高濃度達到滅火之目的。而鹵化烷滅火機制為抑制連鎖反應，滅火效能高；因此，濃度低。

海龍替代之惰性氣體滅火設備並沒有像二氧化碳或海龍滅火設備一樣，設置局部式或移動式，這先決條件是滅火藥劑之分子量必須比空氣重，才具有覆蓋火勢之作用。在氮氣方面分子量為 28，比空氣（28.84）輕；IG-55 方面，成分為氮氣與氬氣各佔 50%，則分子量為 28×50% + 39.9×50% = 33.95 僅比空氣稍重；IG-541 方面，成分為氮氣 52%、氬氣 40% 與二氧化碳 8%，則分子量為 28×52% + 39.9×40% + 44×8% = 34.04 僅比空氣稍重。而這些滅火設計濃度高，皆比二氧化碳 34% 更多。可見，這些惰性氣體滅火設備需靠高濃度，才足以稀釋空氣中氧，達到滅火之作用。因此，在分子量僅比空氣重一點點，如應用在局部式或移動式滅火表現，在滅火上將出現效能問題。

海龍替代滅火藥劑發展主軸

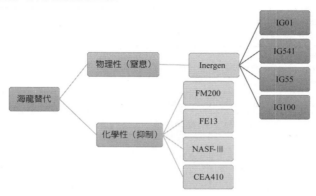

海龍替代滅火藥劑基本考量

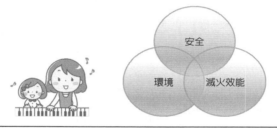

1. HFC-227 滅火藥劑分子量為 170，滅火濃度為 7%，試問於室溫 20℃之情形下，每 1 m³ 之空間需要多少 kg 之滅火藥劑量？
   (A) 0.5 kg　(B) 0.6kg　(C) 0.7 kg　(D) 0.8 kg

解 (A)，$\frac{x}{(V+x)} = \frac{7}{100}$（滅火劑氣體體積為 x；空氣體積為 V）

$x = 0.075\ V$

$PV = nRT \rightarrow 1 \times (0.075 \times 10^3) = \frac{m(g)}{170} \times 0.082\ \frac{L \times atm}{K \times mol} \times 293K$

$m = 530\ (g)$

2. 某密閉檔案室其長、寬、高為 20 m（長）×10 m（寬）×3 m（高），使用 FM-200 作為防護氣體，其滅火設計體積濃度為 5.9%，室溫為 15℃，若氣體比容[註5]為 0.1346 m³/kg，試計算滅火需要多少藥劑量？

解 FM200 濃度 % ＝（FM 體積）/（全部氣體體積）×100 %

$\frac{x}{V+x} = 0.059$，$x = 0.063\ V$，$V = 20\ m \times 10\ m \times 3\ m = 600\ m^3$

FM 200 體積為 $600 \times 0.063 = 37.6\ m^3$

FM 200 比容或容積比（m³ / kg）為 0.1346（15℃）

重量（kg）＝ 體積（m³）/ 比容（m³ / Kg）＝ 37.6/0.1346 ＝ 279.3 kg（藥劑量）

[註5] 比容是體積除以重量，而密度是重量除以體積，二者互為倒數。

3. 某場所使用海龍替代品 FM-200，若其設計之濃度爲 10%，試問其放出後，該空間之氧氣濃度爲多少 %？滅火藥劑量單位空間 m³ 需爲多少 kg？

解　$\dfrac{x}{V+x} = 0.1$，$x = 0.111\,V$

氧濃度 $= \dfrac{0.21V}{V+x}$，$\dfrac{0.21V}{V+0.111V} = 0.189$

FM 200 體積爲 $1\,m^3 \times 0.111 = 0.111\,m^3$

FM 200 比容（m^3/kg）爲 0.1346 (15℃)

重量（kg）= 體積（m^3）/ 比容（m^3/kg）= 0.111/0.1346 = 0.83 kg（單位空間藥劑量）

4. 現行之海龍替代品其中屬於惰性氣體藥劑者有哪些？請就商品名、通稱、化學組成、滅火原理與設計濃度以畫表說明之。（25 分）（101 年 4 等一般特考）

解　（一）惰性氣體使用空氣之四大組成，氮（78% 多）、氧（20%）、氬（約 1%）、二氧化碳（約 0.03%），因氧是助燃性除外，如 IG-541（$N_2$52%、Ar40%、$CO_2$8%）、IG-01（Ar100%）、IG-55（Ar50%、$N_2$50%）、IG-100（$N_2$100%）等。釋放後降低防護空間的氧濃度，達到稀釋作用。因藥劑是空氣之組成，無環保問題是此類藥劑之特點。但此類滅火濃度高致儲存鋼瓶量多、佔空間爲其缺點。

　　（二）畫表說明

商品名	通稱	化學組成	滅火原	設計濃
Argotec	IG-01	Ar 100%	稀釋氧	50%
INEREGN	IG-541	N_2 52%、Ar 40%、CO_2 8%	稀釋氧	37%
Argonite	IG-55	Ar 50%、N_2 50%	稀釋氧	38%
NN-100	IG-100	N_2 100%	稀釋氧	41%

5. 何謂界面活性劑？其作用爲何？（25 分）（85 年 3 等特考）

解　（一）界面活性劑就是分子中同時含有長鏈烷基（如脂肪酸等）之親油基及足以使油性在水中溶解之親水基物質，可以減小表面（界面）張力，而產生溼潤、滲透、乳化等作用。

　　（二）界面活性劑主要作用：

　　　　1. 減低表面張力，使水微粒化，增加溼潤易於滲透性。
　　　　2. 乳化作用，乳化面遮蓋油面蒸發。
　　　　3. 起泡作用，製成空氣泡。

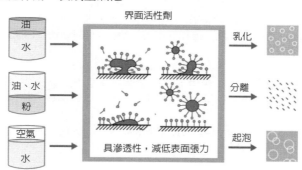

7-7 金屬滅火劑

金屬燃燒是摩擦或暴露於外部熱量，受熱到一定程度；或是由於接觸溼氣或與其他物質發生反應而燃燒。大多數可燃金屬的燃燒特性與 A 類燃料一樣，點燃金屬所需的能量取決於燃料大小；塊狀需要比細碎更多的熱量來點燃。D 類燃料一些在點燃之前會熔化，火焰的進展與我們對 A 類燃料的預期是相似的，而不是像汽油等 B 類那樣快速。一旦 D 類燃料點燃後，將與水劇烈反應！大多數金屬燃燒產生非常高的溫度，遠高於 A 類或 B 類燃料。

在撲滅金屬火災時，由於與水分反應，不允許使用任何水系滅火劑。即使以二氧化碳、海龍替代品或其他潔淨滅火劑，其本身相關的少量水分也可能引起不可接受的反應，這會加劇火災。實際上，即使在沒有水分的情況下，海龍等滅火劑也可能與某些金屬發生反應。有些反應可能產生的危險，包括有毒蒸氣、氫氣爆炸，甚至危險的放射線等。D 類乾粉與一般乾粉使用不同的滅火方法，其不是以抑制連鎖反應來滅火，而是透過燃料和空氣之間形成一定覆蓋層，並熱傳導吸熱來滅火。在應用上，不能使用全區防護，僅能使用局部式或移動式來防護場所。

MET-L-X乾粉

MET-L-X 乾粉是美國 UL 認可，主成分為氯化鈉，適用於鎂、鈉、鉀、鈉鉀合金、鈦和鋁粉使用，滅火時以手杓和鏟子裝起乾粉，完全覆蓋金屬。

鈉-X乾粉

鈉 -X（NA-X）是美國 UL 認可，不產生分解性，所以不需定期更換藥劑，於加壓之輪架式和固定式滅火器使用，滅火時粉末形成外殼層，來覆蓋住鈉金屬火災。

Lith-X乾粉

由石墨與添加劑組成，添加劑使其流動能從滅火器噴出。Lith-X 滅火時隔絕空氣，並吸熱以冷卻滅火，適用於鋰、鈉、鎂、鋯與鈉鉀合金火災。

TEC乾粉

TEC（Ternary Eutectic Chloride）乾粉是氯化鉀、氯化鈉和氯化鋇的混合，以覆蓋封住燃燒中金屬，如鎂、鈾和鈽等，隔絕空氣予以撲滅。

G1乾粉

G1 乾粉是石墨化焦炭添加磷酸酯，石墨具熱導體作用，能吸收熱量降低金屬溫度；緊密石墨也可使火勢窒息，適用於鎂、鈉、鉀、鈦、鋰、鈣、鋯、鈴、釷、鈾、鈽、鋁、鋅和鐵等火災，其中釷、鈾、鈹和鈽燃燒，應按照撲滅放射性物質採取相關措施。

TMB

TMB 是三甲氧基硼烷，50 年代由美國海軍開發之易燃液體，滅火時硼與甲醇先燃燒後，產生熔融氧化硼塗殼而覆蓋燃燒金屬，以防止空氣接觸。使用有其危險，現已不再生產使用。

金屬滅火劑延伸閱讀，請參見盧守謙與陳永隆著《防火防火爆》一書。

金屬滅火劑

D 類滅火劑		成分	滅火原理	滅火對象
固體乾粉	MET-L-X	氯化鈉	形成外殼層隔絕氧	鎂、鈉、鉀、鈉鉀合金、鈦和鋁粉
	鈉-X	碳酸鈉	形成外殼層隔絕氧	鈉
	Lith-X	石墨添加劑	隔絕氧及吸熱	鋰、鈉、鎂、鋯與鈉鉀合金
	TEC	氯化鉀、氯化鈉和氯化鋇	隔絕氧	鎂、鈾和釷
	G1	石墨炭添加磷酸酯	隔絕氧及吸熱	鎂、鈉、鉀、鈦、鋰、鈣、鋯、釷、鈾、釷、鋅和鐵
液體	TMB	硼與甲醇	形成外殼層隔絕氧	鎂

1.（D）下列有關固體滅火劑之敘述，何者有誤？ (A) 濃縮式氣霧滅火系統，釋放氣霧成分中，氣體占 48%，固體占 52% (B) 碳酸氫鉀（KHCO₃）滅火效果較碳酸氫鈉（NaHCO₃）爲佳 (C) 英國 TEC 滅火劑由氯化物 BaCl₂、KCl、NaCl 等合成 (D) 磷酸鹽滅火劑，主要用在撲滅鈉、鉀、鎂等金屬火災
（102 年消防設備士）

解　磷酸氨之所以有抑制火燄作用，主要是磷酸根的功能。磷酸二氫氨對於木材火災及油類火災均有效，故用途至廣。其價格雖高，但用量約爲水之半數。

2.（A）鎂、鈾金屬火災適合以何種乾粉滅火劑進行滅火？ (A)TEC 滅火劑 (B) 磷酸二氫氨 (C) 碳酸氫鈉 (D) 碳酸氫鉀

3.（ABC）下列固體滅火劑何者不適用於鎂（Mg）金屬火災？ (A) 碳酸氫鈉（NaHCO₃） (B) 碳酸氫鉀（KHCO₃） (C) 磷酸二氫銨（NH₄H₂PO₄）(D)TEC 滅火劑（主成分 BaCl₂、KCl 及 NaCl） (E)Met-L-X 滅火劑（主成分 NaCl）

Note

第8章
爆炸工學

（作者英國訓練照片）

8-1 爆炸類型

物理性爆炸是由高壓氣體純物理變化釋壓現象；而化學性爆炸是一種非定常燃燒，也是一種混合燃燒現象。與火災不同的是，大多的火災必須先分解出可燃氣體／蒸氣，後與氧氣混合再燃燒；而化學性爆炸往往是可燃氣體／蒸氣已與氧預先混合，而產生一種極快速燃燒現象，當燃燒變為強烈時，會產生壓力波，當充分強力時，便會形成爆轟現象；因此火災與化學性爆炸，主要是燃燒速度與有無壓力波之形成。

物理能爆炸

由高壓氣體產生純物理反應之一種爆炸型態，物理能瞬間轉化為機械能。

1. BLEVE：沸騰液體膨脹蒸氣爆炸過程不需任何化學反應，此種物理上爆炸能量，來自沸騰液體和蒸氣的膨脹爆炸。容器內液體在一定壓力下溫度是已高於物質在大氣中沸點，此液體不必然是易燃性，如鍋爐爆炸即是；延伸閱讀見8-5節。
2. 電氣爆炸：高電流的電氣事故，能形成一高能量的電弧現象；延伸閱讀見12-4節。
3. 非可燃高壓容器爆炸：高壓容器在壓力過大情況下，產生容器破裂爆炸，如氧氣瓶。
4. 水蒸氣爆炸：水成水蒸氣體積將比液態增加 1700 倍，比起一般烷類 300 倍大。
5. 鍋爐爆炸：鍋爐壓力 15 kg/cm²，爐內熱水溫度大致在 120～200℃，這種 100℃ 以上過熱水，一旦處於大氣壓下，則產生急激蒸氣化爆炸現象；延伸閱讀見8-7節。

化學能爆炸

爆炸能量來自化學反應所產生高壓氣體與放熱。因放熱性使爆炸反應過程能自行傳播。現場特徵為有燃燒，且受害者有大面積燃燒痕跡。爆炸反應因逐步透過反應物（燃料）進行發展，稱為傳播反應（Propagation Reactions），其能在火焰前鋒分離出燃料的反應區和未反應區。因反應過程高速如 1 噸木材完全燃燒約需 30 分鐘，放熱量約 16700 kJ，而 1 kgTNT 炸藥釋放熱量 4200 kJ，但過程僅不到 1 秒即完成，反應熱來不及逸出而聚集在爆炸物原有體積，產生巨大功。

1. 預混合燃燒性爆炸：分為低階爆燃或爆轟。
   A. 易燃性氣體，如瓦斯爆炸或 2014 年高雄地下丙烯氣管洩漏爆炸事故。
   B. 可燃液體油池：是指開放式油槽造成火災或密閉式貯油槽，因事故洩漏形成之防液堤火災，乃至液體燃料流出容器而累積形成的火災。此可燃性蒸氣在液面上與空氣混合，一開始產生蒸發預混合燃燒，隨後轉為擴散之蒸發燃燒。
   C. 粉塵爆炸，如 2015 年新北市八仙近似塵爆事故；粉塵爆炸見 8-3 節。
   D. 區劃空間火災煙層氣相燃燒，如爆燃（Backdraft）；爆燃見 9-9 節。
   E. 蒸氣雲爆炸是大量可燃氣體雲釋放到大氣中會立即點燃，形成火球現象。
2. 高壓分解爆炸：高壓氣體分解爆炸條件，內在原因需是分解性氣體，且分解釋放高熱約在 80 kJ/mol 以上。外在原因需在一定壓力及熱源。這些氣體本身分解提供熱量，而不需外來氧氣，爆炸時不一定有燃燒現象；延伸閱讀見8-8節。
3. 爆炸物爆炸：人造爆炸物區分為：固態、液態及氣態爆藥等，大多為固態爆藥。
4. 核能爆炸：核能爆炸是透過物質原子之原子核形成融合或分裂連鎖反應能量。

爆炸類型

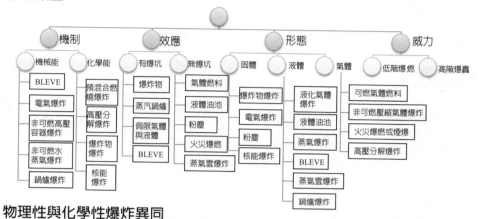

物理性與化學性爆炸異同

爆炸型式		物理性爆炸	化學性爆炸
相異	燃燒	不燃燒	燃燒
	觸動	壓力	熱量
	發火源（熱量）	不需	必須
	反應	瞬間反應	傳播反應
相同		A 侷限環境，B 氣體急激膨脹，C 壓力波	

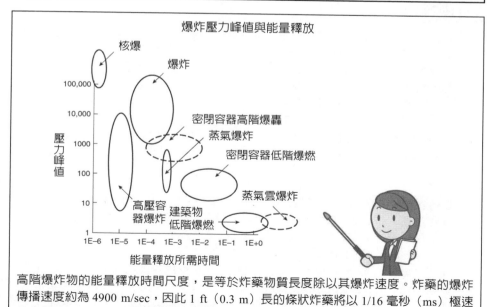

高階爆炸物的能量釋放時間尺度，是等於炸藥物質長度除以其爆炸速度。炸藥的爆炸傳播速度約為 4900 m/sec，因此 1 ft（0.3 m）長的條狀炸藥將以 1/16 毫秒（ms）極速釋放其能量。高階爆炸物的爆轟速度在 2000～8200 m/sec^2 範圍。

8-2 爆炸效應

爆炸效應類型,可分爆炸後地面處產生爆坑及地面處無爆坑跡象。

有爆坑爆炸

爆坑(Seat)定義為最大損壞的起爆坑(Crater),位於爆炸起始點。爆坑現象由於結構性損壞、倒塌以及類似強大破壞,致起爆處可能會受到某種程度結構物之掩蓋;但透過仔細分析通常可檢測到。

有爆坑爆炸現場一般特徵如次:

有爆坑、高壓、壓力上升速率非常迅速、爆轟(Detonations)

再次強調,爆炸速度需超過音速如爆轟,才能產生有爆坑之爆炸型態,如下:

A. 固體爆炸物

B. 蒸氣鍋爐和壓力容器

C. 密閉燃料氣體或液體燃料蒸氣(Tightly Confined Gases or Liquid Vapors)

無爆坑爆炸

無爆坑爆炸(Non-Seated Explosions)時沒有起爆處之物理證據,由於爆炸時燃料分散或擴散,如氣體(即天然氣、液化石油氣、下水道氣體、工業氣體)或油池液體蒸氣(即汽油蒸氣、漆稀釋劑)或粉塵等,所形成引燃之結果,壓力上升速率是中度的,且是亞音速之低階爆燃情況。

爆炸效應

爆炸威力影響主要在衝擊波、碎片、高熱量以及震波。

1. 衝擊波效應(Blast Pressure Wave Effect):衝擊波為短波之單一壓力波,是物質爆炸會產生大量膨脹氣體,形成激烈壓力上升,以球面的形式高速向外移動,並捲入空氣所產生壓力前鋒。衝擊波可分 3 部分組成:

   A. 壓力增加至一個峰值,衝擊波只有幾公釐(mm)厚(右上圖中①曲線)。

   B. 隨著時間成指數衰減(圖中②曲線)。

   C. 形成較長持續時間的負壓力波,此壓力是低於初始環境壓力(圖中③曲線)。
   依 Robert Zalosh(2008)指出,爆炸威力隨著距離,其爆轟波能量之1/3而遞減。

$$\frac{z}{E^{1/3}} \quad 或 \quad \frac{z}{W_{TNT}^{1/3}}$$

   E 為爆轟波能量;z 為從起爆處之距離;W_{TNT} 為相同於 TNT 爆轟波能量。

2. 碎片效應(Shrapnel Effect):在侷限爆轟壓力結構下,結構體破裂成碎片拋出至很遠距離。當發射碎片從起爆點向外推進之距離,在很大程度上取決於其初始方向,還有其本身重量和空氣動力之特性。

3. 高熱效應(Thermal Effect):化學性爆炸火災或爆炸高熱效應,能透過碎片是否經過燒灼而作辨識,如燒灼碎片表示火災於爆炸之前,如殘留玻璃或其他結構碎片黑煙燻跡,顯示火災一段時間後才爆炸,而當相當乾淨玻璃或碎片拋離相當距離時,則顯示爆炸在火災前發生。

4. 震波效應(Seismic Effect):由於壓力波膨脹,產生局部性震波造成額外損害。

典型爆炸壓力曲線

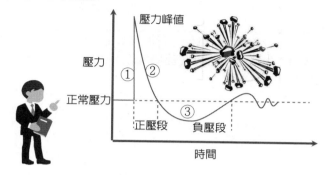

爆炸衝擊波對建築結構破壞之順序

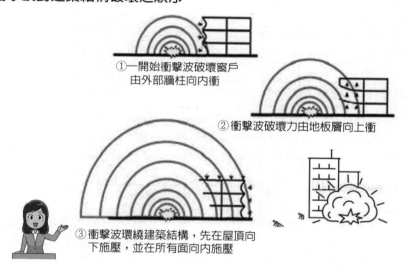

①一開始衝擊波破壞窗戶
由外部牆柱向內衝

②衝擊波破壞力由地板層向上衝

③衝擊波環繞建築結構，先在屋頂向
下施壓，並在所有面向內施壓

爆炸防制之安全工學

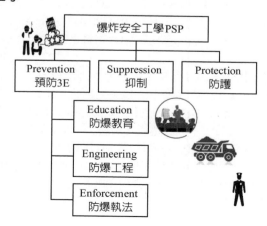

1. 何謂爆炸性物質？爆炸性物質特性那些？（107 年消防設備士）

解 爆炸性物質為可燃有機物本身可能有毒性，對溫度具敏感性，或能與金屬或酸鹼反應，因化學活性產生分解或氧化時，能形成急劇壓力上升，釋放一定能量，並帶有壓力波之物質。

爆炸性物質特性：
(1) 爆炸性
(2) 敏感度高
(3) 有毒性
(4) 與酸鹼起化學反應
(5) 與金屬反應
(6) 吸溼性

2.（D）爆炸性物質所需最小起爆能稱為該物質之敏感度，下列何者會使敏感度提高？ (A) 起爆溫度愈高 (B) 液態雜質 (C) 密度愈大 (D) 硝基愈多
（102 年消防設備士）

解 硝基愈多為固體爆炸物質敏感度影響因素

3.（B）有關爆炸性物質的特性，下列敘述何者錯誤？ (A) 能以極快速度產生大量氣體和熱量 (B) 有些炸藥不需外界供給能量，即可爆炸 (C) 有些爆炸性物質與酸、鹼、鹽會起化學反應 (D) 有些炸藥具有吸濕性，受潮後會降低爆炸力
（109 年一般消防四等）

解 炸藥之起爆，需火三要素之熱量（最小發火能量）

4.（A）有關爆炸性物質之特性敘述，下列何者正確？ (A) 物質之密度愈大，敏感度愈小 (B) 分子中硝基（NO_2）愈多，敏感度愈低 (C) 硝化甘油凝固時，結晶呈斜方晶系，較不安定 (D) 爆炸性物質不須由外界供給一定能量，即可爆炸
（107 年警大消佐班）

5.（C）爆炸性物質對撞擊之敏感度甚高，影響其敏感度之敘述，下列何者錯誤？
(A) 分子中硝基愈多，敏感度愈高 (B) 起爆溫度愈低者，敏感度愈高
(C)T.N.T 混入砂粒後，敏感度降低 (D) 物質之密度愈大，敏感度愈小
（105 年警大消佐班）

6.（C）有關影響爆炸性物質之敏感度因素，下列何者正確？ (A) 物質密度愈大，敏感度越大 (B) 起爆溫度愈低者，敏感度越低 (C) 硝化甘油在凝固時，結晶成斜方晶系，較安定 (D) 固體雜質可降低炸藥的敏感度 （98 年警大消佐班）

7.（A）關於爆炸性物質，下列敘述何者錯誤？ (A) 爆炸性物質並不須外界供給一定的能量才能爆炸 (B) 某些爆炸性物質與金屬反應後，會生成更易爆炸之物質 (C) 爆炸性物質具有化學不穩定性，能以極快的速度發生猛烈性之化學反應 (D) 許多爆炸性之物質具有毒性與吸濕性 （95 年警大消佐班）

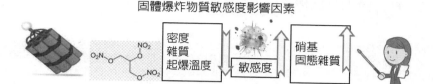

固體爆炸物質敏感度影響因素

1. 溫度：物質起爆溫度低，爆炸敏感度高。
2. 密度：物質密度低，爆炸敏感度高。
3. 結晶：物質結晶體不同，爆炸敏感度也不同。
4. 雜質：物質有雜質，爆炸敏感度高。但鬆軟或液態雜質則敏感度降低。
5. 化學結構與組成：硝基（NO_2）多，分子內含游離氧原子，會在分子內燃燒，迅速釋放分解熱，爆炸敏感度提高。

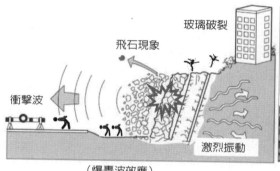

（爆轟波效應）

（油池火球現象）

8. 請說明分解爆炸之意義，並請以乙烯分解反應式說明之。另請列出化學工業上（除乙烯外）四種易生分解爆炸之化合物。（25 分）（99 年警正升官等）

解 分解爆炸是化合物受熱分解，生成可燃性氣體如氫或一氧化碳等，並產生大量熱，使氣體溫度升高而體積大量增加，短時間迅速膨脹形成爆炸，稱之分解爆炸。有些常在高壓情況下，分解出可燃性氣體，並與氧氣反應。

在乙烯分解反應式，依溫度差異而有如下分解反應式

$C_2H_4 \rightarrow 2C + 2H_2 +$ 分解反應大量熱

$C_2H_4 \rightarrow C + CH_4 +$ 分解反應大量熱

從上式反應過程，觀察分解爆炸是不需要助燃性氣體（氧氣），且爆炸所需之熱量，係由爆炸物質本身分解時所生成。

乙炔：$C_2H_2 \rightarrow 2C + H_2$，1 單位乙炔分解生成 2 單位氫氣，又從 PV = NRT，莫耳數正比體積，且乙炔分解釋放熱反應，更使得分解後氣體體積膨脹率更大，若在急速之間就產生物理性的膨脹壓力差。

氧化氮 (NOx)：$NO_2 \rightarrow 1/2N_2 + O_2$

此種含有硝基 -NO_2 的分子，自行分解出氧氣，而不需要外部氧。於此種爆炸時可能伴有燃燒現象，燃燒所需要的氧，係由物質本身分解所提供。

此外，會分解爆炸還有環氧乙烷（C_2H_4O）、聯氨（N_2H_4）等化合物質。

8-3 粉塵類爆炸及防制

粉塵爆炸（Dust Explosion）依 NFPA 652 定義，懸浮中固體粒徑在 0.5 mm 以下，分散於足夠高濃度，遇有起火源形成快速燃燒現象，是一種非點源爆炸。與可燃性氣體爆炸比較，粉塵分子間距離近，質量與能量傳播距離短，在劇烈運動形成高熱能力量較一致，產生的能量大與燃燒時間較長，所以傳播能量與質量造成的破壞及燒毀的程度會較嚴重，這是粉塵碳氫含量高所致，且會有二次粉塵炸之現象；但粉塵本身有重量必須是懸浮狀，始能空氣中氧形成大表面積接觸反應。

可燃粉塵危險分類

1. 懸浮粉塵：浮游在空氣中粉塵，具有爆炸危險。
2. 沉積粉塵：堆積在物體表面上粉塵，僅具火災危險。

可燃粉塵一般分類

1. 有機物質：農產加工品（糖、飼料、澱粉等）、纖維類（木、紙、棉等）。
2. 合成材料：塑膠類、橡膠類、洗滌劑類、藥品類。
3. 礦粉塵：煤礦、鐵礦、硫磺等。
4. 金屬粉塵：鋁粉、鎂粉等。

可燃粉塵燃燒性分類

1. 易燃粉塵：起火能量小，火焰速度快，如金屬粉、糖粉、奶精粉、橡膠粉等。
2. 可燃粉塵：起火能量較大，火焰延燒速度較慢，如木屑粉、米粉、皮革屑等。
3. 難燃粉塵：起火能量很大，不易延燒，如木炭粉、石墨粉、無煙煤粉等。

粉塵爆炸防制

1. 熱能面

   A. 增加溼度，B. 消除或遠離發火源，C. 現場存在起火源，進行設備移位作業。

2. 燃料面

   A. 減少粉塵飛揚：經常清除濾網、濾布及作業場所粉塵。
   B. 防止粉塵堆積：廠房設置隔離設置或吸塵裝置，如場所內有積存可燃性粉塵者，應設置將粉塵有效排至屋簷以上或室外距地面 4 m 以上之設備。
   C. 限制粉塵濃度：通風良好或換氣設備，使粉塵濃度不在爆炸範圍內。

3. 氧化面

   A. 惰化設計：以氮氣或一氧化碳等不活性氣體取代空間，使惰化及氧濃度降低。
   B. 噴灑水霧：視作業性質，撒水減少氧濃度，增加水分使最小起火能量提高。

4. 減災面

   A. 弱頂／洩爆孔設計：裝置炸氣道道將壓力釋放到大氣或進行倉庫弱頂設計（屋頂成釋壓口，如儲存倉庫之屋頂應以輕質金屬板或輕質不燃材料覆蓋…）。
   B. 侷限爆炸範圍：依空間進行區劃，或設計防爆牆，安裝爆炸氣道或洩爆孔。
   C. 轉向隔離：受影響元件透過防爆結構設計可轉向、減輕或抑制，進行隔離。
   D. 安全距離：作業場所之間保持安全一定距離。

粉塵爆炸與可燃氣體爆炸異同點

項目		粉塵爆炸	可燃氣體爆炸
相異點	相態	固體	氣體
	起火能量	大	小
	空氣中	必須被懸浮	本身洩漏擴散
	燃燒	較不完全	較完全
	二次爆炸	會	不會
	釋放能量	較大	較小
	釋放壓力	較小	較大
	燃燒速度	較慢	較快
	燃燒時間	較長	較短
	爆炸上限	未明確（無法均勻濃度分布）	有明確
相同點		三要素（氧氣、熱量與可燃物）	

粉塵爆炸防制

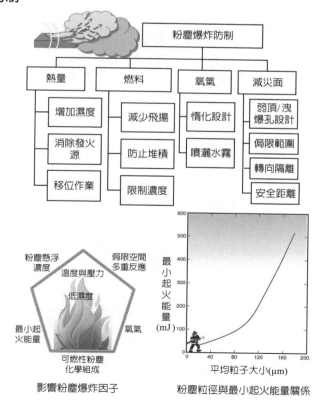

影響粉塵爆炸因子　　　　粉塵粒徑與最小起火能量關係

8-4 粉塵爆炸影響因素

內部條件

1. 粒子大小：粉塵物理性主要是粒子大小，由於燃燒反應在粉塵粒子表面，更小粒子對空氣中氧接觸總表面積大，熱傳導之熱損小，因粒徑愈小，最小起火能量就愈低。
2. 化學組成（Chemical Composition）：粉塵化學性主要是化學組成，粒子如含機過氧化物或硝化物等活性氧，能降低最小起火能量；如含灰分愈多，如煤礦場採用撒岩粉，增加灰分來削弱制止爆炸可能性。
3. 含水率：含水率增加，會增加粉塵密度，加快其沉降速度，且增加最小起火能量。

外部條件

1. 混合濃度（Concentration）：任何燃燒爆炸原理一樣，濃度低於爆炸下限值（LEL）無法爆炸。一般設計值是比爆炸下限值低 20%。但不像大多數之氣體／蒸氣，一般粉塵濃度是沒有爆炸上限[註1]。主要控制其反應速率不是由最大濃度，而是表面積與體積比。因此，粉塵濃度高於最佳混合比，則有壓力上升速率與最大壓力值。
2. 懸浮（Turbulence）：粉塵粒子必須是揚起懸浮狀態與空氣中氧接觸，假使是紊流如穀物從高處灌注，能顯著影響粉塵加速爆炸之嚴重度。
3. 溼度（Moisture）：增加溼度使粉塵之起火所需最小能量和起火溫度皆會大幅提高。在水分極限值以上時，懸浮粉塵將無法點燃。但一旦起火，空氣中溼度已沒多大影響。可通過噴水或灑水以增加空氣中相對溼度及不易懸浮。
4. 溫度壓力（Temperature and Pressure）：依理想氣體 PnRT，溫度與壓力成正相關，在溫度或壓力增高時，爆炸上限提高，爆炸範圍增加，爆炸下限降低，致最小起火能量變小。
5. 侷限空間（Nature of Confining Space）：密閉空間屬性如有無通風孔設計等，會影響粉塵爆炸濃度與溫度壓力。
6. 多重反應（Multiple Explosions）：多重反應爆炸是粉塵爆炸的最大特點，爆炸後短時間內爆炸中心區會形成負壓，周圍空氣填補進來，形成所謂迴流區，此與揚起的粉塵再次混合，在第一次爆炸高溫下引起第二次爆炸，而會比第一次爆炸還嚴重。在粉塵毀滅性爆炸案例，大多數損壞和傷亡是由於二次粉塵爆炸所導致的結果。
7. 最小起火能量（Minimum Ignition Energy for Dust）：粉塵比氣體燃料有較高之最小起火能量，一般範圍是在 10～40 mJ 如下表所示；可見粉塵發火能量要比氣體爆炸，還大 100 倍以上。依照德國 Siemens 公司（2010）針對案例統計指出，粉塵最小起火能量約在 3～200 mJ 範圍內，而可燃氣體最小起火能量則較低，範圍在 0.013～1.0 mJ。而火花現象產生能量，在電焊與燒焊金屬火花能量高達 100 mJ 以上，機器研磨形成束狀金屬火花為 10～100 mJ，而靜電火花能量則在 0.1～1.0 mJ。而最小起火能量（焦耳）= 1/2×C（電容量）×V（伏特）。

[註1] 粉塵上限，究竟是否存在明確上限是個問題，主要由於實驗困難；從實務觀點，上限這個數據是否有用，是大有疑問的。

粉塵爆炸影響因素

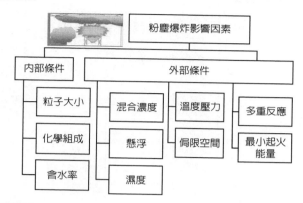

粉塵顆粒距離關係

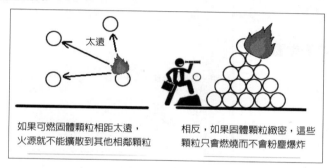

如果可燃固體顆粒相距太遠，火源就不能擴散到其他相鄰顆粒

相反，如果固體顆粒緻密，這些顆粒只會燃燒而不會粉塵爆炸

---

1. 請說明粉塵爆炸的原理以及通常會發生二次爆炸的原因。（109年消防設備師）

解 粉塵爆炸基本須有火三要素外，還須揚起與空氣充分接觸與侷限空間。

假使與可燃氣體爆炸比較，主要不同點，粉塵是一種固體物質爆炸，有粒子大小問題、最小起火能量會比一般可燃氣體高、必須懸浮狀態能與空氣中氧作接觸、會有二次粉塵爆炸之現象。大部分粉塵的燃燒速度比氣體的要小，由於其燃燒時間長及產生的能量大，所以造成的破壞及燒毀的程度會較嚴重，這可能是粉塵中碳氫含量高所致。如果按產生能量比較，大多粉塵爆炸有可能是氣體爆炸的好幾倍。

第一次粉塵爆炸時，爆轟波使鄰近廠房之所有粉塵，產生快速揚起，形成更多充分粉塵粒子，產生二次粉塵爆炸威力，往往比第1次爆炸更具破壞力。

可燃氣體與粉塵起火能量

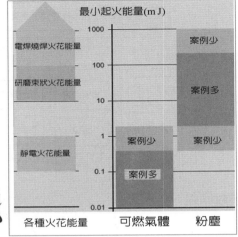

二次粉塵爆炸概念圖示

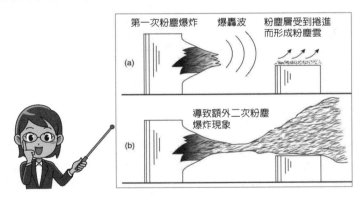

固體類爆炸

1. 粉塵爆炸：懸浮空氣中可燃粉塵接觸發火源點燃形成爆炸的現象。
2. 電氣爆炸：高電流能形成一個高能量的電弧現象，而快速蒸發金屬和絕緣材料。高能量電弧或電線過負載等，能產生足夠高熱引起瞬間電氣爆裂，周圍氣體快速受到加熱導致機械能爆炸；閃電伴隨打雷是電氣爆炸型式之例子。
3. 爆炸物爆炸：火藥、無煙火藥、炸藥，如氮化鉛、特屈兒（Tetryl）苦味酸、代納邁、硝化纖維、三硝基甲苯（TNT）、硝酸銨（AN）、雷汞、雷酸銀或硝化甘油（液體）等，可分高階爆炸物和低階爆炸物；前者分解速率為每秒 1,000 公尺以上如 TNT，後者分解速率為每秒 1,000 公尺以下如煙火。
4. 核能爆炸：利用撞擊熱能所產生巨大熱量一種高壓，如原子彈、氫彈。

金屬粉塵

日本研究指出，粉塵爆炸反應過程是不同於一般氧化行為過程。一般，由氧離子所形成電氣二重層緣（Electric Double Layer），其電勢梯度與粒徑愈大成反比關係。粒子愈小會有強氧化反應之傾向。在金屬粒子表面上是不形成氧化膜（Oxide film），僅會觸及空氣中氧。從這些特點，引起粉塵爆炸的金屬粉末，即使是不燃也將變得是能氧化可燃的。

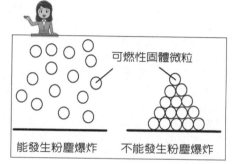

可燃性固體微粒

能發生粉塵爆炸　　不能發生粉塵爆炸

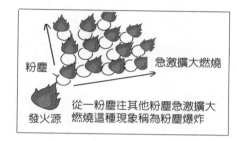

粉塵　　　　　　　　急激擴大燃燒

發火源　從一粉塵往其他粉塵急激擴大燃燒這種現象稱為粉塵爆炸

爆炸性物質

於可燃有機物本身可能有毒性，對溫度具敏感性，或能與金屬或酸鹼反應，因化學活性產生分解或氧化時，能形成急遽壓力上升，釋放一定能量，並帶有壓力波之物質。在其特性：毒性、吸溼性、爆炸性、敏感度高、與酸鹼金屬化學反應。

2. 請詳述何謂二次粉塵爆炸？粉塵爆炸預防對策有哪些？（25 分）（103 年設備士）
3. 何謂粉塵爆炸？作業場所要防止粉塵爆炸，有何對策？（25 分）（92 年消防行政與消防技術升等）
4. 穀倉為什麼有爆炸的可能，並詳述粉塵爆炸之預防對策。（25 分）（91 年設備師）
5. iPad 生產線曾經因為外殼表面的「鋁塗布（Coating）」作業不慎引發塵爆，請就您的火災學理論，詳細說明這種生產過程的粉塵爆風險和防範之道。（25 分）（100 年消防人員升等考）
6. 請說明粉塵爆炸與一般可燃氣體與空氣混合後之爆炸，二者之不同點何在？（25 分）（100 年設備師）

解 見 8-3 節與 8-4 節所述。

8-5 BLEVE現象

定義

　　BLEVE 為沸騰液體膨脹蒸氣爆炸現象（Bolilng Liquid Expansion Vapor Explosion, BLEVE），因容器無法維持內部壓力，致內部液體外洩，在非常高溫及低壓下整個體積瞬時沸騰，形成快速膨脹擴張狀態，速度如此快能被歸類為一種爆炸現象。

種類

　　沸點（Boiling Point）是液體之蒸氣壓力到達大氣壓力時之液體溫度，而液體沸點溫度取決於壓力，高壓將產生高沸點溫度，和低壓將產生低沸點溫度。BLEVE 發生在不燃性，如鍋爐水、液態氫槽、液態氮槽或冷凍劑槽，當液體沸騰變成氣體時，所得氣體體積佔用遠遠比液體更多的空間，使內部大量膨脹蒸氣壓力致容器結構破裂，所產生物理性爆炸。如發生在可燃性，如有機溶劑桶、油罐車、LPG 槽、LNG 槽等，蒸氣壓力使容器破裂後產生第一次爆炸，受高熱接觸到常溫常壓中又大舉膨脹產生可燃性蒸氣雲，衍生二次爆炸（Secondary Explosion），形成了火球現象（Fire Ball）。此外，從易（可）燃性液體或氣體洩漏後時間經過，遇起火源可能形成油池火災、蒸氣雲／氣體爆炸或 BLEVE 之事件結構。當儲槽受火災熱時，在重力作用下液體與氣體自然分離，與蒸氣區接觸的槽體金屬殼體要比與沸騰液體區接觸部分冷卻得慢，最終因溫度持續升高使受熱金屬結構的力學性能降低，蒸氣區的金屬出現局部破裂現象，根據理想氣體定律，蒸汽體積必然急遽大。亦即內部呈平衡狀態的氣態及液態燃料將因壓力釋放而破壞平衡。常溫高壓的液態乃急遽蒸發為氣態，內容物一面細粒化，一面猛烈撞擊容器。Alghamdie（2013）指出，易燃性液體或氣體如天然氣、LPG 洩漏後，瞬間引燃會形成一種擴散性噴流火焰（Jet Flame）；假使儲槽破裂延後數秒才引燃，會形成液體油池或氣／液體火球現象，但在儲槽破裂後再延遲一段較長時間才引燃，則形成更嚴重之蒸氣雲／氣體爆炸如 BLEVE 現象。

BLEVE 發生原因條件

　BLEVE 發生原因及條件如次：
1. **需存在液體**
   單獨存在蒸氣或氣體是不會發生 BLEVE，而要有液體不必是可燃性，如水 BLEVE，但不會出現火焰現象。
2. **需存在密閉容器**
   如果通風孔或安全閥損壞或不適當，產生過大壓力使 BLEVE 發生。
3. **液體溫度需高於大氣壓下沸點**
   在液體表面上壓力愈高，會要求更高沸騰的溫度。當液體容器是密閉，然後受熱致蒸氣壓增加，增加蒸氣壓力會導致沸點伴隨著升高。
4. **容器結構需失效**
   容器失敗是發生在蒸氣空間中金屬，因液體是優良熱導體和熱吸收性，但蒸氣則不是。容器失效有可能因金屬疲勞、釋壓閥故障、碰撞機械損傷或腐蝕引起。

BLEVE 現象

密閉容器液體——可燃性或不可燃性，受到火熱形成破裂BLEVE現象

BLEVE 發生徵兆

1. 容器金屬外殼出現呼呼聲響（Pinging Sound）
2. 容器變色如櫻桃紅
3. 小金屬片剝落（Flaking）
4. 容器外殼起泡或凸起
5. 容器表面出現蒸氣（Steam）
6. 壓力釋放閥出現刺耳聲音
7. 容器表面出現撕裂跡象（Tear）

BLEVE（或蒸氣雲爆炸）防制與對策

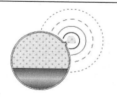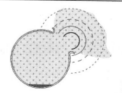

1. 燃料面
   A. 排料：容器內燃料抽出輸送至遠方或載離。
   B. 緊急遮斷閥：先關閉緊急遮斷閥停止燃料供應。
   C. 洩漏檢知器：一洩漏時偵測可能濃度，就先緊急行處理。
2. 熱能面
   A. 斷熱設計：容器外部斷熱處理，避免外部熱傳到容器內部。
   B. 固定式撒水或水沫設備：於儲槽頂部設冷卻撒水設備降溫。
   C. 遙控式水砲塔：大多數 BLEVE 容器失效是由於金屬過熱，以大水量射水冷卻是一關鍵性作法。
3. 減災面
   A. 過壓洩放裝置：洩放裝置動作，能使內部壓力減低也能使液體溫度不致太高，如安全閥、安裝爆炸氣道或洩爆孔。
   B. 地下槽體設計：地下槽體侷限爆炸範圍。
   C. 隔離：設計防爆牆等，侷限爆炸範圍或程度。
   D. 爆炸抑制裝置：由洩漏檢知器檢知，緊急釋放不燃性氣體或滅火劑。

8-6 蒸氣雲爆炸與油池火災

蒸氣雲爆炸

　　戶外空間形成蒸氣雲爆炸（Vapor Cloud Explosion, VCE），是燃料氣體 / 蒸氣釋放到大氣中，與空氣混合形成一定濃度蒸氣雲，遇起火源後形成一種非侷限空間快速燃燒現象。這種主要特點是產生低階爆燃（Deflagration）或爆轟（Detonation）現象（這情況較少），也稱無壓蒸氣氣體爆炸（Unconfined Vapor Air Explosion）。

　　基本上，蒸氣雲爆炸一般都發生在加工處理場和易燃液體 / 氣體之儲存 / 製程區，或是大型運輸車輛（如鐵路槽車），通常有大量燃料（數百磅）參與反應。紊流是由特定區域內的侷限空間和擁擠石化設施（Congestion）所形成，在所有岸上油氣處理廠有足夠的擁擠石化設施和侷限空間，就能產生蒸氣雲爆炸情況。

　　當氣體或蒸氣雲在侷限空間所形成濃度體積，所釋放的能量計算如下：

$$E = V \times H_c \times e$$

其中

E＝釋放能量（MJ）；V＝氣體或蒸氣雲在侷限空間所形成濃度體積（m³）

H_c＝燃燒熱（平均 3.5×10^6 J/m³）；e＝爆炸係數（0.15～0.4）

　　在 TNT 炸藥之爆炸壓力強度與其炸藥量之 1/3 次方成正比，而爆炸時爆轟波能量隨著距離 1/3 次方成反比。

$$\frac{z}{E^{1/3}} \text{ 或 } \frac{z}{W_{TNT}^{1/3}}$$

式中

E 為爆轟波能量；z 為從起爆處之距離；W_{TNT} 為相同於 TNT 爆轟波能量

油池火災

　　油池火災（Pooled Fires）為油池液體起火，形成液體快速蒸發，火焰的輻射和對流熱使液面加熱。這種加熱機制產生的回饋，使更多液體從液面變成蒸氣化。如油槽洩漏後在防液堤內成大面積液體形成預混合可燃氣體層，遇火源後形成一開始油池混合燃燒現象，隨即轉為擴散蒸氣燃燒現象。當油池直徑小於 0.1 m 時，熱傳導主宰著燃燒速率，而與直徑成反比，但隨著油池直徑變大，火焰向液體的輻射熱主宰著油池液面的下降速率，當直徑遠大於 1 m 時，液面蒸發速率也將趨於一定值。

洩漏後不同時間經過遇起火源形成可能災害結果

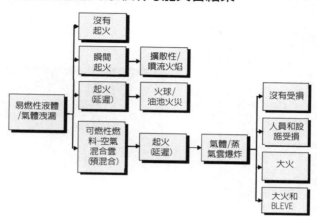

1. 請說明粉塵爆炸的條件及過程？並分析 2015 年八仙樂園派對大量傷病患事件是否為粉塵爆炸？（25 分）（108 年一般消防四等）

解　2015 年八仙樂園派對粉塵燃燒事故，玉米澱粉及食用色素所製作之色粉引發粉塵燃燒。此次造成 15 死 400 多人傷。過程中係環境開放空間陸續有人噴出粉塵顆粒，並揚起在空氣中，遇發火源引燃可燃顆粒。

爆炸必須產生壓力波之現象，這是火災與爆炸之主要區別，但本次現場在非侷限空間無造成顯著壓力波情況，僅能稱之粉塵全面閃火（Flash Fire）之一種擴散性火焰燃燒現象。

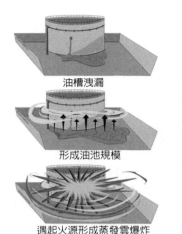
油槽洩漏

形成油池規模

遇起火源形成蒸發雲爆炸

油池火災高輻熱（筆者美國訓練）

運載燃料鐵路出軌洩出蒸氣雲爆炸

擁擠石化設施形成蒸氣雲爆炸環境空間

2. 所謂 BLEVE 係指沸騰狀的液化瓦斯，氣化膨脹而爆炸之現象。請敘述該種爆炸發生的機制。（10 分）試說明下列相對應之引燃時間對該種爆炸型式的影響及原因：若在儲槽破裂當時瞬間引燃？若在儲槽破裂延後數秒引燃才發生？若在儲槽破裂後引燃時間再延遲一段較長時間才發生？（15 分）（104 年設備師）

3. 液化氣體於儲存或運輸過程中常發生「BLEVE」（Boiling Liquid Expanding Vapor Explosion）現象，請詳述其形成之原因及防制之對策？（25 分）（86 年 3 等特考）

4. 請說明何謂 BLEVE（Boiling Liquid Expanding Vapor Explosion）？並說明其防範之道。（25 分）（101 年消防人員升等考）

5. 請詳述 BLEVE（Boiling Liquid Expanding Vapor Explosion）的定義和現象，並請列舉三種可能造成 BLEVE 的原因說明之。（25 分）（97 年 3 等特考）

6. 液體燃燒中有所謂 BLEVE（Boiling Liquid Expanding Vapor Explosion），試論其反應現象及可能出現該現象之可燃性液體種類。（25 分）（82 年 3 等特考）

解 見 8-5 節及 8-6 節所述。

7. 何謂火球火災？如何防止 BLEVE（Boiling Liquid Expanding Vapor Explosion）的發生？（25分）（101年設備師）

解 （一）火球火災

易燃性液體油槽外洩，大量蒸發燃燒成為火球火災，火球內蒸氣濃度太濃為能燃燒，蒸氣濃度往外圍擴展之燃燒型態。

可燃液化氣體外洩，開始急速氣化，在開放區域形成蒸氣雲，一旦起火所產生火球，此為化學性爆炸型態。

（二）防止 BLEVE：見本節所述。

8. 請說明高壓氣體爆炸和 BLEVE 定義和現象有何相異之處。（25分）（106年設備師）

解 1. 高壓氣體爆炸可分化學性與物理性，以物理性而言，其是由高壓氣體產生純物理反應之一種爆炸型態，也稱為物理性爆炸。亦即在內部壓力下密封的或部分密封容器的破裂，通常被稱為機械爆炸，即物理能瞬間轉化為機械能。

2. BLEVE 沸騰液體膨脹蒸氣爆炸過程不需任何化學反應，此種物理上爆炸能量，來自沸騰液體和蒸氣的膨脹爆炸。容器內液體在一定壓力下溫度是已高於物質在大氣中沸點，此液體不必然是易燃性，如鍋爐爆炸即是。

爆炸		高壓氣體爆炸	BLEVE
相異	狀態	氣體	液體
	爆炸機制	主要是高壓	主要是高溫
	爆炸引發	容器內高壓氣體	容器內高溫蒸氣
相同	可燃與否	二者皆不必然是可燃性	
	容器	密閉性	
	容器結構	必須破裂	
	爆炸影響	二者皆產生壓力波，但不一定有火災	

汽油與柴油危險性比較

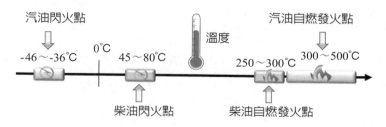

汽油閃火點   0℃   溫度   汽油自燃發火點

-46～-36℃   45～80℃   250～300℃   300～500℃

柴油閃火點   柴油自燃發火點

汽油易引火較難發火 ⟹ 易受火花起火
柴油較難引火易發火 ⟹ 較易自燃發火

註：柴油引擎無火星塞（引火），以活塞絕對壓縮下高壓形成高溫發火**啟動**。

8-7 蒸氣爆炸

原理

　　液體在高壓高溫狀態外洩現象，化學方面，大量膨脹可燃蒸氣與空氣中氧氣混合至一定濃度範圍，遇發火源形成蒸氣混合燃燒爆炸；物理方面，高壓外洩過熱液體形成蒸氣狀態，極短時間完成，勢必釋放相當能量而出現蒸氣爆炸（Steam Explosions）。

蒸氣爆炸種類

1. 過熱液體之種類
   A. 過熱液體為水，引發水蒸氣爆炸
   B. 過熱液體為氯，引發有毒物質爆炸
   C. 過熱液體為 LNG 或 LPG，引發火球、BLEVE 或蒸氣雲爆炸
2. 過熱液體之過程
   A. 傳熱型蒸氣爆炸，如水或氯等
   B. 失衡型蒸氣爆炸，如 LNG 或 LPG 等
3. 可燃與不燃
   A. 不燃蒸氣爆炸，如水等不需發火源，爆炸是由高壓造成，如鍋爐或熔融態金屬，爆炸後不會燃燒
   B. 可燃型蒸氣爆炸，如油罐車或有機溶劑槽等，需有發火源，形成 BLEVE 或 LNG 或 LPG 爆炸燃燒等

蒸氣爆炸防範措施

1. 安全洩壓閥（Safe Relief Valve）
2. 限制或監測可燃濃度（Concentration Monitoring）
3. 限制或監測容器溫度及壓力狀態（T/P Monitoring）
4. 置換可燃物質（Replacing the Combustible Substance）
5. 充填不可燃氣體（Inerting the Apparatus）
6. 使用完全密封系統（Use of Sealed Systems）
7. 通風措施（Ventilation Measures）：自然通風、人工通風、排氣

水蒸氣爆炸現象

　　水蒸氣爆炸是物理性爆炸，為熔融物體與水相互作用之結果，具很大膨脹倍數能量。假使有熔融金屬物質不慎掉落適量之水中，則將發生水蒸氣急速膨脹 1700 倍之物理性爆炸，如同蒸氣引擎爆炸或鍋爐爆炸一樣，現場無燃燒痕跡之特徵。

　　鍋爐爆炸如同爆米花原理，把玉米放進一個密封容器裏加熱，使得玉米處在高溫高壓的狀態下，容器裏的溫度不斷升高，壓力也不斷增大。當溫度達到一定程度，玉米粒裏的大部分水分變成水蒸氣，此時玉米粒內外壓力是平衡的。一旦，蓋子突然打開，玉米粒外部壓力很快減低，因此玉米粒內外壓力差變大，玉米粒內高壓水蒸氣隨之急遽膨脹，瞬時爆開玉米粒之現象。一般蒸氣鍋爐錶壓力約 15 kg/cm²，爐內水蒸氣平衡之水溫大致在 120～200℃，這種在 100℃以上過熱水，一旦處在大氣壓下則會急激化成水蒸氣膨脹，稱為爆炸水。

水蒸氣爆炸

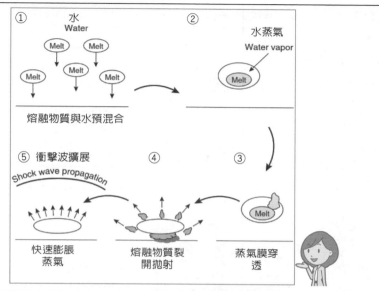

由於熔融液體溫度遠超過水沸點，一旦接觸導致水的極速蒸發引起水蒸氣物理爆炸。假使熔融液體不是與水，而是與其沸點低得多的液體接觸，所產生爆炸則稱為水蒸氣爆炸現象（Vapor Explosion）。Bankoff 等（1983）研究水蒸氣爆炸指出，水蒸氣爆炸還需要液體之間預混合（Premixing）情況，觸發蒸氣膜（Vapor Film）瓦解，以及能形成快速蒸氣區碰撞傳播現象，如圖所示。圖①顯示熔融物質碰觸水大量落下，這過程產生預混合現象。圖②顯示每個液體被水的沸騰形成水蒸氣膜（Water Vapor Film）所包圍。圖③顯示蒸氣膜被小熔體射流穿透，因此觸發膜瓦解（Film Collapse）。圖④顯示初始液滴裂開許多拋射碎片，並持續相互作用。圖⑤當拋射碎片被推進到周圍的水分時，快速膨脹區域產生爆炸性水蒸氣。

油池火災與火球火災異同

項目		油池火災（Pool Fire）	火球火災（Fireball）
相異	火焰類型	起火時為液面上預混合火焰，隨後擴散到整個表面層，由擴散之蒸發火焰來維持燃燒	發生在非常濃厚之燃料層，因燃料層太濃，以致不能發生預混合火焰情況，僅在燃料層邊緣與氧發生預混合火焰
	燃料蒸氣層	較不濃厚	濃厚
	燃料類型	液體	液體或氣體
	燃燒類型	1. 蒸發燃燒 2. 一開始是先小規模混合燃燒再擴散蒸發燃燒	1. 液體是蒸發燃燒 2. 液化氣體是較大規模先混合燃燒再擴散蒸發燃燒
相同		發生皆需火三要素（燃料、氧與熱量） 一開始二者具有預混合與擴散 2 種火焰類型同時存在現象	

蒸氣爆炸與 BLEVE 異同

項目		蒸氣爆炸	BLEVE
相異點	物質	水、氯、LPG 或 LNG	LPG 或 LNG
	過熱過程	傳熱型	失衡型
	發火源	可能不必須，由高壓造成	必須
	火災	可能沒有	有
	爆炸機制	物理性爆炸	先物理性再化學性爆炸
相同點	液體	低沸點液體進入高溫系統之過熱液體，溫度已超過液體沸點，一旦外殼破裂、液體洩漏、壓力降低，過熱液體會突然膨脹引起爆炸	
	爆炸類型	蒸氣爆炸	

天冷室內裝潢使用含有機溶劑塗裝作業，工人使用打火機加熱已硬化接著劑時，形成可燃蒸氣瞬間引爆（改繪厚生勞動省平成31年）

---

1. 於中午時段（30℃）有一化學槽車（液化丙烷），不慎翻車導致丙烷外洩，請問外洩後體積膨脹多少？（丙烷液體比重 0.51、沸點 –42℃）

解 液態體積 $= \dfrac{質量}{密度} = \dfrac{44\,g}{0.51} = 86.27$ (mL)

氣態（1 mole）體積 $= \dfrac{nRT}{P} = \dfrac{1 \times 0.082 \left(\dfrac{L \times atm}{K \times mol}\right) \times (273 + 30 - 42)}{1} = 21.40$ (L)

$\dfrac{氣態}{液態} = \dfrac{21400}{86.27} = 248$（倍）

---

2. 當鍋爐破裂內部水將激烈蒸發，若水蒸氣溫度為 100℃，則 1 大氣壓下每公升的水蒸發後體積膨脹多少？

解 $\dfrac{質量}{密度} = \dfrac{18\,g}{1} = 18$ (mL)

氣態（1 mole）體積 $= \dfrac{nRT}{P} = \dfrac{1 \times 0.082 \left(\dfrac{L \times atm}{K \times mol}\right) \times (273 + 100)}{1} = 30.586$ (L)

$\dfrac{氣態}{液態} = \dfrac{30586}{18} = 1699$（倍）

3. 國內油槽車與液化氣體槽車甚多，此類車輛意外事故亦不鮮見，若不慎事故發生火災，如何預測其發生蒸氣爆炸之時機與爆炸方向？請述明其預測之判斷依據。（25 分）（101 年警察消防三等特考）

解　（一）預測其發生蒸氣爆炸之時機

（二）爆炸方向

槽車發生火災時，因橫式容器二端之鏡版面，即面對車頭和車尾方向之窄面，承受的爆炸力和衝擊波最大，可能因爆炸而飛散，故一定要由容器之胴版面（長面）側展開活動，最佳部署於車頭方向之 45 度或 135 度位置。

45℃

（三）預測之判斷依據

在氣相燃燒時會呈明亮的黃色火焰並分離出碳黑，同時伴隨著刺耳的哨音，一旦高壓破裂外洩會產生液體蒸氣膨脹爆炸（BLEVE），致現場救災人員之安全性受到嚴重威脅；但其發生大多有其一定規律機制及徵兆。

8-8 氣體類爆炸

壓縮氣體爆炸

高壓容器在壓力過大情況下，產生容器破裂爆炸現象如氧氣瓶；或是氣體加壓成液態，當容器破裂時壓力突然地釋放，這可能產生爆炸壓力波。

分解爆炸

單一成分即足以爆炸的氣體稱之；分解爆炸條件，內在原因是分解性氣體，且分解熱在 80 kJ / mol 以上氣體。外在原因需一定壓力及發火源，如二氧化氯、磷化氫、環氧乙烷、聯氨、乙炔、乙烯、氧化氮、丙烯、臭氧、疊氮鉛、雷汞、雷銀、三氯化氮、三碘化氮等。此類爆炸不一定燃燒反應，爆炸能量來自本身分解時產生的。

1. 環氧乙烷：環氧乙烷（C_2H_4O）是一種有毒的致癌物質，廣泛用於消毒醫療用品。溶液中環氧乙烷含量大於 4% 即為易燃液體，於室溫下很容易引燃，液體會累積電荷，氣體會被靜電引燃，氣體密度比空氣重。於火場中受熱會自行聚合，導致容器破裂及自行分解，於封閉空間內的氣體或蒸氣引燃導致爆炸。

2. 乙炔：為溶解氣體，以高壓灌入成溶解於液體（丙酮）儲存，常用於燒焊作業。若單獨將乙炔氣體壓縮，則產生分解爆炸。因此，乙炔在氣瓶內加入丙酮或二甲基甲醯胺以溶解及稀釋乙炔氣，主要是防止高壓聚合反應生成乙烯基乙炔（C_4H_4）和苯（C_6H_6），壓力超過 100 kPa 發生分解反應爆炸。在乙炔分解時，即放出在其生成時所吸收熱量，分解出固體碳粒及氫氣，如這種分解是在密閉容器內進行，則分解發熱溫度升高，壓力隨之加大而引起容器爆炸。
   乙炔每克分子燃燒熱及分解發熱量如次：

$$C_2H_2 + \frac{5}{2} O_2 \rightarrow 2CO_2 + H_2O + 312.4 \text{ kcal 或（1306 J/mol）}$$

$$C_2H_2 \rightarrow 2C + H_2 + 54.2 \text{ kcal 或（226 J/mol）}$$

可燃氣體爆炸

最常見化學爆炸是碳氫氣體燃料所造成，為一種混合之非定常燃燒現象，通常火焰速度為每秒幾十公分左右。依 NFPA 指出化學性爆炸時，封閉容器或儲槽體承受約 400～750 kpa 壓力。而一般建築結構能耐受壓力，依 NFPA 指出僅約 3.5～7 kpa。在一些案例如變壓器爆炸，係變壓器浸漬於絕緣油，當開關電弧使油發生熱分解，產生以氫氣為主之可燃性氣體蓄積，所產生爆炸。又一般容器儲存可燃液化氣體，當容器破裂爆炸（物理）在現場形成大量可燃蒸氣，並迅即與空氣混合形成可爆性混合氣，在擴散中遇明火即形成二次爆炸（化學），常使現場附近變成一片火海，造成重大危害。

火災爆燃或煙爆

爆燃（Backdraft）或煙爆是區劃空間火災在一相對氣密，形成通風控制燃燒型態。由於不完全燃燒，產生高濃度熱空氣懸浮粒子和煙霧、一氧化碳以及其他可燃氣體。這些高溫氣相燃料因通風不足，以致其無法釋出至大氣，又沒有足夠氧來持續燃燒，而在區劃空間內高溫裂解。一旦開口（窗戶／門）打開時外來氧，形成燃燒快速之低階爆燃（Deflagration），壓力小於 0.15 atm；延伸閱讀見 9-8 節之詳細探討。

高壓氣體分類

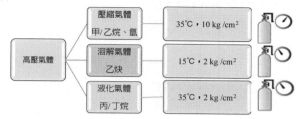

可燃性氣體種類

甲烷、甲胺（毒性）、二甲胺、二甲醚、三甲胺（毒性）、乙炔、乙醛、乙烷、乙胺、乙烯、乙苯、苯（毒性）、丙烷、丙烯、丙烯腈（毒性）、丙烯醛（毒性）、丁烷、丁烯、丁二烯、溴甲烷（毒性）、氯甲烷（毒性）、氯乙烷、氯乙烯、環氧乙烷（毒性）、環氧丙烷、環丙烷、氫、氰化氫（毒性）、硫化氫（毒性）、氨（毒性）、一氧化碳（毒性）、二硫化碳（毒性）。
其他爆炸下限在 10% 以下，爆炸上限與下限之差在 20% 以上之氣體。

分解爆炸

化合物在空氣中（氧）受熱活化後進行分解反應發熱，最低起爆能量降低，最後形成爆炸；如乙炔、乙烯、聯氨、氰化氫、丙二烯、氧化氮、環氧乙烷。
必要條件：空氣中（氧）與受熱達一定溫度始能分解。

1. 求每 1 公升乙炔在 0℃、1 atm 等常溫常壓下分解時之發熱量為多少？

解 $\dfrac{54.2\ \text{kcal}}{22.4\ \text{L}} = 2.42\ \text{kcal/L}$

2. 每 1 公升乙炔在 0℃、1 atm 時單位體積燃燒熱及分解熱，何者熱量較高？

解 當量濃度 $= \dfrac{1}{1+4.8n} = \dfrac{1}{1+(4.8 \times 2.5)} = 0.077$

完全燃燒每 1 L 乙炔在 0℃、1 atm 時，發熱量為 $\dfrac{312.4\ \text{kcal}}{22.4\ \text{L}} \times 0.077 = 1.07\ \text{kcal/L}$

分解熱為 $\dfrac{54.2\ \text{kcal}}{22.4\ \text{L}} = 2.42\ \text{kcal/L}$；因此，乙炔單位體積發熱量，分解熱（2.42）遠高於燃燒熱（1.07）。

可燃氣體爆炸上下限及燃燒速度最大值

物質名稱	化學式	爆炸範圍（%）	起火溫度（℃）	燃燒速度最大值（cm/s）
一氧化碳	CO	12.5～74	609	43
氫	H_2	4～74	500	291
甲烷	CH_4	5～15	540	37
苯	C_6H_6	1.2～7.8	560	40
甲苯	C_7H_8	1.2～7.1	480	38
二甲苯	$C_6H_4(CH_3)_2$	0.9～6.7	501	34
丙酮	CH_3COCH_3	2.6～12.8	561	50

註：CO 起火溫度與閃燃發生溫度接近，因閃燃燃料主要是 CO。
（日產アーク株式會社 1997；化學工業日報社 2001；東京化學同人 1994）

8-9 容器槽體爆炸徵兆

一般容器槽體

1. 槽體煙流漩渦狀，並帶有相當熱氣。
2. 從槽體壁面漆料變色、射水瞬間蒸發。
3. 火焰發白、變亮，使人產生刺眼感覺。碳粒子在火焰溫度（700～800℃）呈現紅光或黃光，超過 1000℃時碳粒子就會發白變亮。
4. 刺耳嘶嘶聲，發出強烈訊息。
5. 槽體因內部壓力升高，形成劇烈抖動。
6. 煙霧濃黑狀態轉變淡化現象。

工業危險設施

1. 工業廠房反應器、聚合槽、蒸餾塔等設備發出異常響聲。
2. 物料容器、壓力設備扭曲高溫變形。
3. 物料容器、反應塔火焰由紅變白現象。
4. 槽體抖動與其相連之管道基礎相對發出響聲。
5. 安全閥等發出刺耳嘶嘶聲。
6. 現場微爆噪音加大且急促。

防爆遮斷閥

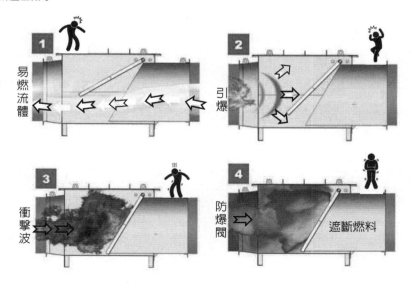

（Camfil Air Pollution Control APC, 2019）

一般容器爆炸前兆

工業危險設施爆炸前兆

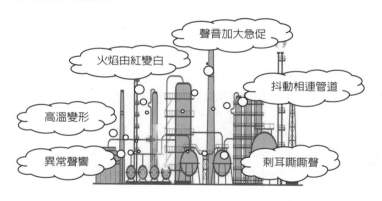

可燃氣體屬性

氣體種類	熱值 （MJ/m³）	燃燒下限 （%）	燃燒上限 （%）	比重	燃燒 1 m³ 所需 最小空氣量（m³）	起火溫度 （℃）
天然瓦斯	37.6～39.9	4.5	14	0.6	9.2	482～632
丙烷	93.7	2.1	9.6	1.5	24.0	493～604
丁烷	122.9	1.9	8.5	2.0	31.0	482～538
乙炔	208.1	2.5	81	0.91	11.9	305
氫	12.1	4	75	0.07	2.4	500
一氧化碳	11.7	12.5	74	0.97	2.4	609
乙烯	59.6	2.7	36	0.98	14.3	490

液化比天然瓦斯較易瓦斯爆炸，因其爆炸下限僅 2.1%。
（NFPA 1986, Fire Protection Handbook Sixteenth Edition）

8-10 低階爆燃與爆轟

根據爆炸所釋放能量速率的壓力大小和擴展速度的快慢，爆炸分為低階爆燃和高階爆轟現象。以燃燒擴展速度而言，火災在 3 m/s 以下、壓力不超過 0.02 atm；低階爆燃在 340 m/s 以下；而爆轟在 340 m/s 以上。

爆燃

低階爆燃（Deflagration）[註2] 是從可燃性氣體燃燒處放熱反應，快速地透過傳導、對流、輻射至未反應物，藉由熱傳導與分子擴散作用；這些過程是相對較慢，造成反應前鋒低於音速展開至未反應物型態。

爆轟

爆轟（Detonation）是可燃性氣體燃燒處放熱反應，反應前鋒藉由一強大波並壓縮未反應物，使其快速上升至其自動起火溫度以上狀態，導致反應前鋒併同衝擊波，以超音速展開至未反應物型態。

最大壓力值

在美國化工協會（AICE, 2003）針對低階爆燃與爆轟研究指出，低階爆燃發生期間較長，最大壓力值是 1.5 atm 以下；而爆轟發生時期間較短，最大壓力值是 15 atm 以下，二者壓力值相差 10 倍。

爆燃轉爆轟參數

在管道或某些細長密閉空間中，從一些實例災例及實驗顯示，從較弱點火源情況下，從低階爆燃過渡至爆轟現象，主要取決於以下參數（NFPA, 2008）：
1. 化學反應
   可燃反應物化學反應愈強，火焰加速轉變到爆轟的過渡時間愈短。
2. 管壁粗糙度和障礙
   管壁愈粗糙或存在障礙物愈多，轉變到爆轟的過渡時間愈短。
3. 管徑
   管徑愈大，轉變到爆轟的過渡時間愈短。
4. 初始壓力溫度
   初始溫度壓力愈高，轉變到爆轟的過渡時間愈短。
5. 初始紊流規模
   初始紊流規模愈大，轉變到爆轟的過渡時間愈短。

[註2] Deflagration 在國內書籍大多翻為爆燃之意，其壓力波係屬於低階爆炸型態，為區別於火災爆燃（Backdraft）現象，故於之前加上低階二個字，也相對於爆轟之高階型態。

低階爆燃與爆轟

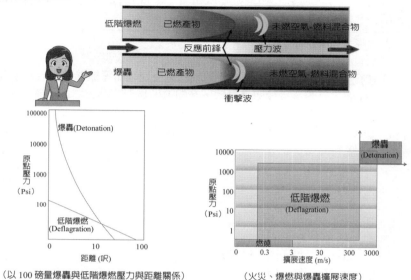

（以 100 磅量爆轟與低階爆燃壓力與距離關係）　　（火災、爆燃與爆轟擴展速度）

低階爆燃與爆轟最大壓力

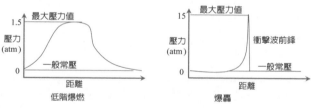

低階爆燃與爆轟差異

性質	低階爆燃	爆轟
爆炸型態	低階	高階
溫度	較低	相當高
最大壓力	1.5 atm	15 atm
時間	持續較長	持續較短
波速	340 m/s 以下	340 m/s 以上
波型	壓力波	爆轟波
前鋒	反應前鋒落後於壓力前鋒	反應前鋒與壓力前鋒並行
延燒來源	熱傳導等質量傳送機制	震波傳送機制
反應物前鋒	亞音速	超音速

1. 何謂火球火災？如何防止 BLEVE（Boiling Liquid Expanding Vapor Explosion）的發生？（25 分）（101 年消防設備師）

解 （一）火球（Fire Ball）現象

   (1) 大量的蒸發可燃液體，突然燃燒成為球形火災。
   (2) 火球之產生，是因可燃氣體外洩，受到地面等加熱而開始急速汽化。
   (3) 液化氣體蒸發後四處擴散，在開放區域形成蒸氣雲。而蒸氣雲一旦起火所產生火球。

（二）BLEVE（或蒸氣雲爆炸）防制與對策如次：

   A. 燃料面
      (A) 排料
      (B) 緊急遮斷閥
      (C) 洩漏檢知器
   B. 熱能面
      (A) 斷熱設計
      (B) 固定式撒水或水沫設備
      (C) 遙控式水砲塔
   C. 減災面
      (A) 過壓洩放裝置
      (B) 地下槽體設計
      (C) 隔離
      (D) 爆炸抑制裝置

2. 請說明預混合火焰與擴散火焰；爆轟（Detonation）與爆燃（Explosion）。（25 分）（102 年消防行政與消防技術升等考）

解 預混合火焰與擴散火焰見 6-2 節。而爆轟與爆燃見本節所述。

3. 請說明爆炸之意義？爆炸時依火焰傳播速度，可區分成爆燃（Deflagration）及爆轟（Detonation），兩者有何差異？爆炸性物質對撞擊之敏感度甚高，影響其敏感度之因素有哪些？（25 分）（103 年 3 等特考）

解 爆炸之意義見 8-1 節，爆燃與爆轟見 8-10 節，敏感度因素見 8-2 節圖示。

第9章
區劃空間火災發展

（作者美國訓練照片）

9-1 火災初期（一）

無論區劃空間火災是建築物、船舶、隧道、航空器等，皆可能經歷以下階段：
- 起火期（Ignition）
- 成長期（Growth）
- 閃燃（Flashover）── 視環境條件，滿足火三要素始會發生，臺灣建築物有時不經閃燃，進入最盛期。
- 最盛期火災（Fully Developed Fire）
- 衰退期（Decay）

起火

在第 1 章及第 2 章，我們曾一再探討燃燒及火三要素：氧、可燃物及熱量（發火源），因建築物內人類使用了大量可燃製品，且生活所需也需用火用電，在前者及後者接觸，形成室內之起火現象。於美國職業安全與健康管理局（OSHA）指出，初期火災（Initial Fire）是在火災開始階段可被人員進行控制，或由手提式滅火器或小型水管，而不需要消防衣或呼吸裝置等設備來進行滅火之時機。事實上，「所有的火災都是從小開始」，到底是什麼因素使火災進入到成長期？這有 2 個關鍵因素，起火（Ignition）和火焰蔓延。在以右頁顯示火災室時間溫度的發展。火災之開始能以多種方式形成，這取決於室內條件。因此，起火是火災成長曲線的第一部分。

談到火災如何開始，形成起火現象可分三個階段，首先某種化學或物理變化所導致高溫，使第一起火物僅生成氣體。這個階段能持續數秒到數小時之久，取決於哪一種起火源及燃料之屬性。亦即可燃物受熱分解釋出水分及可燃／不可燃氣體，第二階段釋放煙霧粒子尺寸在微米範圍內，一開始人類眼睛無法看到，隨後才看到可見煙形成對流。最後，火焰開始出現，此時溫度和煙霧粒子都可以非常迅速成長增加。但天然氣、酒精及氫氣等，燃燒時並沒有煙霧，僅有生成熱量和氣體。

燃料控制

任何火災一開始皆是燃料控制火災，此階段發展關鍵是否有足夠燃料量。大多數情況下，從單一起火物的熱釋放速率，通常不足以閃燃發生，除非是沙發或其他大型傢俱物體。在理論上，初期火災一旦啟動後，火災進展不是成長就是燃料不足而衰退。

一些物質如木材或紙類有機聚合物，通常需要釋放出 2 g/m^2s 之可燃氣體，才足以引燃。如是塑膠之合成聚合物，因其擁有高能含量，僅約需釋放出 1 g/m^2s 之可燃氣體，就足以引燃。

熱慣性

可燃固體受熱轉換可燃氣體，必須經歷熱裂解（Pyrolysis）過程，熱裂解涉及燃料之分解現象（Decomposing）。假使物質具有低熱慣性（Thermal Inertia, kρc），表面能迅速加熱；而高熱慣性物質，則其受熱升溫就緩慢。基本上，假使熱傳係數愈小、密度（比重）愈小、比熱愈小（溫度愈易變化）或熱膨脹係數愈大條件（保溫材料之熱膨脹係數愈小），則其愈易起火。

室內外火災差異

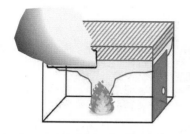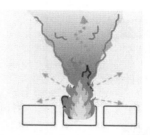

屬性	室內火災	室外火災
型態	燃料控制或通風控制	燃料控制
供氧	限定	不限定
熱量	區劃內輻射熱回饋	大部分熱量於大氣中散失
煙量	煙量易充斥於空間	煙量於大氣中散失
溫度	高，會閃（爆）燃	相對較低，不會閃（爆）燃

區劃空間火災溫度曲線

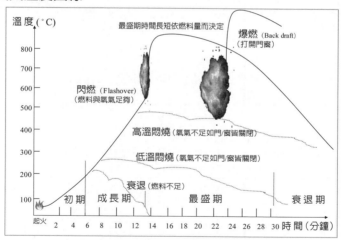

火災發展未受人為干擾之時間溫度曲線

區劃空間起火醞釀發展

階段	燃燒生成物	燃燒內容	對策
第一階段	氣體	可燃物受高溫僅生成氣體。	極早期探測器
第二階段	煙霧	一開始人眼無法看到，隨後才見煙形成對流。	偵煙探測器
第三階段	火焰圖像	產生紅外線與紫外線	火焰或視覺型探測器
第四階段	溫度	室內空間溫度成長	偵溫式及撒水頭

9-2 火災初期（二）

有焰燃燒和悶燒

有焰燃燒情況，固體是以氣體進行燃燒反應；而悶燒情況，僅在氧氣接觸面或多孔性內部，產生氧化反應能持續，反應所生熱量保持在內部，產生熱裂解至起火。多孔性物質之燒焦殘餘物固體碳層，通常能持續進行悶燒反應。悶燒常見於傢俱軟墊物質，如寢具或沙發等，遭到微小火源引燃。悶燒在缺氧環境中，且裂解出可燃氣體被氣流帶走，而使悶燒非常緩慢，這意味會持續一段很長時間，如菸蒂引燃可達4小時之久。

初始火焰蔓延

初始火焰蔓延可看作是一系列連續起火現象。在垂直面延燒可分3部位，底部是由對流主導，透過其熱傳至表面。在中間部位，火焰輻射是主要因素，這是由於火勢的寬度隨著高度而增加。範圍更大火焰，則有更多的熱傳，能透過輻射來進行。在頂端部位，雖未起火現象，但已先行受熱裂解並分解可燃性氣體，很快會形成氣相火焰，這也就是為何垂直性火焰快速燃燒之理。

在火焰高度，Heskestad 提出火焰平均高度（H, m）與火源直徑（D, m）、熱釋放率（Q, kW）成正相關：

$$H = -1.02D + 0.235Q^{2/5}$$

當室內起火時，如靠近牆面（如牆面插座上插頭起火），將對火焰下方二側對空氣捲吸產生限制，火焰將加強在垂直壁面上進行擴展及延伸，使得火焰向壁面傾斜，這是下方空氣流只能從火焰流另一側進入之結果。假使壁面是可燃性（木板類），將會更加大火勢蔓延。

火焰高度

Alpert and Ward（1963）研究，也指出平均火焰高度（H, m）與牆面影響係數（k）與熱釋放率（Q, W）成正相關，如下：

$$H = 0.11 (kQ)^{2/5}$$
當燃料附近無牆面時，k = 1（因動力關係，火焰下垂） 當燃料靠近一側牆面時，k = 2（因牆面取氧捲流效應，火焰延伸） 當燃料在牆角處時，k = 4（加強捲流及輻射回饋效應）

上述相對照，顯然火焰高度以牆角處（二側牆面）> 一側牆面 > 無牆面火勢。

---

1. （C）依 Heskested 的火焰高度計算公式，常溫常壓下，熱釋率為 1.3MW 之可燃性液體，進行油池直徑為 0.4m 之火災燃燒實驗，則火焰大約會有多高？（$1300^{1/5} = 4.2$；$1300^{2/5} = 17.6$）（108 年警大消佐班）
   (A)1.6m　(B)2.6m　(C)3.6m　(D)4.6m

解 $H = -1.02 \times 0.4 + 0.235 \times 1300^{2/5} = 3.73m$

---

2. （C）常溫常壓下，進行可燃性液體圓形油池火災燃燒實驗峙，若燃燒時直徑為 1 公尺，且熱釋率為 1.5MW，依 Heskested 的火焰高度計算公式，則該火焰大約會有多高？（已知：$1500^{2/5} = 18.64$，$1500^{1/2} = 38.73$）（107 年一般消防四等）
   (A)1.6 公尺　(B)2.2 公尺　(C)3.2 公尺　(D)4.2 公尺

解 $L = -1.02 \times 1 + 0.235 \times 1500^{2/5} = 3.3m$

室內起火位置與火焰高度關係

中央位置火焰高度   靠牆面火焰高度

牆角處火焰高度（增加火焰熱回饋作用）

有焰燃燒和悶燒異同

項目		有焰燃燒	悶燒
相異	相態氧化	燃料和氧是處於相同狀態之均相氧化（Homogeneous Oxidation）	燃料和氧是處於不同狀態之多相氧化（Heterogeneous Oxidation）
	反應	2 種氣體混合進行燃燒反應	燃料是固體，氧是氣體，進行氧化發熱反應
	物質	固、液、氣體	只有固體
	材質	可燃材質	只有多孔、纖維狀或堆疊可燃材質
	供氧	較充足	非常不足
	燃燒	速度快	速度極慢
	火焰	有	無
	連鎖反應	有	無
	燃燒生成物	毒性較少	毒性較多（CO）
相同		皆需火三要素（燃料、氧及熱量）	

3. 根據 Heskestad 的計算方法，當火源直徑為 2 m，熱釋放率為 1024 kW，火焰平均高度約為多少？ (A) 1.24 m (B) 1.44 m (C) 1.72 m (D) 1.84 m

解 (C) $H = -1.02D + 0.235Q^{2/5} = 1.72$

9-3 成長期（一）

火羽流

從火災成長期（Growing Phase of Fires）觀點而言，假使火焰蔓延是在 2 固體之間，室內熱煙氣流就扮演非常重要的角色。起火後在燃料持續供應下，燃料上方形成火羽流（Fire Plume），因溫度升高、密度變小，形成受熱氣體向上竄升現象，使周遭冷空氣捲入至火羽流下方，形成室內空間對流情況。火羽流的溫度和速度隨著天花板高度距離，呈現垂直下降，即沿著燃料上方之火羽流與煙流距離增加而遞減現象；這對探測器與自動撒水設備感知啟動時間影響很大。

當可燃固體受熱開始釋放出可燃氣體，這一過程稱為熱裂解（Pyrolysis）現象。可燃物質開始熱裂解時溫度，通常範圍為 100～250℃。熱裂解後分解氣體與氧氣混合及開始燃燒。在熱裂解及分解過程，涉及化學分解（Chemical Decomposition）或物質從複雜化學結構轉換為簡單構造（Simpler Constituents）；其中在燃料表面上一些氣體不會出現火焰，這些未燃氣體（Unburnt Gases），將伴隨著火羽流並捲入在熱煙氣層內。

火羽流是一種火焰自然形成熱氣流柱。火羽流屬性取決熱釋放率（Heat Release Rate），由不同生成氣體伴隨火羽流上升累積在天花板面形成正壓區，而在火羽流底部形成負壓區，此使周遭大量較冷空氣是從火焰底部湧入。在火羽流上方部位，由於氣態物質處在不同溫度梯度差而產生密度差及壓力差。

天花板噴流

火災初期與成長期是類似於室外火災一樣，屬於燃料控制火災型態。不同的是，熱煙氣體上升到達天花板面，然後就水平狀向四周擴散，形成一種半受限重力分層流，為了捲吸下方空氣，成了一連串半漩渦現象，稱天花板噴流（Ceiling Jet），此時天花板材質受到高溫煙氣傳導，進行熱能吸收。

當遇到天花板阻擋時，便向四周平行移動。如碰到障礙便反彈回來，聚集在空間的上部，完全依照牛頓第三運動定理之作用與反作用。因壁面邊界對流動黏性影響，使得近天花板（樓板）面薄層內，熱煙流速會較低，隨著垂直向下距離天花板增加，其速度會增大至超過一定距離，速度將逐漸降低為零。如果天花板高度低，火源強度大，則天花板噴流水平傳播能相當長距離，這因為噴流對下方空氣捲吸速率較低。

區劃空間天花板（樓板）位置，其氣體層溫度上升是具最明顯的。所以，火警警報、撒水頭及排煙設備，必須儘量靠近於天花板面位置，以實驗指出，天花板噴流最大溫度與速度是在天花板以下，天花板高度之 1% 位置，假使距離天花板面過遠，就失去其防護人命安全之意義。

火災成長期

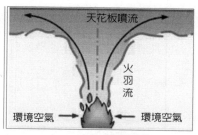

火災成長期階段

火羽流

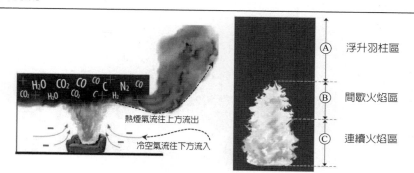

火羽流可分 3 部分
1. 形成浮升氣流，其氣流速度和溫度隨著遠離火焰而逐漸降低（圖中 A）。
2. 形成間歇火焰（Fluctuating Flames）（圖中 B）。
3. 緊鄰火焰基部伴隨著連續性火焰（Continuous Flame）（圖中 C）。

---

1. （A）從以下那項原理得知天花板 20 公尺以上不能安裝局限型探測器？
   (A) 火羽（fire plume）　(B) 天花板噴流（ceiling jet）　(C) 突沸（boilover）
   (D) 閃燃（flas hover）　　　　　　　　　　　　（100 年消防設備士）

解　因火羽流上升至一定高度後會逐漸冷卻，而無法到達。

2. （D）下列有關擴散火焰的敘述，何者正確？　(A) 擴散火焰的燃燒型態，往往是爆炸式的燃燒　(B) 間歇火焰區域（the intermittent zone）內的流體處於加速度狀態　(C) 浮升羽柱（the buoyant plume）內的流體溫度隨高度增加而遞增　(D) 浮升羽柱區域內的流體狀態，與撒水頭的動作有關　（106 年消防設備士）

解　浮升羽柱區域內的流體狀態，其為火羽流之頂端氣流

3. 請說明同一火源因位於居室中的角落、牆邊、中央等空間位置不同條件下所生成的火焰行為。（25 分）（102 年消防行政與消防技術升等考）

解　見本節所述。

9-4 成長期（二）

成長期與消防設備

Alpert 經驗公式指出，定溫式探測器或感知撒水頭啓動時間如次：

$$t_{activation} = \frac{RTI}{\sqrt{u_{jet}}} \ln\left(\frac{T_{jet} - T_a}{T_{jet} - T_{actiation}}\right)$$

RTI = 反應時間指數（m-sec）$^{1/2}$

T_{jet} = 天花板噴流溫度（℃）、u_{jet} = 天花板噴流速度（m/sec）

$T_{actiation}$ = 定溫探測器或感知撒水頭啓動溫度（℃）、T_a = 環境初始溫度

計算至火源中心之水平距離（r）或設備防護半徑距離（r）對天花板高度（H）之比

$$\frac{r}{H}$$

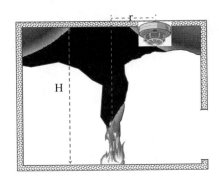

計算天花板噴流溫度 T_{jet}（℃）

$$T_{jet} - T_a = 16.9 \frac{Q^{\frac{2}{3}}}{H^{\frac{5}{3}}} \qquad 在 \frac{r}{H} \leq 0.18 情況$$

$$T_{jet} - T_a = 5.38 \frac{\left(\frac{Q}{r}\right)^{\frac{2}{3}}}{H} \qquad 在 \frac{r}{H} > 0.18 情況$$

計算天花板噴流速度 u_{jet}（m/sec）

$$u_{jet} = 0.96\left(\frac{Q}{H}\right)^{1/3} 在 \frac{r}{H} \leq 0.15 情況$$

$$u_{jet} = \frac{0.195 Q^{1/3} H^{1/2}}{r^{5/6}} 在 \frac{r}{H} > 0.15 情況$$

計算探測器或感知撒水頭啓動時間 $t_{activation}$（sec）

$$t_{activation} = \frac{RTI}{\sqrt{u_{jet}}} \ln\left(\frac{T_{jet} - T_a}{T_{jet} - T_{actiation}}\right)$$

1. （C）天花板熱氣流（Ceiling Jet）在同一點的溫度上升量（ΔT）與火災大小（熱釋放率）成何比例關係？　(A)1/3 次方正比　(B)1/3 次方反比　(C)2/3 次方正比　(D)2/3 次方反比
（106 年警大消佐班）

2. （A）Alpert 之經驗公式可用來計算天花板下方熱氣流（Ceiling Jet）之速度，請問該熱氣流速度（U）和火源熱釋放率（Q）之幾次方成正比？　(A)1/3　(B)2/3　(C)3/3　(D)4/3
（100 年警大二技）

成長期滾燃

任何火災都是氧氣、熱量和燃料間，達成一種化學平衡過程，而熱量是燃料與氧氣之函數。在火災初期與成長期有足夠氧，這無視乎火災室開口是否打開。如果火災發展受到通風（氧）限制，將會以較慢燃料消耗速率進行。在通風控制情況，當開口打開，外來空氣中氧流入與熱煙層流混合，這導致和氧已混合之氣體層，發生快速氣相燃燒事件，如閃燃或滾燃（Roll-over）現象。而滾燃現象出現這種層流燃燒條件，透過天花板面高溫未燃燒氣體進行火焰延伸；此與閃燃不同，滾燃只有天花板（頂板）面熱煙氣滾流似層流燃燒，而不是火災室可燃物都陷入閃火整個燃燒。

熱煙流中如煤塵顆粒（Soot Particles），溫度需達到 1,000°C 時才轉換成熱量。這也解釋了為什麼開口流出黑煙，即使火災室溫度已非常高，一些高碳氫化合物仍存在未燃之黑煙粒子。而穿著消防衣完全著裝下，遇到火災室容積式氣相火焰如閃燃，人體頂多承受幾秒即會威脅生命，這意謂進入火災室有充滿水之水線是何等重要。

某一居室中，天花板高度 5 公尺，火源熱釋放率 800 kW，試依 Alpert 之公式，計算距火源正上方相距 3 公尺處天花板噴流（Ceiling Jet）之溫度與速度為何？（假設環境溫度為 20°C）（25 分）（100 年設備師）

解　$\dfrac{r}{H} = 3/5 = 0.6$

$\dfrac{r}{H} > 0.18$ 情況，$T_{jet} - T_a = 5.38 \dfrac{\left(\dfrac{Q}{r}\right)^{\frac{2}{3}}}{H}$

$T_{jet} = 5.38 \dfrac{\left(\dfrac{800}{3}\right)^{\frac{2}{3}}}{5} + 20 = 64.6$ （°C）

$\dfrac{r}{H} > 0.15$ 情況，$u_{jet} = \dfrac{0.195 Q^{1/3} H^{1/2}}{r^{5/6}} = \dfrac{0.195 \times 800^{\frac{1}{3}} \times 5^{\frac{1}{2}}}{3^{\frac{5}{6}}} = 1.62$ (m/sec)

火災滾燃與閃燃現象異同

項目		滾燃	閃燃
相異點	燃燒	只有天花板面熱煙氣翻滾層流式燃燒	整個區劃空間容積式燃燒
	位置	火災室內與相鄰火災室外	僅火災室內
	階段	成長期或最盛期	成長期接近最盛期
相同點		火三要素（燃料、氧氣與足夠熱量）	

滾燃

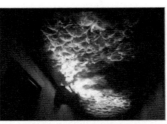

（未完全燃燒氣體起火頂形成一種滾動燃燒現象）

---

1. 請解釋並比較說明閃燃（Flashover）與滾燃（Rollover or Flameover）火災現象之異同（25 分）（91 年 3 等特考）
2. 鐵皮屋建築與鋼筋混凝土建築之火災具有顯著差異，其中牆壁材料之熱慣性（Thermal Inertia）的不同是因素之一。請詳述熱慣性為何？熱慣性與消防安全關係如何？此外，在建築物火災於閃燃（Flashover）前，有時會發生一種滾燃（Rollover）之燃燒現象，請問滾燃與閃燃現象之異同為何？（25 分）（107 年消防設備師）

解 熱慣性見 1-8 節所述；餘見本節所述。

---

3. （A）一般而言，影響撒水頭感溫元件動作的 RTI（Response Time Index）值，與撒水頭啟動時間的幾次方成正比？ (A)1 次方 (B)2 次方 (C)3 次方 (D)4 次方（98-1 年消防設備士）
4. （C）天花板熱氣流（Ceiling Jet）溫度與環境溫度差（ΔT）與火災熱釋放率（Heat Release Rate）的關係為下列何者？ (A)ΔT 與 HRR 的 1/3 次方成正比 (B)ΔT 與 HRR 的 1/3 次方成反比 (C)ΔT 與 HRR 的 2/3 次方成正比 (D)ΔT 與 HRR 的 2/3 次方成反比（108 年警大消佐班）
5. （A）已知天花板噴流溫度攝氏 135℃，天花板噴流速度 1.8m/s，環境初始溫度 20℃，感知撒水頭作動溫度攝氏 72℃，反應時間指數 67（$m^{1/2}s^{1/2}$），感知撒水頭作動時間為下列何者？（提示：ln115 = 4.74，ln63 = 4.14） (A)30 秒 (B)35 秒 (C)40 秒 (D)45 秒（109 年消防設備士）

解 計算撒水頭啟動時間 $t_{activation}$

$$t_{activation} = \frac{RTI}{\sqrt{u_{jet}}} \ln\left(\frac{T_{jet} - T_a}{T_{jet} - T_{activation}}\right) = \frac{67}{\sqrt{1.8}} \ln\left(\frac{408 - 293}{408 - 345}\right)$$

$$= 49.9 \times 0.6 = 29.96 \text{ 秒}$$

火災室危險徵兆

（船艙或鐵皮屋火災危險徵兆：門縫滲出壓力煙流、門板膨脹、壁面變色及漆面起泡）

火警探測器種類

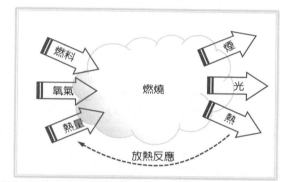

（從火三要素生成物發展出偵煙式、偵溫式及火焰式（光）探測器）

天花板噴流與探測器關係

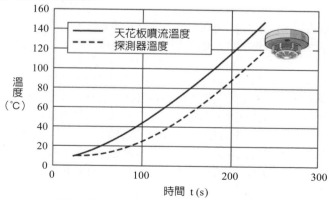

（偵溫探測器吸收天花板噴流，熱傳作用產生遲滯效應）

9-5 燃料與通風控制火災

　　臺灣地區多季門窗常緊閉情況，室內火災易形成通風控制燃燒型態，但內部人員往外逃生時，會把門打開往往卻沒有關上，促使外來氧氣大量供應燃燒，勢必使燃燒氧化加劇，此時如有未逃出人員，將陷入非常不利火場環境。事實上，火三要素上控制火災發生是熱量，一定火燒起來控制燃燒即由氧氣與燃料來作主要決定，這也就產生火災學上二個名詞：通風控制燃燒與燃料控制燃燒。當消防人員達到火災現場，應儘快確定火災是否仍處在燃料控制（Fuel Controlled）或是通風控制（Ventilation Controlled），如在燃料控制期間，當火災室門窗被打開時，熱釋放率是不會增加，你不需要關心室內熱煙氣層引燃危險，如閃燃或爆燃現象。

　　在區劃空間火災發展是比開放空間要複雜得多。能區別燃料控制燃燒和通風控制燃燒之間，是了解火災行為的關鍵。一般隨著室內火災增長為氧的需求大幅增加，而呈現供氧不足現象，此時火災已成為通風控制階段。當燃料與氧氣供應量足夠使火災的熱釋放速率達到閃燃所需，則發生閃燃現象。因此，閃燃為二者之間轉換階段之一種過渡現象。

燃料控制

　　火災發生於大空間中，或火災在初期及成長期，區劃空間因本身空間容積有空氣持續供應火焰之燃燒，此階段火焰持續時間之長短受制於燃料屬性（Characteristics）與結構（Configuration），如同室外或露天火災一樣。亦即，燃燒速度與開口通風量較無關。因此，一般於火災初期、成長期、最盛期，以及最後之衰退期，為燃料控制火災情境。燃料控制燃燒火災，從建築物外在現象之研判，在初期或成長期開口呈現煙流向上浮升，在最盛期或衰退期火災，呈現火焰流向上層伸出，開口中性層比通風控制燃燒較不明顯。

通風控制

　　通風控制是區劃空間內燃燒所需相對氧氣量已影響其燃燒情形，需經由開口（門或窗）提供空氣量供燃料氧化所需。亦即在火災初期及成長期，因火勢不大，相對所需氧尚不成問題，又燃燒生成 CO_2 及煙量尚不影響火焰行為，此時通風因子尚未受到限制。一旦火災成長期發展到火焰行為形成跳躍晃動現象，此時已呈現區劃空間內氧氣濃度變低，造成火焰必須尋找氧濃度較高區域作出反應，此種晃動火焰長度拉長而改變燃燒效率，這時已由通風因子來支配火勢燃燒行為與燃料量無關。

　　通風控制燃燒火災，從建築物外在現象研判觀察到，一般是在成長期及最盛期階段，開口有相當濃煙或濃煙夾雜火焰，如呈現濃黑色伴有壓力喘息狀，因內部已熱不穩定，這是一種危險（閃燃或爆燃）之指標。基本上，通風控制火災開口中性層非常明顯，有時位於開口較低之位置。

燃料控制與通風控制火災

英國 Drysdale（1985）研究指出，當建築物纖維素（木材或木製品）之穩態火災時，而加拿大 Harmathy（1972, 1978）發現，火災燃燒速率（$\dot{m}$）相依於通風因子（$A_w \times H^{1/2}$），依實驗得燃料控制燃燒方程式　$\dfrac{\rho \times g^{1/2} \times A \times H^{1/2}}{A_F} > 0.290$

在通風控制燃料方程式　$\dfrac{\rho \times g^{1/2} \times A \times H^{1/2}}{A_F} < 0.235$

ρ 為空氣密度（kg/m^2）；g 為重力加速度（$9.81\ m/s^2$）；A 為淨開口面積（m^2）
H 為淨開口高度（m）；A_F 為燃料（床）表面積（m^2）
此關係式只適用木材類穩態火災，因其沒有反映熱輻射回饋影響。

（燃料控制火災）

（通風控制火災）

型態	燃料控制火災	通風控制火災
公式	$\dfrac{\rho \times g^{1/2} \times A \times H^{1/2}}{A_F} > 0.290$	$\dfrac{\rho \times g^{1/2} \times A \times H^{1/2}}{A_F} < 0.235$
場合	内部火載量少、開口大	内部火載量大、耐火構造建築物
火災成長	慢，開口煙量少	快，開口煙量多
消防搶救	較穩態發展，入内危險較低	不穩定危險，會出現煙爆或爆燃等
控制因子	燃料	氧氣（通風）
空間	室内或室外	室内
火災階段	初期、成長期、最盛期及衰退期	成長期、最盛期
室内火焰	與室外燃燒類似	有時多被煙遮蔽
燃燒	充分燃燒，熱煙重量較輕	末充分燃燒，大量濃煙

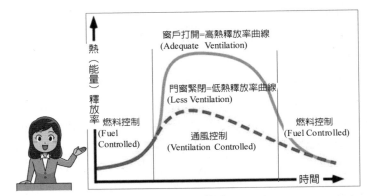

（建築物火災生命週期之前，後階段為燃料控制，僅中間階段為通風控制）

---

1. 何謂「通風控制燃燒」（Ventilation Control Fire）？何謂「燃料控制燃燒」（fuel control fire）？並說明其判定之臨界條件為何？（25 分）（87 年 3 等特考）

2. 試說明在建築物火災中，何謂「通風控制燃燒（Ventilation Controlled）」？（15 分）（85 年、91 年設備士）

3. 試說明在建築物火災中，何謂「燃料控制燃燒（Fuel Controlled）」？（15 分）（95-2 年設備士）

4. 何謂「通風控制燃燒」（Ventilation Control Fire）？何謂「燃料控制燃燒」（Fuel Control Fire）？並請依加拿大學者 Dr. T. Z. Harmathy 之理論說明其判定之臨界條件為何？（25 分）（99 年 3 等特考）

解 見本節所述。

---

5. 室內火災歷程，何時為通風控制燃燒？何時為燃料控制燃燒？兩者間轉換過程中又有何現象發生？同時請說明以上三者個別的火災特性。（101 年設備士）

解 見本節所述。兩者之間轉換的過程中，有時會發生閃燃現象。一般閃燃後火災，大多為通風控制燃燒型態。

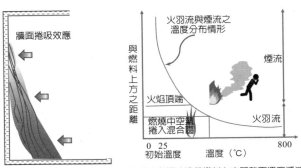

（牆面火焰取氧捲吸效應）　（火羽流與煙流沿著燃料上方距離而溫度遞減）

（挑高天花板會使熱煙流浮升冷卻，超過 8 m 侷限型偵溫探測器無法偵測）

防火區劃完整

（國內火災未關門是造成人命死亡主因之一）

門與煙流 / 供氧關係性

6.（D）通風控制燃燒時，通風口面積增加 1 倍，通風口高度增加 3 倍，若仍維持通風控制燃燒，理論上燃燒速度會增加多少倍？ (A)1 (B)2 (C)3 (D)4 （107 年一般消防四等）

解　通風口高度增加 3 倍，意謂 H + 3H → 4H

7.（B）有關耐火建築物火災「通風控制燃燒」與「燃料控制燃燒」之特性，下列何者正確？（ρ：空氣密度，g：重力加速度，A：開口部面積，H：開口部高度，A_0：可燃物表面積）（105 年一般消防四等）
(A)火災初期燃料數量龐大而通風極差的地方（如地下室）易生燃料控制燃燒
(B)當 $\rho g^{1/2} A \sqrt{H}/A_0 > 0.290$ 時，係屬燃料控制燃燒
(C)當 $\rho g^{1/2} A \sqrt{H}/A_0 > 0.290$ 時，係屬通風控制燃燒
(D)當 $\rho g^{1/2} A \sqrt{H}/A_0 < 0.235$ 時，係屬燃料控制燃燒

解　開口越大，火勢不會受限於氧（通風），而受限於燃料；一旦開口變小，才會為通風控制燃燒。

9-6 閃燃現象

1960 年英國 Thomas 是全球第一位以「閃燃」（Flashover）爲術語來描述建築物火災成長中快速轉變現象。1968 年美國 Waterman 提出閃燃地面上所需輻射熱通量爲 20 KW/m²，是全球第一位量化閃燃標準。1975 年瑞典二位消防人員死於室內火災急激現象，開始設置貨櫃屋進行一系列火災閃燃實驗。1991 年全球上演「BACKDRAFT」（譯爲「浴火赤子情」）將「爆燃」「閃燃」之用語相混雜。消防人員了解到二者差異與其發生徵兆是相當重要的，二者同是火場上最危險現象且是發生在完全不同之事件。

區劃間火勢成長至一定程度，於天花板下熱煙氣體層（CO 等），在火三要素條件皆滿足下形成全面燃燒，即閃燃現象；其是火災成長期和最盛期間，一種過渡現象（Transition），而不是一個具體事件（Event）。一旦閃燃發生，區劃空間溫度呈現非線性大幅增加。從諸多文獻指出室內火災發展中受到熱煙層之輻射熱回饋，使室內可燃物質熱分解達到自動引燃，整個火災室陷入燃燒；而瑞典實驗指向火災室熱煙層流上方可燃氣體（主要是 CO）引燃，致形成區劃空間全部捲入火勢之閃燃現象。

反應機制

閃燃發生溫度範圍 483℃～649℃。這個範圍是相關於 CO 的起火溫度 609℃，而 CO 是碳氫化物透過熱分解最常見氣體之一。而閃燃反應機制，在瑞典實驗指出於一定火場高溫（649℃）碳氫類就有可能自行反應轉變成 2 種新的氣體，過程如次：

$$C + CO_2 \Rightarrow 2CO$$
$$C + H_2O \Rightarrow CO + H_2$$

上式指出，在高溫熾熱環境下碳（C）所反應的產物是雙倍量的，2 倍 CO 產物是源自於一個 CO_2，以及 CO 與 H_2 產物是源自於 H_2O。這樣地結果出現了大量的 CO 與 H_2 氣體，且二者都是高易燃性，這些是造成閃燃與爆燃氣相燃燒之主要燃料源。因此，室內人員如沒在閃燃前逃出，一旦閃燃發生是不太可能存活下來。即使是有消防衣情況，消防人員在閃燃空間內仍是極端危險的。

而天花板下熱煙層起火是火災室溫度狀態，已呈不安定狀態，這是閃燃前之指標。因熱裂解氣體與室內空氣之理想比例形式，在火場上是不存在的，亦即其無法作完全均勻最佳混合，故燃燒反應時，往往是氣體層邊緣位置先部分起火，並隨著氣流移動而形成火流忽隱忽現之飛舞現象（Dancing Angels）。

於民 84 年台中 Welcome 餐廳火災，起火點位於一樓樓梯旁櫃台，火勢沿著樓梯面地毯斜坡延燒，形成空氣動力學「豪溝效應」（Trench Effect）現象[註1]，產生熱動力循環效應高能量狀態，使樓梯上部二樓空間「閃燃」迅速來臨，致 64 人命喪火窟。

[註1] Trench Effect 依英國 Smith（1990）於地下鐵 King Cross 站大火後，實施一系列研究結果發現當傾斜角面大於 27° 時，將大幅增強輻射與對流熱傳效應。而英國火災研究站（FRS）也發現此種豪溝效應；在近 30° 角之底部往上延燒，火勢熱能被鎖在木製電扶梯之 U 字通道內，致高能量電磁波在溝內產生相互放射吸收（Cross-Radiation）；使燃燒形成二股火羽流，一股順著樓梯坡度，一股則往樓梯直上方發展，二股火流到達樓梯頂端併合後往往帶有 10 m/sec 速度衝出，促使「閃燃」來臨。而英國 Rasbash 對豪溝效應實驗指出，此種對流熱達 150 kw/m²，遠大於輻射熱傳作用。

閃燃定義與公式

NFPA 265 對閃燃定義，當區劃空間竄出火焰、地面報紙自動引燃、天花板下溫度達 600℃、地板熱通量達 20 kW/m² 及熱釋放率達 1 MW 等定性定量指標。

英國 Thomas（1981）指出室內火災發展至閃燃所需熱能量，以起火室之能量平衡，提出閃燃發生所需最低能量值方程式：

$$\dot{Q} = 7.8A_T + 378(A \times \sqrt{h})$$

$\dot{Q}$ 為熱釋放率（Heat release rate, kW）；A 為區劃空間內所有淨開口面積（m²）

A_T 為區劃空間內部所有表面積（不含開口）（m²）；h 為區劃空間內淨開口高度（m）

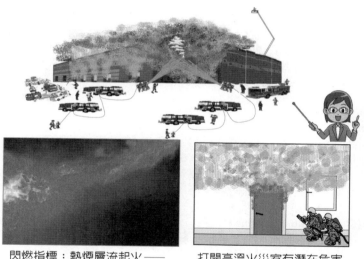

閃燃指標：熱煙層流起火 —— 德國稱為天使之舞

打開高溫火災室有潛在危害 因氧氣進入大量化學反應

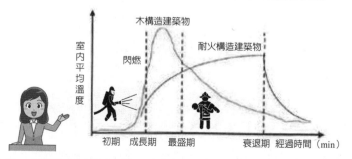

註：日本文獻，木構造（閃燃為最盛期必經過程）室內火災溫度遠大於耐火構造建築物（較不易閃燃也非最盛期必經過程）。

9-7 閃燃影響因素

如同影響火勢成長快慢之三要素熱量與燃料（火源大小等）、氧（通風率）與區劃空間屬性（內部裝潢材料等），來決定閃燃時間快慢及其是否發生。

熱量（火源大小）

室內起火一開始是爐火、油類或縱火，火勢熱釋放率大，閃燃也相對較快。但菸蒂等微小火源起火，火勢成長至閃燃時間會相對較久。

燃料（火源大小）

1. 燃料高度（Fuel Height）：因固體可燃物大多屬於分解燃燒，燃料高度愈高，造成下方火焰使上方未燃物質預先熱分解，火勢得以很快進入氣相燃燒現象，室內燃燒熱大增。
2. 燃料表面積：火勢本身是一項空氣中氧與燃料完美之比例關係，因此燃料與氧接觸面積多，易於氧化燃燒，使火勢成長快。
3. 燃料火載量：閃燃發生需有一定燃料量，火載量愈多，火災持續時間愈久。
4. 燃料火災猛烈度：燃料愈易燃，火災猛烈度也愈強，如燒木製傢俱與泡棉沙發，後者將使閃燃較快發生。

氧（通風率）

1. 開口面積（Area of Vents）：開口通風面積大，使火勢成長熱量易於損失；如果開口面積不足，火勢受到缺氧抑制，閃燃就難以發生。特別是碳氫類液體在開口小情況，在其快速燃燒會耗掉大量氧，開口無法補足燃燒中氧；且火勢成長快，小空間會處在通風控制燃燒環境，開口面積將成為重要影響因子。如開口率小於 1/16 時閃燃不易出現。
2. 開口位置（Location of Vents）：開口位置愈近於天花板面，會造成火災生成熱煙氣排出，室內熱煙層流不易累積，輻射熱回饋少，熱量成長趨緩。

空間屬性

1. 裝潢材料：熱慣性（低）、燃燒性（易燃性）、厚度（薄）、位置（天花板面）。
2. 牆壁屬性（Wall Properties）：Thomas（1979）實驗指出，閃燃發生時間直接與牆壁面熱慣性（kρc）之平方根成正比，當熱慣性愈小，牆壁熱傳（熱損）則愈小，室內蓄熱相對較快，閃燃就愈易發生。今國內鐵皮屋與混凝土房間比較，鐵皮屋比混凝土火災成長快，也較易閃燃，這是混凝土牆壁厚度大，有較大熱容，火勢成長熱多為牆壁之厚度所吸走。
3. 空間容積：火災室空間體積愈大，會使火勢成長一直處於燃料控制燃燒階段，如同室外火災一樣，相對熱量由輻射與對流向周邊熱傳，熱損大且不易熱回饋，使閃燃發生相對慢。
4. 天花板高度（Ceiling Height）：火勢成長中生成浮升火羽流，會上升至天花板，使天花板煙流蓄積較快，天花板熱煙層與地板熱量，較易輻射能相互回饋效應，如國內集合住宅天花板普遍比透天厝低，閃燃較易發生。

影響閃燃因素

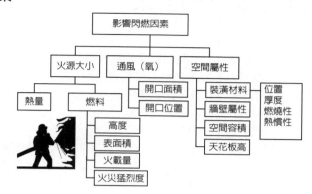

閃燃模擬櫃

（閃燃櫃一般為高低二櫃，人員處在低櫃，因室內溫度與垂直高度呈指數遞減關係）

1. 何謂通風控制燃燒？何謂燃料控制燃燒？何謂閃燃？（25 分）（97-1 年設備師）

解　見 9-5 與 9-6 節所述。

2. 何謂閃燃（Flashover）？（10 分）請說明 NFPA265 之閃燃定義為何（即閃燃之量化定義）？（15 分）（105 年設備士）

解　見 9-6 節文字及圖解所述。

3. 閃燃（Flashover）之反應機制如何？如何預測建築物火災成長過程中，究竟會不會發生該關鍵性燃燒現象。（25 分）（82 年 3 等特考）

解　反應機制如下（說明如 9-6 節文字）

$$C + CO_2 \Rightarrow 2CO$$
$$C + H_2O \Rightarrow CO + H_2$$

預測閃燃如 $\dot{Q} = 7.8A_T + 378(A \times \sqrt{h})$，說明見 9-6 節。

9-8 閃燃與爆燃防範對策

區劃空間火災中缺乏通風，火勢處在一段長時間之悶燒期，生成大量未完全燃燒與熱裂解氣體並累積過量濃度。由於開口打開使氧氣進入，高溫下燃燒生成物（CO等）濃度稀釋進入爆炸範圍內，產生具壓力波之快速燃燒現象，為爆燃現象；其力量獲得來自氣體本身之自行快速膨脹，當氣體隨著溫度膨脹，依查理定律（Charles' Law）將形成空間內巨大壓力，具有爆炸性結構之大量功（Work），而作功程度可從轟出入內之消防人員，到建築物之牆壁倒塌程度。

因此，火災爆燃現象是在幾乎密閉空間下火勢發展，因空間氧氣逐漸被消耗而產生過多熱裂解氣體（Excess Pyrolysis），而原先 CO_2 因高溫而中斷化學鏈，轉變成易燃性 CO 氣體，後因室溫下降冷縮使空間形成一種微型真空狀態（Slight Vacuum），一旦出現開口時，外面大氣將很快逆流（Back Draft）吸入，再次發生與氧氣混合燃燒，以完成 CO 轉換成 CO_2 之還原過程。美國 Babrauskas 博士指出，爆燃發生時會帶有壓力波現象，形成「砰」（Bang）之聲響，而閃燃是一種沒有任何聲響之寧靜殺手。

另一方面，假使火焰已傳播在一個未通風的侷限空間，則爆燃壓力與空間中初始壓力的比率，能以理想氣體方程式來求得，因其適用於易燃氣體與空氣混合物所佔據空間體積（NFPA, 2008）。

$$\frac{P}{P_0} = \frac{T}{T_0} \times \frac{n}{n_0}$$

P, T, n 為爆發後最大壓力、最高溫度和燃燒氣體莫耳數
P_0, T_0, n_0 為爆發前壓力、溫度和混合物氣體莫耳數
在閃燃與爆燃對策方面，能從建築物本身及消防設備設計來進行防範如次：

熱量方面

1. 自動滅火設備：如自動撒水設備、水霧滅火設備或泡沫滅火設備等，大量冷卻火災成長熱量。
2. 室內外消防栓：使用消防栓滅火冷卻。

燃料方面

1. 排煙設備：機械排煙使閃（爆）燃之氣相燃料源（CO 等）移除至室外。
2. 耐燃裝修：內部裝修符合建築技術規則。
3. 不燃化設計：內部物品朝向不燃化或使用防焰材質。
4. 火載量限制：內部可燃物儘量減少。

氧氣方面

1. 氧氣稀釋法：消防設備如二氧化碳滅火設備、IG-541 等海龍替代滅火設備。
2. 關閉開口：關閉空調及開口，限制火災室內氧氣供應，缺氧使火勢發展停滯。
3. 防火區劃：門具有防火時效，而窗戶以鐵絲網玻璃或加厚，確保火災室內開口區劃完整性，並限制外來氧氣供應。

爆燃

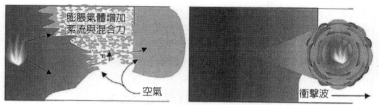

膨脹氣體增加紊流與混合力

空氣

衝擊波 →

侷限空間火災開口打開爆燃形成（Gottuk et al., 1999）

閃（爆）燃防範對策

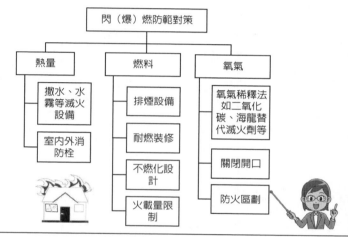

閃（爆）燃防範對策

熱量	燃料	氧氣
撒水、水霧等滅火設備	排煙設備	氧氣稀釋法如二氧化碳、海龍替代滅火劑等
室內外消防栓	耐燃裝修	關閉開口
	不燃化設計	防火區劃
	火載量限制	

1.（D）建築物火災在閃燃發生後之全盛期火災的特性，不包括下列何者？
(A) 開口部噴出火焰向上層延燒　(B) 此時的火災發展取決於開口淨通風面積與數量　(C) 此時期常見溫度一般在攝氏 800～950 度　(D) 出現深層火勢（Deep-seated Fire）與悶燒火災（109 年消防設備士）

解　閃燃發生後全面燃燒，無深層火勢（Deep-seated Fire）與悶燒火災

2. 火災發生後至達到閃燃為止的時間，稱之為閃燃時間。根據日本建設省建築研究所之模型實驗結果，影響閃燃時間的最大因素有三，分別為內部裝潢材料、火源大小及開口率。現針對內部裝潢材料的各種特性，如位置、燃燒性、熱傳導率及厚度，分別說明它們個別對閃燃時間的影響機制。（20 分）另說明開口率又如何影響閃燃時間。（5 分）（108 年消防設備師）

解　許多讀者會誤以為建築物火災，閃燃為必經過程；以臺灣之鋼筋混凝土建築物而言，火勢進入到最盛期階段，有些並沒有發生閃燃。
1.內部裝潢材料（火三要素之燃料）

(1) 材料位置：影響最大依次為天花板面、牆面及地板面，這是因為火煙是往上的。如窗簾或布幕是垂直性，將燃燒快速，導致閃燃時間加快。

(2) 材料易燃性：如易燃合板會比耐燃板，釋放出更多熱釋放率。

(3) 材料厚度：如混凝土牆壁相當厚，有相當大熱容，來吸收火災熱；而鐵皮屋牆壁相當薄，只有相當少熱容，僅能吸收少量火災熱，使鐵皮屋火災成長相對快。

(4) 材料熱傳導性：如可燃物熱傳導低，則易著火延燒。

2. 火源大小（火三要素之熱量）

火源與熱釋放率（HRR）成正比如縱火，起火時間縮短，並加速延燒，熱釋放率多，閃燃時間加快。

3. 開口率（火三要素之氧氣）

燃燒需要氧氣供應，但開口太大會使火災室熱量造成散失。但太小開口率就因會氧氣不足，也無法形成火災閃燃現象。

Note

9-9 閃燃與爆燃差異

目測相異性

1.「閃燃」方面：

    A. 黑煙的發生量，由天花板著火後（指木造建築物）即急遽地增加，煙逐漸充滿室內而中性帶（Neutral Plane）降低，從開口處所噴出的黑煙帶有黃色。

    B. 開口處中性帶下面空氣的吸進逐漸變強，可看出煙流噴出有喘息繼續現象。

    C. 一旦「閃燃」發生時，由開口處流出的煙急速地變成火焰狀態。

2.「爆燃」方面：

    A. 開口部空隙流出黑煙帶黃褐色，以間歇性（Push）煙與火焰混雜噴出。

    B. 在開口縫隙周圍噴出的煙中，可看到附著煤渣粒子與焦油等汙垢。

    C. 開口一旦被打開，流出煙像逆流似被強烈吸入室內，煙流成一種渦卷狀態。

    D. 開口部被打開，於數秒至數十秒後噴出火球之現象。

溫度相異處

1.「閃燃」方面：

    A.「閃燃」發生前幾秒，室內溫度即使在離地面數十公分的位置，其溫度也都超過150℃，由開口流出的煙其溫度也將超過500℃。

    B. 一旦「閃燃」發生時，火災室內溫度在中央部分是800℃，而地面上溫度也可達到500℃之高。

2.「爆燃」方面：

    A. 因高溫燃燒在缺氧環境條件下造成高熱悶燒狀態，有焰燃燒停止，但室內溫度仍相當高並進行可燃物之熱裂解及分解。

    B. 當開口打開時，室內溫度降為400℃多，一旦「爆燃」時，溫度增到800℃。

氣體濃度相異處

1.「閃燃」方面：

    A. 在中性帶上方，從室內起火後徐徐變化，假使天花板為可燃性著火後，如此將使中性帶產生急遽變化。

    B. 閃燃時氧濃度大量消耗降到1%，CO在10～15%，CO_2在20%以上。

2.「爆燃」方面：

    A. 在開口部被打開前，室內氧濃度為2%、CO為15%、CO_2為20%。

    B. 開口部被打開同時，室內氣體濃度產生急遽變化，氧氣濃度超過10%、一氧化碳減少到約5%、二氧化碳則減少到約10%。

    C.「爆燃」發生後，氧氣濃度則急激減少，一氧化碳與二氧化碳則轉為增加。

燃燒範圍相異處

1. 閃燃：火災高溫之熱煙可燃氣體與氧氣混合在燃燒範圍之下限時發生。

2. 爆燃：高溫熱煙可燃氣濃厚，由開口氧進入稀釋至燃燒範圍之上限時發生。

閃燃與爆燃差異

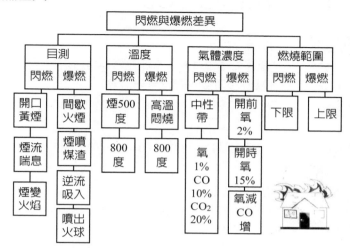

室內火災氣體濃度變化

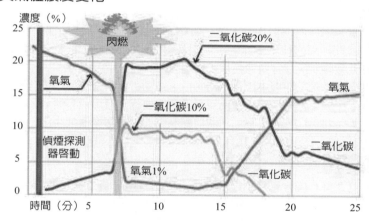

爆燃與閃燃示意圖

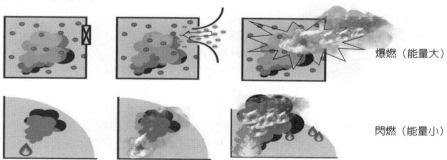

爆燃（能量大）

閃燃（能量小）

9-10 閃燃與爆燃發生徵兆

閃燃發生前徵兆

為了消防人員安全，了解徵兆是重要的，由於並不是每場都會感覺到閃燃警告信號，所以必須訓練消防人員觀看與了解閃燃之警告信號。

一、技術性徵兆

1. 溫度：火災室上層平均溫度 ≧ 600℃。
2. 輻射熱通量：火災室地板面輻射熱通量 ≧ 20 kW/m²，地板上報紙自動引燃。
3. 熱釋放率：火災室熱釋放率達到 1 MW 以上。

二、非技術性徵兆

1. 高熱蹲低：假使在完全著裝情況下，在區劃空間所累積的熱量已迫使你不得不蹲低時，如此已迫近閃燃發生。
2. 滾流燃燒：是否出現滾流燃燒（Rollover），這是火焰沿著天花板下呈現煙層滾流竄燒現象，其出現在閃燃發生前 1～2 分鐘，假使你已看到它，相信它，趕快作速離動作，但不要期待每次火場都能看到它。
3. 火舌將觸煙層：在室內空間上部已蓄積充滿深厚濃煙，而地面火舌已碰觸到這濃煙層並開始醞釀往下蔓延。這是相當明顯的，沒有人能與閃燃發生時間作競賽，如此危險狀況最好快速使用大量噴水。
4. 中性帶急遽降低：開口中性帶急遽降低，從開口處所噴出黑煙帶有黃褐色。
5. 噴出喘息：開口處中性帶下面空氣吸進逐漸變強，噴出煙有喘息脈動現象。
6. 煙變火焰：當有閃燃發生時，由開口處流出的煙急速地變成火焰。

爆燃發生前徵兆

第一線搶救人員有機會目睹到爆燃發生，但不幸地，這也有可能將會是最後一次了，所以必須訓練消防人員觀看與了解爆燃之潛在信號。

消防人員到達現場後，如依開口開放前後之爆燃徵兆如下：

1. 開口處開放前：假使室內已蓄積大量可燃氣體，一旦開口被開放後，即有可能噴出急激火焰。而其開放前徵兆如下：
   A. 從建築物裡噴出褐色或帶有點黃色的濃煙。
   B. 從窗戶、門的間隙裡噴出間歇性的煙並夾雜火焰。
   C. 窗戶發出咯嗒咯嗒的聲音，且非常燙手，無法觸摸。
   D. 在煙噴出的部分可以看到焦油與煤渣微小粒子等汙垢。
2. 開口處開放後：在窗戶與門可看見下列各狀況，火焰即將噴出：
   A. 煙像逆流似地被強烈吸進建築物內，且室內的煙成渦旋狀態。
   B. 間歇性煙流從窗戶噴出，一旦煙流喘息停止，轉為靜靜地流出的狀況。
   C. 室內裡出現了幻影火焰。
   D. 即將發生大量火球噴出現象。

閃燃徵兆

- 中性帶急遽降低噴出喘息
- 溫度600°C輻射熱通量20 kW/m$_2$熱釋放率1 MW
- 滾流燃燒火舌將觸煙層
- 高熱蹲低煙變火焰
- 地板報紙自動引燃

爆燃徵兆

- 噴出黃褐色濃煙
- 間歇性煙流
- 窗戶燙手發出咯嗒咯嗒
- 煙噴出焦油煤渣
- 煙逆流
- 火球噴出
- 煙流喘息靜靜流出
- 幻影火焰

閃燃與爆燃異同

項目		閃燃	爆燃
相異	燃燒型態	火勢有足夠氧氣燃燒型態	火勢沒有足夠氧氣悶燒型態
	壓力型態	火災室形成正壓型態	火災室形成負壓型態
	濃度型態	熱煙層濃度燃燒下限時發生	熱煙層濃度燃燒上限時發生
	觸動型態	火災室上方熱煙層位置觸動起火	空氣入口位置觸動起火
	空間特徵	大量煙與高溫除火災室外，亦形成在隔鄰區劃空間	大量煙與高溫僅形成在火災室
	時間特徵	可能在消防隊到達前就已發生	在消防隊到達後火場作業時發生
	氣相燃料	少，發生威力較小	多，發生威力強大
	發生機制	主要取決於熱量	取決於氧氣
相同		火三要素（氧氣、可燃物與足夠熱量）	

9-11 最盛期與衰退期

最盛期

建築物火災進入最盛期（Fully Developed）有時不會經歷閃燃，如有閃燃將使火災室可燃物質全面參與燃燒。在此期間，燃料能釋放出最高熱量，並產生大量未完全燃燒氣體，而形成通風控制狀態。此時，火災發展將取決於開口淨通風面積與數量。

閃燃發生後形成通風控制燃燒型態，這意味著，火災室產生過量的可燃氣體。由於這個原因，火勢將沿熱煙層流愈出開口部。最盛期火災能持續很長一段時間，這主要取決於區劃空間內燃料量而定，此時期常見溫度一般在 800～950℃ 範圍。建築結構完整性在這階段高溫扮演很重要之作用。

1. 通風因子：在最盛期燃燒速率方面，英國 Drysdale（1985）研究指出，當最盛期木材與木製品火災燃燒速率（$\dot{R}$）是相依於通風因子（$A_w \times \sqrt{H}$），依實驗得到最盛期穩態燃燒速率（$\dot{R}$, kg/min）與淨開口面積（A_w, m²）、淨開口高度（H, m）平方根皆成正比，關係式如次：

$$\dot{R} = 5.5 \sim 6.0 \times A_w \times \sqrt{H}$$

這關係式只適用於最盛期之木材類火災，對其他類型可燃物會有所偏差。

2. 溫度因子：火災最盛期溫度因子與火災室溫度曲線成正相關，此溫度因子與氧氣供應之開口部面積（A_w, m²）、燃燒產物能流出之開口部高度（H, m）成正相關，而與熱傳至區劃空間邊界層之室內天花板、地板及牆壁全表面積（A_{room}, m²）成負相關。

$$溫度因子 = \frac{A_w \times \sqrt{H}}{A_{room}}$$

3. 時間因子：最盛期區劃空間火災溫度，在可燃物和氧氣供應下，能保持一定火災強度。在最盛期穩態燃燒情況，建築物木製燃料之火災持續時間（t, min）與室內火載量（W 即單位面積可燃物量，kg/m²）與地板面積（A_F, m²）成正相關，與燃燒速率（R, kg/min）成反比，關係式如下：

$$t = \frac{W'}{R} = \frac{W}{5.5} \times \frac{A_F}{A_W \sqrt{H}}$$

其中 W' 為室內可燃物量（kg）、$\dfrac{A_F}{A_W \sqrt{H}}$ 稱為時間持續因子。

衰退期

由於區劃空間現有燃料已逐漸消耗掉，火災釋放熱開始下降，進入衰退期（Decay Period）。再次，室內火災型態已轉換為燃料控制燃燒（Fuel Controlled），因火勢燃燒量減少，致區劃空間溫度持續衰退。但是，在區劃空間內仍剩餘大量熾熱深層餘燼，會維持一段高溫相當時間，此時區劃空間之開口不是供氧，而是扮演散熱作用。在這種情況，火勢返回到燃料控制，最後出現深層火勢現象（Deep-seated Fire）以及悶燒火災（Smoldering Fires）；此時，除非有足夠量冷卻水，不然會維持相當長之高溫環境情況，室內一些未燃燒完全物質，仍會高溫裂解出有毒氣體。

火災最盛期階段

燃燒範圍

上下樓層開口防止火焰延燒策略

中性帶與開口大小

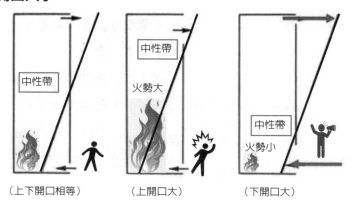

（上下開口相等） （上開口大） （下開口大）

大樓起火層防火門與煙流關係

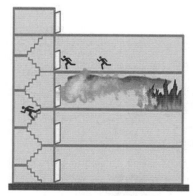
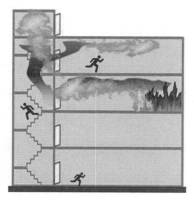

（樓梯間防火門關閉） （樓梯間防火門打開）

---

1. 某兒童玩具製造工廠內，因可燃物甚多，該建築物爲鋼筋混凝土造，若有一個開口面積爲 12 平方公尺、開口高度爲 1.44 公尺居室，當其發生火災而形成通風控制燃燒時，根據 P. H. Thomas 之研究結果，在此情形下其換算爲木材的燃燒速率爲多少公斤／分（kg/min）？ (A) 39.6～43.2 (B) 52.86～57.6 (C) 79.2～86.4 (D) 98.3～151.6

解 (C) $\dot{R} = 5.5 \sim 6.0 \times A_w \times \sqrt{H} = 5.5 \sim 6.0 \times 12 \times \sqrt{1.44} = 79.2 \sim 86.4$

---

2. 若一建築之開口部面積爲 2 m²，開口部之垂直高度爲 1 m，室內之長寬高各爲 3 m×3 m×3 m，請問其溫度因子爲多少？
   (A) 0.037 (B) 0.045 (C) 0.056 (D) 0.068

解 溫度因子 $= \dfrac{2 \times \sqrt{1}}{3 \times 3 + 3 \times 3 + 3 \times 3 \times 4} = \dfrac{2}{54} = 0.037$

3. 建築物內有 500 公斤之木材，建築物有一開口為高 2 公尺且面積為 3 平方公尺，請問通風控制燃燒下火災會持續約多少分鐘？　(A) 2.5　(B) 15　(C) 21　(D) 36

解　(C) $t = \dfrac{W'}{R} = \dfrac{500}{5.5 \times 3 \times \sqrt{2}} = 21.4$

4. 面積為 10 m² 之居室內有木製家具 20 kg 及布料 40 kg，其中木材及布料之燃燒熱分別為 15、30 MJ/ kg，其居室之火載量密度（MJ /m²）為何？　(A) 150　(B) 1500　(C) 22.5　(D) 45

解　(A) 火載量燃燒熱 $= \dfrac{20\,kg \times 15\,\frac{MJ}{kg} + 40\,kg \times 30\,\frac{MJ}{kg}}{10\,m^2} = \dfrac{300\,MJ + 1200\,MJ}{10\,m^2} = 150\,\dfrac{MJ}{m^2}$

5. 所謂火載量（Fire Load）係指單位面積之可燃物量（kg/m²），如有一倉庫長 10 公尺、寬 5 公尺、高 3 公尺，可燃物總重 500 公斤，則其火載量為何？　(A) 50 kg/m²　(B) 25 kg/m²　(C) 10 kg/m²　(D) 5 kg/m²

解　(C) 火載量 $= \dfrac{500\,kg}{10 \times 5\,m^2} = 10\,\dfrac{kg}{m^2}$

6. 耐火建築物火災最盛期之燃燒分類為何？並述計算式與火災外在現象之研判方式？（25 分）（100 年 4 等一般特考）

解　（一）最盛期之燃燒分類
　　　　燃料控制燃燒及通風控制燃燒，在台灣建築物主要為 RC，因此最盛期多為通風控制燃燒型態。
　　　（二）計算式與火災外在現象之研判，見本節所述。

7. 請就有關定義及發生原因，比較閃燃（Flashover）與複燃（Backdraft）之主要差異性。（25 分）（96-1 年設備師）
8. 何謂「閃燃」（Flashover）？何謂「回燃」（Backdraft）？請說明此兩者現象之差異及發生之機制。（25 分）（91 年消防升等考）
9. 建築物火災中，閃燃（Flashover）與複燃（Backdraft）兩類現象，對於民眾及消防搶救人員危害甚大，請就溫度與氣體濃度兩方面，試分析兩者之差異？（98 年消佐班）
10. 新屋保齡球館發生重大火災案件，造成 6 名消防人員殉職，也引起廣泛討論閃燃（Flashover）、爆燃（Backdraft），試從燃燒範圍之觀念，說明何謂閃燃、爆燃？並請說明其有哪些具體徵兆，有助消防人員研判，以便及早因應來避免傷亡？（25 分）（104 年消佐班）
11. 試比較閃燃（Flashover）與複燃（Backdraft）二者之差異？（89 年 3 等特考）
12. 閃燃與複燃影響消防人員之救災安全甚鉅，何謂閃燃與複燃？兩者在目測方面有何差別？以消防設備師之角色，採取何種手段較能防範閃燃與複燃之發生？（25 分）（102 年設備師）

解　見本章所述。

9-12 建築物防火安全設計

火災生命週期對策

　　一場建築結構，在使用安全上，於火災初期儘量不燃化，使其不會發生起火，縱使第一起火物形成也不會延燒至第二可燃物；火災成長期階段，儘量以防焰材質或阻燃性（Fire Retardancy）進行使用設計，使火勢縱有可燃物供應但其成長緩慢化，以增加人員初期滅火及避難逃生之時間；一旦火勢進入最盛期達到火災室全面發展，則建築結構需具有防火時效，以抗火性能之防火構造進行安全設計，以保持建築結構不因高溫而崩塌，而防火區劃也能保有完整性，致人員能進行水平空間避難，及垂直空間逃生行為。

建築物防火

　　從建築的觀點，較著重於建築物防火特性，即被動式防護。建築本身之不燃材料、防火區劃設計、防火時效規定、防火設施及避難設施。從消防的觀點，則著重於消防安全設備設置維護，即主動式防護。在火災一發生能立即偵知，使用自動警報通報建築物人員，考量各層空間人員分布特性，避免人數過多或逃生路徑不明延誤逃生時間，在建築物適當處設置標示設備、避難器具、緊急照明設備及排煙設備等，協助人員判斷逃生路徑，並配合被動式防護措施，以能避難至相對安全區或絕對安全區。

防止延燒擴大

　　基本上，防止火災的延燒擴大有滅火、延遲、限制等 3 種方法。滅火法即使用滅火設備，火災初期進行撲滅壓制如自動撒水頭。延遲法即不燃性及阻燃性，利用內裝不燃化、防焰物品及減少火載量，達到抑制燃燒的手段如防火間隔。至於限制法，即抗火性藉防火區劃來防止火災擴大至另一空間，如防火時效、防火門（窗）。

　　在防火距離，TUKES（2013）研究指出，一般住宅和辦公室可承受 8 kW / m^2 的輻射熱通量強度，但更敏感的建築物，如醫院、學校、酒店等必須設計為 1.5 kW / m^2 的標準值，以確保內部使用人員能安全避難。

防火避難對策

　　防火對策是要防止建築物從點狀起火點擴大到面規模燃燒，以致建築物全面規模燒毀。避難對策係由避難設施及逃生設施二個體系構成，避難設施目的在確保建築物內部人員能安全至另一相對安全區域先行避難，等待消防人員拯救或火勢控制，如防火區劃、安全區劃、排煙室等；逃生設施是在火災發生時，可以確保人員從建築物任何一點到絕對安全地面之間有一逃生通路，藉由良好避難動線設計並保持順暢，如室內安全梯、避難器具等。

建築物火災生命週期防火安全設計

防火距離設計

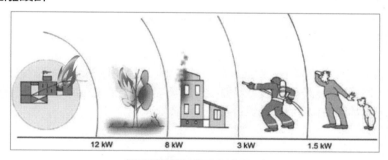

（輻射熱與距離平方成反比）

建築物火災生命週期可能出現氣相燃燒事件

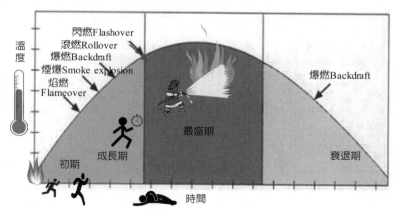

最盛期火災

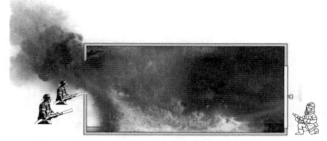

建築物最盛期火災為熱釋放率達到最大值後，理論上應出現穩定燃燒狀態，但實際上仍受到某些因素影響：
- 可燃物之數量和類型
- 物質之密度、形狀和排列
- 淨開口空氣量
- 區劃空間尺寸和幾何形狀
- 區劃空間邊界層（天花板、牆壁及地板）結構屬性

建築物幾何形狀之開口是最主要火災可能蔓延途徑，而火災蔓延主要是往上蔓延，透過熱對流如出入口、窗戶及對內部門、窗戶、空調、走廊、通道、樓梯間、管道間等煙囪效應，及熱輻射蔓延至周遭。而區劃空間牆壁結構屬性方面，則關係到熱傳導部分，如鐵皮屋或混凝土牆壁（熱容量）就有顯著差異性。

在避免開口部噴出火燄向上延燒，可採行策略如：
1. 燃料面
    A. 減少火載量。
    B. 減少火災猛烈度，如油類、發泡性塑膠使用。
    C. 防焰物品。
    D. 不燃化設計及室內耐燃裝修。
2. 氧氣面
    A. 縮小窗口尺寸。
    B. 窗戶雙層玻璃及加強玻璃厚度，相當抗壓及抗溫能力，防止破裂。
3. 熱能面
    A. 縱形窗設計，因橫形窗易使火焰伸出，在外部壁面形成負壓區，使火焰流熱能緊貼外部壁面。
    B. 增加窗戶垂直間隔之側壁高度。
    C. 窗戶上下緣建造突出物，吸收火焰流熱能。
    D. 防火區劃、防火門窗，使火焰熱能受到阻隔。
    E. 撒水設備，能顯著大幅控制火災室之熱能。
    F. 鐵絲網玻璃已在危險物品廠房普遍使用，增加吸熱表面積，減低火焰外伸。

衰退期

建築物火災進入衰退期又恢復到初期之燃料控制燃燒型態

建築物火災各階段三要素變化

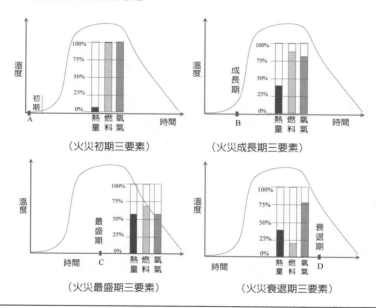

（火災初期三要素）

（火災成長期三要素）

（火災最盛期三要素）

（火災衰退期三要素）

---

1. 請說明建築物室內火災的可能蔓延途徑。（25 分）（99 年設備士）

解 火煙往上及水平蔓延，透過開口（門、窗、樓梯及管道間）發展，餘見本章所述。

---

2. 試說明耐燃建築物火災，為避免窗戶或開口部噴出火燄造成燒破上層窗戶之玻璃，導致擴大延燒，可採行之防止策略有哪些。（25 分）（97-2 年設備士）

解 見 9-11 節圖示。

---

3. 試詳述耐火建築物室內空間發生真實火災時，其燃燒過程中「時間 / 溫度」變化情形及其影響因素？（25 分）（84 年 3 等特考）

解 時間溫度曲線見 9-1 節圖示，受開口大小（氧氣量）、燃料（內襯、火載量、內部裝修）及牆壁屬性（熱慣性、厚度）等，餘見本章所述。

9-13 火災各時期防火對策

在火災過程中對人命造成危害之主要因子，主要爲火災煙及熱氣。由此，於火災成長過程各時期的防火對策如次：

火災初期

可燃物與足夠熱能靠近接觸，氧化熱傳能量流動至起火現象，此時對策如次：

1. 火災預防對策
   A. 防火管理，尤其用火用電管理等。
   B. 不燃化設計及防焰物品之使用。
   C. 限制火載量。
   D. 內裝耐燃化。
   E. 使用煙載量低的傢俱。
2. 火災通報對策：設置偵煙及偵溫火警探測器，通報火災發生並早期及時因應。
3. 初期滅火對策：採取主動式防護，設置手提滅火器及室內消防栓等滅火設備。

火災成長期

火焰成長能在可燃物供應上與時間平方成正比擴大，此時對策如次：

1. 防止延燒對策
   A. 採取主動式防護，如自動撒水設備、消防栓、排煙設備。
   B. 採取被動式防護，如建築物防火設施、耐燃裝修、防火材料、防煙（火）區劃、蓄煙頂（井）。

2. 避難逃生對策
   A. 建築物避難設施，如室內（特別）安全梯、防火門、陽台等
   B. 消防設備如標示設備、避難器具、緊急照明設備及避難動線暢通化。
   C. 使用排煙設備向外排煙。

火災最盛期及衰退期

在燃料與氧氣持續供應下，建築物火災會進入到最盛期，但不一定會經過閃燃現象，如有閃燃出現，室內溫度會成非線性跳躍至 800～900℃時，之後進入通風控制燃燒階段，並形成一種近似穩定燃燒之最盛期狀態。近似穩定燃燒時期過後，火載量衰減，燃料質量損失率愈緩進入衰退期，火勢又再回到燃料控制燃燒階段，但室內高溫仍可保留一段相當長時間。此時對策如下：

   A. 主動式防護：自動撒水設備及排煙設備、室外消防栓。
   B. 被動式防護：建築結構抗火時效、防火區劃。
   C. 消防搶救上必要設備。
   D. 位置：防火距離與防火空地。
   E. 限制火載量與火災猛烈度物品使用。

建築物火災不同時期防火目標與火災控制對策

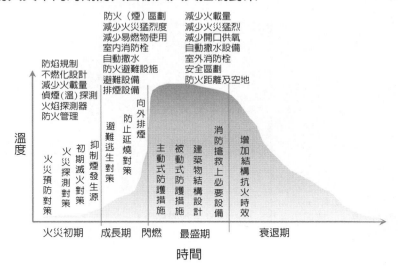

火災有延燒之虞

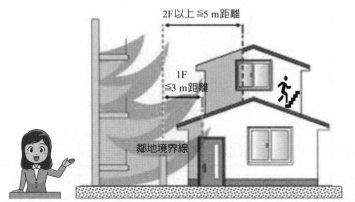

（日本根據建築標準法，於上圖距離內為火災延燒部分需安裝防火設備，如窗戶為鐵絲網玻璃）

地下層火災濃煙

木造火災輻射熱

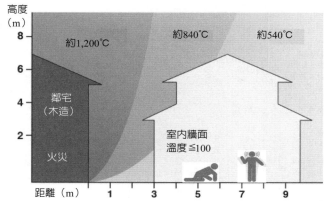

（國內建築法規，一樓前後戶應從彼此境界線各退縮 1.5 m，3 m 作為防火巷，以避免輻射熱相互延燒）

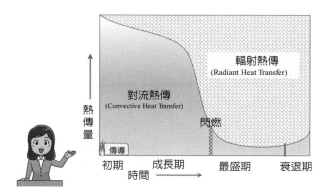

一場建築物火災熱傳演變經過

1. 試分析建築物內區劃空間中火勢從起火（Ignition）、擴大（Development）至延燒（Spread）的過程中，其主要熱傳遞的演變經過。（90 年 3 等特考）
2. 一般建築物火災成長過程，依室內溫度的變化及火災現象之不同，可細分為哪幾個時期？另外在火災過程中對人命造成危害之主要因子有哪些？由此火災成長過程及其主要危害人命因子來看，概述火災成長過程各時期的防火對策。（25 分）（97-2 年設備師）
3. 請簡述一般建築物室內火災歷程，並描述歷程中各時期之防火目標、火場行為、人類行為、感測（知）、主動式火災控制方法及被動式火災控制方法。（25 分）（97-2 年設備師）
4. 建築物火災可分初期、成長期、最盛期及衰退期等四個階段，在消防安全之對策各如何？請詳述之。（25 分）（107 年消防設備師）

解 見本章所述。

5.（B）假設有一居室空間長 6 公尺、寬 5 公尺、高 3 公尺，該居室若有一開口
尺寸寬 1 公尺、高 1.96 公尺，依據學者 Thomas 的研究，則該居室發生閃燃所
需之熱釋放率約爲多少？（107 年一般消防四等）（已知：$\sqrt{1.96} = 1.4$，$\sqrt{3} = 1.732$）

(A)1.0MW　(B)2.0MW　(C)3.0MW　(D)4.0MW

解 $Q = 7.8A_T + 378(A \times \sqrt{H}) = 7.8 \times ((6\times5 + 5\times3 + 3\times6)\times2 - (1\times1.96)) + 378(1\times1.96\times\sqrt{1.96}) = 2004.7\text{kW}$

6.（C）某兒童玩具製造工廠內，因可燃物甚多，該建築物爲鋼筋混凝土造，若有
一個開口面積爲 12 平方公尺、開口高度爲 1.44 公尺居室，當其發生火災而形
成通風控制燃燒時，根據 P. H. Thomas 之研究結果，在此情形下其換算爲木材
的燃燒速率爲多少公斤／分（Kg/min）？（104 年消防設備士）

(A)39.6～43.2　(B)52.86～57.6　(C)79.2～86.4　(D)98.3～151.6

解 $\dot{R} = 5.5\sim6 \times A_W \times H^{1/2} = 5.5\sim6 \times 12 \times 1.44^{1/2} = 79.2\sim86.4\left(\dfrac{\text{kg}}{\text{min}}\right)$

7.（C）某倉庫建築物因可燃物甚多，已知其爲通風控制燃燒，若該建築物有一個
窗戶寬 3.0 公尺、高 2.5 公尺，一道門寬 4.0 公尺、高 4.0 公尺，在此情形下其
燃燒速率爲多少公斤／分？（104 年警大消佐班）

(A)198　(B)221　(C)243　(D)265

解 面積 × 高 = 體積，所以高 = $\dfrac{體積}{面積}$

二個開口體積 = $3\times2.5\times2.5 + 4\times4\times4 = 82.75$，二個開口面積 = $3\times2.5 + 4\times4 = 23.5$，所以開口高度 = $\dfrac{82.75}{23.5} = 82.75$

$\dot{R} = 5.5 \times A_W \times H^{1/2} = 5.5 \times (23.5) \times (3.52)^{\frac{1}{2}} = 242.9\left(\dfrac{\text{kg}}{\text{min}}\right)$

8.（C）若有一儲存倉庫，其室內並無隔間，且僅有一開口，已知開口部之面積爲
8m^2，開口部之垂直高度爲 1.96m，室內之長寬高各爲 14m×8m×4m，試問其
「溫度因子」爲多少？（94 年警大二技）

(A)0.0192　(B)0.025　(C)0.028　(D)0.056

解 溫度因子 = $\dfrac{8\times\sqrt{1.96}}{((14\times8)+(8\times4)+(14\times4))\times2} = 0.028$

通風口高度增加 3 倍，意謂 H+3H → 4H

9. （D）設有一儲存倉庫使用混凝土及磚塊所築成，該倉庫長 10m、寬 7m、高 3.5m。可燃物（以木材為主）總重 2100kg，總表面積為 300m²，倉庫內有一開口寬 1.8m、高 2m，下列何者正確？（已知重力加速度 g = 9.8m/s²，空氣密度 σ = 1.2kg/m³，通風控制燃燒係數 k = 5.5，燃料控制燃燒係數 k = 0.36，$\sqrt{9.8}$ = 3.13，$\sqrt{2}$ = 1.41，$\sqrt{3}$ = 1.732）（96 年警大二技）
(A) 火災持續時間為 85min
(B) 此倉庫之火載量為 583.3kg/m²
(C) 燃燒速率為 14kg/min
(D) 該倉庫發生火災比較容易形成通風控制燃燒

解

（一）成為何種燃燒型態

$$\frac{\rho \times g^{1/2} \times A_W \times H^{1/2}}{A_f} = \frac{(1.2 \times 9.8^{1/2} \times (2 \times 1.8) \times 2^{1/2})}{300}$$

$$= 0.064 < 0.235，為通風控制燃燒。$$

（二）火載量 $W = \frac{2100kg}{(10 \times 7)m^2} = 30\ (kg/m^2)$

（三）燃燒速率 $\dot{R} = 5.5 \times A_W \times H^{1/2} = 5.5 \times (2 \times 1.8) \times 2^{1/2} = 28\left(\frac{kg}{min}\right)$

（四）火災持續時間 $t = \frac{Wt}{\dot{R}} = \frac{2100}{28} = 75\ (min)$

第10章
區劃空間火災煙流

（建築物火災搶救）

10-1 火災煙能見度

火災煙定義

　　煙為一種固、液與氣態混合物，NFPA 定義煙（Fire Smoke）為物質燃燒後形成之固體懸浮物（灰燼碳粒）、液體微粒子（未燃燒完全焦油液滴）及混合氣體（水蒸氣、二氧化碳、其他有毒氣體）。煙對人的傷害主要在於煙的毒性、溫度與遮蔽性。濃煙粒徑一般為幾微米（μm），是可見光波長之 2 倍多，對可見光具完全遮蔽作用。

　　燃料分子結構通常主要由 C、H 和 O 組成，即 CxHyOz；燃料中也可能含 N 或 Cl，如聚氨酯或聚氯乙烯。含 N 或 Cl 燃料在火場中趨於不完全燃燒反應，生成 HCN 和 HCl。火災初期階段因燃燒物質會有不同生成物，大部分如 CO、CO_2、SO_2、H_2O 等。可燃物質皆含 C（碳），在木製傢俱燃燒時大量 C 與 O_2 結合生成 CO_2，以及少許 CO，其中 O_2 在燃燒氧化反應中已消失，使一些自由 C 陸續釋放在煙粒子內，這就是煙顏色為何形成黑色之原因，並隨著煙量生成愈來愈濃，並附著在內部壁面等，如窗戶玻璃遭到煙量汙染，即可表示室內燃燒已是氧氣不足之狀態。塑膠材質在燃燒時假使氧不足時，大量生成黑煙，此種粒子與白煙之形狀、大小顯著不同。

　　煙流動主要來自於不同位置壓力差，根據柏努力定律，有壓力差就會造成空氣流動。火災時壓力差將隨著火災溫度而倍增。燃燒煙生成有 2 種路徑，其一為熱分解在氣相中未燃燒前生成物被冷卻凝集；另一路徑為熱分解物在火焰中生成遊離碳。屬於前者之煙沸點高，由分子量大液體粒子所形成，後者以煤煙為主之固體微粒子。

火場能見度

　　由於煙氣中含有固體與液體顆粒，對光有散射與吸收作用，使得只有一部分光能通過煙氣，造成能見度降低，這是煙之減光性。英國學者 Drysdale（1999）指出視覺或光密度（D, Optical Density），是相關於能見度，其關係式如次：

$$D = -10\log_{10}\left(\frac{I}{I_0}\right) = \log\left(\frac{I_0}{I}\right)^{10} \text{ [dB]}$$

$$D = \log\left(\frac{I_0}{I}\right) \text{ [Bel]}$$

$$\frac{I}{I_0} = 10^{-D} = e^{-KL}$$

　　D = 光密度（沒有單位，是一個對數值，是入射光強度與透射光強度比值之對數值）（1 Bel = 10 dB 相當人類耳語之音量）；I_0 = 無煙時光強度；I = 有煙時光強度在單位長度光密度 D_L（m^{-1}）關係如次：

$$D_L = \frac{D}{L} = \frac{K}{2.3}$$

L = 煙層厚度（m）；K = 消光係數（Absorption Coefficient, 1/m）
有煙時遮光率 P_0 或 S（Percentage Obscuration 或 Light Obscuration, %）如次：

$$S = \frac{I_0 - I}{I_0} \times 100$$

依此關係，則遮光率 S（%）與光密度（D）之關係式

$$D = 2 - \log(100-S) \text{ [Bel]}$$

火災煙

（火災煙為一種固、液與氣態混合物）　　　　（塑膠工廠火災大量黑煙）

黑煙與白煙

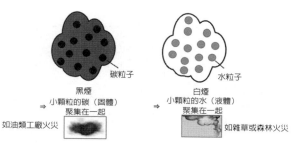

碳粒子

黑煙
⇒ 小顆粒的碳（固體）
聚集在一起

如油類工廠火災

水粒子

白煙
⇒ 小顆粒的水（液體）
聚集在一起

如雜草或森林火災

黑煙與白煙異同

項目	黑煙	白煙
相異點	不完全燃燒	完全燃燒
	不定形碳粒子	主要為水蒸氣
	固體	液體
	建築物火災成長期	建築物火災初期
	高碳氫化合物燃燒	輕質燃料或含水分多燃料燃燒
	多數球形粒子凝集成為一團	2 個以上粒子碰撞成一個粒子而沉降
	具毒性（大量 CO）	毒性無或少
相同點	火災生成物煙粒小	

建築物火羽流

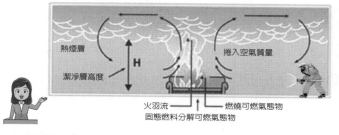

熱煙層

潔淨層高度

H

捲入空氣質量

火羽流
固態燃料分解可燃氣態物

燃燒可燃氣態物

安全避難時間是指熱煙層未降至地面高度1.8 m處（圖中H）

10-2 火災煙消光係數

消光係數

有煙時光強度在大氣中為一線性關係，依 Lambert-Beer 定律，煙濃度公式，距樓地板高度 1.8 公尺處，煙濃度以消光係數（K），L 為煙層厚度（m）表示如次（Drysdale, 1999）：

$$I = I_0 e^{(-KL)}$$

$$\frac{I}{I_0} = 10^{-D_L L}$$

其中消光係數關係式如次：

$$K = \frac{1}{L} \log \frac{I_0}{I} = \frac{2.3}{L} \log \frac{I_0}{I}$$

由上列所定煙濃度與煙中能見度之距離，成立下列關係式：

$$K \times S = 能見度係數$$

K = 消光係數
S = 能見度距離（m）

火場煙生成率

在火災煙流量方面，火羽流高度是從火焰頂端到煙層下界面的高度，當煙層厚度大於火焰實體（Flame Solid Body）高度的 2 倍時，即可合理使用下面 Thomas 公式，來進行估算煙流量。此公式顯示煙流生成率僅與火源上方火羽流的高度有關。而吸入火焰中空氣質量，是成比例於火羽流表面積；因此，發煙生成率表示如次：

$$\dot{M} = 0.096 \, Pq_0 y^{\frac{3}{2}} \left(g \frac{T_0}{T} \right)^{\frac{1}{2}}$$

M = 空氣捲入火羽流質量流率，也是一種煙生成率（kg/s）
P = 火焰周長（m）；q_0 = 環境空氣初始密度（kg/m^3）
y = 從地板面至煙氣層下界面之距離，也就是沒有煙層垂直高度（m）
g = 重力加速度（m/s^2）；T_0 = 大氣之絕對溫度（K）；T = 火羽流之絕對溫度（K）
假使上述條件，依照一般火場條件設定如次：

$$q_0 = 1.22(kg/m^3)；T_0 = 290 \, K；T = 1100 \, K；g = 9.81 \, m/s^2$$

代入上述值，發煙率計算式為

$$\dot{M} = 0.188 \, Py^{\frac{3}{2}}$$

能見度係數（Klote & James, 2002）

室內光源	能見度係數
發光性（Illuminated Signs）	8
反光性（Reflecting Signs）	3

遮光率（%）與光密度（dB）之關係式 $\left[D = \log\left(\dfrac{I_0}{I}\right)^{10}\right]$（Drysdale, 1999）

遮光率（%）	光密度（D, dB）[註1]
10	0.46
50	3
90	10
95	13
99	20

質量光密度

 Gross *et al.*（1967）進行火災煙實驗指出，無量綱光密度（Specific Optical Density, Ds）、單位長度光密度 D_L（m^{-1}）、燃料表面積（A）與火災室體積（V）關係如次：

$$D_s = \frac{D_L \times V}{A}$$

後來，George（1988）又指出，質量光密度（Mass Optical Density, D_m，m^2/g）、單位長度光密度 D_L（m^{-1}）、燃料質量損失（ΔM, g）與火災室體積（V, m^3）關係，如次：

$$D_m = \frac{D_L \times V}{\Delta M}$$

煙下降速度

$$t = \frac{20A}{P \times \sqrt{g}}\left[\frac{1}{\sqrt{y}} - \frac{1}{\sqrt{h}}\right]$$

t = 煙層下降至 y 高度所需時間（sec）；A = 樓地板面積（m^2）；g = 9.8 m/sec^2

y = 煙層下降至地面之高度（m）；P = 火災周界範圍（m）；h = 天花板高度（m）

[註1]　D_{10log} [dB] Optical density（10×10-based logarithm）, D_{log} [Bel] Optical density (10-based logarithm), $D_{L,\,10log}$ [dB/m] Optical density pr. meter (10×10-based logarithm)

例 1. 在火場中爲何有些濃煙呈黑色，而有些濃煙呈白色？請說明其間之差異何在。

解 見 10-1 節圖示所述。

例 2. 煙層厚度 2 m，光束 60% 強度穿透，請問遮光率、光密度、單位長度光密度及消光係數，以及火場中避難方向指示燈之能見度爲何？

解 遮光率 $S = \dfrac{100\% - 60\%}{100\%} \times 100\% = 40\%$

光密度 $D = \log\left(\dfrac{100\%}{60\%}\right)^{10} = 2.2$（dB）

單位長度光學密度 $D_L = \dfrac{2.2}{2} = 1.1\left(\dfrac{1}{m}\right)$

消光係數 $= 2.3 \times 1.1 = 2.53(1/m)$

$K \times S = 8$　$S = 8/2.53 = 3.16$ m

例 3. 厚度 5 m 的煙層，測得有 40% 的光穿過，則其單位長度光密度約多少 ($\log 2 = 0.3010$，$\log 3 = 0.4771$)？　(A) 0.0796 m^{-1}　(B) 0.111 m^{-1}　(C) 0.2 m^{-1}　(D) 0.265 m^{-1}

解 光密度 $= \log\left(\dfrac{100\%}{40\%}\right) = 0.398$ (dB)

單位長度光學密度 $= \dfrac{0.398}{5} = 0.0796\left(\dfrac{1}{m}\right)$

例 4. 光學密度（optical density, D）定義爲：$D = \log_{10}\left(\dfrac{I_0}{I}\right)$，其中 I_0、I 分別爲原入射光強度（intensity）及距離 x 時之受光強度，若入射光被遮蔽（obscured）75% 時，則 D 值爲何？（已知）　(A) 0.602　(B) 0.903　(C) 1.204　(D) 1.431

解 遮光率 $S = \dfrac{100\% - 75\%}{100\%} \times 100 = 25\%$

光密度 $D = \log_{10}\left(\dfrac{100\%}{25\%}\right) = 0.602$ (dB)

例 1. 火災室溫度已達 827℃，室外溫度 17℃，求火焰周長、從地板面至煙氣層下界面距離之間關係？

解 $\dot{M} = 0.096 \times P \times 1.22 \times y^{\frac{3}{2}} \times \sqrt{9.8 \times \dfrac{290}{1100}} = 0.096 \times 1.22 \times 1.61 \times P \times y^{\frac{3}{2}}$

$$\dot{M} = 0.188 \ Py^{\frac{3}{2}} \ (kg/s)$$

例 2.　火災室內高度 3 m，火災規模 1 m，求發煙量？

解　$\dot{M} = 0.188 \times (1 \times 4) \times 3^{\frac{3}{2}}$

　　　　$= 3.91 \ (kg/s)$

例 3.　已知某棟建築物室內空間形狀為長 8 m、寬 5 m、高 3 m，今有一起小規模火災（1.5 m×1.5 m）發生在室內某處，請試預估當濃煙煙層（Smoke Layer）下降到離地板高度 1.5 m 處需多少時間？

解　$t = \dfrac{20 \times 40}{1.5 \times 4 \times \sqrt{9.8}} \left[\dfrac{1}{\sqrt{1.5}} - \dfrac{1}{\sqrt{3}} \right] = 10 \ sec$

例 4.　室內邊長 25 m，高 3 m，火勢邊長 3 m，發煙量為 5 kg/sec，此煙量下降至離地板之高度為多少及所需之時間？

解　$M(kg/s) = 0.188 \times P \times y^{\frac{3}{2}}$

　　　　$5 = 0.188 \times (3 \times 4) \times y^{\frac{3}{2}}$，$y = 1.7 \ m$

　　　　$t = \dfrac{20 \times (25 \times 25)}{3 \times 4 \times \sqrt{9.8}} \left[\dfrac{1}{\sqrt{1.7}} - \dfrac{1}{\sqrt{3}} \right] = 6.25 \ sec$

例 5.　室內長 10 m、寬 8 m 及高 3 m，一聚乙烯（PVC）燃燒 200 g，產生質量光密度 0.34 m²/g，其單位長度光密度 D_L、消光係數（K）及火場中避難指標能見度為何？假使可燃物改為一杉木製俱燃燒 200 g，產生質量光密度 0.28 m²/g，其單位長度光密度 D_L、消光係數（K）及火場中避難指標能見度為何？

解　$0.34 = \dfrac{D_L \times 240 \ m^3}{200 \ g}$　　$D_L = 0.28$

　　　　$K = 2.3 \times D_L = 0.652 \ (m^{-1})$

　　　　$K \times S = 3$　　$S = 4.6(m)$（假設不考慮煙對眼睛之刺激性）

　　　　$0.28 = \dfrac{D_L \times 240 \ m^3}{200 \ g}$　　$D_L = 0.233 \ (m^{-1})$

　　　　$K = 2.3 \times D_L = 0.537 \ (m^{-1})$

　　　　$K \times S = 3$　　$S = 5.59 \ (m)$（假設不考慮煙對眼睛之刺激性）

例 6. 在一個長 10 m、寬 8 m、高 3 m 之房間內，燃燒 400 g 的聚酯泡綿床墊，假設其 Dm = 0.22 m²/g，試計算此時火場中發光避難指示燈之能見度爲多少？

解　$0.22 = \dfrac{D_L \times 240 \text{ m}^3}{400 \text{ g}}$　$D_L = 0.37 (m^{-1})$

$K = 2.3 \times D_L = 0.84 \ (m^{-1})$

$K \times S = 8$　$S = 9.49 \ (m)$（假設不考慮煙對眼睛之刺激性）

例 7. 室內空間長 8 m、寬 5 m、高 3 m，火勢邊長 1.5 m，此煙量下降至離地板之高度 1.5 m 處需 10 秒。若室內空間增建至長 10 m、寬 8 m，其他不變，則煙量下降至離地板之高度 1.5 m 處需時多少？

解　依相似定律 $\dfrac{t_1}{t_2} = \dfrac{A_1}{A_2}$

$\dfrac{10}{t_2} = \dfrac{8 \times 5}{10 \times 8}$　　　$t_2 = 20 \text{ sec}$

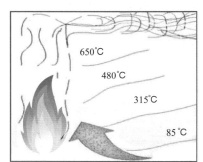

例 8. 解出 $D = \log\left(\dfrac{I_0}{I}\right)$、$I = I_0 e^{(-KL)}$、$D = \dfrac{KL}{2.3}$ 關係？

解　$I = I_0 e^{(-KL)}$

$\left(\dfrac{I}{I_0}\right) = e^{(-KL)}$

$\left(\dfrac{I_0}{I}\right) = e^{(KL)}$

$\ln\left(\dfrac{I_0}{I}\right) = KL$

$\ln\left(\dfrac{I_0}{I}\right) = \dfrac{\log\left(\dfrac{I_0}{I}\right)}{\log(e)} = KL$

$\ln\left(\dfrac{I_0}{I}\right) = \dfrac{1}{\log(e)} \log\left(\dfrac{I_0}{I}\right) = KL$ （因 $\log(e) = 0.4343$）

$$\frac{1}{0.4343} \log\left(\frac{I_0}{I}\right) = KL$$

$$2.3 \log\left(\frac{I_0}{I}\right) = KL$$

$$\log\left(\frac{I_0}{I}\right) = \frac{KL}{2.3} \quad \left(因 \log\left(\frac{I_0}{I}\right) = D\right)$$

$$所以 D = \frac{KL}{2.3}$$

例 9.　解出 $S = \frac{I_0 - I}{I_0} \times 100$、$D = \log\left(\frac{I_0}{I}\right)$、$D = 2 - \log(100 - S)$ 彼此關係？

解　$S = \frac{I_0 - I}{I_0} \times 100$

$$\frac{S}{100} = \frac{I_0 - I}{I_0} = 1 - \left(\frac{I}{I_0}\right)$$

二邊各減 1

$$\frac{S}{100} - 1 = -\left(\frac{I}{I_0}\right)$$

二邊各乘 -1

$$\frac{I}{I_0} = 1 - \frac{S}{100} = \frac{100 - S}{100}$$

$$\frac{I_0}{I} = \frac{100}{100 - S}$$

二邊各取 $\log$

$$\log\frac{I_0}{I} = \log\frac{100}{100 - S} = \log 100 - \log(100 - S) \quad (因 \log 100 = \log_{10} 10^2 = 2)$$

$$所以 D = \log\frac{I_0}{I} = 2 - \log(100 - S)$$

10-3 火災生成物毒性

一氧化碳

CO（Carbon Monoxide）是燃燒生成物中，僅次於二氧化碳和水之生成物，CO 是火災人命死亡主因，產生內因性窒息死亡。以酚樹脂爲例，一氧化碳在 $300°C$ 時產生 3.5%，在 $800°C$ 時增至 16.2%，$1200°C$ 時達到 24.6%；且 CO 燃燒範圍是寬廣的，火災室發生氣相熱煙層起火事件，如滾燃、閃燃及爆燃現象，從大部分文獻顯示，是歸究於一氧化碳（CO），因其燃點（$609°C$）也接近閃（爆）燃發生溫度。CO 對建築物人命安全關鍵值爲 1,500 ppm，這相當於室內空氣中 0.15% 體積。當火災室相當木材製品，可達到 10～15% 濃度體積。

二氧化碳

人類吸入二氧化碳會增加呼吸速率和深度，從而導致過度換氣（Hyperventilation）。這種增高呼吸率也會增加其他氣體吸入量，而引起頭暈、昏厥和頭痛。所有這些影響會阻礙人員火場避難能力。火場中含大量 CO_2 與 CO，前者是阻燃，後者是易燃，當閃燃發生燃料中含一定量 CO_2 阻礙，使閃燃這種氣相燃燒速度並沒有想像中那麼快。

氰化氫

氰化氫（Hydrogen Cyanide, HCN）是火災中最毒之氣體；從含氮物質燃燒如羊毛、絲織（Silk）、尼龍（Nylon）和聚氨酯（Polyurethane）時，易產生氰化氫，毒性約爲一氧化碳的 20 倍。

二氧化氮和其他氮氧化物

二氧化氮（Nitrogen Dioxide, NO_2）和其他氮氧化物，從紡織類燃燒能產生，但黏膠纖維類（Viscose）則能大量產生氮氧化物。二氧化氮是一無味氣體，顏色是褐色的，會嚴重刺激人類肺部，並導致即刻死亡。火災室氰化氫和二氧化氮會形成在同一時間。

氨

一些可燃物，如羊毛、絲、尼龍等燃燒時，會產生氨（Ammonia, NH_3）。一般建築火災中氨濃度是低的，具有典型刺激不適氣味，不會導致人命死亡之程度。

氯化氫

氯化氫（Hydrogen Chloride, HCL）是一種無色氣體，從某些絕緣物質，如電纜PVC，以及阻燃劑和氯代丙烯酸類（Chlorinated Acrylics），在其高溫熱裂解過程中所釋放出之氣體。氯化氫是強腐蝕性的，如果火災室已積累區域，內部人員仍未逃出，持續吸入情況可導致人命死亡。

燃燒不完全烴類

當燃燒碳氫類時，會形成烴化合產物，其含 C 和 H 之不同組合，此也有形成純碳化合物（C）稱作煤灰（Soot），同時也形成未燃燒的烴類產物。其中，煤灰是由碳顆粒組成，有時合併一些氫類氣體，其在煙氣流中產生黑色條紋（Black Streak）。煤煙是在火災室有通風狀態易以形成，其是非常困難從碳粒子中予以分離（Extract Energy），假使火災現場壁紙或產生煤灰是表示火場溫度是非常高的。

火場中人體可忍受環境準則

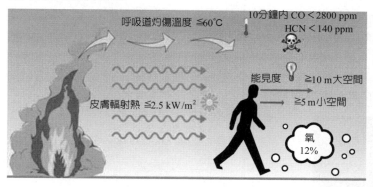

（NFPA 130 *et al.*, 2004.）

1. （C）下列那一種氣體不屬於化學窒息性毒氣？
   (A)HCN　(B)CO　(C)CO_2　(D)H_2S

2. （D）下列何種有毒氣體會妨礙細胞中氧化酵素的活性，造成細胞呼吸的停止？
   (A)CO　(B)HCl　(C)CO_2　(D)HCN

3. （D）關於火災中生成的 CO 與 CO_2 對人體的危害情形，下列敘述何者錯誤？
   (A)CO_2 本身沒有毒性，但過量吸入時，會引起呼吸困難
   (B)CO 是火災中最常發生的毒氣，且為血液毒
   (C)CO 常會阻礙紅血球的輸氧功能
   (D) 當空間中的 CO_2 濃度達到 1% 時，在短時間內就會造成人體窒息死亡

4. （B）下列何種煙流中所含有毒氣體會妨礙細胞中氧化酵素的活性，造成細胞呼吸停止？　(A)CO　(B)HCN　(C)HCl　(D)CO_2

5. （B）火場中，下列何種燃燒物毒性最大？
   (A)CO　(B)HCN　(C)HCHO　(D)HCL

6. （ABDE）煙中的有毒氣體對人體之影響，何者正確？
   (A)HCN 有強烈毒性，會妨礙細胞中氧化酵素之活性
   (B)HCl 急性中毒者常呈現氣管、支氣管壞死
   (C)NO_2 會阻礙紅血球輸氧之功能
   (D)HCHO 具有刺激黏膜及麻醉中樞神經系統之作用
   (E)CO_2 會造成吸氣中氧之分壓降低，誘導缺氧症

7. （BC）關於火災中生成的 CO 與 CO_2 對人體的危害情形，下列何者正確？
   (A)CO_2 具毒性，過量吸入時，會引起呼吸困難
   (B)CO 常會阻礙紅血球的輸氧功能
   (C)CO 是火災中最常發生的毒氣，且為血液毒
   (D)當空間中的 CO_2 濃度達到 1% 時，在短時間內就會窒息死亡
   (E) 當空間中的 CO 濃度達到 0.2% 時，在 1 分鐘內就會死亡

8.（E）有關煙成分的描述，何者爲是？
　　(A)CO 濃度 0.01% 時，1 分鐘內致死　　(B)CO_2 濃度 1% 時，1 小時內致死
　　(C)CO 濃度 0.1% 時，1 分鐘內致死　　(D)CO_2 濃度 3% 時，半小時內致死
　　(E)CO 濃度 1% 時，1 分鐘內致死

完全與不完全燃燒生成物

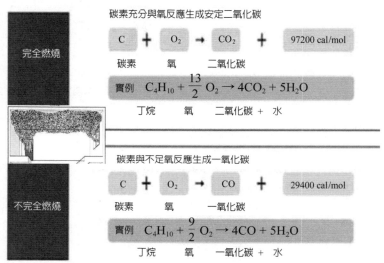

碳素充分與氧反應生成安定二氧化碳

$$C + O_2 \rightarrow CO_2 + 97200 \text{ cal/mol}$$

碳素　　　氧　　　二氧化碳

實例　$C_4H_{10} + \dfrac{13}{2} O_2 \rightarrow 4CO_2 + 5H_2O$

丁烷　　　氧　　二氧化碳 + 水

碳素與不足氧反應生成一氧化碳

$$C + O_2 \rightarrow CO + 29400 \text{ cal/mol}$$

碳素　　　氧　　　一氧化碳

實例　$C_4H_{10} + \dfrac{9}{2} O_2 \rightarrow 4CO + 5H_2O$

丁烷　　　氧　　一氧化碳 + 水

（本例完全比不完全燃燒，多 3.3 倍熱量；而不完全燃燒，煙量多會產生吸熱效果，火場溫度較不高）

燃燒生成物

一根蠟燭燃燒現象，圖左尚能自由燃燒之蠟燭火焰，氧氣能從下方大量捲入，以保持氧化持續反應情況；圖右則生成 CO_2 難以逸出，逐漸取代氧氣空間，火焰被本身生成 CO_2 所熄滅之現象。所以，小空間火勢易受其本身燃燒產物（CO_2 等）影響，以致形成悶燒或自行萎縮。因此，夜間睡覺離開客廳窗戶應關起來，也可防止閃燃發生。

一氧化碳濃度與人員行動能力（Christensen et al., 2004）

CO 濃度（ppm）	時間到人員失去行動能力（min）
2000	7.7
2400	6.4
3600	4.2
4200	3.6
5000	2.9
10000	死亡

消防人員火場中可忍受極限

火場中 CO

火災濃煙中CO是人命死亡主因（改繪自勞動厚生省，平成31年）

二種中性層

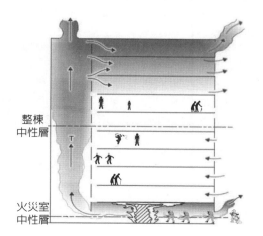

10-4 區劃空間煙層流動（一）

　　當建築物室內發生火災時，若任由火繼續燃燒則將產生更多的可燃氣體，居室內的氣壓將會變得更多。這裡「室內」代表火災時不像室外一樣，其空氣基本供給率、燃燒產物排出率等，將會受到空間邊界限制。建築物火煙氣體之流動，總會從壓力高向壓力低空間；此種壓力高低差異量，決定著流量大小及流動之速度；壓力差異可引起火災氣體和火煙傳播至很長的距離。

煙囪效應

　　當建築物內部溫度較高時，於樓梯或管道間等垂直通道內，空氣因密度較建築物外界空氣低而具有浮力，使其向上浮升，經由開口流出；而外界空氣由下方開口流入，如此稱為正煙囪效應（Normal Stack Effect）。在建築物設有空調系統，溫度如較外界低，則建築物垂直通道中存在向下流動之氣流，此現象稱之為逆煙囪效應（Reverse Stack Effect），這因素取決於建築物內部空氣與室外空氣的溫度差高低。基本上，依國內學者黃伯全氏指出，在一幢受正煙囪效應影響的建築物，如果大樓火災發生在中性面以下層，則火場煙氣將大部分竄入各豎井，由於煙氣溫度高強化了浮力作用，當煙氣超過中性面後，將竄出豎井並進入各走廊與室內。如果火災發生在中性面以上層，則煙氣將隨著建築物內部空氣流從建築物外開口流出。若樓層之間的煙氣蔓延可以忽略，則除著火樓層以外的其他樓層均保持相對無煙，直到火場的煙生成量超過煙囪效應流動所能排放的煙量。逆煙囪效應引起建築物內部空氣流動的情況，對冷卻後煙氣蔓延的影響與正煙囪效應相反，但在煙氣未完全冷卻時，其浮力還會很大，有可能在逆煙囪效應下，煙氣仍可在豎井中往上流動。

中性層

　　通風面積與煙囪效應成正相關，因開口面積與流量是正相關。基本上，通風位置愈靠近室內空間頂端，室內外溫差能愈易於排出。壓力差在建築物之開口位置，出現開口頂部和底部會形成一中性層（Neutral Pressure Plane），其位於內壓與外壓之相等處，形成一無壓力差層面。

　　在建築物內部空氣受熱而比外部空氣熱，則空氣會從建築物中性層上方流出（空氣受熱膨脹），流入則從中性層下方。當室內燃燒火勢擴大，煙囪效應之中性帶向下偏移，這是燃燒生成量多了；上部開口愈大，煙囪效應之中性帶會上移。假使火災發生在中性帶以下之樓層，煙會隨著煙囪效應迅速由垂直通道向上竄升；若火災發生於中性帶以上之樓層，則煙將由建築物該層之開口直接排出起火樓層外。

建築物內引起煙流驅動力量

1. 平時產生壓力差（Normal Pressure Differences）
   A. 溫度差所產生煙囪效應（Stack Effect）
   B. 自然風力（Wind）
   C. 空調系統（機械通風和自然通風）（Hvac -System）
   D. 電梯活塞效應（Elevator Piston Effect）
2. 火災時產生壓力差
   A. 熱膨脹（Inhibited Thermal Expansion）
   B. 熱浮力（Thermal Buoyancy Force）

建築物內煙流自然力與強制力

自然對流	1. 煙囪效應 2. 通風面積與位置 3. 自然風力 4. 熱膨脹 5. 熱浮力
強制對流	6. 空調系統 7. 電梯活塞效應

（自然風力）

內部煙流受外部自然風力

建築物正逆煙囪效應

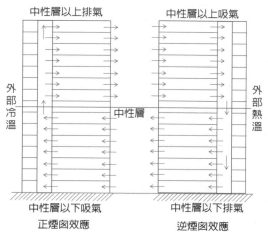

中性層以上排氣　　中性層以上吸氣

外部冷溫　　中性層　　外部熱溫

中性層以下吸氣　　中性層以下排氣

正煙囪效應　　逆煙囪效應

煙囪效應形成過程

溫度差	密度差	壓力差
（火煙成長）	（受熱膨脹）	（定溫下密度壓力正比）

開口大小與中性層

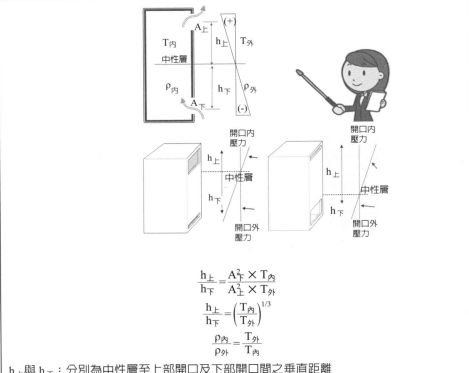

$$\frac{h_上}{h_下} = \frac{A_下^2 \times T_內}{A_上^2 \times T_外}$$

$$\frac{h_上}{h_下} = \left(\frac{T_內}{T_外}\right)^{1/3}$$

$$\frac{\rho_內}{\rho_外} = \frac{T_外}{T_內}$$

$h_上$ 與 $h_下$：分別為中性層至上部開口及下部開口間之垂直距離
$A_上$ 與 $A_下$：分別為上部開口及下部開口之開口面積（Cross-Sectional Areas）
$T_內$ 與 $T_外$：分別為建築物內部及外部空氣之絕對溫度（Absolute Temperatures）
$\rho_內$ 與 $\rho_外$：分別為建築物內部及外部空氣之密度

開口流量（m_a）

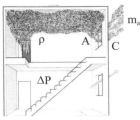

在火災室流出空氣質量或體積流量（m_a, m^3/sec），取決於室內外流動壓力差（ΔP, P_a）、空氣密度（ρ, kg/m^3）與開口通風面積（A, m^2）等。

$$m_a = C \times A \times \sqrt{\frac{2\Delta P}{\rho}}$$

式中 C 為開口部流量係數為 0.7 或 0.75，取決於幾何形狀及湍流度。

火災室開口與中性層

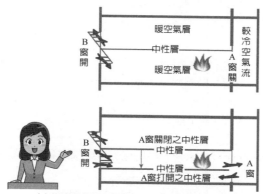

（火災室前後開口開或關，致中性層位移現象）

1. 建築物火災發生時，影響煙霧流動與蔓延之主要因素爲何？試說明之。（25 分）
2. 試述何謂建築物正煙囪效應及逆煙囪效應？茲有某棟 16 層飯店大樓，其第 13 樓及第 4 樓客房分別於某年之中元節及元旦假期各發生 1 次火災，在不考慮消防排煙設備情形下，2 次火災產生之濃煙如何藉由正煙囪效應或逆煙囪效應擴散蔓延至其他樓層，試繪出該大樓各層煙氣分布情形並依不同火災分述之。（25 分）？（103 年設備師）（87 年設備士、98-1 年設備士）
3. 何謂煙囪效應（Stack Effect）？何謂逆煙囪效應（Reverse Stack Effect）？（15 分）（90 年設備士）（94 年設備士）（98-1 年設備士）
4. 何謂煙囪效應？建築物火災中，煙之流動及蔓延與煙囪效應有何關聯？（15 分）（90 年設備士）（94 年設備士）（98 -1 設備士）
5. 火災時，在建築物中引起煙霧流動與蔓延之主要因素爲何？試述之。（25 分）（92 年消防行政與消防技術升等）

解 見本節所述。

6. 某一建築物挑高 50 m，若其頂部與底部設有空氣流動之開口各爲 20 m² 與 40 m²，火災時若底部之溫度爲 20℃，頂部爲 500℃，試問其中性帶距底部多高之位置？

解 $\dfrac{50 - h_2}{h_2} = \dfrac{40^2 \times (273 + 20)}{20^2 \times (273 + 500)}$　$h_2 = 19.87$(m)

7. 假設關門周圍縫隙的面積爲 0.05 m²，門內外 2 端壓力差爲 2.5 Pa，開口係數 0.75，空氣密度爲 1.2 kg/m³，則空氣體積流量爲多少（m³/sec）？

解 $m_a = C \times A \times \sqrt{\dfrac{2\Delta P}{\rho}} = 0.75 \times 0.05 \times \sqrt{\dfrac{2 \times 2.5}{1.2}} = 0.076$ m³/s

8. 承上題，火災規模擴大，假使同樣條件下壓力差持續增加至 75 Pa 時，則此時空氣體積流量爲多少（m³/sec）？

解 $m_a = C \times A \times \sqrt{\dfrac{2\Delta P}{\rho}} = 0.75 \times 0.05 \times \sqrt{\dfrac{2 \times 75}{1.2}} = 0.419$ m³/s

10-5 區劃空間煙層流動（二）

自然風力

火災排煙設計應考慮建築物外在環境風力影響，尤其是沿海地帶或緊鄰山緣地區。垂直表面（壁面）通常在風側產生正壓力（成直角的風），而負壓則位於背風側（Leeward Side）。在背風側負壓大約是在風側壓力之一半，而曝露在屋頂表面上風的壓力是取決於屋頂的角度。超過 45° 在風側上將形成正壓力，並且在背風側形成一種負壓力狀態。

在風力之靜壓（Stationary Pressure）作用施加於一棟建築物，能表示為

$$\Delta P = 0.5 \times C_f \times \rho_a \times V^2$$

ΔP 為風對建築物產生壓力（Pa）
C_f 是風壓係數或形狀因子（Form Factor）從 1（完全正壓力）到 –1（完全負壓力）
ρ_a 是外部空氣密度（kg/m^3）；V 是風速（m/s）

在建築物火災中，火災室窗戶如打開或破裂，如位於建築物背風面，則外部風產生負壓會將火災煙抽出；如位於迎風面，外部風會驅使火災室煙氣往內部迅速蔓延，如風速較大，則將成為影響火災煙流動之主要因素。

熱膨脹

火災室高溫會使空氣膨脹造成煙流移動，此與熱浮力效應是火災室附近支配煙流的主要驅動力。忽略燃燒物質量條件，流入火場內空氣體積與流出火場外煙流體積，可表示如下：

$$\frac{Q_{out}}{Q_{in}} = \frac{T_{out}}{T_{in}}$$

Q_{out} 為流出火場外煙之體積流率（m^3/s）；Q_{in} 為流入火場內煙之體積流率（m^3/s）。
T_{out} 為流出火場外煙之絕對溫度（K）；T_{in} 為流入火場內煙之絕對溫度（K）。

---

1. （C）火場溫度隨燃燒時間而逐漸升高，其空氣亦漸膨脹，空氣由外界流入該起火房間，同時熱煙霧也會從該起火房間流出。若忽略燃燒分解過程而產生之質量流率，建築物內部空氣溫度為 25°C，起火房間溫度為 800°C，流入起火房間之空氣體積流量為 $1m^3/s$，則流出起火房間之熱煙霧體積流量約為若干？（109 年消防設備士）

    (A)$1.6m^3/s$ (B)$2.6m^3/s$ (C)$3.6m^3/s$ (D)$4.6m^3/s$

解　$\frac{Q_{out}}{Q_{in}} = \frac{T_{out}}{T_{in}}$ 　$\frac{Q_{out}}{1} = \frac{1073}{298} = 3.6$（火災室受熱體積膨脹）

2.（B）若建築物內部主氣溫度為 27°C，著火房間溫度為 627°C，流入著火房間的空氣體積流率為 3m³/s，則流出著火房間的煙氣體積流率約為：（106 年一般消防四等）

(A)6m³/s　(B)9m³/s　(C)12m³/s　(D)15m³/s

解　$\dfrac{(627+273)}{(27+273)} = \dfrac{Q_{out}}{3}$　所以　$Q_{out} = 9\left(\dfrac{m^2}{s}\right)$

本例指出火災室體積相對於原來體積膨脹了 9 倍。假使火災室門或窗有開啟，則熱膨脹所產生的壓力差自然會達成某種平衡而可以忽略；但對於火災室門窗未打開情況，則熱膨脹所產生的壓力差，在建築設計上是需要作考量的。

空氣受熱膨脹

3. 若風壓係數為 0.7，當風速為 12 m/s，且大氣之密度為 1.2 kg/m³ 時，試問其產生之風壓為多少？　(A) 54.5 Pa　(B) 56.5 Pa　(C) 58.5 Pa　(D) 60.5 Pa

解　$\Delta P = 0.5 \times 0.7 \times 1.2 \times 12^2 = 60.48$ (Pa)

4. 火場溫度隨燃燒時間而逐漸升高，若忽略燃燒分解過程而產生之質量流率，建築物內部空氣溫度為 27°C，起火房間溫度為 777°C，流入起火房間之空氣體積流量為 1 m³/s，則流出起火房間之熱煙霧體積流量約為若干？　(A) 1.5 m³/s　(B) 2.5 m³/s　(C) 3.5 m³/s　(D) 4.5 m³/s

解　(C)：$\dfrac{Q_{out}}{Q_{in}} = \dfrac{T_{out}}{T_{in}} = \dfrac{(777+273)}{(27+273)} = 3.5$

5. 某氣體在壓力不變下，假使火災室溫度為 20°C，閃燃發生達到 800°C，則原來火災室體積為 10 m³ 將變為多少 m³？

解　依查理定律（定壓情況）$\dfrac{V_1}{V_2} = \dfrac{T_1}{T_2}$，$\dfrac{10}{V_2} = \dfrac{293}{1073}$，$V_2 = 36.6$ m³

6. （C）煙霧的流動爲由高壓處往低壓處流，因此加壓造成壓力差可以有效控制煙霧流動。若於一安全梯間流入體積流率爲 Q（m³/s）的空氣，形成 P 的壓力差，現欲將壓力差提高到 2P，則流入的空氣體積流率應爲多少？（108 年消防設備士）

(A)4Q　(B)2Q　(C)$\sqrt{2}Q$　(D)$\dfrac{1}{\sqrt{2}Q}$

解 $Q = C \times A \times \sqrt{\dfrac{2\Delta P}{\rho}}$，Q 與 $\sqrt{\Delta P}$ 成正比

7. （D）已知建築物室內長寬高分別爲 8m、6m 及 4m，今於室內發生一小規模火災，火源區之大小長寬各爲 2m，假設火場溫度 827℃，室內溫度 17℃，空氣密度 1.22kg/m³ 時，試問煙生成率大約多少？（105 年警大消佐班）

(A)5.86kg/s　(B)7.92kg/s　(C)10.41kg/s　(D)12.03kg/s

解 $M（kg/s） = 0.188 \times P \times y^{\frac{3}{2}}$

$= 0.188 \times (2 \times 4) \times 4^{\frac{3}{2}} = 12.032$

8. （D）煙的主要成分爲空氣，假設 27℃煙的密度爲 1.18kg/m³，請問 427℃煙的密度約爲多少？（102 年警大消佐班）

(A)0.8kg/m³　(B)0.7kg/m³　(C)0.6kg/m³　(D)0.5kg/m³

解 $\dfrac{x}{1.18} = \dfrac{273+27}{273+427} \rightarrow \dfrac{x}{1.18} = \dfrac{3}{7} \rightarrow x = 0.505kg/m^3$

Note

10-6 區劃空間煙層流動（三）

熱浮力

因火焰上方高溫氣體與空氣間密度不同，煙密度高低差，相對產生煙流浮力。亦即當建築物內部燃料燃燒會產生熱氣，這些熱氣體比周遭空氣具較低的密度，並上升形成氣體流，此稱之為熱浮力（Thermal Buoyancy Force）。

高溫的煙比周遭溫度高，密度較低而產生浮力，在火場與周圍環境的壓力差，而產生熱浮力。在計算熱浮力方面，壓力差（ΔP, Pa）是指火災室從底部到煙層頂部之壓力差異，為熱浮力之一種結果：

$$\Delta P = (\rho_{out} - \rho_{in})g\ h$$

其中 ρ_{out} 是周圍空氣的密度，ρ_{in} 是熱煙氣體密度，g 是重力常數，h 是中性層至天花板高度距離（m）。

$$\rho_{out} = \frac{353}{T_{out}}\ ;\ \rho_{in} = \frac{353}{T_{in}}$$

簡化 $P = 353\left(\dfrac{1}{T_{out}} - \dfrac{1}{T_{in}}\right)g\ h$ 如下：

$$\Delta P = 353 \times 9.8 \times \left(\frac{1}{T_{out}} - \frac{1}{T_{in}}\right) \times h = 3460 \times \left(\frac{1}{T_{out}} - \frac{1}{T_{in}}\right) \times h$$

其中 ΔP 為壓力差（Pa），T_{out} 為室外空氣溫度（K），T_{in} 為室內火場溫度（K），h 為天花板面熱煙層至中性層之高度距離（m）。當煙從火場流出後，會被周圍環境冷卻而降低溫度，因此煙受浮力的影響，會隨距離火場愈遠而愈小。只要火災煙氣體比環境空氣具有更高的溫度，較低的密度會向上浮升，這些浮力（Buoyancy Force）會與熱膨脹（Thermal Expansion）作用相結合，導致火煙氣體從高位置之開口（如通氣孔等）被擠壓出至室外。

空調系統

當建築物火災發生時，空調系統經由回風與送風管，除了將煙由火災區域傳送到非火災區域，間接造成煙的擴散外，空調系統（Comfort Ventilation）亦會將新鮮空氣送到火災區域，而幫助燃燒。因此，火災發生時，應將空調系統關閉。

空調系統一般有 2 種類型：
1. 自然通風（Natural Ventilation）
2. 機械通風系統（Mechanical Ventilation Systems）

電梯活塞效應

電梯為建築物內部垂直井道間往復作運動，將空氣吸入與排出之活塞現象，而產生相當氣流。當電梯上下移動時，所形成之壓力差，很容易將火災層之煙流吸入電梯間，而將煙層排至非起火樓層。

熱浮力與電梯效應

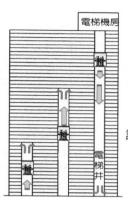

註：乘電梯至火災層相當危險，因會造成活塞效應，湧入大量新鮮空氣推擠至火災室。

---

1. 一高層建物中庭挑高為 60 m，其頂部與底部均有可供空氣流通之開口分別為 36 m² 及 64 m²。室內外溫度分別為 17℃ 及 27℃。試問在恆定狀態下，流出空氣質量為何？（已知開口係數 0.75，空氣在 17℃ 時密度為 1.26 kg/m³）

 此逆煙囪效應，空氣由建築物下方流出

$$\frac{h_上}{h_下} = \frac{A_下^2 \times T_內}{A_上^2 \times T_外} = \frac{64^2 \times (273+17)}{36^2 \times (273+27)} = 3.06，h_上 = 3.06h_下$$

$h_上 + h_下 = 60$　　因此，$h_下 = 14.8$ (m)

$$\Delta P = 3460 \times \left(\frac{1}{(273+27)} - \frac{1}{(273+17)}\right) \times 14.8 = 5.9 \text{ (Pa)}$$

$$m_a = C \times A \times \sqrt{\frac{2\Delta P}{\rho}} = 0.75 \times 64 \text{（下方流出）} \times \sqrt{\frac{2 \times 5.9}{1.26}} = 146.9 \text{ (m}^3\text{/s)}$$

---

2. 假設一火災室初始溫度 20℃，起火後天花板熱煙層有 1 m 厚，開口部形成中性層，煙層平均溫度為 400℃，該層熱壓力差為多少？

解　$p = 353 \left[\dfrac{1}{T_{out}} - \dfrac{1}{T_{in}}\right] gh$

$$\Delta p = 353 \left[\frac{1}{293(K)} - \frac{1}{673(K)}\right] \times 9.81 (\text{m/sec}^2) \times 1(\text{m}) = 6.7 \text{ Pa}$$

---

3. 在國內普遍存在鐵皮屋，如果發生火災，由於中性面以上的高度較大，因此可產生很大壓差。假使環境溫度 20℃ 在成長期火災溫度達 500℃ 時，則中性面以上 8 公尺高度上的壓差，為多少？

解　$p = 353 \left[\dfrac{1}{T_{out}} - \dfrac{1}{T_{in}}\right] gh$

$$\Delta p = 353 \left[\frac{1}{293(K)} - \frac{1}{773(K)}\right] \times 9.81 (\text{m/sec}^2) \times 8(\text{m}) = 58.7 \text{ Pa}$$

達 58.7 Pa 此值已不是目前排煙設備所能處理的壓差，但現實生活中鐵皮屋並不是無縫，而且窗戶常有打開；因此，火災成長中大部分壓差，自然會從任何開口或縫隙中降壓。

10-7 區劃空間防煙方式（一）

　　煙控目的無非是內部人員在逃生路徑上避難，盡量不受煙阻礙。有分防煙方式與排煙方式。在防煙方面，使用被動式之自然力防煙區劃（Compartmentation）、浮力之蓄煙法（如蓄煙頂、蓄煙井）及主動式機械力之正壓法（Pressurization），如加壓氣流（Airflow）（主要於隧道、地下空間）、正壓通風（電梯排煙室、樓梯間、區域煙控）。

排煙方式

　　在煙控之排煙方式，使用自然力（靜態）之大體積空間浮力（Buoyancy）排煙（主要於工廠、倉庫或高天花板）及機械力（動態）之負壓排煙之稀釋法（Dilution）與正壓排煙等煙控方法。因此，在實務煙控應用上，以上述之單一或組合方式，來改善或管理建築物火災中煙流條件；其中防煙措施將在本節討論，排煙措施則在下一節作討論。

自然力（靜態）

　　以自然力煙控不需設置機械硬體設施，不因火災斷電而失去功能。因此，其具可靠度，但會受到外在氣候之不穩定性影響。這種以煙浮力方式可利用上方開口，直接排出至建築物外，主要方式包括區隔、蓄煙及排煙措施。此開口於平常時可控制開或關，遇有火災時則利用探測器之自動或人工手動，進行開啓。在實務上，自然排煙設計時，配合其他煙控方法，如與防煙垂壁或防煙區規劃等，對煙作更有效的控制。另外，若在進入樓梯間或緊急升降機前設置排煙室，使火災煙流尚未進入樓梯間，排煙室排煙就使其自然排出，以保持安全梯或緊急升降機間為無煙狀態，確保內部人員安全逃生。

1. 防煙／防火區劃（Compartmentation）：在建築物中為了防止火災煙流擴散，於樓地板面積較大使用空間，設置適當平面區劃。以具有防火（煙）性質之防煙垂壁及其他煙流阻體（Smoke Barriers），將建築物劃成數區，一旦某區域火災產生煙流，以阻擋煙霧往水平方向擴散，使其限制在某一空間內，再藉由自然力或機械力排煙系統，讓煙流排出，以達到煙控之目的。

   建築物防火區劃係屬被動式防護，於火災期間能防止火勢蔓延，以維持有效完整保護性。防煙區劃原理大致以樓地板面積，並距離排煙口位置來作規劃。我國建築技術規則及各類場所消防安全設備設標準規定，一般建築物防煙區劃面積在 500 m²（地下建築通道 300 m²）以內，並設置自不燃性天花板面下垂 50 cm（地下建築通道 80 cm）以上之防煙壁，予以區劃分隔，若天花板為非不燃性材質，則防煙垂壁必須自上層樓地板下方開始建造，再穿過天花板下垂至某個高度。於防煙區劃範圍內任一部分至排煙口，水平距離不得超過 30 m（或 45 m）。防煙垂壁在實務上可分固定式、電動式（遇到火災發生時與火警探測器連動，再自天花板內下降）或隱藏式（平時防煙垂壁為天花板一部分，遇到火災時，則擺下而成防煙垂壁）；材質大都為鍍鋅鐵皮、鐵絲網玻璃或矽酸鈣板（Calcium Silicate）等不燃材質。防煙區劃亦可利用機械方式產生區隔，以阻礙煙的移動，如防火鐵捲門、撒水幕、電動防煙垂壁等，其中水幕在日本應用多。

建築物火災煙控方式

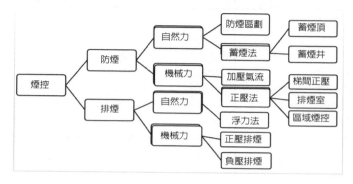

防煙區劃與防火區劃差異

項目	防煙區劃	防火區劃
對象	防止煙流蔓延	防止火勢蔓延
區隔	上部耐燃材質防煙垂壁形成區隔	以耐燃材質之牆板、樓板、門窗、防煙垂壁形成整體區隔
空間	相通無牆面的區劃	完全密閉區劃

（防煙壁區劃分隔以減緩煙流擴展）

煙控方法

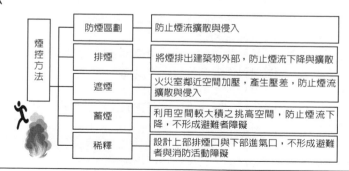

4. 請敘述引起建築物內煙氣流動的六種驅動力量：（10分）並試從防、排煙工程觀點，說明防、排煙可採行的方式。（90年3等特考）
5. 試從煙的形成及移動特性談防排煙對策。（25分）（83年3等特考）

解 見10-4、10-7及10-10節所述。

10-8 區劃空間防煙方式（二）

2. 蓄煙法（Smoke Storage）：建築物內預留可蓄積煙流之頂部空間，若煙流過來就讓其滯留於其中，不讓煙流太快沉降於地面人員空間，亦即於挑高建築物利用空間高度容納煙量之蓄煙法。

　A. 蓄煙頂：蓄煙頂於建築物內預留可蓄積煙流之頂部空間，不使火災煙流快速沉降威脅使用人；此能配合其他方式，以達到進一步煙控之目的。事實上，蓄煙頂設計理念與防煙垂壁類似，同樣於建築物內火災時有蓄積煙流的空間，以控制煙流擴散，以利於內部人員爭取時間來避難逃生行為。在蓄積頂設計上，可使火災初期逃生路線不受火煙沉降侵襲，如再配合其屋頂自然或機械排煙，將濃煙與熱氣排出（Exhaust），以達到在一穩定火勢情況可靠清晰的高度，以降低火場可能出現閃燃及爆燃之風險。因此，實務上利用大體積空間之浮力，如應用於巨蛋、中庭（Atrium）、體育館、機場大廳、車站、百貨公司、商場或購物中心等大跨距、大空間之建築構造場所。

　B. 蓄煙井：一般於安全梯入口前設置蓄煙井，以防火災煙流竄入垂直梯間。當火災時水平煙流沿著天花板往低壓區延伸流動。火災煙流至室內安全梯入口前，設計防煙垂壁阻擋，使煙流入上方蓄煙井而排至屋外，以確保安全梯不受煙流干擾，提供人員安全避難路徑；此種在實務上常見於歐美地下車站或地下街等，利用煙流熱膨脹及浮力效應，配合風管、防煙垂壁等流至上方蓄煙井而排出。

---

1. 在建築物火災中造成人命傷亡的原因，最主要是煙等有毒氣體，為防止人命傷亡，必須採取因應的防煙對策，其中一種對策為阻止煙流動，請說明如何在建築物中建立此對策。（109 年消防設備師）

解　在阻止煙之流動方面，設置防煙重壁（50cm，地下通道80cm）來形成防煙區劃（500m²，地下層300m²），並可透過「防火門」來阻擋煙流，在防火門是必須考量整體防火（煙）區劃來戰略設置，並配合「防火閘門」以遮斷火煙的擴散。再者，以下列方式來阻止煙流蔓延。

一、自然力方式：蓄煙法，建築物內預留可蓄積煙流之之頂部空間，若煙流過來就讓其滯留於其中，亦即於挑高空間高度容納煙量之蓄煙法。

　1. 蓄煙頂：蓄煙頂於建築物內預留可蓄積煙流之頂部空間，不使火災煙流快速沈降威脅使用人；如應用於巨蛋、中庭、體育館、機場大廳、車站、大空間之建築構造場所。

　2. 蓄煙井：一般於安全梯入口前設置蓄煙井，火災煙流至室內安全梯入口前，設計防煙垂壁阻擋，使煙流入上方蓄煙井而排至屋外，以確保安全梯不受煙流干擾，提供人員安全避難路徑；此種常見於歐美地下車站或地下街等。

二、機械力方式：此是較穩定，但可靠度受到電氣或機械故障之影響。

　1. 加壓氣流：建築物火災時藉由強制通風如使用風機，產生一個與逃生方向相反氣流，以阻止火災煙進入人員避難逃生路徑。

　2. 正壓法：此概念常被應用於樓梯間或火場消防活動，利用風機將空氣流送至避難空間或特定方向，使該區域空氣壓力大於火煙蔓延力，以阻止煙流進入。

蓄煙法：蓄煙頂與蓄煙井

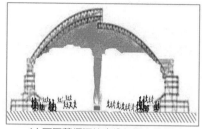

（大巨蛋蓄煙頂能容納初期火災煙）

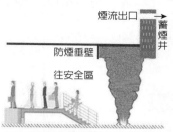

（浮力效應及防煙壁使煙流至蓄煙井）

負壓排煙與加壓氣流

（挑高空間排煙扇維持清楚視覺高度）
（天花板高度>5 m，防煙壁區劃減免檢討）

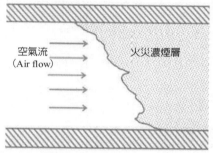

（強力正壓氣流以使火災煙無法侵入防護區）

正壓排煙：火場正壓通風戰術

2. 在建築物防煙架構中，可分為靜態防火及動態煙控。請針對動態煙控之煙控子系統分別說明其方法和手段。（25 分）（104 年設備師）

3. 請敘述引起建築物內煙氣流動的六種驅動力量；（10 分）並試從防、排煙工程觀點，說明防、排煙可採行的方式。（90 年 3 等特考）

解　見 10-4、10-7 及 10-10 節所述。

10-9 區劃空間防煙方式（三）

NFPA 92 建議應維持在煙囪效應或風力可能條件下之最小設計壓力差。在設計壓力差，應基於以下幾點：A 煙控區域是否有撒水設備、B 煙控區域之天花板高度、C 最大和最小壓力差。

梯間排煙

樓梯間加壓系統可分為 2 種形式：
1. 單點送風系統（Single-Injection System）：僅在單一位置從樓梯間上方送入空氣流，若送風處樓梯間門是開啟的，使系統失去效果。
2. 多點送風系統（Multiple-Injection System）：在高樓層在多處將空氣送入樓梯間，以解決單點送風直接排掉問題，但樓梯間送壓過高會造成樓梯間的門不易打開，此時就需洩壓。此外，在開門所需力（F, N）方面，必須克服門自鎖所需力（F_A）和克服門內外二邊壓力差所需的力（F_P）：

$$F = F_A + F_P = F_A + \frac{K \times W \times A \times \Delta P}{2(W - d)}$$

式中，係數 K = 1.00，W 和 A 為門之寬度（m）和面積（m^2）；ΔP 為門兩邊的壓差（Pa）；d 為門把手到門邊緣之距離（m）。

特別安全梯及機間排煙室

排煙室設計進風口與排風口，使火災煙流有效排掉，不致進入安全梯及緊急升降機間威脅使用人員，同時也提供消防人員快速安全到達。排煙室加壓送風量（Pw, m^3/s）與送風口面積（A, m^2）、壓力差（ΔP, Pa）關係式：

$$Pw = C \times A \times \sqrt{\Delta P}$$

式中 C 為送風口係數，一般為 0.84

---

1. （C）五層樓的建築物，每層設有特別安全梯，樓梯採正壓且加壓壓力為 35Pa，每層特別安全梯之前室採正壓且加壓壓力為 25Pa，居室則未設煙控設計，居室避難到特別安全梯，需經過設有煙控之前室，且空間均為密閉構造，唯一開口為安全門，流動面積為 $0.01m^2$，試問每一排煙室設加壓煙控時，應送的風量為多少？（106 年消防設備士）
   (A)$1.55m^3$/s　(B)$0.155m^3$/s　(C)$0.0155m^3$/s　(D)$1.55 \times 10^{-3}m^3$/s

解 特別安全梯間安全梯與排煙室壓力差 ΔP 為 35 – 25 = 10（Pa）
每一層送風量 $P_W = 0.84 \times 0.01 \times \sqrt{10} = 0.0265$（$m^3$/s）
又排煙室與該樓層壓力差 ΔP 為 25（Pa）
則送風量 $P_W = 0.84 \times 0.01 \times \sqrt{25} = 0.042$（$m^3$/s）
則每一排煙室淨送風量為 0.042 – 0.0265 = 0.0155（m^3/s）

2.（C）十二層樓的建築物，每層設有特別安全梯，樓梯採正壓且加壓壓力為 45Pa，每層特別安全梯之前室採正壓且加壓壓力為 36Pa，居室則未設煙控設計，居室避難到特別安全梯，需經過設有煙控之前室，且空間均為密閉構造，唯一開口為安全門，流動面積為 $0.05m^2$，試問每一排煙室設加壓煙控時，應送的風量為多少？

(A)$1.26m^3/s$　(B)$0.155m^3/s$　(C)$0.126m^3/s$　(D)$0.55m^3/s$

---

3. 一扇門高 2.13 m、寬 0.91 m，其把手安置在靠近邊緣 0.076 m 處，克服門自鎖力所需之力為 68 N，火災時門內外壓差為 75 Pa，則需要多少力量才能打開門？

解　$F = 68 + \dfrac{1 \times 0.91 \times (2.13 \times 0.91) \times 75}{2(0.91 - 0.076)} = 147.31\,(N)$

---

4. 建築物發生火災時，採用加壓防煙是一種可將煙流阻擋的技術，請說明加壓防煙的設計方式為何？（10 分）合理的壓差設計範圍在多少 Pa？（10 分）及特別適合的使用場所。（5 分）（100 年設備師）

解　(1) 機械力防煙上如使用加壓氣流及正壓法，如樓梯間、電梯間排煙室、區域煙控。
　　(2) 合理的壓差設計如各國規定（見本節所述）。
　　(3) 正壓法如樓梯間、電梯間排煙室、大樓區域煙控。

---

5. 有一 15 層建築物依規定設置特別安全梯，其中樓梯間加壓 35 Pa，排煙室加壓為 25 Pa，以防濃煙流向樓梯間，樓梯間各層開口為安全門（流動面積 0.01 m^2），則加壓之送風量多少（m^3/s）？

解　特別安全梯壓力差 ΔP 為 35–25 = 10 (Pa)
每一層送風量 Pw = $0.84 \times 0.01 \times \sqrt{10} = 0.0265$ (m^3/s)
則 15 層為 $0.0265 \times 15 = 0.40$ (m^3/s)

---

6. 某高樓之安全梯採正壓設計，出入口防火門之尺寸 2.2m（H）×1.1m（W），開啟推力 133N，施力點距門邊 15cm，自動關門器及摩擦之總力 50N，試計算該門兩側壓差有多大（Pa）？（25 分）（107 年警正升官等）

解　$F = 133 + \dfrac{1 \times 1.1 \times (2.2 \times 1.1) \times \Delta P}{2(1.1 - 0.15)} = 50\,(N)$

7.（C）已知門扇高 2.13m、寬 0.91m，把手置在靠近邊緣 0.076m 處，兩邊壓為 75Pa，壓力係數 Kd = 0.91，克服門自鎖力為 53N，求最少需多少力才能打開該門？（106 年消防設備士）

(A)117N　(B)126N　(C)132.4N　(D)139N

解　$F = 53 + \dfrac{1 \times 0.91 \times (2.13 \times 0.91) \times 75}{2(0.91 - 0.076)} = 132.31\,(N)$

10-10 防煙對策及等效流動面積

防煙對策

1. 抑制煙源：建築物構造及內容物儘量使用不燃性及耐燃性，這些物質受熱時發煙量相對較少，如防焰規制及內部耐燃裝修等，尤其是垂直性，如窗簾、布幕、展示板等，或是火載量大之沙發、大型傢俱等。
2. 阻止煙流：建築物使用空間進行防火（煙）區劃，設計防煙垂壁、防火（煙）匣門或蓄煙法（蓄煙頂或蓄煙井）。而內部相鄰門窗皆需關閉，假使門未關會使區劃失敗，致火災煙流擴散至另一區劃，如 2012 年臺南一場醫院火災導致 10 多人死亡悲劇，防火門未即時關閉是其中主因之一。
3. 向外排煙：排煙法如自然排煙及機械排煙使用正壓排煙或負壓排煙等對策，將火災煙積向外排出。

等效流動面積

「等效流動面積」（Equivalent Leakage Area, Ae）為同樣壓差下造成同樣流動的單一開口的面積。在煙控系統管路可以是相互並聯、串聯、或是串並聯相結合之應用，此與電路理論中等效電阻的概念相類似。

在一火災室內產生正壓或加壓空間，設有 3 個開口面積分別為 A_1、A_2，和 A_3 相互並聯時，其等效流動面積為：

$$Ae = \sum_{i=1}^{n} A_i$$

n 為相互並聯開口的個數，即 $Ae = A_1 + A_2 + A_3...$

假使 3 個開口面積分別為 A_1、A_2 和 A_3 相互串聯時，其等效流動面積為：

$$Ae = \left(\sum_{i=1}^{n} \frac{1}{A_i^2} \right)^{-\frac{1}{2}}$$

$$Ae = \frac{1}{\sqrt{\frac{1}{A_1^2} + \frac{1}{A_2^2} + \frac{1}{A_3^2}}}$$

---

1. （C）煙控分析中有關「等效流動面積」應為何種情形下造成同樣流動之單一開口面積？（96-2 年消防設備士）
   (A)在相同高差下　(B) 在相同時差下　(C) 在相同壓差下　(D) 在不同溫差下
2. （A）煙控分析中有關「等效流動面積」的定義為：（97-1 年消防設備士）
   (A) 在相同壓差下造成同樣流動的單一開口面積
   (B) 在相同樓高下造成同樣流動的單一開口面積
   (C) 在相同溫差下造成同樣流動的單一開口面積
   (D) 在相同開口高度下造成同樣流動的單一開口面積

防煙對策

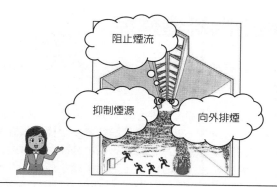

3. 建築物火災發生時之人命危險，主要是煙等有毒氣體所造成，為防止人命傷亡，可以採取哪些防煙對策？（25 分）（101 年設備師）

解 見本節所述。

4. 一個加壓空間中存在 3 個開口面積分別為 0.10 m²、0.20 m²、0.30 m² 相互並聯時，其等效流動面積為多少？

解 $Ae = A_1 + A_2 + A_3 = 0.6$ m²

5. 在煙控設計中，一個加壓空間中存在 2 個開口面積分別為 1/16 m² 和 3/16 m²，相互並聯後，再與開口面積為 1/3 m² 串聯，則其等效流動面積為多少？

解 $A_1 = \dfrac{1}{16} + \dfrac{3}{16} = 0.25$ m²

$Ae = \left(\dfrac{1}{A_1^2} + \dfrac{1}{A_2^2}\right)^{-\frac{1}{2}}$ $\qquad Ae = \left(\dfrac{1}{0.25^2} + \dfrac{1}{0.33^2}\right)^{-\frac{1}{2}} = 0.20$ (m²)

6. 有兩個開口其面積分別為 5 m² 與 8 m²，若相互串聯則其等效流動面積為多少 m²？

解 $Ae = \left(\dfrac{1}{A_1^2} + \dfrac{1}{A_2^2}\right)^{-\frac{1}{2}}$ $\qquad Ae = \left(\dfrac{1}{5^2} + \dfrac{1}{8^2}\right)^{-\frac{1}{2}} = 4.23$ (m²)

7. 已知有一室內空間開口如圖所示，開口面積 $A_1 = A_2 = 0.05$ m²，$A_3 = 0.1$ m²，則該空間的等效流動面積約為多少？　(A) 0.124 m²　(B) 0.105 m²　(C) 0.070 m² (D) 0.055 m²

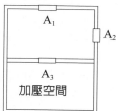

解 (C)：$A_1 = 0.05 + 0.05 = 0.1$ m²

$Ae = \left(\dfrac{1}{A_1^2} + \dfrac{1}{A_2^2}\right)^{-\frac{1}{2}}$ $\qquad Ae = \left(\dfrac{1}{0.1^2} + \dfrac{1}{0.1^2}\right)^{-\frac{1}{2}} = 0.07$ (m²)

10-11 區劃空間排煙煙控

火災生成煙氣可藉由自然力之排煙窗或機械力之負壓排煙，予以排出。

自然力（靜態）

　　自然排煙（Smoke Vent）係利用火災熱浮力，從火災室開口自然向外排煙。因此，沒有火災斷電之顧慮，設備簡單、費用低廉且維護容易一種排煙方式。以不燃或難燃材質，排煙口可由匣門控制開與關，以自動或人工手動開啓。當火災溫度愈高，浮力效應愈強，排煙能力亦愈強。在消防設計上，頂部排煙是最優先考量位置，雖不需機械設施及貫穿建築物內部空間等優點，但卻易受外在風力影響，尤其當排煙口位於迎風面，煙可能會被自然風壓回建築物內。但頂端開口過高，有時煙可能難上升至該開口。在使用人員密度高場所，如中庭及傳統購物商場，一般以機械力之排煙機來作設計。

機械力（動態）

　　機械式煙控系統以強制通風方式，設置風機來得到穩定通風性能。基本上，機械式有上述之正壓法及機械排煙之正壓及負壓法。

(1)正壓排煙（Pressurization）：正壓排煙係以送風機將新鮮空氣送入室內產生正壓，使火災煙流無法進入，最常用於正壓樓梯間和區劃煙控區域。

(2)負壓稀釋排煙（Dilution）：排煙機將燃燒生成煙排出，使防煙區劃僅排氣而不供氣，形成負壓區。國內法規煙控方式係負壓排煙，構成有排煙機或送風機、排煙口、送風口等，在安裝與維護上費用相對高。此種設計有幾點需要注意：

A. 抽孔現象（Plugholing）：若負壓排煙量大於煙產生量，此方法將能有效地將煙排除，但需注意當排煙風門下方煙量厚度不足，再加上較大排煙風速時，使得排煙風門所抽取氣體多為煙層下方新鮮空氣，而減少火災煙流排出量，此一情況即稱為抽孔或拉穿現象。抽孔現象除了降低排煙的整體效能外，若是處於通風不良的場所，亦會造成人員所需之氧氣量減少而產生危害。

B. 多點風門：為防止抽孔現象可設置多點排煙風門將排煙量分散。

C. 梯間真空：因一定規模室內空間較大且空隙多，而梯間空間較小，如只有排煙而沒有進風，易造成梯間真空之負面問題，致需有適當之進風口。

D. 風機延遲啓動：建築物內部空間上方應有適當容積作為蓄積煙之用，風機應等到煙蓄積後才開啓，如此才可避免抽取太多的新鮮空氣。

E. 風門定址：負壓排煙儘量使排煙風門定址化，只開啓火場附近排煙風門，以增強排煙效果。

F. 負壓僅能適用早期：負壓排煙為煙流稀釋作用，保持一個能接受火災煙濃度環境，以利建築物使用人能早期安全逃生。

G. 開口不當打開：門被打開時，煙流將流入所欲保護之區劃空間，造成效果有限。

H. 利於消防作業：排煙列為消防人員搶救設備，將火場生成物包括熱量抽至室外，使閃（爆）燃之氣相燃料源排出；此外，煙霧及毒性氣體繼續排出，也有利於火場勘／調查之迅速進行。

排煙方式

（自然排煙窗簡單費用低廉排煙方式）　　　　（自然排煙窗構造）

抽孔現象

（排煙匣門及風管之負壓機械排煙）　　　　（負壓排煙之抽孔現象）

1. 建築物發生火災時，因建築之密閉性及內部裝潢材料之多樣性，常產生濃煙或有毒氣體造成人員之危險，而為防止人命傷亡，採取的防煙對策之一為積極向外排煙。請說明在建築物火災中，如何積極將煙排出屋外？並說明各方法之缺點。（25分）（109年警察消防三等特考）

解　火災生成煙藉由自然力之排煙窗或機械力之負壓排煙，予以排出。

自然力（靜態）

自然排煙（Smoke Vent）係利用火災熱浮力，從火災室開口自然向外排煙。因此，沒有火災斷電之顧慮，設備簡單、費用低廉且維護容易一種排煙方式。以不燃或難燃材質，排煙口可由匣門控制開與關，以自動或人工手動開啟。當火災溫度愈高，浮力效應愈強，排煙能力亦愈強。在消防設計上，頂部排煙是最優先考量位置。雖不需機械設施及貫穿建築物內部空間等優點，但卻易受外在風力影響，尤其當排煙口位於迎風面，煙可能會被自然風壓回建築物內。但頂端開口過高，有時煙可能難上升至該開口。

機械力（動態）

機械式煙控系統強制通風方式，設置風機來得到穩定通風性能。基本上，機械式有上述之正壓法及機械排煙之正壓及負壓法。

(1)正壓排煙（Pressurization）：正壓排煙係以送風機將新鮮空氣送入室內產生正壓，使火災煙流無法進入，最常用於正壓樓梯間和區畫煙控區域。

(2)負壓稀釋排煙（Dilution）：排煙機將燃燒生成煙排出，使防煙區畫僅排氣而不供氣，形成負壓區。國內法規煙控方式係負壓排煙，構成有排煙機或送風機、排煙口、送風口等，在安裝與維護上費用相對高。此種設計有幾點可能

缺點須要注意：

a. 機械可靠度問題：機械可靠度須藉由有效檢修及維護保養，始能發揮效果。假使人為關閉或故障疏忽查修，造成火災時無法有效運作之問題。

b. 梯間真空：因一定規模室內空間較大且空隙多，而梯間空間較小，如只有排煙而沒有進風，易造成梯間真空之負面問題。

c. 負壓僅能適用早期：負壓排煙為煙流稀釋作用，保持一個能接受火災煙濃度環境，以利建築物使用人能早期安全逃生。

d. 區畫不完整或開口不當打開：區畫不完整或空調開口或門被打開，火災煙流欲完全排出，或煙流流入所欲保護之區畫空間，造成意外負面效果。

e. 抽孔現象（Plugholing）：若負壓排煙量大於煙產生量，此方法將能有效地將煙排除，但須注意當排煙風門下方煙量厚度不足，再加上較大排煙風速時，使得排煙風門所抽取氣體多為煙層下方新鮮空氣，而減少火災煙流排出量，此一情況即稱為抽孔或拉穿現象。抽孔現象除了降低排煙的整體效能外，若是處於通風不良的場所，亦會造成人員所需之氧氣量減少而產生危害。

---

2. 已知建築物室內長寬高分別為 8m、6m 及 4m，今於室內發生一小規模火災，火源區之大小長寬各為 2m，假設火場溫度 827℃，室內溫度 17℃，空氣密度 1.22kg/m³ 時，試問煙生成率大約多少？（105 年警大消佐班）

解 $M（kg/s）= 0.188 \times P \times y^{\frac{3}{2}}$
$= 0.188 \times (2 \times 4) \times 4^{\frac{3}{2}} = 12.032$

---

3. 一間精密儀器無塵室使用 CO_2 滅火系統防護，CO_2 釋放後採機械排放方式時，請計算 60 分鐘後，該空間 CO_2 剩餘濃度為多少％？（假設 CO_2 滅火設計濃度 43％、每小時 6 次換氣量）

解 剩餘濃度 = 滅火濃度 $\times e^{\frac{-1}{60/次數}t}$

排放 60 分鐘，剩餘濃度 $= 0.43 \times e^{\frac{-1}{60/6} \times 60} = 0.43 \times e^{-6} = 0.43 \times 0.002479 = 0.1066\%$

---

4. 已知某一室內空間尺寸為長 10 公尺、寬 7 公尺、高 4 公尺。如裝設離地面 3 公尺的封閉式天花板，當發生一起小規模火災（燃燒尺寸 1.5 公尺 ×1.5 公尺），請說明與比較有、無裝設該天花板對「煙生成率」與「煙層底部下降至距地面 1.5 公尺高度所需時間」之差異？另請說明機式排煙系統，排煙口排煙時之拉穿（抽孔）現象（Plugholing）及對人員避難造成之影響？（25 分）（105 年設備師）

解 M = 空氣捲入火羽流質量流率，也是一種煙生成率（kg/s），與煙層本身高度無關，而與煙層下方至地板面高度之新鮮空氣捲入火羽流量有關。

(1)有天花板情況

$$煙生成率\ M\left(\frac{kg}{s}\right)=0.188\times P\times y^{\frac{3}{2}}$$

$$=0.188\times(1.5\times4)\times1.5^{3/2}=2.1\ (kg/s)$$

$$t=\frac{20A}{P\times\sqrt{g}}\left[\frac{1}{\sqrt{y}}-\frac{1}{\sqrt{h}}\right]=\frac{20\times70}{1.5\times4\times\sqrt{9.8}}\left[\frac{1}{\sqrt{1.5}}-\frac{1}{\sqrt{3}}\right]=17.8\ sec$$

(2)無天花板情況

$$煙生成率\ M\left(\frac{kg}{s}\right)=0.188\times P\times y^{\frac{3}{2}}$$

$$=0.188\times(1.5\times4)\times1.5^{3/2}=2.1\ (kg/s)$$

$$t=\frac{20\times70}{1.5\times4\times\sqrt{9.8}}\left[\frac{1}{\sqrt{1.5}}-\frac{1}{\sqrt{4}}\right]=23.6\ sec$$

(3)拉穿現象（Plug holing）又稱抽孔現象，若負壓排煙量大於煙產生量，此方法將能有效地將煙排除，但須注意當排煙風門下方煙量厚度不足，再加上過大排煙風速時，使得排煙風門所抽取氣體多為煙層下方新鮮空氣，而減少火災煙流排出量，此一情況即稱為抽孔或拉穿現象。抽孔現象除了降低排煙的整體效能外，若是處於通風不良的場所，亦會造成人員所需之氧氣量減少而產生危害。

排煙方式

自然排煙　　　　　機械排煙　　　　　水霧排煙

5. 請就下圖所示之區劃火災，回答下列問題（假設火災室溫度為 900℃，室外溫度為27℃，火災室樓地板面積為400 m²，單位面積可燃物量為8.5 kg/m²。（25分）（88年設備師）

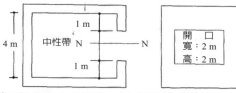

1) 此區劃空間開口部產生之中性帶，其高度開口部下端多少公尺？

2) 此區劃空間樓地板面之靜壓爲多少（kg/m²）？（假設室外地板面靜壓爲 0）

3) 此區劃空間開口部在 900℃時，所流出煙量爲多少（m³/s）（開口部流量係數爲 0.7）

4) 此區劃空間之燃燒速率爲多少（kg/min）？（$\dot{m} = 6.0 \times A \times H^{\frac{1}{2}}$）

5) 此區劃空間之火災持續時間爲幾分鐘？

解 1) 設 $h_上$爲中性帶距上部開口距離，$h_下$爲中性帶距下部開部距離

$h_上 / h_下 = (T_內 / T_外)^{1/3} = (1173/300)^{1/3} = 1.58$，因此 $h_上 = 1.58 \, h_下$

$h_上 + h_下 = 2m$，因此 $1.58 \, h_下 + h_下 = 2m$，所以 $h_下 = 0.775 \, m$

2) h 爲中性層至天花板高度距離，如圖示 $h = 1 + (2 - 0.775) = 2.225$

3) $\Delta P = 3460 \times \left(\dfrac{1}{300} - \dfrac{1}{1173} \right) \times 2.225 = 19.1$　　$Pa = -1.95 \, kg/m^2$

4) $m_a = C \times A \times \sqrt{\dfrac{2\Delta P}{\rho}} = 0.7 \times (2 \times 2) \times \sqrt{\dfrac{2 \times 19.1}{1.2}} = 15.8 \, m^3/s$

5) 燃燒速率 $= 6.0 \times (2 \times 2) \times \sqrt{2} = 34 \, kg/min$

6) 火災持續時間 $= 8.5 \times 400 / 34 = 100 \, min$

6. 建築物發生火災時，了解煙是如何擴散，對消防工作而言是相當重要的，試說明建築物火災中造成煙層流動的驅動力及引起煙流動的主要因素？（25 分）（105 年 4 等特考）

7. 某公寓凌晨發生火警，由 1 樓騎樓機車起火，除燒燬多輛機車外，火勢從樓梯間形成「煙囪效應」向上延燒，樓上住戶逃生困難，造成多人死亡。請說明「煙囪效應」產生原因及對火災煙氣流動的影響。（25 分）（105 年 3 等特考）

解 見本章所述。

第11章
建築火災概論

（2002年武陵森林大火筆者擔任消防單位指揮官）

11-1 耐火構造建築

耐火構造（Fire-Resistant Construction）多為鋼筋混凝土結構建築，持續向高層化或地下層化，在使用型態較複雜化。

耐火構造火災學特性

1. 通風控制燃燒：立體多層密閉構造，造成火勢成長期之火災生成物排出不易及開口供氧不足，形成火勢由初期燃料控制很快進入通風控制型態。
2. 牆壁熱慣性：建築結構的主要承重構件為鋼筋混凝土構件，其黏土磚、砌塊構成的牆體，牆壁柱體一定承載厚度，致牆壁熱慣性大，扮演火勢成長期之熱容吸收，空間溫升比其他構造建築物慢。
3. 立體煙流：由於立體的消防活動，易使消防力分散。
4. 濃煙充斥：大樓防火區劃之空間小型化，由於有密閉構造型態，易充滿樓梯間濃煙熱氣流及有毒氣體問題。
5. 管道煙流：建築物垂直管道區劃，火勢往上層延燒危險大；又水平方向上有導管與配管分佈，使火勢有二次延燒之可能。

耐火構造火災消防特性

1. 人命問題：建築使用用途及往上垂直發展，一般在建築物內部使用人員多且密度較集中，需救助者比平面火災多，假使樓層愈高，消防隊滅火、防止火勢蔓延，以及救助、救護、避難引導等活動規模也會愈大，易生搶救人命與滅火活動消防競合。
2. 入口限定：由於需從外部進入，往火點室之進入口受到限定，且活動空間也非常狹隘。
3. 長時活動：由於一般對象物有大規模化，進行實態把握所需時間較多。如報案延遲，火勢成長期進入最盛期，愈會形成長時間消防活動，消防救災人員較容易產生疲勞狀態。
4. 掉落物體：高處窗戶玻璃及廣告看板等破損掉落，易使消防人員砸傷或跌倒等受傷危險高。
5. 責任細分：大樓對象物責任區分有細分傾向，較難掌握特定之關係者。
6. 消防設備：有效運用建築物消防設備，如警報設備受信總機，且確認火勢起火及延燒範圍；滅火設備或排煙設備之手動啟動，能使消防活動較易有效展開。
7. 水損問題：由於內部區劃等構造，易形成無效射水情況，造成上層水逕流，也產生下層樓水損問題（Water Damage）。
8. 危險因子：易充滿濃煙熱氣流及有毒氣體，也有危險物洩漏（如用戶瓦斯）及發生漏電等危險因子多。

耐火構造人命安全問題

耐火構造火災學特性

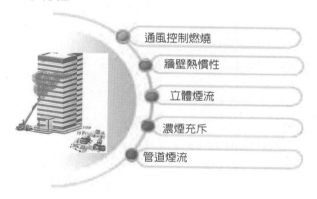

- 通風控制燃燒
- 牆壁熱慣性
- 立體煙流
- 濃煙充斥
- 管道煙流

耐火構造建築火災消防特性

- 消防設備
- 危險因子
- 水損問題
- 長時活動
- 責任細分
- 人命問題
- 掉落物體
- 入口限定

11-2 超高層建築

　　超高層建築（Ultra High-Rise Building）依東京消防廳指出係超過 100 公尺建築物而言；由於超高層建築功能複雜、設備繁多及用途規模等，火災時搶救作業隨著災害規模相形擴展，帶有多種多樣之消防活動競合。

超高層火災學特性

1. 加速對流：高樓火災促使熱氣流向上浮升原動力，與溫度、樓層高度成正比，樓層愈高，熱氣流上升愈大。
2. 跳躍延燒：貫通管道密佈，垂直管道往上層易造成火災「跳躍式」延燒危險；且橫向導管配置，往水平方向延燒亦具相當危險性。
3. 強風助長：火災層及其上層窗戶玻璃一旦破裂，在高空強風給氧情況，火勢燃燒更加猛烈。
4. 鋼骨導熱：大樓如是鋼骨結構，由於鋼具良好導熱性，傳熱至鄰近空間，當火災熱超過 538℃，鋼骨喪失 1/2 強度。
5. 抽引力強：抽引力大小與建築物高度成正相關，正負風壓可改變建築物內空氣自然流通之狀態；於頂層處豎井開口與大氣相通時，內部負壓會對豎井會產生強力抽吸作用。

超高層火災消防特性

1. 高度問題：首先是高度問題，接近火災層之方式被限制，射水量供應率也被限制。往火災室之進入口受到許多限定，且搶救活動空間較狹窄。
2. 收容人員：建築物收容人員多，災害時需救助者比率高，且因高度距離問題，避難時間較長。因消防活動形成立體作業，搶救之消防力易形成分斷。
3. 長時消防：火點狀況確認較困難大樓密閉構造易充滿濃煙，火點狀況確認較困難。大樓救災難以有效射水，易形成長時間消防搶救活動。
4. 危險因子：大樓內發生濃煙、熱氣充滿，有毒氣體、危險物質洩漏以及漏電等危險要因多。窗戶、廣告看板等雜物破損落下，及內部救災行動環境不明易形成救災人員跌傷，於搶救活動時傷亡危險性高。
5. 消防設備：對象物複合用途，災害實態狀態判斷需要較長時間。因內部區劃作業空間窄化關係，易造成無效射水與水損（Water Damage）之有效射水問題。必須有效活用對象物消防及建築防災設備，才能達成有效果之消防活動。
6. 通信障礙：大樓氣密性高，無線電等通信易生障礙，致指揮命令與回報等也受相對影響。
7. 戰略受限：建築物頂樓與窗戶難以接近，火災搶救時必須從內部樓梯、器具與升高裝備才能到達，火場戰略所能運用之方式被限制。

超高層火災善用消防設備

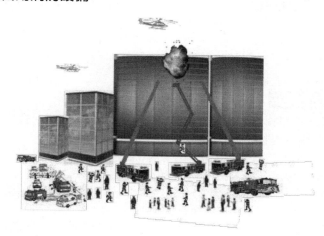

超高層火災學特性

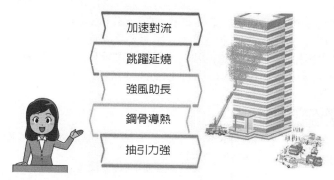

加速對流
跳躍延燒
強風助長
鋼骨導熱
抽引力強

超高層火災消防特性

高度問題
收容人員
長時消防
危險因子
消防設備
戰略受限
通信障礙

11-3 地下建築

地下建築物（Underground Construction）與地面建築火災大相逕庭，從本身特點及其使用的複雜性，決定了其具有較大火災的危險性。

地下建築火災學特性

1. 濃煙充斥：不同於一般建築物，地下建築開口相當少，供氧嚴重不足，大量深層濃煙充斥地下空間，致內部人員逃生不及問題。
2. 蓄熱容易：地下空間受邊界層封閉情況，致熱傳熱損少，火災生成熱得以大量保存，一直至火勢搶救熄滅後，內部仍高溫不退。
3. 通風控制：內部空氣受熱膨脹，壓力逐漸增大，火災室很快由燃料控制轉變為通風控制燃燒型態，開口中性面逐漸降低，由通風量決定燃燒。
4. 熱不安定：地下建築火勢不久後，需靠開口氧氣供應，內部輕質碳素可燃物，如處在高溫情況下仍會繼續熱分解，釋放出 CO、CO_2、H_2 等氣體，並囤積地下空間而形成可燃氣體層，假使煙流帶有壓力狀間歇噴出、喘息狀或迴旋狀等，此際內部空間能量已呈現相當不安定（Thermal Instability）之危險情況。
5. 吸風效應：地面下與地面上建築物火災明顯不同是，前者火災生成熱幾乎被保存，於初期燃燒進展往往比後者快，但快速燃燒相對需大量氧氣配合，於開口處產生一種吸風效應現象（Induced Draught Effect）。

地下建築火災消防特性

1. 能見度差：地下空間濃煙使能見度降低，甚至小於危險可見視距（Precarious Visible Distance），行動能力明顯受限。
2. 內攻異常：短時間內空間充斥濃煙而難以消散，在消防活動時有其限制性。又侷限於外部視認現象，而僅憑內部煙流情況，來對地面下整個災害預測進行狀況判斷，加上四周黑暗難以尋路，使深入地下搶救之消防人員因環境狀況險惡不明，易使搶救人員產生心理上封閉感與壓迫感。
3. 火難攻擊：在沒有可靠安全措施之前提下，難以進行內部深入攻擊，因水帶延伸拖移笨重且有障礙物情況下，影響瞄子射水角度而難以有效直接攻擊火點；即使到場消防力較多，亦未能發揮充分作用。而內部人員無線電波也會受到地下層影響，指揮人員亦無法及時掌握地下內部情況。
4. 出入競合：出口在發生火災時既是疏散通道，又是排煙通道，同時也是消防救災通道。因此，地下建築出入口少，到場消防力量難以全面展開搶救。而到場必須組織救災人員完全著裝，配戴空氣呼吸器（SCBA），攜帶照明工具、安全繩等器材，滅火準備動作時間較長。
5. 次生災害：因火災溫度散熱困難，可能造成壁面剝落或吊飾體墜落；又消防射水累積，導致內部積水排放困難，水損問題汙染嚴重。

地下建築火災大量濃煙問題

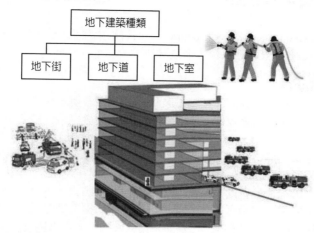

地下建築火災學特性

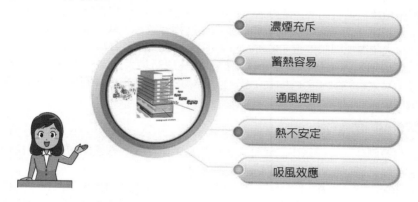

地下建築火災消防特性

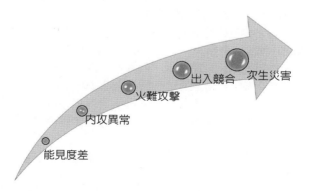

11-4 鐵皮屋建築

鐵皮屋建築（Metal-Sheet Type Structures）自民國 70 年代末以來陸續使用，尤其中小型工廠，此類建築有其潛在火災人命危險特性。

鐵皮屋火災學特性

1. 牆熱容低：鐵皮屋邊界層（指牆壁及天花板）僅一鐵皮厚度，不似鋼筋混凝土建築之牆壁厚度，因鐵皮厚度非常薄，所以火災發生時由區劃空間邊界層所吸收熱容量有限。
2. 閃燃現象：廠房無防火區劃，火勢向任何方向蔓延，一旦火災成長熱釋放率足夠強時，閃燃現象往往在消防隊介入時就已發生了，擴大了消防搶救資源。
3. 爆燃現象：因火災於初期及成長期中，因空間容積大，可供應火災燃燒所需氧氣，使火災室熱量蓄積至一定高溫後，假使開口緊閉致燃燒生成物無法排出，使燃燒轉變成通風控制型態，一旦前來搶救破門，出現爆燃危險現象。
4. 火成長快：因牆壁屬性薄，吸收火災熱有限，即邊界層熱容少，使成長期火災熱蓄積快，短時間使消防隊無法在其未形成大火前，即趕到現場進行搶救。
5. 輻射回饋：工業廠房火載量與火災猛烈度相對較大，廠房堆積燃料相鄰燃燒，致火災輻射能回饋效應（Radiation Energy Feedback）顯著。
6. 火爐現象：因空間利用及光線取得，往往加高加大空間之設計，於足夠火載量，又燃料控制型態時間長，使火災燃燒之熱釋放率持續囤積在屋內，形成火爐現象。

鐵皮屋火災消防特性

1. 防火區劃差：一棟鐵皮屋建築大多僅為一區劃空間，即使廠房面積規模較大，往往難以進行有效空間上之防火區劃處理。
2. 人命死亡高：在樓上層可能一般房間使用，一旦從地面層火災，樓上人員往往逃生無門，形成立體燃燒態勢，人命死亡率相當高。
3. 耐火等級差：鐵皮屋建做為中小型工廠加工、傢俱行或為倉儲使用，薄鐵皮結構耐火等級低，火災發生容易燒塌整體構架。
4. 救災威脅多：無防火披覆層的金屬構件在火災高溫作用下，力學性能會迅速發生變化，短時間其強度就會喪失，並威脅救災人員之安全。
5. 空間跨度大：大空間建築物、跨度大、層間高，缺少實體分隔所形成的建築。而鋼材結構主要承重構件，火災因承載問題造成建築的整體或部分坍塌。
6. 易連棟燃燒：火勢燒至鄰棟速度相當快，因火勢延燒僅為一牆之隔，在二戶之間牆壁接縫問題，且為薄金屬熱傳導大，易使高溫熱煙層流至某種程度，延燒至鄰戶。
7. 起火因子多：鐵皮屋廠房與住宅合併使用，因工業處理往往有大量灰塵且機器軸承必須有油脂潤滑，如裝置缺陷、破損洩漏、異常發熱、電源積汙導電或插頭氧化亞銅等，使鐵皮屋廠房潛伏較多火災危險要因，導致火災機率高。

鐵皮屋建築潛在火災危險

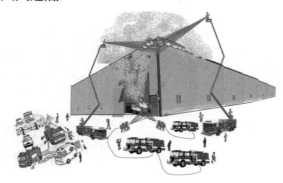

鐵皮屋火災學特性

鐵皮屋火災消防特性

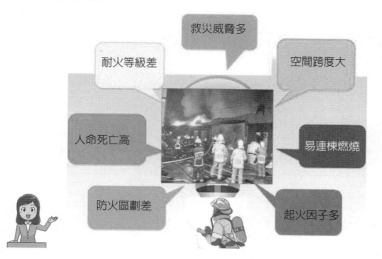

Note

第12章
電氣火災概論

（作者（左三）美國訓練照片）

12-1 電氣系統及火災防範

電氣系統

　　功率（P, W）為單位時間內所做之功，依照歐姆定律輪之電阻電路，在功率、電流、電壓和電阻的關係式，對電氣系統了解是非常重要的。於電弧強度和發熱程度主要取決於電路的電流與電壓（V）以及端子觸點的電阻（R）。如多個插入到同一延長線，應可計算導線規格安培數是否超過，以一般吹風機設計 120 伏特之 1500 瓦特以下，則其電流、電阻等如次：

$$I = \frac{P}{V} = \frac{1500 \text{ W}}{120 \text{ V}} = 12.5\text{A}$$

$$R = \frac{V^2}{P} = \frac{120 \text{ V}^2}{1500 \text{ W}} = 9.6\Omega$$

　　熱量是由電線上流動的電流以 I^2R 速率成正比。如插座連接不良，導致 2 歐姆的電阻（R），並且有 10 安培的電流（I）流過該電阻，產生熱量（W）速度將是：

$$P = I^2R = 10^2 \times 2 = 200 \text{ watts}$$

　　這情況類似 200 瓦特（W）燈泡之高溫熱量集中在一密閉空間容器，如此可能會導致電氣火災。此時溫度很可能上升到足以點燃附近的可燃材料。

　　功率 P = I × V（國內習慣用法，美式 P = I×E），使用一台功率（P）1100 W 的電磁爐，電壓（V）為 110 V，則產生電流（I）就是 10 A，如設計成 220 V，那麼電流就是 5 A，線路上電流愈小，則發熱量也會愈小。又依據焦耳定律，流通過導體所產生的焦耳熱（Q，單位 J）和導體電阻（R）成正比，和通過導體電流（I）平方成正比，和通電時間（t，單位秒）皆成正比。

$$Q = IVt = I^2Rt$$

　　此外，電線之容許電流值，乃指周圍溫度加上電流經過電線形成溫度上升之值，以不超過 60℃。容許電流與溫度上升 ΔT 方面，從電線之電功率（P）乘以熱阻抗，即可獲得該傳熱路徑上的溫升（ΔT）情況。上述熱阻抗（Thermal Impedance, R_t，℃·cm/W）是指熱量在熱流路徑上遇到的阻力，反映電線導體的傳熱能力大小，其 1 W 熱量所引起的溫升大小，並隨著電線長度成正比。

$$\Delta T = T_1 - T_2 = P \times R_t$$

電氣火災防範

1. 使用空間：使用插頭空間不能堆積可燃物，以防止散熱不良或起火延燒。
2. 使用習慣：養成正確使用習慣，使用完畢進行斷電，及不過負載使用。
3. 定期檢查：電氣應接受定期預防性維護檢修，以確保能發現潛在風險問題，清除設備本身附著灰塵，避免接觸不良並更換老舊線路及設施。
4. 合格施作人員：所有電氣設備必須由有資格人員，按照現行的電氣規範施作。
5. 合格電氣設施：使用有安全檢驗合格電氣設施，以防止電氣絕緣失敗問題。
6. 保險絲和斷路器：當電路有較多迴路具更多電流，電線可能過熱導致火災，應適當地使用保險絲（Operating Fuses）或斷路器（Circuit Breakers）等。

歐姆定律輪電路關係結構

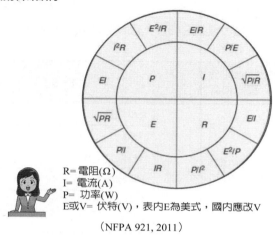

R= 電阻(Ω)
I= 電流(A)
P= 功率(W)
E或V= 伏特(V)，表內E為美式，國內應改V

（NFPA 921, 2011）

---

1. （B）某一線徑 2.0m/m 之電線 1km 長之電阻值為 5.657Ω，熱阻抗為 378。若周遭溫度為 20℃，當此 10cm 長之電線通過 10 安培時，其芯線溫度（℃）約為多少？（109 年消防設備士）

    (A)31　(B)41　(C)51　(D)61

解 1km 長線徑電阻值為 5.657Ω；10cm 長則為 5.657×10^{-4}Ω

$P = I^2 \times R = 10^2 \times (5.657Ω \times 10^{-4}) = 0.05657$（W）

$\Delta T = T_1 - T_2 = P \times R_t \rightarrow \Delta T = T_1 - 20 = 0.05657 \times 378 = 21.4$℃

$T_1 - 20 = 21.4$℃$\rightarrow T_1 = 41.4$℃（未超出電線容許溫度 60℃）

---

2. 為確保低壓絕緣電線之使用安全，其絕緣物有最高容許溫度之規定，如 PVC 電線之絕緣物最高容許溫度為 60℃。茲有直徑 2mm 之 PVC 電線（其容許電流值為 35 安培，電阻值為 5.657×10^{-5}Ω，熱抗阻為 378），試計算在常溫 25℃下須通多大電流值，其絕緣物溫度將超過最高容許溫度值。（103 年消防設備師）

解 $P = I^2 \times R = 35^2 \times (5.657Ω \times 10^{-5}) = 0.0693$（W）

$\Delta T = T_1 - T_2 = P \times R_w \rightarrow \Delta T = T_1 - 25 = 0.0693 \times 378 = 26.2$℃

$T_1 - 25 = 26.2$℃$\rightarrow T_1 = 51.2$℃（未超出電線容許溫度 60℃）

---

3. 某醫院某日晚間不慎發生火災，經消防人員搶救，幸無人傷亡，事後現場調查係屬電氣火災，再深入了解係因「焦耳熱異常」所造成，試說明「焦耳熱異常」發生原因及防範方法。（25 分）（105 年警察消防三等特考）

解

（一）「焦耳熱異常」發生原因

依 NFPA921 指出，電氣造成火災原因主要是從 2 種熱量形成的：即電阻發熱和電弧發熱。

（NFPA 921） 電氣焦耳熱	起火原因
電阻發熱 （Resistive Heating）	高壓電弧
	靜電
	分離電弧（串聯）
	積污導電（並聯）
	電弧跨越碳化路徑
	高電流火花
電弧發熱 （Arcing）	高壓電弧
	靜電
	分離電弧（串聯）
	積污導電（並聯）
	電弧跨越碳化路徑
	高電流火花

（二）電氣火災防範方法

電流與水流類比

電流

帶電粒子透過電路流動

水流

水粒子透過管路流動

例 1. 某一電器之電流 20 A、電阻 30 Ω，則消耗電功率（W）？

解 $P = I^2 \times R = 20^2 \times 30 = 12000$ (W)

例 2. 於功率（P）1260 瓦特，電壓（V）220 伏特，功率因數 0.9 求電流（I）？

解 $P = I \times V \times 0.9$

$I = P / (V \times 0.9) = 1260 / (220 \times 0.9) = 6.4$ A

例 3. 使用電氣延長線，該容許電流值為 15 A，假使同時插上一電鍋（耗電量 550 W）、熱水瓶（耗電量 330 W）及電暖爐（耗電量 1100 W），是否超過延長線之負荷？

解 $P = I \times V$

$I = P / V$，三種電器分別為 5A + 3A + 11A = 19A > 15A

例 4. 若電流為 30 安培，電阻為 0.5 歐姆，通電時間為 10 秒，試問在此情況下其發熱量為多少焦耳？

解 $Q = I^2Rt = 4500$ J

例 5. 於 1.6 mm 電線 1 km 長電阻值為 8.931 Ω，熱阻抗為 415℃/W。若周圍溫度為 25℃，當電線通過 27 安培電流時，其發生熱量及中心線溫度為何？

解 1 cm 長線徑 1.6 mm，其電阻值為 $8.931\ \Omega \times 10^{-5}$

$P = I^2 \times R = 27^2 \times (8.931\ \Omega \times 10^{-5}) = 0.065$ (W)

$\Delta T = T_1 - T_2 = P \times R_t \rightarrow \Delta T = T_1 - 25 = 0.065 \times 415 = 26.9℃$

中心線溫度 $T_1 = 25 + 26.9 = 51.9℃$（<60℃仍尚安全）

電氣短路現象

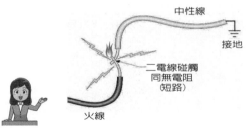

中性線

接地

二電線碰觸同無電阻（短路）

火線

例 6. 若電壓爲 110 V，電流爲 20 A，使用時間爲 3 分鐘，試問其總發熱量約爲多少卡？（107 年警大二技）

解 $R = \dfrac{V}{I} = \dfrac{110}{20} = 5.5$，$Q = I^2Rt = 20^2 \times 5.5 \times 180 = 396000$

1 cal = 4.18 J，因此 $\dfrac{396000}{4.18} = 94736$ cal

例 7. 假設帶電體（爲導體）具有之能量爲 E（焦耳），電壓爲 V（伏特），電荷爲 Q（庫倫），靜電容量爲 C（法拉），則下列何者正確？（108 年警大消佐班）

(A) $E = 0.5CV^2$　(B) $E = 0.5Q/C^2$　(C) $E = 0.5QV^2$　(D) $E = 0.5C^2Q$

例 8. 俗稱「電線走火」之火災起因，下列敘述何者錯誤？（108 年四等特考）

(A) 延長線過負載　　　(B) 電暖器發熱部位引燃附近可燃物
(C) 電風扇電線半斷線　(D) 冰箱插頭積汙導電

例 9. 電流通過導體時，由於導體具有電阻，因此會產生熱，此導體內產生的熱稱爲焦耳熱，過量的焦耳熱容易引起電氣火災。若 V 爲電壓，I 爲電流，R 爲電阻，t 爲時間，Q 爲熱量，下列關於焦耳定律及歐姆定律的關係式何者正確？複選題（108 年警大二技）

(A) $Q = I \cdot R \cdot t$　(B) $Q = I \cdot V \cdot t$　(C) $Q = I2 \cdot R \cdot t$　(D) $Q = (V \cdot t)/R$
(E) $V = I \cdot R$

例 10. 下列何者屬於電線走火的原因？複選題（106 年警大二技）

(A) 過負載　(B) 短路　(C) 半斷線　(D) 積汙導電　(E) 接地（漏電）

例 11. 若電鍋（功率 550 瓦）、熨斗（功率 660 瓦）及電熱器（功率 770 瓦）之插頭同時插在某延長線上，該延長線之容許電流至少需多少安培？（家用電壓 110 伏特）

(A) 1,980 安培　(B) 18 安培　(C) 198 安培　(D) 110 安培

例 12. 下例何者非屬電線走火之主因？

(A) 過負載　(B) 短路　(C) 斷線　(D) 積汙導電

例 13. 若電鍋（功率 550 瓦）、熨斗（功率 660 瓦）及電熱器（功率 770 瓦）之插頭同時插在家用某延長線上，該延長線之容許電流至少需多少安培？

(A) 1,980 安培　(B) 18 安培　(C) 198 安培　(D) 110 安培

例 14. 一般插座之容許電流爲 15 A，假設電壓爲 110 V，其設計功率可承受多少瓦特，當超過此功率則稱爲過負載？

(A) 500　(B) 1000　(C) 1320　(D) 1650

解　7. (A)；8.(B)；9.(BCE)；10.(ABCDE)；11.(B)；12.(C)；13.(B)；14.(D)

Note

12-2 電氣火災原因

NFPA 指出美國於 2007～2011 年平均每年有 498400 場建築物火災，有 13% 是由電氣設備引起的。美國 Babrauskas 博士將電氣火災原因分類如次：

1. 直接受熱起火（External Heating）
2. 電弧發熱（Arcing）
3. 非電弧之電阻發熱（Excessive Ohmic Heating, without Arcing）

加拿大電氣火災也依 Babrauskas 分類，得出電阻發熱佔所有電氣火災最高位（40%）、次之電弧發熱（29%）、由直接受熱設備造成直接起火佔 12%，其他為不明原因（19%）。

NFPA 921 指出，電氣造成火災原因主要是從 2 種熱量形成的：即電阻發熱（Resistive Heating Faults）和電弧發熱（Arcing）。

電氣火災機率

Babrauskas 博士指出在美國電氣火災，其中由插頭、插座引起火災之機率為 $\frac{3290}{1.62 \times 10^9}$。表面上，這數據顯示建築物插頭、插座造成火災是非常低的。但問題不在於個別起火機率。問題是電力分配非常普及的數量，而且每一個都有可能導致火災發生。事實上，電氣系統存在電壓的情況，如次：

1. 火線和中性線之間
2. 火線和接地線之間
3. 火線和任何可接地物質之間
4. 中性線和任何接地物質之間
5. 連續接地導體和任何接地物質之間

電氣成為火災原因需具備 2 條件：
1. 必須通電中，電力可來自配電盤、電池或其他電源供應。
2. 導線體必須產生足夠熱，能引燃可燃性物質至起火程度。

直接發熱裝置

直接發熱裝置（Heat-producing Devices）是造成電氣設備周遭可燃物質直接受熱起火。造成這些原因有：衣服與電燈接觸、可燃物落入電氣設備、發熱設備忘了關掉、可燃物放置太靠近白熾燈、電暖器、咖啡壺、油炸鍋或電鍋的溫度控制失敗等等。

電氣火災原因分類

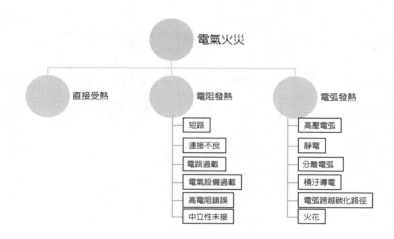

1. （C）如下圖所示，在已接地之電路上，有甲、乙、丙 3 個可為通路或斷路的接點。若人站在地上，而手碰觸到金屬外殼形成通路，則當此 3 個接點為下列何種情況時，此人會有觸電之危險？（109 年消防設備士）

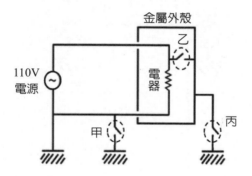

(A)甲：通路；乙：通路；丙：通路 　 (B) 甲：通路；乙：斷路；丙：斷路
(C) 甲：斷路；乙：通路；丙：斷路 　 (D) 甲：斷路；乙：斷路；丙：通路

解　甲是系統接地、丙是設備接地。

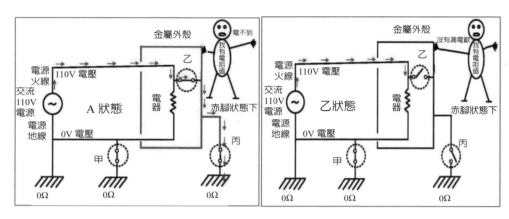

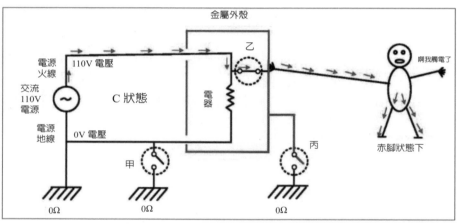

Note

12-3 電阻發熱火災

每當電流流過導電性物質，會有電阻產生熱，根據加拿大電氣火災中由電阻發熱（Resistance Heating）所引起火災原因之分類。

短路

短路（Short Circurt）是一種不正常的低電阻電路，產生非常大電流，因電線上所流通的電流沒有通過任何電器負載。依歐姆定律出電流＝電壓／電阻，一旦電阻接近0時，則電流能相當大，過大的電流有可能導致電路損壞、過熱、火災或爆炸。基本上，造成電氣短路主因有：
1. 內部破損影響（Internal Effects）：如（A）絕緣劣化或破損、（B）設備老舊或過載、（C）設計缺陷、（D）接觸不良：接點鬆動、半斷線。
2. 外部碰觸影響（External Effects）：如（A）氣象條件：如雷擊、雨水、架空線鬆弛風大作用下碰撞或風災斷線或電線杆倒塌；（B）動物因素：小動物（如守宮、老鼠等）接觸或咬傷；（C）人為因素：金屬或人體碰觸、不適當維修或改裝、踐踏或重壓。

接觸不良

當電路有連接不良，如鎖電線之螺絲釘鬆脫，會導致在接觸部位電阻增大，形成氧化物界面（Oxide Interface），而增加發熱，該氧化物界面發熱可以熱到足以發灼光（Glow）。當銅質導體承受電氣火花等高溫時，一部分銅因氧化而形成氧化亞銅，並會持續增值擴大形成高溫，為氧化亞銅增值發熱之現象。或電氣開關老舊，接觸點每次打開或關閉，皆產生一小火花，這會導致接觸表面老化熱降解（Degradation）現象。

電路過載

過大電流是否成為電氣的起火源，取決於其電流幅度和持續時間。基本上。電線是設計用於攜帶電流，如超過其額定容量（Rated Capacity）會使導線產生過多的熱量。只要熱量能從導線表面進行散熱，這是沒有問題的。但是，如果電線是處在區域，使其散熱不能大於其所生成熱量，就有可能導致火災發生。

設備過載

在設備線路產生部分斷線情況下，所加的電流或電壓過載，過多的熱量造成電氣起火現象。在電動機負載率與繞組電流關係，假使部分斷線情況下使單向運轉的性能降低，其線電流會增加至 $\sqrt{3}$ 倍，很容易造成過載（右表），若持續通電會使繞組電流高溫起火。

高電阻錯誤

高電阻故障為一個通電導線進入接觸到不良接地之物體，所造成起火現象。

中性線未接

美國 NEC 2008 對中性線定義為接到系統之中性點。中性線是一條迴路線，假使電力系統一中性線未接，在 2 條電線間不會有一零電壓不定點。意即如 240 V 系統中性線未接（Open Neutral），兩條電線之間仍會有 240 V，而 2 條電線彼此至中性點電壓無法固定在 120 V，但加起來 240 V 不變，但彼此 2 條可能會發生變化。

電氣火災電阻發熱類型

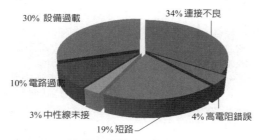

加拿大 2002～2007 年期間電氣火災電阻發熱類型（Steve Montgomery 2011）

短路現象

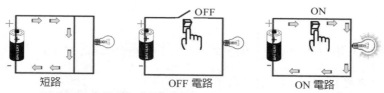

負載率與繞組電流之關係

負載率（%）	繞組電流 / 全負載電流（%）
50	100 以下
75	140
100	180
125	220

例 1. 三相三線式配線之一線斷線，若其負載率維持在 125%，試問其繞組電流爲未斷線全負載電流之多少%？

解 基本上以負載率 × $\sqrt{3}$，此會有誤差。$125(\%) \times 1.73 = 216 (\%)$

例 2. 三相三線式電動機配線之一線斷線，若其負載率維持在 75%，試問其繞組電流爲未斷線全負載電流之多少%？

解 $75(\%) \times 1.73 = 130(\%)$

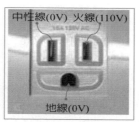

中性線(0V) 火線(110V)

地線(0V)

插座110 V：火線（短孔）、中性線（長孔）與接地線（半圓孔）

12-4 電弧火災

電弧（Arcing）是一種氣體放電現象，電流通過絕緣介質（如空氣）瞬間高溫火花。亦即電弧火花是跨越間隙空間所產生極高溫發光放電現象。電弧中心溫度高達 5,000°C～15,000°C，若周遭有可燃物質，將可能產生火災。

電弧可分串聯電弧與並聯電弧現象。串聯電弧如分離電弧現象，並聯電弧如積汙導電現象，產生電流較大，又如使用虎頭鉗將通電中二導線同時裁斷，就電路上來看，瞬間就變成一個低阻抗的短路電路，有高電流而產生並聯電弧現象，這是相當危險的。

高壓電弧

高電壓形成在電力公司的配電系統與建築物用電系統之間的意外接觸。

靜電

靜電造成火災／爆炸原因，一般固體是不太可能；延伸閱讀 12-5 節之探討。

1. 分離電弧（Parting Arcs）：分離弧（Parting Arc）是一種帶電電氣通路被打開而電流流過，比如插或拔插頭時，所產生的串聯電弧。此種電弧通常在開關上是不可見的，但是當在電流流動的插頭被拉出時，是能看得見的。
2. 電弧跨越碳化路徑（Arcing Across a Carbonized Path）：兩個導體之間受到固體絕緣體（Solid Insulator）分開形成電弧，如絕緣體變成碳化（Carbonized），此碳化形成有 2 主要原因，透過電流流動與受外來高溫。如果碳化是由於電流流過，這種現象通常被稱為積汙導電（Arc Tracking）。假使碳化是由於非電力方式之高熱，如蠟燭線香等。一旦形成碳化後，在兩個導體之間跨越碳化區塊而形成電弧現象。

積汙導電

插頭異極導體間附著鹽份、粉塵、毛髮、木屑粉、灰塵或液體情況下，透過此汙染物引起絕緣物質高溫熱降解，導致高電壓並聯之電弧（火花）放電，引起插頭起火之積汙導電（Arc Tracking）。一般常發生於木器工廠或電鍍工廠之插頭火災案例。大多數情況下，通過受汙染的受溼路徑上的雜散電流，能使受潮路徑逐漸乾燥，使蓄熱情況停止。如果水分能連續地補充，使得電流持續，金屬或腐蝕物能沿著導電通路上形成沉積物（Deposits）促進電化學（Electrochemical）變化，導致碳化部位起火現象。

火花

電氣火花（Sparks）是一種當電弧高溫熔化金屬和電弧飛濺顆粒點，所形成發光顆粒（Luminous Particles），如電焊火花即是。此外，橡膠、木材等有機物絕緣體，因受電氣火花而表面碳化，碳化部分會逐漸形成微量石墨結晶，就會具有導電性，稱金原現象。亦即正負極板間，若有機物夾於其間，則會因電氣火花在缺氧等狀態下被加熱到高溫時，使該部分局部石墨化，形成石墨導電深入內部，產生焦耳熱高溫，使該有機物繼續石墨化，終致大範圍發熱現象，致引起火災。

木材受電弧放電表面碳化→導電→燃燒。在初始階段，形成石墨，引起漏電流，並且當電流流動時，產生焦耳熱，這導致發熱和點火。

積汙導電火災

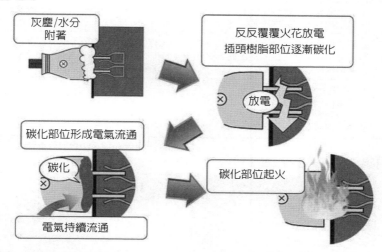

電氣火災原因

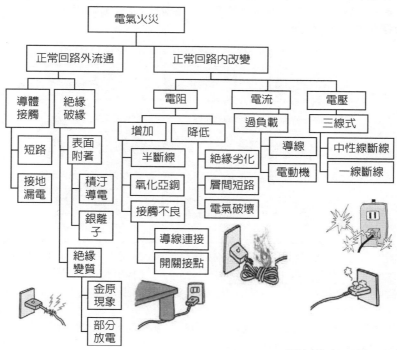

（資料參考：陳弘毅，2016）

積汙導電與金原現象異同

	積汙導電	金原現象
相異點	a) 限於表面發生。 b) 附著物如水或粉塵，主要是濕度。 c) 早期碳化石墨化現象	a) 絕緣體本身變質劣化後電流形成內部通路。 b) 木材體等，不一定是濕度。 c) 深度碳化石墨化現象。
相同點	a) 有機物絕緣體石墨化。 b) 形成碳化導電路。 c) 電化學變化。 d) 電弧跨越碳化路徑現象。	

（陳弘毅，2019；八木雅弘，平成 21 年）

短路現象（NFPA 921, 2011）

多股銅導線形成一次痕短路熔斷情況　　銅線碳化絕緣間電弧現象

積汙導電火災形成過程

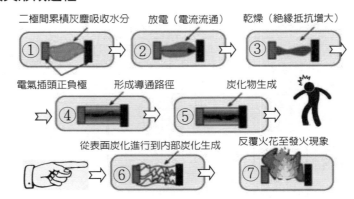

二極間累積灰塵吸收水分　　放電（電流流通）　　乾燥（絕緣抵抗增大）
① ② ③

電氣插頭正負極　　形成導通路徑　　炭化物生成
④ ⑤

從表面炭化進行到內部炭化生成　　反覆火花至發火現象
⑥ ⑦

1. 請說明積汙導電與金原現象，並比較其異同？（25 分）（104 年 3 等消防特考）
2. 請說明「金原現象」的定義和現象。（25 分）（100 年消防人員升等考）
3. 請說明「積汙導電」和「金原現象」的定義和列表比較其異同。（25 分）（97 年 3 等特考）
4. 試說明積汙導電現象之成因及定義？有哪些事例易致使絕緣物產生積汙導電現象？（15 分）（96-1 年設備士）
5. 請說明金原現象引起火災之機制。（15 分）（92 年設備士）

解 見本節所述。

1. 「電線走火」係泛指發生於用電線路上的事故所引發的火災，請詳細說明電線走火的原因爲何？（25 分）（97-1 年設備士）
2. 家庭與辦公室資訊化及電氣用品的多樣化，伴隨而來的是「電線走火」的大量化，試說明「電線走火」的原因。（15 分）（86 年設備士）（95-1 年設備士）（97-1 年設備士）

解 電氣火災原因，依 NFPA 主要分類如次

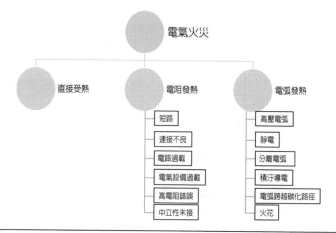

3. 臺灣地區近年來電氣火災發生率居高不下，佔火災發生總數很大比率，試略述電氣火災發生之原因及防範對策。（25 分）（85 年設備士）
4. 試述電線走火的原因及電氣火災防範對策。（25 分）（102 年一般 4 等特考）
5. 電氣設備因素引起之火災，一直高居臺灣火災原因之首，常用「電線走火」來泛指發生於用電線路上之事故引起之火災，請說明電線走火之原因？（25 分）（107 年一般 4 等特考）

解 電線走火的原因如上一題；電氣火災防範見 12-2 節所述。

12-5 靜電原因與條件

物質都是由分子組成，分子是由原子組成，原子中有帶負電的電子和帶正電的質子組成。在正常狀況下，一個原子的質子數與電子數相同，正負平衡。造成不平衡原因，即是電子受外力，如動能、位能、熱能、化學能等。因此，從外部條件，任何兩個不同材質的物體接觸後再分離，即可產生靜電。從內部條件，使電子脫離原物體，即失去一些電荷，如電子轉移到另一物體使其帶正電，而另一帶負電。摩擦起電不能創造額外的電荷，電荷只是發生轉移，相互摩擦的兩物體，所帶的電量相等，而電性相反。但電子仍束縛在原子內，不能自由地在原子間移動，這些電荷稱為靜電（Static Electricity）。靜電在人類日常生活中，應用於空氣過濾器（特別是靜電除塵器）、汽車塗料、影印機、油漆噴霧器等。

靜電原因

1. 接觸：行走中鞋類與地板之接觸摩擦情況，接觸又分離造成電荷不平衡，使電荷累積現象。
2. 剝離：當衣服內層相互摩擦而脫下時，特別是毛線衣情況；或一物體上剝離塑膠膜現象。
3. 摩擦：各種不同的液體或固體表面相互摩擦，相對位置改變，產生電子轉移現象。
4. 碰撞或攪拌：研磨物質通過槽或氣動輸送機，產生粒子相互碰撞帶電；或液面上晃動攪拌，造成粒子相互碰撞帶電。
5. 噴射：蒸氣或氣體從管道或軟管口噴出，當流出蒸氣是溼的，或氣體中包含顆粒物，發生接觸分離而帶電。
6. 滾動：行進中（輪胎滾動）車輛而帶電。
7. 感應：當帶電物體接近不帶電物體時，會在不帶電之導體二端，分別感應出負電和正電。

靜電起火條件

靜電放電而產生火災的過程只有在以下 4 個條件下，才會成為災害起火源：
1. 有效產生：靜電需有有效產生方式。
2. 有效儲存：物體間存有電位差，並保持足夠電位差。
3. 能量釋放：需有釋放足夠的能量。
4. 可燃混合物：靜電放電必須發生在可燃性混合物（指粉塵、蒸氣或氣體）區域。

靜電原因

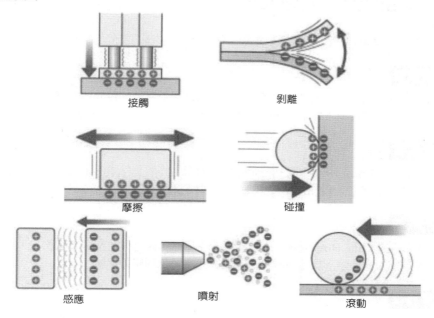

靜電放電釋放能量（NFPA 77）

靜電放電類型	最大釋放能量（mJ）	物質
電暈放電	0.1	電線、散裝袋
刷形放電	1 - 3	彈性靴和襪子
錐形放電	1 - 10	在料斗或筒倉粉末堆電阻率 $>10^9$ Ω-m
沿面放電	1000 - 3000	塑膠管或導管
火花放電	> 10000	未接地導體，如袋式除塵器或包裝機

錐形放電案例

將醋酸粉倒入反應爐內，因大量粉末塵產生錐形放電起火（厚生勞動省平成 31 年）

12-6 靜電放電類型

NFPA 77（2006）指出，靜電放電類型如下：

電暈放電

又稱尖端放電，是靜電釋放能量最小，空氣被局部電離一種放電過程。工業中如靜電除塵、分離以及場所靜電消除等，使用電暈放電（Corona Discharge）技術。

刷形放電

刷形放電（Brush Discharge）在非導體表面產生許多分岔情形，如絕緣體帶電面積愈大，刷形放電也就愈大，致可引燃（爆）大多數的可燃氣體。

錐形放電

錐形放電（Cone Discharge）一般於灌裝發生錐形放電導致整個堆積粉末，形成錐形大型放電現象。錐形放電風險可透過灌裝速度降低而降低風險。

沿面放電

沿面放電（Propagation Brush Discharge, PBD）是非導體表面是絕緣介質，當兩電極間電壓升高後，電流無法擊穿非導體表面，就被迫沿其平面尋找與另一距離最短的通道。通道就是電流擊穿空氣，使高壓電流的能量得以釋放。發生時機係非導體帶電物體接近接地體，沿著非導體表面進行如樹枝狀放電，此種短路放電能量極大。

火花放電

火花放電（Spark Discharge）是 2 放電體間距甚小，空氣被擊穿，伴隨「劈啪」爆裂聲。爆裂聲是由火花通路內空氣溫度急遽上升，所形成氣壓衝擊波造成音聲。如油槽內累積靜電在漂浮於油面上金屬物，且其電荷密度足夠大時，其與槽壁間產生感應電荷先發生電暈放電，再火花放電，這種放電的能量很大，能點燃空間內油類蒸氣。

依 NFPA77（2006）所示，靜電釋放能量從最低到最高強度依次為電暈、刷形、錐形放電、沿面放電及火花放電。電暈一般不足以點燃可燃氣體；刷形放電能夠點燃可燃氣體，但不能點燃粉塵。錐形、沿面和火花放電都能點燃氣體與粉塵。

依 NFPA77 指出，儲存靜電能量（Energy, 焦耳 E）以電容（Capacitance, 法拉 C）表示，這種能量之儲存與釋放是相關於電容（C）和電壓（Potential difference, 伏特 V），電容（C）是測量當兩端的電位差或電壓（V）為單位值時，而電極的電量（Charge，庫侖 Q）之關係如下[註1]：

$$Q = CV \quad E = \frac{1}{2}QV \quad E = \frac{1}{2}CV^2 \quad E = \frac{1}{2} \times \frac{Q^2}{C}$$

[註1] 法拉第（Faraday）定義一伏特電壓，電容儲存一庫侖。法拉是很大單位，以毫法拉（1 mF = 10^{-3} F）、微法拉（1 μF = 10^{-6} F）、奈法拉（1 nF = 10^{-9} F）、皮法拉（1 pF = 10^{-12} F）。

靜電火災放電類型統計

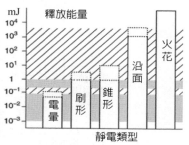

（聚合反應器合成樹脂攪拌靜電火災）　　（靜電類型釋放能量，NFPA77）

靜電放電類型（NFPA 77）

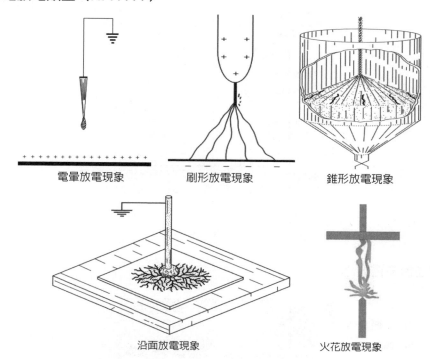

| 電暈放電現象 | 刷形放電現象 | 錐形放電現象 |

| 沿面放電現象 | 火花放電現象 |

---

1. 油罐車在灌裝作業中，其累積電壓為 16kV（其體積為 20m³，電容為 1000pF），試估算此作業所產生靜電能量為多少毫焦耳（mj）？（107 年消防設備士）

解　$E = \dfrac{1}{2} \times C \times V^2 = \dfrac{1}{2} \times 1000 \times 10^{-12} \times 16000^2 = 128 \text{ mJ}$

靜電起火錯誤樹分析

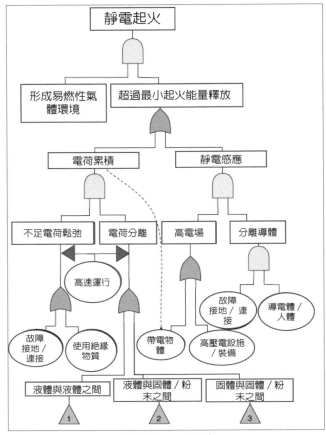

（日本 Ohsawa, 2011）

鋰電池熱失控過程

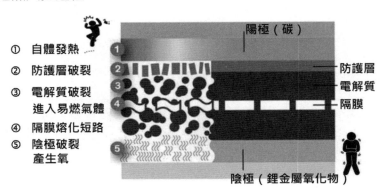

例 1. 電容器兩極板間之電位差為 110 V，已知電容器之電量為 3.6×10^{-3} 庫侖，求電容器之電容量為多少？

解　$C = \dfrac{Q}{V} = \dfrac{3 \times 10^{-3}}{110} = 3 \times 10^{-5} = 30$ μF

例 2. 在 6 μF 之電容器上，接上 25 V 之電壓，問電容器上之電量為多少？

解　$Q = C \times V = 6 \times 10^{-6} \times 25 = 1.5 \times 10^{-4} = 0.15$ mC

例 3. 有一 2 μF 的電容器，若此時電容器儲存有 10 mC 的電荷，則驅動電容器的電壓為多少？

解　$V = \dfrac{Q}{C} = \dfrac{10 \times 10^{-3}}{2 \times 10^{-6}} = 5000$ V

例 4. 當 100 μF 的電容器充電至 200 伏特時，其儲存的能量為多少焦耳？

解　$E = \dfrac{1}{2} C \times V^2 = 50 \times 10^{-6} \times 200^2 = 2$ Joul

例 5. 假設人體的靜電容量為 160 pF，如在油漆布或地毯上行走時產生 10 kV 的靜電，若觸及接地的金屬時，將放出多少能量（mJ）？

解　$E = \dfrac{1}{2} C \times V^2 = \dfrac{1}{2} (160 \text{ pF}) \times (10000 \text{ V})^2 = 8 \times 10^{-11} \text{F} \times (10)^8 \text{ V} = 8$ mJ

例 6. 若人穿毛衣從駕駛座起來之帶電電壓，經測定為 200 V，靜電容量為 2 nF，試問此時之靜電能量為多少？

解　$E = \dfrac{1}{2} C \times V^2 = \dfrac{1}{2} (2 \text{ nF}) \times (200 \text{ V})^2 = 4 \times 10^{-9} \text{ F} \times (10)^4 \text{ V} = 0.04$ mJ

例 7. 某靜電帶電體電壓為 1,000 伏特，靜電容量為 2×10^{-10} 法拉第，試問該帶電體放電火花能量為多少毫焦耳（mJ）？

解　$E = \dfrac{1}{2} C \times V^2 = \dfrac{1}{2} (2 \times 10^{-10}) \text{ F} \times (1000)^2 \text{ V} = 0.1$ mJ

例 8. 假設高壓氣體鋼瓶的靜電容為 100 pF，當噴出的氣體使得鋼瓶的靜電電位值上升至 3000 V，其靜電能量約為多少？（102 年消佐班）

解　電量（Q）$= C \times V = 100 \times 10^{-12} \times 3000 = 3 \times 10^{-7}$（庫侖）
Energy（焦耳）$= \dfrac{1}{2} VQ = 0.5 \times 3000 \times 3 \times 10^{-7} = 0.45$ mJ

例 9. 何謂沿面放電？請說明其發生的時機。（25 分）（106 年設備師）

解　見本節所述。

12-7 靜電防制管理（一）

　　在靜電防制管理方法，可分預防靜電產生及防止電荷累積之方法，前者是預防，後者是移除，即將已存在靜電荷除去。

預防靜電產生

1. 增加溼度（Humidification）：在木頭或紙張等物質導電性，取決於空氣中其相對溼度（Relative Humidity, RH）。增加作業環境中空氣的相對溼度，在目前傳統產業的製程中亦是常見的靜電危害防制方法。在高相對溼度（RH > 65%）環境中，工廠製程中通常會採用加溼器、地面灑水、或水蒸氣噴出等方法，增加作業環境中空氣的相對溼度。但油類、其他液體和固體絕緣物的表面，高溼度並不能排除靜電荷，必須另尋求解決之道。

2. 連接與接地（Bonding & Grounding）：由於地球是一個導體，所以把電導入大地即可。連接（Bonding）就是用一導體將 2 個或更多導電物連接一起的方法；而接地（Grounding）則是將一個或更多個導電物與大地連接的方法。如地下管道或大型儲槽接地，連接使 2 導體間的電位差降到最低限度，而接地則使物體和地面間電位差降到最低限度。

　　由於連接或接地是不需要低電阻，從電學觀點，幾乎任何導體尺寸都可用。導體能絕緣，也能不絕緣。而連接可使用電池夾或焊接等，使用於金屬與金屬之接觸。靜電危害防制方法中，接地是一種相當有效且經濟的方法。但方法只能消除導體表面自由電荷，對非導體靜電荷是無法導走的。

靜電吸塵清淨裝置

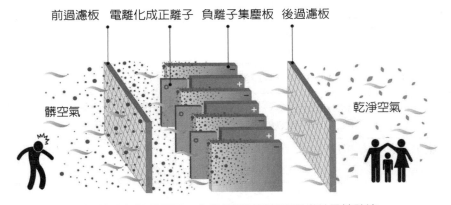

前過濾板　電離化成正離子　負離子集塵板　後過濾板

髒空氣

乾淨空氣

靜電的正負相吸原理，在前端通電後讓通過微粒子被破壞
電荷成為正離子，然後經過被通電成負極的集塵板所吸附

消除靜電各式方法

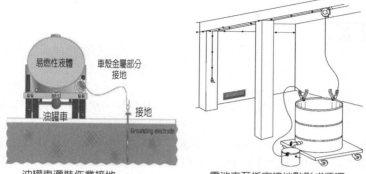

油罐車灌裝作業接地　　　　　電池夾至指定接地點形成循環

輸送帶使用靜電梳除器（Florida Center for Instructional Technology, 2015）

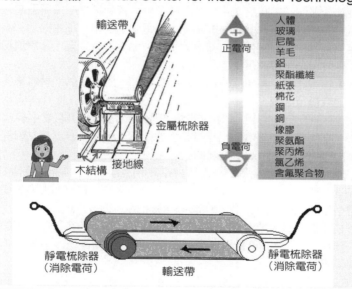

1.（A）不容易蓄積靜電之導體，係指體積電阻係數為多少 Ω・cm 以下之物質？
   (A)10^9　(B)10^{11}　(C)10^{13}　(D)10^{15}

2.（C）帶電體若為導體，一旦發生放電之際，通常其蓄積之靜電能量均將化成放電能量，若此能量大於可燃性物質之最小發火能量，則可產生火災或爆炸，若帶電體之能量為 E，電壓為 V，電荷為 Q，靜電容量為 C，其關係為何？
   (A) $E = \dfrac{CV}{2}$　(B) $E = \dfrac{CQ^2}{2}$　(C) $E = \dfrac{CV^2}{2}$　(D) $E = \dfrac{CQV^2}{2}$

12-8 靜電防制管理（二）

防止電荷累積方法

1. 離子化（Ionization）：在物理能量作用下，原子或分子獲得或失去電子形成離子過程。因此，使空氣具有導電性而吸取靜電荷。

   A. 靜電梳除器（Static Comb）：利用高壓電在空氣中產生帶電離子。由於異性電荷會互相吸引而中和，離子可中和帶靜電物體的電荷，使其電荷蓄積程度降至最低。

   B. 靜電梳是一系列裝有許多尖針的金屬條，或者是一根周圍有金屬絲箔。如將接地的靜電梳放在一個絕緣的帶電體附近，則針尖空氣電離而提供足夠導電性，使電荷迅速洩漏或中和。此原理有時是使用以纖維、輸送帶（Power Belts）和紙上的電荷移除。於輸送帶之帶電現象係來自運轉中皮帶與帶動輪接觸後離開該輪時所產生，並非該皮帶與帶動輪之摩擦所引起。

   C. 電中和（Electrical Neutralization）：電中和器是一種線路功率高壓裝置，在作業過程中使靜電荷的有效消除手段。但有可燃蒸氣、氣體或粉塵處，未經特殊許可是不得使用電中和裝置。

   D. 放射性中和器（Radioactive Neutralizer）：使用放射性材料來使空氣電離，致耗散靜電累積。

   E. 明火（Open Flame）：明火也會造成空氣電離。印刷業中經常使用這種方法，來除去印刷機剛印出來紙張上的靜電，防止紙張互相黏附等問題。

2. 控制可燃濃度（Control of Ignitable Mixtures）

   A. 不燃性替代：於密封體如處理槽內存有可燃混合物，則能以惰性氣體來惰化。

   B. 減低可燃濃度：在許多情況下使用機械通風來稀釋可燃混合物濃度，也能用導引空氣流動來防止易燃液體或粉塵累積。

   C. 移位作業：重新放置在安全地點，而不要仰賴於防止靜電累積的措施。

3. 抗靜電材料：對於工業製程中使用抗靜電物質，如碳粉、金屬、抗靜電劑、導電性纖維等。

4. 限制流速：限制流速可降低摩擦而減緩靜電的產生，如易燃液體的輸送作業。而液體在管線所產生的流動電流和電荷密度的飽和值與液體流速平方成正比。

5. 使用除電劑：如苯中加入油酸鎂。

6. 防止人體帶電

   A. 人體接地。

   B. 工作地面導電化防止人體帶電。

   C. 穿戴防靜電服裝衣帽鞋。

   D. 穿戴防靜電腕帶、鞋襪、腳鏈、手套、指套。

   E. 嚴禁與工作無關的人體活動。

   F. 進行離子風浴。

靜電防範

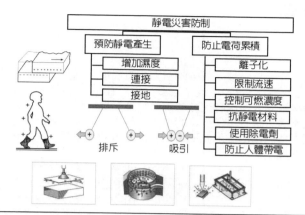

1. 試述靜電產生的原因及靜電災害防止之道？（25 分）（101 年設備師）
2. 靜電發生放電時會伴隨聲響、發光及放熱的現象，為國內火災事故原因之一。試說明並解釋物體產生靜電的原因為何。（13 分）並說明因靜電放電而產生火災的過程。（12 分）（103 一般消防 4 等特考）
3. 製造或處理公共危險物品之設備靜電發生之虞時，試述應如何有效消除靜電之危害？（15 分）（95-2 年設備士）
4. 試述處理可燃性液體靜電危險及其管理對策為何？（10 分）（89 年 3 等特考）

解 見本節所述。

5. 有一金屬罐裝有 20 公升之洗淨油，附有一水龍頭開關以作為分裝使用，其帶電壓經測定之結果如下圖所示，若作業時最大流出量為 5200 ml，靜電容量經測定為 3.2 nF，試問在此情形下之放電能量為多少？（但 n = 10^{-9}）（25 分）（98 年 3 等特考）

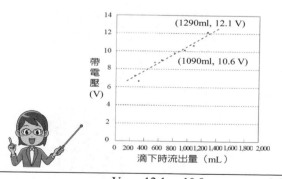

解 最大流出量為 5200 ml，電壓：$\dfrac{V}{5200} : \dfrac{12.1}{1290} : \dfrac{10.9}{1090} = 5200 \times \left(\dfrac{1.5}{200}\right) = 39 \text{ V}$

靜電容量（C）3.2 nF，電量（Q）= C × V = $3.2 \times 10^{-9} \times 39 = 1.248 \times 10^{-7}$（庫侖）

從電壓及電容量，求出放電能量：

Energy（焦耳）= $\dfrac{1}{2}$ VQ = $0.5 \times 39 \times 1.248 \times 10^{-7} = 2.43$ μJ

12-9 閃電

定義

　　閃電（Lightning）是一種大氣中的強力放電現象，爲自然界最具規模的靜電火花現象。由於空氣的密度不同，造成了空氣對流，在這些水滴摩擦碰撞的過程中產生電荷，當小水滴接觸到大水滴時，發生電荷交換，形成電場，大水滴帶負電，小水滴帶正電，當兩個水滴分離時，帶正電的小水滴較輕而被上升氣流帶到較高的高度，於是雲層裡的上正下負的電位差就此形成了。當正負兩種電荷的差異極大時，就會以閃電的型式把能量釋放出來。

　　閃電的直徑爲 2～5 mm，並且能在幾毫秒加熱空氣到 39,000℃。閃電的電流峰值能達到幾萬安培、電荷最大者爲 200 c、電壓約 1 億伏特～10 億伏特、電力爲 4 kwh～100 kwh，但是其持續的時間很短，閃電的電能 90% 是以熱量爲釋放形式，並快速消散到大氣中。閃電能量小於 1% 被轉換成聲音，其餘大部分以光的形式作釋放。

閃電類型

　　閃電可分爲雲內、雲對地及雲對雲 3 種放電類型。
1. 雲內放電（In-Cloud Lightning）：閃電雷雨內閃光被稱爲雲內放電（IC），佔閃電絕大多數，其形狀大多爲片狀閃電。雲內放電（IC）比雲地放電（CG）約大 5 到 10 倍。
2. 雲對地放電（Cloud-to-Ground Lightning）：雲對地閃電形狀大多爲叉狀閃電，強大的電場使強大的電流沿階梯路徑快速流回雲層，回流通過的電流強度高且非常光亮。
3. 雲對雲放電（Cloud-to-Cloud Lightning）：雲與雲之間放電是一種很少發生的閃電，雲對雲閃電原理與雲對地閃電是一樣的。

避雷針原理

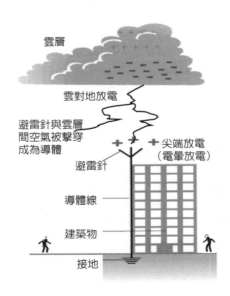

雲層

雲對地放電

避雷針與雲層
間空氣被擊穿
成爲導體

尖端放電
（電暈放電）

避雷針

導體線

建築物

接地

閃電形成與發生類型

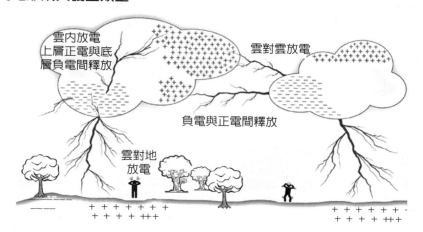

閃電放電現象

雲內放電現象

雲對地放電現象

雲對雲放電現象

Note

第13章
化學火災概論

（作者美國訓練照片）

13-1 自燃發火

　　自燃（Spontaneous Combustion）是一專業術語，對氣體而言，溫度可超過 1300℃ 的有焰燃燒。對固體可以是 300℃ 低溫悶燒現象。依 NFPA 定義，可燃物質於空氣常溫下，因化學變化而自體發熱（Spontaneous Heating），反應熱經長期蓄積，在蓄熱大於散熱環境條件下，達到自燃發火現象。

1. 受熱自燃：指可燃物質在外來熱源作用，溫度持續上升，達到自燃點時起火燃燒之情況，如油鍋起火。
2. 自熱自燃：指可燃物質在無外來熱源影響，由於本身化學、物理或生化過程產生發熱，達到自燃點時起火燃燒之情況，如乾草、堆肥、煤炭、亞麻籽油等自燃。

自燃材質

　　可燃固體自燃溫度都低於可燃液體與氣體自燃溫度，這是因為固體比液體與氣體分子密度大，蓄熱條件好。能產生固體自燃材質，具有幾個共同因素：①體積大：內部溫度升高；②多孔性：空氣深入氧化；③水分：具觸媒作用或微生物生長；④汙染物：增強放熱效果等。

自燃因素

1. 液 / 氣體可燃物
   A. 壓力：壓力愈高自燃點愈低，如汽油在 1 大氣壓時，自燃點為 480℃，在 10 大氣壓時為 310℃。
   B. 氧濃度：氧濃度增高，則自燃點降低。
   C. 催化劑：活性催化劑能降低自燃點，鈍性催化劑能提高自燃點，如四乙基鉛（抗爆劑）會提高汽油的自燃點。
   D. 容器：直徑愈小自燃點愈高，直徑小至一定值時便不會自燃。

2. 固體可燃物
   A. 相同於影響液 / 氣體自燃因素：固體如硫、松香等受熱熔融成液體及蒸氣化燃燒，與影響液氣體相同。
   B. 揮發物：分解釋出的可燃氣體（揮發物）愈多，自燃點愈低。
   C. 顆粒：顆粒粉碎得愈細，與氧接觸表面積變大，自燃點也愈低。
   D. 時間：可燃固體長時間受熱，自燃點會降低，如木材低溫起火現象。

3. 有機物
   A. 分子量：同系物中，自燃點隨其分子量的增加而降低。
   B. 莫耳質量：同系物中，自燃點隨莫耳質量增加而降低。
   C. 鍵結構：飽和碳氫類比不飽和碳氫類，自燃點高。
   D. 密度：液體的密度愈大，閃火點愈高，則自燃點愈低。

植物油自燃

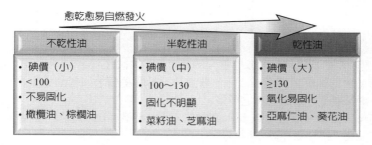

愈乾愈易自燃發火

不乾性油	半乾性油	乾性油
• 碘價（小） • ＜100 • 不易固化 • 橄欖油、棕櫚油	• 碘價（中） • 100～130 • 固化不明顯 • 菜籽油、芝麻油	• 碘價（大） • ≧130 • 氧化易固化 • 亞麻仁油、葵花油

碘價是每100克樣品所消耗碘質量（g）。碘價常被用來測定脂肪酸中不飽和度。碘價愈高，對應的樣品中C＝C含雙鍵量愈高，自燃火災可能則升高。

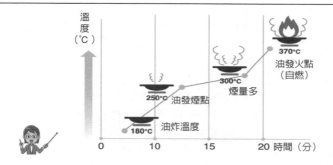

植物油炸鍋自燃點

1.（B）油脂類產生自然發火時，其發熱原因屬於下列何者？（109年一般消防四等）
   (A) 分解熱　(B) 氧化熱　(C) 吸著熱　(D) 發酵熱

解　油脂氧化。

2.（D）有關自然發火物質之敘述，下列敘述何者正確？（105年消防設備士）
   (A) 動物油脂屬於分解熱蓄積發火之物質
   (B) 乾草、棉屑屬於聚合發熱之物質
   (C) 硝化棉屬於氧化熱蓄積發火之物質
   (D) 活性碳屬於吸著熱蓄積發火之物質

解　動物油脂屬於氧化熱蓄積發火之物質；乾草、棉屑屬於發酵熱之物質；硝化棉屬於分解熱蓄積發火之物質。

13-2 影響自燃發火因素

熱蓄熱

物質反應熱平衡呈現蓄熱大於散熱，熱量隨時間累積升高。

1. 通風：物質外部受到通風冷卻，散熱快不易熱蓄積，如含油抹布等氧化發熱自燃，通常發生在通風不良之環境。
2. 熱傳導：粉末、纖維狀或多孔狀物質，能在結構內部氧化熱，因斷層具保溫且氧能深入，能使氧化熱蓄積提升。
3. 含水率：物質本身含水率愈高，形成水分會吸熱狀態，以致能蒸發至大氣中；且水量多會使熱傳導加快散熱，較難於熱蓄積，並提高最小起火所需能量並降低物質反應活性。
4. 堆積方式：堆積愈寬愈高造成深層堆積，在顆粒之間非連續性致熱傳導產生斷層，散熱愈形困難愈易形成熱蓄積，如煤堆氧化發熱、稻草堆微生物發酵等自燃現象。

發熱速度

1. 比表面積：物質表面積與其體積之比值，比值愈大顆粒愈小，與空氣中氧接觸面積增大，易於氧化反應，且物質也較易於形成斷熱狀態，發熱速度相對較快。
2. 新鮮度：煤炭、乾性油或活性碳等愈新鮮者，愈易於反應發熱；如煤炭層愈新，有些尚未碳化，含碳量較小，致較易於氧化升溫。
3. 發熱量：發熱量為燃料單位體積完全燃燒所釋放出來的熱量。發熱量愈大，發熱速度愈快，在金屬粉末自燃發火快慢以鋁粉 > 鈦粉 > 鐵粉。
4. 溼度：適當少量溼度會扮演觸媒作用，降低活化能所需能量；但超過一定溼度會吸熱，並提高最小起火所需能量。
5. 溫度：瑞典 Arrhenius 關係式應用於可燃物分解速度（V, cal.cm^{-3}.sec^{-1}）是隨著溫度（T）升高而加速分解發熱。

$$V = A \times \exp^{\left(\frac{-E}{RT}\right)}$$

A = 碰撞頻率因子（J cm^{-3} sec^{-1}）；E = 活化能（J mol^{-1}）；R = 氣體常數（J mol^{-1}K^{-1}）；T = 絕對溫度（K）。

影響自燃發火因素

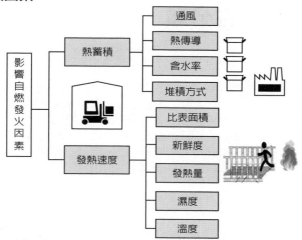

氧化熱自燃在通風不良環境

煤炭新鮮愈易反應發熱及含碳量小易於氧化升溫

1.（C）下列有關自然發火物質之敘述，何者正確？（100 年消防設備士）
   (A) 硝化綿屬於氧化熱蓄積而發火之物質
   (B) 油渣屬於分解熱蓄積而發火之物質
   (C) 活性碳屬於吸著熱蓄積而發火之物質
   (D) 乾草屬於聚合而發熱之物質。

解　硝化綿屬於分解熱蓄積而發火之物質；油渣屬於氧化熱蓄積而發火之物質；乾草屬於發酵而發熱之物質。

2.（D）有關自然發火物質之敘述，下列何者正確？（108 年一般消防四等）
   (A) 活性碳屬於氧化熱蓄積而發火之物質
   (B) 硝化綿屬於吸著熱蓄積而發火之物質
   (C) 油脂屬於分解熱蓄積而發火之物質
   (D) 醋酸乙烯屬於聚合而發熱之物質

解　活性碳屬於吸附熱、硝化綿屬於分解熱、油脂為氧化熱。

3.（C）自然發火乃因熱蓄積使物質內部溫度上升，達到發火點而開始燃燒之故，下列有關影響熱蓄積之敘述何者錯誤？（103 年一般消防四等）
   (A) 熱傳導度小者熱容易蓄積　　(B) 含大量水分者熱不易蓄積
   (C) 粉末狀較塊狀熱不易蓄積　　(D) 通風處所較不利熱蓄積

解　粉末狀較塊狀，因斷熱效果，易熱蓄積。

13-3 自燃發火性分類

氧化熱

1. 金屬粉塵及金屬硫化物：鋅粉、鋁粉屬公共危險物品第 2 類易燃固體。金屬硫化物由硫與金屬生成二元化合物，如硫化鐵與空氣接觸自燃。
2. 含油脂物質：本類自燃是油脂中不飽和脂肪酸的甘油酯，在常溫下氧化放熱。在一般植物油中含甘油酯量較礦物油或動物油為高，因此植物油更易自燃。
3. 橡膠粉末：天然橡膠及大多數的合成橡膠，在分子結構中都含有不飽和的雙鍵。這些橡膠粉碎成細粒或粉末，氧化表面積增大，在大量堆積條件下，雙鍵氧化放熱致自燃。
4. 煤炭：煙煤、褐煤和泥煤在氧化與吸附雙重作用下發生自燃特質，主要由不飽和化合物及硫化物含量多少決定。

分解熱

此類化學穩定性差，遇到振動、撞擊或摩擦，又分子結構中含有氧，所以在分解放熱過程中不需外界氧反應。常溫下分解緩慢，但在良好蓄熱條件下溫度逐漸上升至自燃。
1. 硝化棉：工業用硝化纖維（含氮量 12.2% 以下）屬公共危險物品第 5 類自反應物質。具高度可燃 / 爆炸性，含氮量愈高愈不穩定。硝化棉保存在水中。

$$硝化度（含氮量）＝\frac{N\ 質量數}{全部質量數}$$

2. 賽璐珞：賽璐珞（Celluloid Nitrate）屬公共危險物品第 5 類自反應物質，在受潮悶熱條件下存放，也有分解自燃的危險性。
3. 硝化甘油：硝化甘油（Nitroglycerin）（$C_3H_5N_3O_9$）屬公共危險物品第 5 類自反應物質，管制量 10 kg，常溫下分解緩慢，溫度超過 50℃時，分解速度加快。

聚合熱

聚合反應是指低分子單體，聚合成高分子聚合物，如聚合熱不能散發出體系外，就會使聚合速度劇增而失控致自燃。

吸附熱

有些物質對空氣中的氧有較強吸附性，發生氧化反應。
1. 活性炭：活性炭愈新鮮、活性愈大。如煤層愈新鮮含碳量愈少，較易氧化發熱。
2. 還原鎳：鎳在氫氣中加熱得到黑色還原鎳，空氣中吸附氧化發熱。
3. 還原鐵：還原鐵類似於還原鎳，也有吸附、氧化自燃危險。

發酵熱

因微生物作用能發酵放熱自燃，多為植物如稻草、籽棉、樹葉、鋸末、玉米芯，又大量堆積有機肥和堆肥，或國內常發生垃圾山自燃事件。為防止此類自燃，是控制溼度、分堆保持間距散熱並設縱向與橫向通風孔。此先由微生物階段（水分使微生物呼吸繁殖生大量熱，植物熱傳導差，蓄熱至 70℃使生物無法生存）→物理階段（植物不穩定物，如果酸、蛋白質熱分解多孔性吸附炭化）→化學階段（纖維素分解進入氧化並放熱）所致。

自燃發火性物質分類

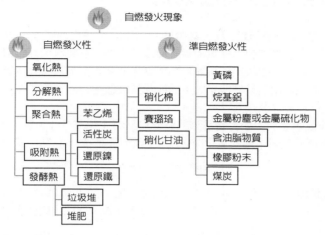

煤炭層自燃起火過程

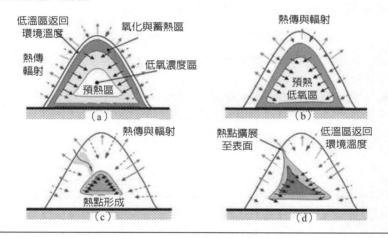

例 1. 若硝化纖維之化學式為 $C_{24}H_{32}O_{12}(NO_3)_8$，試問其硝化度為多少？

解 硝化度 $= \dfrac{\text{N 質量數}}{\text{全部質量數}} = \dfrac{14 \times 8}{288 + 32 + 192 + (112 + 384)} = 11.11\%$

例 2. 若硝化纖維之化學式為 $C_{24}H_{35}O_{15}(NO_3)_5$，則其硝化度為多少？　(A) 13.48　(B) 11.97　(C) 9.15　(D) 8.02

解 （D）硝化度 $= \dfrac{\text{N 質量數}}{\text{全部質量數}} = \dfrac{14 \times 5}{288 + 35 + 240 + (70 + 240)} = 8.018\%$

例 3. 何謂自然發火性物質？其有哪些分類？並請就各分類舉一、二個物質說明之。（25 分）（100 年 4 等一般特考）

解 見本節所述。

13-4 準自燃發火性物質

準自燃發火是本身為活性物質，當接觸空氣能立即發火或與溼氣發生水解放熱反應，釋放氧與可燃氣體並放出熱量。另一種是禁水性物質與水相互作用，發生劇烈化學反應，釋放可燃氣體並放出熱量而自燃或爆炸。基本上，依其與空氣及水分、溼度等催化反應，而催化劑是不參與反應，卻能加快反應進行之物質。在準自燃物質反應類型：

1. 接觸空氣或水發火：如黃磷屬公共危險物品第 3 類發火性物質，管制量 20 kg。在常溫下能與空氣中極易氧化成 P_2O_5 反應並大量發熱，黃磷一般應儲存於水中。

$$4P + 5O_2 \rightarrow 2P_2O_5$$

國內晶圓廠大量使用之（$SiHCl_3$）沸點 31.8°C、閃火點 -26°C為第 3 類發火性物質，管制量第 1 級 10 kg、第 2 級 50 kg 及第 3 級 300 kg；如與水接觸反應如次：

$$SiHCl_3 + 2H_2O \rightarrow SiO_2 + 3HCl + H_2$$

三氯矽甲烷如與空氣中氧化反應或燃燒後之產物如次：

$$SiHCl_3 + O_2 \rightarrow SiO_2 + HCl + Cl_2$$

又如烷基鋁屬第 3 類發火性物質，管制量 10 kg，於常溫下能與空氣中的氧化反應放熱產生自燃之危險。
2. 接觸可燃物發火（如生石灰、硫酸、硝酸）。
3. 生成可燃氣體後發火（如燃燒彈之磷化鈣、鹼金屬）。

1. 準自然發火與自然發火最主要差異為何？（15 分）請列舉兩種準自然發火之物質說明其起火之危險性。（10 分）（88 年 3 等特考）

解　當接觸空氣能立即發火或與溼氣發生水解放熱反應，釋放氧與可燃氣體並放出熱量，餘見本節所述。

2. 何謂「準自然發火」現象？請舉例說明準自然發火物質及其反應類型？（15 分）（89 年設備士）

解　見本節所述。

自燃發火反應類型

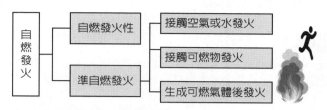

準自燃發火接觸空氣及水分發熱自燃

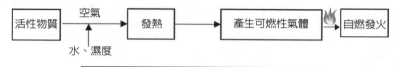

$$2K + 2H_2O = 2KOH + H_2 + 93 \text{ Kcal}$$
$$2Na + 2H_2O = 2NaOH + H_2 + 88 \text{ Kcal}$$
$$CaC_2 + 2H_2O = Ca(OH)_2 + C_2H_2 + 27.8 \text{ Kcal}$$
$$CaO + H_2O = Ca(OH)_2 + 18 \text{ Kcal}$$

準自燃發火與自燃發火差異

項目	準自燃發火	自燃發火
化學反應	1. 空氣接觸即發火 2. 與溼氣發生水解放熱反應 3. 與水相互作用發生劇烈化學反應	經氧化、分解、聚合、吸附或發酵熱，蓄熱大於散熱而自燃
接觸介質	空氣常溫或水、溼氣等催化劑	空氣常溫
發火時間	較快	較慢

	黃磷	紅磷
顏色	淡黃色（劇毒）	褐紅色
公共危險物品	第三類發火性固體	第二類易燃性固體
化學式	P_4	$(P_4)n$
發火點	35℃	260℃

13-5 公共危險物品

公共危險物品分類

公共危險物品（Hazardous Material）依 NFPA 指出具有燃燒、爆炸、有毒、腐蝕、快速氧化及其他有害性質，會造成人類死亡或傷害之物品。依據「公共危險物品及可燃性高壓氣體設置標準暨安全管理辦法」第 3 條規定，公共危險物品分 6 類。

1. 第一類（氧化性固體）：如氯酸鹽、過氯酸鹽、無機過氧化物、次氯酸鹽類等。
2. 第二類（可燃性固體）：如黃磷、硫化磷、紅磷、硫磺、鎂粉、鋁粉等。
3. 第三類（發火性液／固體及禁水性物質）：如鉀、鈉、碳化鈣、磷酸鈣等。
4. 第四類（易燃性液體）：如特殊易燃物、第一石油類等液體。
5. 第五類（自反應物質及有機過氧化物）：如硝基化合物、亞硝基化合物等。
6. 第六類（氧化性液體）：如過氯酸、過氧化氫、硝酸等。

儲存管理

1. 第一類應避免與可燃物接觸或混合，或與具有促成其分解之物品接近，並避免過熱、衝擊、摩擦。無機過氧化物應避免與水接觸。
2. 第二類應避免與氧化劑接觸及火焰、火花、高溫物體接近及過熱。金屬粉應避免與水或酸類接觸。
3. 第三類之禁水性物質不可與水接觸。
4. 第四類不可與火焰、火花或高溫物體接近，並應防止其發生蒸氣。
5. 第五類不可與火焰、火花或高溫物體接近，並避免過熱、衝擊、摩擦。
6. 第六類應避免與可燃物接觸混合，或促成其分解之物品接近，並避免過熱。

公共危險物品之混合危險

公共危險物品	第 1 類	第 2 類	第 3 類	第 4 類	第 5 類	第 6 類
第 1 類		×	×	×	×	×
第 2 類	×		●	○	●	×
第 3 類	×	×		●	×	×
第 4 類	×	○	●		●	●
第 5 類	×	●	×	●		×
第 6 類	×	×	×	●	×	

（表中 × 表有混合危險者，●表有潛在危險者，○表無混合危險者）

> 例題：依法規指出第一級氯酸鹽類管制量為 50 kg，請問 100 g 氯酸鉀在環境溫度 25℃，可完全分解多少公升的氧氣？（$R = 0.082 \dfrac{L \times atm}{K \times mol}$）

解 $2KClO_3 \rightarrow 2KCl + 3O_2$

25℃時，$V = \dfrac{nRT}{P} = \dfrac{1mol \times 0.082 \dfrac{L \times atm}{K \times mol} \times 298K}{1atm} = 24.4L$

$KClO_3$ 莫耳數 $= 100g \times \dfrac{1mole\ KClO_3}{122g\ KClO_3} = 0.82\ mole\ KClO_3$

O_2 莫耳數 $= 0.82\ mole \times \dfrac{3}{2} = 1.23\ mole$

在 25℃時氧體積可生成 1.23 mole × 24.4 L/mole = 30 L

危險物品災害衍生複合性災害

公共危險物品各類共通特性

	特性	滅火方法
第 1 類	無機助燃固體，含氧會因加熱衝擊等分解，釋放氧促進燃燒	同時存在可燃物，冷卻滅火（除過氧化物外），冷卻至分解溫度下停止分解
第 2 類	低溫起火迅速擴大燃燒，比重大於 1	冷卻滅火（除金屬粉、鎂用乾燥砂外）
第 3 類	常溫起火、與水反應起火	冷卻滅火（除禁水性用窒息滅火）
第 4 類	釋出可燃蒸氣，累積靜電，為有機化合物，蒸氣比重大於 1，大多不溶於水	窒息滅火（泡沫、乾粉）、稀釋氧濃度（二氧化碳）
第 5 類	熱不穩定性，加熱衝擊等分解起火，為有機可燃化合物，比重大於 1	大量水冷卻滅火
第 6 類	含氧會因加熱衝擊等分解，釋放氧促進燃燒，為無機助燃化合物，比重大於 1	同時存在可燃物之火災，冷卻滅火，冷卻至分解溫度下停止分解

公共危險物品一至六類危險性

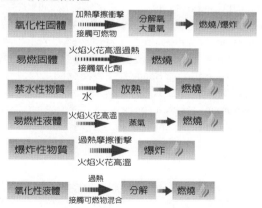

---

1. 試述氧化性物質之特性。（25 分）（85 年 3 等特考）

解　氧化性物質易於還原性物質反應發火／爆炸，具自然發熱特性，儲存處應通風良好，餘見本節所述。

---

2. 爆炸性物質具有何種特性，試列舉之。（15 分）（94 年設備士）

解　毒性、爆炸性、吸水性、撞擊敏感、與金屬反應、與酸／鹼反應。

13-6 危險物品混合危險

不相容化學混合物可引起劇烈反應、火災爆炸或產生有毒氣體。二種以上物質混合時，二者間形成熱使彼此分子運動加速，產生大量反應熱，導致火災爆炸之危險。

混合危險分類

公共危險物品，如強氧化物質與酸鹼、可燃物接觸，會迅速分解放出氧原子和大量熱，從而發生自燃或爆炸。
1. 氧化性物質與還原性物質混合：公共危險物品第一類＋第四類→發火／爆炸、公共危險物品第六類＋第二類→發火／爆炸。
2. 氧化性鹽類與強酸混合：氧化性鹽類＋硫酸→發火／爆炸、氧化性鹽類＋濃硝酸→發火／爆炸。
3. 反應產生爆炸性物質：如氨＋氯→三氯化氮、苦味酸＋金屬→苦味酸金屬鹽。
4. 與水接觸：如金屬粉與水接觸發火／爆炸、禁水性物質與水接觸發火／爆炸。
依日本石油產業技術研究所指出，如果二種物質以上混合，造成以下危險。
1. 混合後，立即反應或經一段時間後才反應，形成發熱發火或爆炸。
2. 混合後，形成爆炸性化合物或混合物。
3. 混合後，形成比原物質更易於發火之混合物。

混合危險影響因素

在影響混合危險因素方面，如同影響粉塵爆炸或最小起火能量之因素，如次：
1. 化學組成（Chemical Composition）：二者化學組成，關係混合後反應強弱。
2. 混合濃度（Concentration）：二者混合濃度會影響所生反應情況。
3. 溫度壓力（Temperature and Pressure）：溫度與壓力成正相關，在溫度或壓力增高時，燃燒／爆炸範圍增加，燃燒／爆炸下限降低，致最小起火能量變小。
4. 空間屬性（Nature of Confining Space）：容器空間之尺寸、形狀等屬性，如有無通風孔，將會很大地改變所生反應或爆炸。
5. 最小起火能量（Minimum Ignition Energy）：二者混合之蒸氣或氣體，改變其最小起火能量。

因應對策

在公共危險物品方面，在搶救階段因難以有效處理，因此管理重點置於預防階段。在硬體方面，依 3 大場所（製造、儲存及處理）之位置（安全距離、防火空地及境界線）、構造（防火時效、輕質屋頂及不滲透地板等）及設備（粉塵／蒸氣抽出設備、防止靜電、管制量 10 倍設避雷針）等；在軟體方面，設置專人管理於管制量達 30 倍應設置保安監督人，制訂消防防災計畫，進行自衛消防編組及演練，在安全管理方面則遵循勞安相關法規，如注意不相容物質、混合危險等相關作業標準之制訂。一旦災害發生，依自衛消防編組人員及班別，進行初期快速反應及工業區之區域聯防等，其中應變程序如 HAZMAT 等來進行因應處理。

危險品貨櫃發生洩漏溢出進行危害辨識

危險物品災害行動方案

混合危險分類

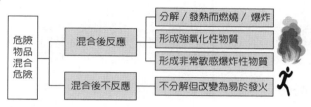

混合危險影響因素

混合危險預防措施（埼玉縣，平成 31 年）

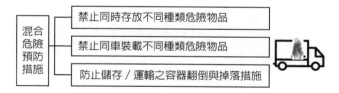

1. 試簡要說明六類公共危險物品之混合危險為何？其因應對策為何？（15 分）
   （95-2 年設備士）
2. 請說明何謂化學物質之混合危險（Hazard of Incompatibility）及其分類，並
   請說明公共危險物品有哪幾類，且各類彼此間是否存有混合危險。（25 分）
   （103 年設備師）

[解] 見上節及本節所述。

3. 消防法規定公共危險物品達管制量時，應在製造、儲存或處理場所以安全方法
   進行儲存或處理；試問公共危險物品有何危險性？對於避免混合危險發生，有
   何因應對策？試說明之。（25 分）（102 年 3 等特考）
4. 試述六類公共危險物品之混合危險及因應對策。（25 分）（83 年 3 等特考）

[解] 見本節所述。

13-7 危險物品應變作業程序

　　HAZMAT 為美國危險物品災害應變單位，早已作為制定危險物品災害應變作業程序之參照。

危害辨識 （Hazard Identification）

　　危險物品災害發生之初期，最重要是針對災害本身做正確之了解與辨識，確認到底是什麼『危害物』致災？其可能之危險程度與嚴重性？如此可透過 OSPCT 光碟資訊系統、物質安全資料表（MSDS）、緊急應變指南、毒性化學物質防救手冊或美國進口容器外表 NFPA 菱形標示等查詢相關資料，研判其火災、爆炸及健康危害。此外，初步評估洩漏量、儲存量和供應量，及掌握現場情況，如時間、地點、天氣及人員傷亡等重要資訊，此外在進口容器如 NFPA 危險物品標示（右圖）。

行動方案 （Action Plan）

　　已對物質危害辨識後，才能採取該物質行動方案，如搶救人員嚴禁貿然進入，進入災害現場應了解需面對情況？會有哪些危害？需要什麼防護裝備器材？需動員多少人力及裝備？請求支援程度？需否做疏散？在衡量全盤狀況後，制定救災方案，並確定行動優先順序。而所有行動需簡明扼要，目標明確及單一；當救災資源充分時可採取主動策略，全面積極將災情控制；當救災資源匱乏時採取被動策略，先控制現場災情，以防止二次災害發生。

區域管制 （Zoning Area）

　　綜合洩漏物毒性、理化性質、燃爆性、洩漏量、天氣、風向風速及地形等條件，確定管制和疏散範圍，迅速建立管制區域，以降低危害性物質對救災與附近人員之危害。通常可分為 3 區域來管制，即紅色之熱區（禁區）、黃色之暖區（除汙區）與綠色之冷區（支援區或指揮區）。

組織管理 （Managing Incident）

　　將現場人力及裝備器材資源整合組織，建立災害事故指揮體系（ICS），使各項救災任務能各司其職，並相互配合協調。指揮站應建於冷區之上風處，現場應變以人命救助為第一準則，災情控制為第二考慮，最後才考慮財物保護。

請求支援 （Assistance）

　　將現場所需裝備人員與器材，儘速請求支援。支援項目如人力、裝備、專家學者及技術資訊等有利於救災任務。

災後復原 （Terminate）

　　災後復原主要工作即是除汙，以消防而言，在消防救災完成人命救助與緊急搶救後，為免危害物質帶離現場，應澈底完成除汙程序。一般在災害現場因任務需要僅執行緊急除汙，待整個救災工作完成後，再進行完全除汙。除汙處理後的廢棄物，應置於防滲塑膠袋或廢棄除汙容器中，待環保機關進一步處理。

NFPA 704 危險物質標示

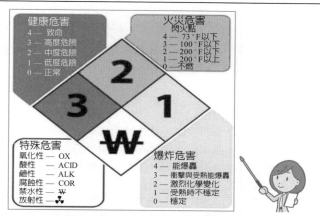

在 NFPA704 危險識別標示方面，等級有 5 級，數字大危險性愈高：

1. 最上端紅色為可燃性，代表火災危險程度，4 為閃火點在 22.8℃以下、3 為 37.8℃以下、2 為 93.3℃以下、1 為 93.3℃以上、0 為不燃性物質。
2. 中間右端黃色為反應性，代表爆炸危險程度，4 為可以爆轟、3 為撞擊或受熱爆轟、2 為產生激烈化學變化、1 為受熱形成不穩定、0 為穩定性物質。
3. 中間左端藍色為毒性，代表健康危害程度，4 為致命、3 為極端危險、2 為危害到健康、1 為輕微危害到健康、0 為正常性物質。
4. 最下端無色為特殊危害，如 OX 為氧化性、Acid 為酸性、Alkali 為鹼性、Corrosive 為腐蝕性、Use NO WATER 為禁水性、Radiation hazard 為放射性。

公共危險物品事故 HAZMAT 應變程序

危險物品現場區域管制

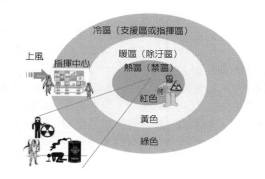

13-8 油槽類火災

油槽（Oil Tank Fire）是目前滅火之一項難題。油液體蒸發流動性，火熄會因高溫再復燃。又爆炸性燃燒後，油槽本身消防設備毀損，受射水角度、起火油槽液位、周邊上升氣流影響等問題，難以產生有效滅火效果，形成長時間消防活動。

火災學特性

1. 流動性：油類火災具有良好流動特性，易蔓延擴大。
2. 連鎖性：油槽區槽體毗鄰接連，引起鄰槽起火，需要防火間距之要求。
3. 復燃性：滅火後油槽仍因壁溫過高，如冷卻處理不徹底，尚會重新復燃。
4. 猛烈燃燒：油類起火沒有起火、發展、猛烈三階段區分，燃燒速度快。
5. 熱輻射高：輻射熱一部分除火焰自身吸收外，餘皆向外輻射。當直徑增大時，熱傳導逐漸減小，而輻射超過對流，因輻射與溫度 4 次方成正比。
6. 火球現象：大量燃燒時卷吸空氣量，將導致火焰燃燒將需要時間來混合，而出現油槽火災中火球現象，其是供氧不足所造成的。
7. 溢流現象：為重質油類特有火災行為；於燃燒時，液面殘餘之非揮發性油質形成熱波（Hot Wave），向液面下傳熱，使槽底水分在熱波作用下氣化沸騰，形成沸溢（Boilover）、濺溢（Spillover or Slopover）或熱泡溢（Frothover）現象。但輕質油類熱波僅能形成溫油層，而不會形成高溫層。

油槽火災搶救注意事項

1. 固定頂式：固定頂式油槽火災，在其固定頂板之一部分或全部已損傷露出情況下，因頂板沉降使火災面得以形成較大情況。
2. 浮頂式：浮頂式油槽因其容量大且安全性佳，目前被大量採用。如發生火災時，一般油槽邊緣火災，基本上其滅火是較為容易的。一旦，浮頂板已沉降情況下，滅火作業則較困難。
3. 熱油高溫式：熱油以 100℃以上油質作高溫儲存如柏油。
   A. 把握時機：火勢仍為局部槽緣火災，以一般滅火器由二組人員以相反方向，進行滅火即可有效控制火災。
   B. 槽體設備：直接往油槽內部投入泡沫，利用油槽本身泡沫導管等，輸入泡沫至油槽內。起火槽壁進行撒水冷卻，以其本身撒水冷卻設備或進行槽體射水冷卻，但避免射入槽內。
   C. 危險徵兆：搶救時應密切注意火焰結構（Flame Structure）變化，及沸（濺）溢徵兆現象。有危險徵兆時，現場搶救人員應即進行退避活動。
   D. 危險防範：危險徵兆後會有大量溢出油，準備進行油槽周圍滅火活動之前置工作，並擴大範圍防止人員進入指示；安置砂（土）包與導油溝道作業，使油汙流至安全位置。
   E. 注意復燃：滅火後為免復燃應持續冷卻至常溫。

油槽火災滅火週期長

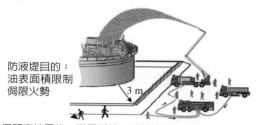

防液堤目的：
油表面積限制
侷限火勢

3 m

保留空地目的：避免延燒、消防搶救、平日檢修、殘氣通風

油類火災沒有起火、發展及猛烈段區分

固定頂式與浮頂式

1. （C）下列何者為第二石油類物質？
   (A) 活塞油　(B) 汽油　(C) 煤油　(D) 鍋爐油

解　第一石油類：丙酮、汽油，閃火點未達攝氏21度者。第二石油類：煤油、柴油，閃火點在攝氏21度以上，未達70度者。第三石油類：重油、鍋爐油，閃火點在攝氏70度以上，未達200度者。第四石油類：齒輪油、活塞油，閃火點在攝氏200度以上者。

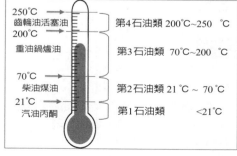

13-9 沸溢、濺溢與冒泡溢因素與徵兆

1. 沸溢（Boilover）依 NFPA 30，當來自液面燃燒的殘餘物變得比未燃燒的油更稠密，並且沉到液面下方以形成「熱波」（Heat Wave）的熱層到達油槽底部的水時，幾乎以爆炸性沸騰，溢流出整個油槽之現象。
2. 濺溢（Slopover）依 NFPA 30，當水射到燃燒中油槽熱表面上時，發生的輕微冒泡（Minor Frothing）溢流現象。
3. 冒泡溢（Frothover）依 NFPA 30，冒泡溢與火災無關，當油槽存有乳化水或外來水進入含有高溫黏稠油（Hot Viscous Oil）槽時，進行混合時水突然轉化為蒸汽導致冒泡從槽體邊側溢出現象。

發生因素

1. 輻射熱作用：重質油類火災之輻射熱回饋（Radiation Feedback）在油質表面，隨著加熱時間經過，受熱之液層亦愈來愈厚，溫度亦隨之增加，一旦達到沸點時，燃燒中油類就沸騰（Oil Burning）而發生溢流現象。
2. 熱波作用：輕質油類（Light Oil）由於沸點範圍較窄，各組分間密度相差不大，致熱波現象不明顯，火災往往能迅速形成穩定燃燒；而重質油類具有寬沸點範圍，火災中沸點低，輕餾分會形成蒸氣燃燒掉，而沸點高重餾分則逐漸下沉並把熱量帶至下面，在液位下形成一熱層面，稱為熱波（Hot Zone）現象。
3. 水蒸氣作用：重質油類本身含有一定水分，一般以乳化水（即自由水）、水墊層（Water Sublayer）二種形式存在。在火焰熱輻射、液位熱對流及槽壁熱傳導下，因此就產生二種不同燃燒特性。燃燒中由於熱波（其溫度遠高於水沸點）影響，會使乳化水被氣化沸騰成水蒸氣。熱波溫度由 150℃上升至 315℃，會使油中乳化水氣化膨脹 1,700 倍，但水在 300℃時可高達 2,600 倍。大量水蒸氣作用要穿過油層向液位上浮出而形成氣泡，使液體體積膨脹並向外溢出，同時部分未形成泡沫油質也被下面蒸氣膨脹力湧出槽體。另一方面，上輕餾分先燃燒，重質餾分因溫度沒有達到沸點而無法氣化，則攜帶熱量向液位沉降形成熱油層向下，當遇到槽底水墊層或滅火中沉降水，蒸氣膨脹並聚集在油層與水墊層間，一旦蒸氣壓超過上部油層重量時，即衝破油層向上猛烈噴出，而形成所謂濺溢現象。

發生徵兆

1. 火焰顏色由深變淺發亮白。
2. 煙霧由濃黑變淡化。
3. 槽體因內部壓力升高形成劇烈顫抖振動。
4. 槽口發生急促「嘶嘶」響聲等現象。
5. 微爆噪音加大且急促。
6. 槽面大量油泡翻湧蠕動。

重質油類火災現象

重油槽火災熱波作用

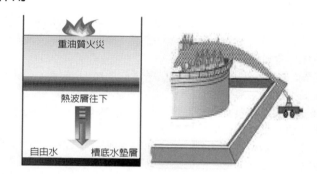

油槽火災危險徵兆

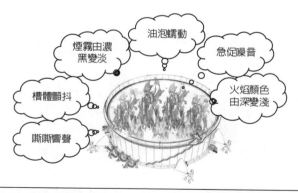

> 例：儲存原油或重油之儲槽當發生火災時，火場指揮人員應注意其會發生何種爆炸現象？請詳述如何研判其爆炸之發生與應有之因應措施。（25分）（97年消防升等考）

解 1. 沸溢、濺溢或冒泡溢之危險溢流現象。

2. 見本節發生徵兆。

3. 見上一節油槽火災搶救。

13-10 沸溢與濺溢條件與區別

發生條件

1. 熱波：油類需具有向下移動傳播熱波特性。
2. 水分：水的存在是油類火災發生沸（濺）溢事故的必要發生條件之一。當水層的溫度高於對應壓力下的沸點時，沸（濺）溢就有可能發生。一旦含水率小於 1% 油槽是不會發生沸（濺）溢。但又隨著油類含水率增大而熱波速度會減小，主因是在一定範圍內油含水率增大使油黏度增大，造成油內部對流強度減弱，冷油不易獲得熱量；且含水率增大還使油比熱增大，使油升溫所需要的熱量增加，升溫速度變慢。
3. 沸點高：油類沸點需高於 250℃，能在燃燒液位下形成一定厚度之蒸發層。
4. 輕餾分高：重質油類輕餾分含量愈高，儲槽火災時熱波速度愈快，沸（濺）溢發生條件會愈快。
5. 一定開口：儲槽開口條件小於儲槽橫截面積 10% 時，是難以形成熱波作用，著火後仍不會發生沸（濺）溢。
6. 黏稠度：油類需具有一定黏度（Viscous Nature），水蒸氣不易逸出，使水蒸氣泡沫被油薄膜包圍而形成油泡沫。
7. 液位高低：液位愈高，槽內容許油類膨脹的空間條件愈多，發生沸溢事故可能性就愈大。液位低沸（濺）溢無以形成。
8. 燃燒時間長：油類燃燒時間需足夠長，液位下面油層能得到充分加熱。

油質區別

汽油等均質油類，燃燒速度是等於熱波傳播速度，故難以發生大量溢流現象。而在沸點較高與黏度較大之輕柴油（沸點 241～268℃）與中間餾分油類（沸點 162～381℃），在燃燒過程中液位下會形成一定厚度（約 2 cm）高溫蒸發層，會沉降至槽底水墊層使其氣化，出現液位擾動而火焰增大，油層翻騰溢出現象，稱為準沸溢（Semi-boilover）現象。一般發生準沸溢現象，大多為槽內油量接近燒盡時才會發生。

項目	輕質油類	中質油類	重質油類
餾分	均質油類	輕、中餾分	輕、中、重餾分
傳播速度	燃燒速度是等於熱波速度	熱波速度略大於燃燒速度	熱波速度遠大於燃燒速度
危險現象	不發生	準沸溢	沸溢、濺溢

沸溢與濺溢示意圖

沸溢（Boilover）　　　濺溢（Slopover）

整體溢流

熱波

水墊層

沸溢現象發生時間估算

沸溢發生時間主因為熱波速度，日本古積博實驗提出沸溢發生時間（T, h）

$$T = \frac{(H - h)}{(V - v)}$$

H 為油質總高度（m）；h：距水分層高度（m）

V：油直線燃燒速度（m/h）；v：熱波速度（m/h）

熱波速度（v）於美國石油學會指出 100 cm/h 速度判斷熱波傳播到達位置。

沸溢與濺溢現象異同

項目		沸溢	濺溢
相異	發生範圍	高度與範圍大（整槽）	高度與範圍較小（液面）
	發生間隔	發生時間間隔較長	發生時間間隔較短
	發生水分	槽底水墊層	滅火水
	溢出強度	高	低
	溢出時間	連續性	間斷
	火滅後	不發生	可能發生
相同		開放槽頂、全液面火災、高沸點及黏稠大油質、水分、熱波、儲存液位高、燃燒經過時間長	

1. 請解釋並比較沸溢（Boilover）與濺溢（Slopover）火災現象之異同（91年3等特考）
2. 沸溢（Boilover）與濺溢（Spilover or Slopover）是重質油類火災中所常出現的臨界燃燒現象，其出現常造成災害層面擴大，是油類火災中最嚴重的一種行為。試就沸溢與濺溢發生徵兆與發生區別詳細說明。（25分）（104年設備士）
3. 原油或重質油沸溢（Boilover）是消防隊搶救時可能發生危險情形，預測工作至為重要，請說明其發生徵兆及注意事項有哪些？（25分）（107年一般4等特考）

解 見本章所述。

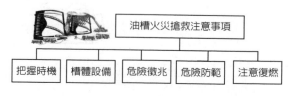

油槽火災搶救注意事項

| 把握時機 | 槽體設備 | 危險徵兆 | 危險防範 | 注意復燃 |

Note

參考文獻

1. 八木雅弘，關於插頭積汙導電伴隨漏電流檢出方法之研究，博士論文，名古屋工業大學甲第 680 號，平成 21 年。

2. 日産アーク株式會社，自然発火，技術営業部，平成 9 年。

3. 日本火災学會編，火災便覽第 3 版，共立出版株式會社，平成 9 年。

4. 石油産業技術研究所，第 3 章取扱物質の基礎知識，危險物（消防法関連），保安教育テキスト，平成 30 年。

5. 古积博，原油の燃燒性状，化学工学，1990，29（2）：95-99。

6. 平野敏右，燃燒學—燃燒現象制御，日本海文堂出版株式會社，平成 8 年。

7. 東京消防廳警防研究會編著，新消防戰術 3，日本東京消防廳警防部監修，東京連合防火協會發行，平成 5 年 8 月。

8. 吳鴻鈞、林獻山，高速流動有機溶劑之靜電荷與燃燒測試，勞動部勞研所，2015 年。

9. 陳弘毅、紀人豪，火災學（九版），鼎茂圖書出版公司，2016 年。

10. 曾進財、盧守謙，全球性觀點解析閃燃與爆燃現象 -1-，消防月刊，內政部消防署，民 93 年 4 月。

11. 曾進財、盧守謙，全球性觀點解析閃燃與爆燃現象 -2-，消防月刊，內政部消防署，民 93 年 5 月。

12. 曾進財、盧守謙，全球性觀點解析閃燃與爆燃現象 -3-，消防月刊，內政部消防署，民 93 年 6 月。

13. 曾進財、盧守謙，鐵皮屋大火延燒機制之探討，消防月刊，內政部消防署，內政部消防署，民 94 年 8 月，頁 16～21。

14. 張日誠，易燃液體輸送靜電爆炸案例探討，勞工安全衛生研究所勞工安全組，2009 年。

15. 埼玉縣危險物事故防止連絡會，38 混合混觸危險について，平成 31 年。

16. 森のエネルギー研究所，地球温暖化対策と大気汚染防止に資するコベネフィット技術等の評価検討業務報告書，平成 23 年。

17. 蔡匡忠等，風力效應下液體燃料火災燃燒模式之研究，行政院國家科學委員會專題研究計畫成果報告，96 年 07 月。

18. 梁國偉、盧守謙，解析油類火災沸溢與溢溢現象 -1-，消防月刊，內政部消防署，民 96 年 4 月。

19. 梁國偉、盧守謙，解析油類火災沸溢與溢益現象 -2-，消防月刊，內政部消防署，民 96 年 5 月。

20. 鍾基強等，既有合法建築物特別安全梯及緊急升降機間排煙效能改善與驗證，內政部建築研究所委託研究報告，2008 年 12 月。

21. 盧守謙與陳永隆著，防火防爆，五南圖書出版，2017 年 2 月。

22. Babrauskas.V., SFPE Handbook, chapter Burning Rates. National Fire Protection Association, Quincy, Massachusetts, 2nd edition, 1995.

23. Dehaan, J. D., "Kirk'S Fire Investigation", Sixth Edition, A Simon and Schuster Company, Englewood Cliffs, New Jersey 07632, 2007.

24. Drysdale, D., An Introduction to Fire Dynamics, John Wiley and Sons, Chichester 1985.

25. Drysdale Dougal, An Introduction to Fire Dynamics Second Edition, University of Edinburgh, UK, Fire Safety Engineering, 1999.

26. Drysdale Dougal, An Introduction to Fire Dynamics Three Edition, University of Edinburgh, UK, Fire Safety Engineering. 2011.

27. George W. M, Smoke production and propertics, SFPE Handbook of Fire Protection Engineering, 2nd Edition, Chapter 15, Section 2, 1988.

28. Gottuk, The development and mitigation of backdraft: a real-scale shipboard study, Fire safety journal, Vol 33. 1999.

29. Hartin E.d., Archive for the 'Fire Behavior Training' Category, Gas Cooling: Part 5, CFBT-US. 2010.

30. IFSTA, Marine fire fighting, the Board of Regents, Oklahoma state University, International Fire Service Training Association, Fire Protection Publications, February. 2000.

31. IFSTA, Marine Fire Fighting for Land Based Firefighters, the Board of Regents, Oklahoma state University, International Fire Service Training Association, Fire Protection Publications, July 2001.

32. IFSTA, Marine Firefighting for Land Based Firefighters, 2nd Edition, the Board of Regents, Oklahoma state University, International Fire Service Training Association, Fire Protection Publications, July 2010.

33. Kosesi. H., A Study on Largescale Boilover using Crude Oil Containing Emulsified Water, Fire Safety Science38. 2003.

34. Lars-Göran Bengtsson, Enclosure fires, NRS Tryckeri, Huskvarna, Sweden. 2001.

35. LASTFIRE, Boilover Research – Practical Lessons Learned, Project Coordinator: ENRG Consultants Ltd, UK, Issue 3 December 2016.

36. NFPA, Fire Protection Handbook Sixteenth Edition, the National Fire Protection Association, Batterymarch Park, Quincy, MA 02269. 1986.

37. NFPA, Fire Protection Guide to Hazardous Materials, 12 edition, National Fire Protection Association. 1997.

38. NFPA, Fire Protection Handbook, 20th Edition, National Fire Protection Association, Quincy, Massachusetts, 2008.

39. NFPA 30, "Flammable and Combustible Liquids Code", National Fire Protection

Association (NFPA), Quincy, MA. 2015.

40. NFPA 77, Recommended Practice on Static Electricity, National Fire Protection Association. 2006.

41. NFPA 92A, Standard for smoke-control systems utilizing barriers and pressure difference, National Fire Protection Association, Quincy, MA. 2009 Edition,

42. NFPA 92B, Edition, Guide for Smoke Management systems in Malls, Atria, and Large areas, National Fire Protection Association, Quincy, MA. 2000.

43. NFPA 130, Standard for Fixed Guideway Transit and Passenger Rail Systems, 2004 Edition.

44. NFPA 921, Guide for Fire and Explosion Investigations 2004 Edition.

45. NFPA 1405, Guide for Land-Based Fire Departments That Respond to Marine Vessel Fires, 2007 Edition.

46. NFPA 2000, Fire Protection Systems: Inspection, Test & Maintenance Manual. 2011.

47. Stefan Svensson, Fire Ventilation, the Swedish Rescue Services Agency, 91-7253-279-3, 2000.

48. U.S. Department of Transportation, Frothover, 49 CFR Parts 192 and 195 & Inspector Web-Based Training Terms, 2019.

49. WHA International, Inc, Auto-Ignition Temperature, Wendell Hull & Associates.

Note

火災學術語（中英文，依英文字母排序）

（作者博士論文野外火燒實驗）

1. 絕熱火焰 Adiabatic Flame

If all the energy released during combustion is used to heat temperature the products formed during combustion, the temperature which is reached is known as the adiabatic flame temperature. This is the highest temperature which can be reached. But the adiabatic flame temperature is rarely achieved in reality, as some of the energy is lost during combustion.

假使燃燒過程中所有釋放的能量，是使用於燃燒過程中加熱，能達到形成產物溫度，此溫度則稱絕熱火焰溫度，這是能達到之最高溫度。但是在現實情況上絕熱火焰溫度是很少實現，如一些能量在燃燒過程中會喪失掉。

2. 自燃溫度 Auto-Ignition Temperature

Lowest temperature at which a combustible material ignites in air without a spark, flame, or other source of ignitron.

可燃物在空氣中沒有受到火花、火焰或其他起火源的環境下，能本身起火之最低溫度。

3. 爆燃 Backdraft

Restricted ventilation during the development of a fire can lead to the formation of a large quantity of unburnt gases. If an opening suddenly appears the incoming air can mix with the smoke gases, forming a combustible mixture anywhere in the room. If there is an ignition source of any kind present, e.g. embers, this will cause the gaseous mass to ignite, which will then accelerate the combustion process considerably. When the volume of gas expands this causes the rest of the unburnt gases to be pushed out through the opening, producing a fire ball outside the opening. This phenomenon occurs seldom, but can be extremely dangerous.

火災的發展過程中受到通風限制，導致大量未燃燒氣體的形成。假使一開口突然出現，進入的空氣能與熱煙氣混合，在房間內任何地方形成可燃混合氣體層。假使有任何種類的起火源存在，例如高溫餘燼，這將導致氣態質量體被引燃，加速大量燃燒過程。當氣體的體積膨脹，導致其餘未燃燒氣體部分被擠壓出，透過所述開口，形成開口外火球現象。實務上，較少發生此一現象，但一旦發生將是非常危險的。

4. 沸騰液體膨脹蒸氣爆炸現象 Boiling Liquid Expanding Vapor Explosion (BLEVE)

Rapid vaporization of a liquid stored under pressure upon release to the atmosphere following major failure of its containing vessel. The failure of the containing vessel is the result of over～pressurization caused by an external heat source causing the vessel to explode into two or more pieces when the temperature of the liquid is well above its boiling point at normal atmospheric pressure.

因容器產生某種失效導致具一定壓力下，其所儲存的液體形成快速氣化釋放到大

氣中。此種容器的失效是受到外部熱源引起過壓情況，使容器爆炸成兩個或更多碎裂狀，而液體的溫度遠遠高於在正常大氣壓下沸點狀態。

5. 沸溢 Boilover

Boil over is a phenomenon which occurs in storage tank fire consist of heavy hydrocarbon or a blend of hydrocarbon liquids e.g. Crude is released in explosive form when burning oil comes in contact with water, which settled at bottom of the tank. The heat is dissipated downwards and converts water into steam which expands 1700 times and carries burning crude with it. A boil over in tank covers an area of approximately 10D of the tank in downwind direction.

沸溢是由重烴或烴類液體混合組成的儲槽火災中現象。當燃燒油與沉澱在槽底部水接觸時，油質以爆炸形式向上釋放。當熱量向下擴散，將水轉化為蒸氣膨脹1700 倍，隨後攜出燃燒中油質。沸溢出範圍在順風方向涵蓋約 10 倍槽體（直徑）區域。

6. 沸點 Boiling Point

Temperature of a substance when the vapor pressure（measure of a substance's tendency to evaporate）exceeds atmospheric pressure. At this temperature, the rate of evaporation exceeds the rate of condensation. At this point, more liquid is converting into vapor than vapor is converting back into a liquid.

在蒸氣壓（物質處在一種傾向於蒸發狀態）超過大氣壓力之物質溫度。在此溫度下的蒸發速率會超過冷凝速率。此在沸點情況，形成較多液體被轉換成蒸氣狀態，比蒸氣轉換回成液體還多。

7. 燃燒速度 Burning Velocity

Burning velocity is used to describe the speed at which a flame moves in a gaseous mass. The unit used is m/s.

燃燒速度是描述氣態質量中火焰之移動速度，其所使用單位是公尺／秒。

8. 卡路里 Calorie, CAL

Amount of heat required to raise the temperature of one gram (g) of water one degree Celsius (C). 1 cal = 4.187 joules (J).

提高 1 克水能上升至攝氏 1 度溫度時所需的熱量。1 卡 = 4.187 焦耳。

9. 英制熱量單位 British Thermal Unit, BTU

Amount of heat required to raise the temperature of one pound (lb) of water one degree Fahrenheit (F). 1 Btu = 1,055 joules (J).

提高 1 磅水能上升至華氏 1 度溫度時所需的熱量。1 英熱單位 = 1055 焦耳。

10. 攝氏 Celsius or Centigrade

Unit of temperature measurement in the International System of Units (SI). on the

Celsius scale, 0 degrees is the melting point of ice; 100 degrees is the boiling point of water.

在國際單位制之溫度測量單位；攝氏溫度標上 0 度是冰的熔點，標示 100 度則是水的沸點。

11. 二氧化碳 Carbon Dioxide (CO₂)

Colorless, odorless, heavier than air gas that neither supports combustion nor burns. CO_2 is used in portable fire extinguishers as an extinguishing agent to extinguish Class B or C fires by smothering or displacing the oxygen.

二氧化碳無色、無臭，不支持燃燒也不助燃，比空氣重。常被用於手提式滅火器作為滅火劑，藉由窒息或取代氧氣，而能撲滅 B 類或 C 類火災。

12. 一氧化碳 Carbon Monoxide (CO)

Colorless, odorless, dangerous gas (both toxic and flammable) formed by the incomplete combustion of carbon. It combines more than 200 times as quickly with hemoglobin as oxygen, thus decreases the blood's ability to carry oxygen.

由於碳的不完全燃燒，形成無色、無臭且危險的氣體（包括有毒和易燃）。它與人類血紅蛋白的迅速結合能力，比氧氣超過 200 倍，從而降低了人類血液攜氧能力。

13. 燃燒效率 Combustion Efficiency

A substance which burns rarely releases all its energy, even when there is a good oxygen supply available. Some of it remains unconsumed in the plume, which conveys the smoke gases to the ceiling. The poorer the supply of oxygen, the more unburnt gases are produced.

即使有一良好的氧氣供應，物質燃燒時仍然很少會釋放出所有的能量。其中有一些未消耗仍保留於熱煙氣體中，並傳送至天花板。氧氣供應愈貧乏，有形成更多未燃燒氣體。

14. 可燃液體 Combustible Liquid

Any liquid that gives off flammable vapors at or above 80°F (26.7°C) according to the U.S. Coast Guard rating on engine fuel. However, the definition by the National Fire Protection Association (NFPA) uses a temperature of 100°F (37.8°C) and above for shore～side situations, while the U.S. Department of Transportation (DOT) and the International Maritime Organization (IMO) use the temperature of 143°F (61.7°C) and below when rating cargo. The maritime definition varies from how it is defined in shore～side industries and firefighting, but the important issues are that combustible liquids are hazardous and volatile.

根據美國海岸防衛隊（USCG）對引擎用燃料之評定等級，可燃液體是指任何液體在高於 80°F（26.7°C），能釋放出易燃性（Flammable）蒸氣。然而，由美國國

家防火協會（NFPA）定義，在陸地上的情況其爲 100℉（37.8℃）或以上；由美國運輸部（DOT）和國際海事組織（IMO）評級海運貨物爲 143℉（61.7℃）或以上。海上定義或許是與陸地上的產業之消防有所不同，但重要的是，可燃液體是危險的和會揮發不穩定的氣體。

15. 傳導 Conduction

Physical flow or transfer of heat energy from one body to another through direct contact or an intervening medium from the point where the heat is produced to another location or from a region of high temperature to a region of low temperature.

物理流或從一個物體傳遞熱能至另一個，透過直接接觸或從熱點的中間介質傳熱到另一個位置，或從高溫區至低溫區。

16. 導電率 Conductive

The ability to allow the flow of an electric charge; possessing a conductivity greater than 10^4 pS/m or a resistivity less than 10^8 Ω-m.

爲允許電荷流動的能力；導電度大於 10^4 pS / m 或電阻係數小於 10^8Ω.m。

17. 對流 Convection

Transfer of heat by the movement of heated fluids or gases, usually in an upward direction.

熱量由加熱的流體或氣體的流動傳遞，通常以向上的方向進行著。

18. 衰退期 Decay Period

The decay period is the period after a fully developed compartment fire. At this stage, the temperature starts to fall as the fuel starts to get used up. The fire is fuel controlled.

區劃空間火災衰退階段，是經過火勢充分發展期。在此階段，燃料開始消耗掉，溫度開始下降，火災狀態再度成爲燃料控制情況。

19. 低階爆燃現象 Deflagration

The term "deflagration" is used to describe flame spread in a premixed gaseous mass. During a fire the flame front moves at a speed of around 3–5 m/s. A smoke gas explosion is therefore a deflagration.

低階爆燃術語是描述在一個預混合氣態質量之火焰蔓延現象。發生火災時，火勢前端以 3～5 公尺 / 秒的速度進行移動。因此，一個低於音速熱煙氣體燃燒火球產生一種低階爆燃現象。

20. 密度 Density

Weight per unit volume of a sub stance. The density of any substance is obtained by dividing the weight by the volume.

爲一種物質之每單位體積質量。任何物質之密度是透過質量除以體積之方式來獲得。

21. 高階爆轟 Detonation

Detonation relates to a combustion scenario whereby flames travel very quickly, sometimes even faster than sound. The shock wave and flame front are linked together and travel through the gas/air mixture at high speed. In reality, detonations are caused by solid explosive substances and not by gas mixtures.

涉及燃燒之化學爆炸情境，其火焰展開非常快，有時甚至比音速快。衝擊波和火勢前端連接在一起，並透過氣體／空氣混合物以高速行進。在現實中，高階爆炸是由固體的爆炸性物質，而不是由氣體混合物所引起的。

22. 擴散火焰 Diffusion Flame

A diffusion flame occurs when the fuel and air are not mixed with each other at the moment of ignition. Fuel and air diffuse into each other, creating a combustible area in the boundary layer between them. Candles are an everyday example of this.

在起火時，燃料和空氣是彼此不混合，燃料和空氣擴散到彼此才發生擴散火焰，形成一種可燃區域之間邊界層。蠟燭是擴散火焰一個日常的例子。

23. 粉塵爆炸 Dust Explosion

A dust explosion is the rapid combustion of fine particles suspended in the air, often but not always in an enclosed location. Dust explosions can occur where any dispersed powdered combustible material is present in high enough concentrations in the atmosphere or other oxidizing gaseous medium such as oxygen, in case of a fire source.

任何分散粉狀可燃材料，懸浮在空氣中，但不總是在一個封閉的位置，存在於足夠高的濃度在大氣或其他氧化氣體介質如氧，遇有起火源快速燃燒之粉塵爆炸。

24. 火災初期階段 Early Stage of Fire

This is the period from when the fire starts until a flashover development occurs. During this period the fire can spread from the initial object and people who are in the building are at major risk of getting injured.

這是火災開始發生時，直至閃燃發生之發展時期（其包含本書所定義初期與成長期）。在此期間，火勢能從最初的起火對象進行到整個空間蔓延，在建築物人們正處於重大傷亡的風險中。

25. 吸熱反應 Endothermic Heat Reaction

Chemical reaction in which a substance absorbs heat energy.

物質化學反應中產生熱能吸收。

26. 放熱反應 Exothermic Heat Reaction

Chemical reaction between two or more materials that changes the materials and produces heat, flames, and toxic smoke.

兩種或更多種物質之間的化學反應，不僅改變物質，且產生熱量、火焰和有毒煙霧。

27. 膨脹因子 Expansion Factor

When a gas mixture ignites, the temperature can rise. This causes the volume to expand by the same magnitude.

當氣體混合物引燃，溫度能上升使得以相同幅度擴大整個體積量。

28. 爆炸 Explosion

An exothermic chemical process which, when it happens at a constant volume, generates a sudden, significant increase in pressure.

一種放熱的化學過程，當其發生在一個恆定的體積量，產生壓力突然顯著增加現象。

29. 華氏 Fahrenheit, F

Unit of temperature measurement in the English or Customary System (primarily used in the United States). on the Fahrenheit scale, 32 degrees is the melting point of ice; 212 degrees is the boiling point of water.

在英語系或華氏慣常使用體系（主要在美國）所使用溫度測量的單位；華氏溫度標上 32 度是冰的熔點，標示 212 度則是水的沸點。

30. 抗火時效 Fire Endurance

The length of time a wall, floor/ceiling assembly, or roof/ ceiling assembly will resist a standard fire without exceeding specified heat transmission, fire penetration, or limitations on structural components.

指衡量牆壁、地板／天花板組裝、或屋頂／天花板組件，將能抵抗一個標準火焰之時間長度。該結構成分，不超過所敘述之熱傳遞量、火災滲透量或限制量之相關規定。

31. 著火點 Fire Point

Temperature at which a liquid fuel produces sufficient vapors to support combustion once the fuel is ignited. The fire point is usually a few degrees above the flash point.

在某種溫度下液體燃料產生足夠的蒸氣，一旦燃料被點燃時能支持燃燒，著火點通常在閃火點幾度以上。

32. 抗火性能 Fire Resistance

Fire resistance means the ability of building components and systems to perform their intended fire separating and/or loadbearing functions under fire exposure. Fire resistant building components and systems are those with specified fire resistance ratings based on fire resistance tests. These ratings, expressed in minutes and hours, describe the time duration for which a given building component or system maintains specific functions while exposed to a specific simulated fire event.

衡量建築構件和結構的一種能力，在火災暴露下能發揮其預期的防火分隔和／或承載之指定功能。這些耐火建築構件和結構是基於標準耐火試驗中，一定抗火等

級。以上等級以分和小時作表示，來描述能持續履行時間，當暴露於標準模擬火
災事件，所給定建築物構件或結構，能維護之預期耐火功能。

33. 火災猛烈度 Fire Sverity

Fire severity is usually defined as the period ofexposure to the standard test fire, fire
severity is a measure ofthe destructive impact of a fire, orthe forces or temperatures
that may cause collapse or fire spread as a result of a fire.

通常定義爲暴露於標準火災測試期間，是一種衡量有關火災的破壞性影響，或火
勢強度或溫度可能導致建築結構失敗，因而造成火勢延燒之結果。

34. 火災四面體 Fire Tetrahedron

Model of the four elements/conditions required to have a fire. The four sides of the
tetrahedron represent fuel, heat, oxygen, and chemical chain reaction.

爲形成一個火，需有四個要素 / 條件之模式。此四面體之四個側面分別爲燃料、
熱、氧和化學連鎖反應。

35. 燃燒 / 爆炸範圍 Flammable Range

The range between the upper flammable limit and lower flammable limit in which a
substance can be ignited.

在可燃上限和可燃下限之間範圍，其中物質能被點燃之範圍。

36. 火焰蔓延 Flame Spread

Flame spread-Progression of flame across a fuel surface away from the ignition source.

在一個燃料表面的火焰逐漸遠離起火源而延伸進展現象。

37. 閃燃 Flashover

Stage of a fire at which all surfaces and objects within a space have been heated to their
ignition temperature and flame breaks out almost at once over the surface of all objects
in the space.

在火災發展過程中一種現象，在該空間內所有可燃表面和對象，已被加熱到其燃
點溫度，而發生火焰爆發幾乎立刻在該空間中所有可燃對象表面上形成。

38. 閃火點 Flash Point

Minimum temperature at which a liquid fuel gives off sufficient vapors to form an
ignitable mixture with the air near the surface. At this temperature the ignited vapors
flash but do not continue to burn. The flash point of a fuel is usually a few degrees
below the fire point, but the flash point and fire point of some fuels are almost
indistinguishable.

液體燃料能釋放出足夠蒸氣量，與空氣表面形成燃燒性混合物時之最低溫度。在
此溫度，此種燃燒性混合物氣體，能形成瞬間燃燒閃光狀，但不會繼續燃燒。燃
料閃火點溫度通常是在著火點之幾度以下情況，但有一些燃料之閃火點和著火點

溫度，二者幾乎是沒有多大區別。

39. 流體 Fluid

Any substance that can flow; a sub stance that has definite mass and volume at a constant temperature and pressure but no definite shape. A fluid is unable to sustain shear stresses.

任何物質具有流動性，在一個恆定的溫度和壓力下具有一定的質量和體積，但沒有明確的形狀。流體是無法提供剪切應力的（Shear Stresses）。

40. 冒泡溢 Frothover

The continuous burping and frothing of a tank's contents over the side as a result of a tank fire. Frothover happens when the tank product contains water that comes into contact with hot oil.

油槽火災油質不斷打嗝和冒泡。當儲槽油質含有水與熱波接觸時，所發生持續向液面冒泡溢出。

41. 燃料控制火災 Fuel Control

After ignition and at the start of a fire's development, the fire is described as fuel controlled as there is sufficient air for combustion and the fire's development is controlled entirely by the fuel's properties and arrangement. A fire can also be fuel controlled at a later stage in its development.

區劃空間起火後，火災發展開始，火災室火勢大小受到燃料支配情況，其有足夠為燃燒所需的空氣，火災的發展是完全由燃料性質和燃料排列所控制，燃料控制情況也能在火災發展之衰退期發生。

42. 火載量 Fuel Load

Type（class）and amount of fuels in a given space.

燃料的類型（等級）和數量，在一個所給定的空間所占有體積。

43. 最盛期火災 Fully Developed

This stage is reached when a flashover occurs. In this compartment fire instance, the fire is ventilation controlled and it is usual for smoke gas temperatures to reach the order of 800–900℃. Flames spread via the building's openings. This means that part of the combustion process takes place outside the compartment.

當達到閃燃發生階段，在此區劃空間火災，火災是通風控制情況，其通常能使熱煙氣溫度達到 800～900℃左右。火勢透過建築物開口擴散。這意味著，在燃燒過程中的一部分，將會在區劃空間以外地方發生。

44. 氣體 Gas

Compressible substance with no specific volume that tends to assume the shape of its container; a fluid (such as air) that has neither independent shape nor volume but tends to expand indefinitely. The term gas is most accurately used to describe the state of a pure gaseous substance (for example, propane), rather than a fume, vapor, or mixture of gases.

可壓縮物質、沒有特定的體積、假設趨向於其為容器的形狀。流體（如空氣）既不具有獨立形狀，也沒有體積但能趨向於無限擴張。氣體術語是大多數精確的用於描述一個純的氣態物質（例如丙烷），而不是在煙氣（Fume）、蒸氣（Vapor）或氣體混合物的狀態。

45. 熱 Heat

Form of energy that raises temperature. Heat can be measured by the amount of work it does; for example, the amount of heat needed to make a column of mercury expand inside a glass thermometer.

能量一種形式，能提高溫度。熱量可以由它所作功來量測，例如在一玻璃溫度計使水銀柱產生膨脹所需的熱量。

46. 燃燒熱 Heat of Combustion, ΔHc

This measures the amount of energy the material releases DHc when it burns. The unit used is MJ/kg or kJ/g.

當可燃物燃燒時，量測物質釋放之能量 ΔHc，其所使用單位是 MJ/kg 或 kJ/g。

47. 汽化熱 Heat of Vaporization, ΔHv (Sometimes Lv)

The heat of vaporisation is the amount of heat required to ΔHv (sometimes Lv) produce 1 g gas from the fuel surface.

燃料汽化的熱量，從其表面產生 1 克氣體所需熱量 DHV（有時稱為 Lv）。

48. 熱釋放速率 Heat Release Rate

When a material combusts heat will be released. The heat released is measured in watts (J/s).

當一物質燃燒時熱量將會釋放出，其所釋放熱量之量測單位是 watts（J/s）。

49. 起火溫度 Ignition Temperature

Minimum temperature to which a fuel in air must be heated to start self-sustained combustion independent of an outside ignition source.

在空氣中的燃料受到一獨立的外部起火源或內部自體發熱，其持續加熱到燃料開始能持續燃燒狀態之最低溫度。

50. 火災初期 Incipient Phase

First phase of the burning process in a confined space in which the substance being oxidized is producing some heat, but the heat has not spread to other substances nearby. During this phase, the oxygen content of the air has not been significantly reduced.

燃燒過程在區劃空間內的第一階段中，該物質被氧化時產生一定的熱量，但熱量

並沒有蔓延到其他物質附近。在這個階段中，空氣中的氧含量尚未顯著降低。

51. 焦耳 Joule, J

Unit of work or energy in the International System of Units; the energy (or work) when unit force (1 newton) moves a body through a unit distance (1 meter).

在國際單位制之功或能量之單位；在一每單位力（1 牛頓），移動物體至單位距離（1 公尺）之能量（或功）。

52. 千瓦 Kilowatt, kW

Unit of power in the International System of Units. 1 kW= 1,000 watts (W).

在國際單位制一種能量之單位；1 千瓦 =1000 瓦（W）。

53. 動能 Kinetic Energy

The energy possessed by a moving object.

藉由物體移動而具有的能量。

54. 層流 Laminar Flow

There are two different types of flow. This is evident when, for instance, smoke flows up and out of a narrow chimney. First of all, the smoke moves in a parallel layer without mixing. But at a certain distance from the outlet the flow type changes and smoke particles move in irregular paths, in a swirling motion. The layered type of flow is known as laminar and the irregular as turbulent. The word "laminar" is taken from the Latin word "lamina", meaning plate, board, and "turbulent" is taken from the Latin word "turbulentur", meaning disturbed or tempestuous.

火災室有 2 種不同空氣流之類型，這是顯而易見的，如熱煙氣體向上流動，並從一個狹窄的煙囪或開口流出。首先，煙流並沒有與其他混合，以一個平行層流方式作運動。但在距出口一定距離時，其流動型態受到改變，熱煙顆粒以旋轉運動作不規則路徑進行。煙流分層型態稱為層流和不規則的紊流。這個層流取自拉丁詞「層」，意思平板或板，而「紊流」取自拉丁詞「turbulentur」，意為擾亂或翻騰。

55. 最小氧濃度 Limiting Oxygen Concentration

The limiting oxygen concentration, (LOC), also known as the minimum oxygen concentration, (MOC), is defined as the limiting concentration of oxygen below which combustion is not possible, independent of the concentration of fuel. It is expressed in units of volume percent of oxygen. The LOC varies with pressure and temperature. It is also dependent on the type of inert (non-flammable) gas.

限制氧濃度（LOC）也稱為最小氧濃度（MOC），定義為所需氧氣的極限濃度，低於該濃度，燃燒是不可能的，與燃料濃度無關，以氧的體積百分比作表示。LOC 隨壓力和溫度而變化，並也取決於惰性（不可燃）氣體的類型。

56. 液體 Liquid

Incompressible substance that assumes the shape of its container. Molecules flow freely, but substantial cohesion prevents them from dispersing from each other as a gas would.

不可壓縮物質，假設其容器的形狀。分子能自由流動，但具大量的凝聚性及表面張力，以防止它們如氣體似相互分散。

57. 質量損失率 Mass Loss Rate

The mass loss rate is the speed at which pyrolysis occurs from a material, sometimes also known as the rate of pyrolysis. This is often measured in the unit.

質量損失速率是指從一種物質發生熱裂解之速度，有時也被稱為熱裂解之速率。這通常以 g/m^2s 為單位進行量測。

58. 物質 Matter

Anything that occupies space and has mass.

凡是佔用空間，並具有質量。

59. 相溶 Miscible

Materials that are capable of being mixed.

物質能夠被混合。

60. 牛頓 Newton (N)

Unit of force in the International System of Units. 1 newton = 1 kilogram per meter per second squared.

在國際單位制一種力量之單位。1 牛頓 = 1 $kg/m \times sec^2$。

61. 有機物質 Organic Materials

Substances containing carbon such as plant and animal materials and hydrocarbon fuels.

指含碳物質如植物／動物物質和碳氫燃料。

62. 氧化 Oxidation

Complex chemical reaction of organic materials with oxygen or other oxidizing agents resulting in the formation of more stable compounds. More stable compounds are simply those with less closely associated chemical energy. They become more stable by releasing some of their energy as heat and light during combustion. Examples are fire, explosions, and rusting (decomposition).

有機質與氧／其他氧化劑所產生複雜的化學反應，導致形成更穩定的化合物。此種更穩定的化合物是較少相關於化學能。它們變得更加穩定，在燃燒過程中釋放出熱和光之能量。例如火災、爆炸和生鏽（分解）現象。

63. 勢能 Potential Energy

Stored energy possessed by an object that can be released in the future to perform work once released.

一物體所擁有儲存的能量，在未來一旦釋放時，能釋放來執行工作。

64. 預混合火焰 Premixed Flames

A premixed flame occurs when the fuel and air are well mixed with each other before ignition occurs.

發生起火之前，當燃料和空氣是已經充分彼此混合，而形成預混合火勢發生；化學性爆炸都是預混合火焰型態。

65. 錶壓力或絕對壓力 Psi Gauge/Psi Absolute

Unless stated otherwise, pressures given throughout this manual are gauge pressure not absolute pressure. Therefore, units shown simply as psi indicate psig (pounds per square inch gauge). Engineers make the distinction between a gauge reading and actual atmospheric pressure. The notation for actual atmospheric pressure is psia (pounds per square inch absolute). Absolute zero pressure is a perfect vacuum. Any pressure less than atmospheric pressure is simply a vacuum. When a gauge reads 5 psig (34.5 kPa)(0. 35 bar}, it is actually reading 5 psi (34.5 kPa)(0.35 bar) less than the existing atmospheric pressure (at sea level, 14. 7 5, or 9.7 psia [101 34.5 or 66.5 kPa]){1.010.345 or 0.665 bar}).

除非另有說明，本書所給出的壓力是一種錶壓力而不是絕對的。因此，簡單地示出的單位 Psi 為 Psig（每平方時有 1 磅錶壓力）。工程師使壓力表的讀數和實際的大氣壓力之間作出區別。實際大氣壓力的表示法是 Psia（每平方時有 1 磅絕對壓力）。絕對零壓力是一個完美的真空。任何壓力小於大氣壓力是一個簡單的真空。當壓力表讀數為～5 Psig（～34.5 千帕）（0.35 bar}，實際上是讀 5 Psi（34.5 千帕）（0.35 巴）小於現存的大氣壓力（海平面 14.7～5 或 9.7 psia（101～34.5 或 66.5 kPa）（1.01～0.345 或 0.665 Bar）。

66. 開口大火焰脈動 Pulsation

Pulsations occur occasionally when the fire is entering a ventilation～controlled stage. If there is an opening in the room the fire can have access to air to allow combustion to take place. As a result of this, positive pressure builds up in the room and the temperature rises. The fire subsides due to oxygen deficiency and the temperature falls as new air can be drawn into the room.

當區劃空間火災正在進入一個通風控制的階段時，脈動是會偶爾發生。假使火災能取得來自房間開口供應額外空氣，使燃燒持續發生。因此，在火災室積聚正壓力以及溫度上升，所產生層流為尋覓氧氣並受到壓力膨脹之推擠現象。由於缺氧情況導致火勢消退，新的空氣能被吸入到室內，溫度形成下降。

67. 熱裂解 Pyrolysis

Pyrolysis is a chemical decomposition process or other chemical conversion from complex to simpler constituents, caused by the effect of heat.

熱裂解是熱效應所造成的，在一種化學分解過程，或從其他複雜化學組成，轉化成簡單的組成。

68. 輻射 Radiation

The transmission or transfer of heat energy from one body to another body at a lower temperature through intervening space by electromagnetic waves such as infrared thermal waves, radio waves, or X-rays.

熱能從一個主體進行轉移至在較低的溫度另一主體，透過電磁波通過中間介質，如紅外熱波、無線電波或 X 射線進行傳遞。

69. 還原劑 Reducing Agent

The fuel that is being oxidized or burned during combustion.

燃燒過程中正在燃燒或被氧化的燃料。

70. 滾燃燒燃 Rollover

Condition in which the unburned combustible gases released in a confined space (such as a room or aircraft cabin) during the incipient or early steady～state phase and accumulate at the ceiling level. These superheated gases are pushed, under pressure, away from the fire area and into uninvolved areas where they mix with oxygen. When their flammable range is reached and additional oxygen is supplied by opening doors and/or applying fog streams, they ignite and a fire front develops, expanding very rapidly in a rolling action across the ceiling.

在區劃空間（如房間或飛機客艙）於火災初期或較早穩態階段時期，其中生成未燃燒的可燃氣體，會積聚在天花板位置。這些從火災室過熱氣體受到火災形成壓力推擠，而逐漸遠離火災室，到火災室外區域與氧氣混合。當門被打開或較遠處消防人員應用水霧流，供應額外的氧氣而達到可燃範圍，於火災室前端點燃並往前發展，非常迅速在整個天花板上的滾動擴張之動作。

71. 皂化 Saponification

A phenomenon that occurs when mixtures of alkaline based chemicals and certain cooking oils come into contact resulting in the formation of a soapy film.

當鹼性基的化學物質和某些烹調油的混合物接觸，從而導致肥皂膜的形成現象。

72. 半導體 Semiconductive

Possessing a conductivity between 10^2 pS/m and 104 pS/m or a resistivity between 10^8 Ω-m and 10^{10} Ω-m.

導電度介於 10^2 pS / m 和 10^4 pS / m 之間或電阻係數介於 10^8 Ω.m 和 10^{10} Ω.m 之間。

73. 濺溢 Slopover

Slopover is a phenomenon which occurs when water is applied to full surface fire tank and the water gets accumulated downwards results in overfill of product from the tank.
當儲槽整個油面火災,滅火泡沫中水分向下累積,導致氣化膨脹從槽內溢出之一種現象。

74. 熱煙爆炸 Smoke Gas Explosion

When unburnt smoke gases leak into an area adjacent to the fire room they can mix very well with air to produce a combustible mixture. If there is an ignition source available or one becomes available some other way, the smoke gases can ignite, with an extremely devastating effect. As a rule, this phenomenon occurs seldom.
當火災室未燃燒的熱煙氣體洩漏到相鄰空間面積,其能與空氣作很好混合,以產生可燃混合氣體。假使有一個有效起火源或成為有效的一些其他方式,煙氣將能引燃,並具有極其破壞性的影響。通常,在實務上出現這種現象是很少的。

75. 溶解性 Solubility

Degree to which a solid, liquid, or gas dissolves in a solvent (usually water).
固體、液體或氣體溶解在溶劑(通常是水)的程度。

76. 比重 Specific Gravity

Weight of a substance compared to the weight of an equal volume of water at a given temperature. A specific gravity less than 1 indicates a substance lighter than water; a specific gravity greater than 1 indicates a substance heavier than water.
在給定的溫度下,物質的重量相比於水,用水等體積的重量。比重小於 1 表示物質比水輕;比重大於 1 表示物質比水重。

77. 自燃 Spontaneous Combustion

Spontaneous combustion is a byproduct of spontaneous heating, a process by which a material increases in temperature without drawing heat from its surroundings. If the material reaches its ignition temperature, spontaneous ignition or combustion occurs.
自燃是一可燃物質自體發熱(Spontaneous heating)的副產品,當其溫度持續升高過程中,不從周圍環境吸收熱量,如達到其起燃溫度,則產生自燃或燃燒現象。

78. 化學計量(理想混合狀態)Stoichiometry (Ideal Mixture)

When there is exactly the amount of air required to burn the (ideal mixture) fuel completely this is known as the stoichiometric point. In this instance, only carbon dioxide and water are produced. This happens extremely rarely in practice.
當燃燒恰好有所需的空氣量(理想的混合物)進行完全燃料,這稱為化學計量狀態。在這種情況下,只生成二氧化碳和水,但實際上發生這種情況是極其罕見的。

79. 熱煙層流（氣體）Thermal Layering (of Gases)

Outcome of combustion in a confined space in which gases tend to form into layers, according to temperature, with the hottest gases are found at the ceiling and the coolest gases at floor level.

在區劃空間中燃燒，氣體趨向形成一種層流。根據溫度，其中最熱氣體是發現在天花板層次，而最冷的氣體是位在地板上。

80. 熱失控 Thermal Runaway

Thermal runaway occurs in situations where an increase in temperature changes the conditions in a way that causes a further increase in temperature, often leading to a destructive result.

當溫度增高時引發的變化，使溫度更進一步的增高，產生加速擴大反應，因而導致某一種破壞性的結果。

81. 紊流因子 Turbulence Factor

When flames spread the area of the flames will increase and they are then broken up, which means that the area of the flame front will get bigger. This results in an increase in the burning velocity.

當火焰蔓延情況使火勢的面積增加，然後火災室窗戶破裂出現開口，這意味著火勢前鋒的面積將變大，這導致燃燒速度之增加。

82. 紊流 Turbulent Flow

There are two different types of flow. This is evident when, for instance, smoke flows up and out of a narrow chimney. First of all, the smoke moves in a parallel layer without mixing. But at a certain distance from the outlet the flow type changes and smoke particles move in irregular paths, in a swirling motion. The layered type of flow is known as laminar and the irregular as turbulent. The word "laminar" is taken from the Latin word "lamina", meaning plate, board, and "turbulent" is taken from the Latin word "turbulentur", meaning disturbed or tempestuous.

火災室有 2 種不同空氣流之類型，這是顯而易見的，如熱煙氣體向上流動，並從一個狹窄的煙囪流出。首先，煙流並沒有與其他混合，以一個平行層方式作運動。但在從出口一定距離的流動型態改變化，熱煙顆粒以旋轉運動作不規則路徑進行。煙流分層型態稱為層流和不規則的紊流。這個層流取自拉丁詞「層」，意思平板或板，而「紊流」取自拉丁詞「turbulentur」，意為擾亂或翻騰。

83. 未完全燃燒氣體 Unburnt Gases

If the fire continues with a depleted oxygen supply unburnt gases will accumulate. Unburnt gases always accumulate, even if there is good access to an air supply. The unburnt gases contain potential energy and may be released at a later stage and cause the temperature to rise.

假使火災室燃燒繼續耗盡氧氣供應，未燃燒完全氣體會積聚。但區劃火災中未燃燒氣體總是能積累，即使是良好氧氣供應環境。未燃燒氣體中含有的潛在能量，並且能在稍後的階段釋放出（如滾燃或閃燃等），並導致室內溫度大幅上升。

84. 蒸氣 Vapor

Any substance in the gaseous state as opposed to the liquid or solid state. Vapors result from the evaporation of a liquid such as gasoline or water.

任何物質在氣體狀態下，相對於液體或固體狀態；蒸氣是源自於液體的蒸發，如汽油或水。

85. 蒸發 Vaporization

Process of evolution that changes a liquid into a gaseous state. The rate of vaporization depends on the substance involved, heat, and pressure.

改變液體形成氣體狀態之轉化過程。氣化的速率取決於所涉及的物質、熱和壓力。

86. 蒸氣密度 Vapor Density

Weight of a given volume of pure vapor or gas compared to the weight of an equal volume of dry air at the same temperature and pressure. A vapor density of less than 1 indicates a vapor lighter than air; a vapor density greater than 1 indicates a vapor heavier than air.

於相同溫度和壓力下，純蒸氣或氣體所給定體積的重量，相比於等體積之乾燥空氣中重量。在蒸氣密度小於 1 是表示蒸氣比空氣輕，而蒸氣密度大於 1 則表示比空氣重的蒸氣。

87. 蒸氣壓力 Vapor Pressure

Measure of the tendency of a substance to evaporate; a higher value means it is more likely to evaporate, and a lower one means it is less likely.

一物質具有蒸發傾向之程度，如有較高值則意味其更易於蒸發，而較低值則表示其不太可能會蒸發。

88. 通風控制 Ventilation Control

As the fire grows it may become ventilation controlled when there is no longer sufficient oxygen to combust the pyrolysis gases formed. The fire's heat release rate is then controlled completely by the amount of air which is available, in which case the fire is described as being ventilation controlled.

當建築結構火災發展階段，不再有足夠的氧氣維持燃燒，來形成的熱裂解氣體情況，此時成為通風控制燃燒狀態。火災的熱釋放速率完全是由可用的空氣量所控制，在這種火災室燃燒情況則描述為通風控制。

Note

火災學公式總整理

（作者美國訓練）

第一章

活化能與化學反應速率或固體熱分解速率（V）關係式：

$$V = A \times \exp^{(\frac{-E}{RT})}$$

A＝碰撞頻率因子，與溫度無關一種常數（$J\,cm^{-3}\,sec^{-1}$）
E＝活化能或分解必要熱能（$J\,mol^{-1}$）；R＝氣體常數（$J\,mol^{-1}K^{-1}$）
T＝絕對溫度（K）

理想氣體定律

$$PV = nRT$$

其中 P 為一大氣壓 101325 Pa、V 為體積（m^3）、n 為 1 莫耳、R 為理想氣體常數 8.3145 J/mol K、T 為絕對溫度（K）。

依傅立葉定律（Fourier's Law）指出熱傳導公式

$$\dot{Q} = kA\frac{(T_1 - T_2)}{d} \quad (W)$$

Q＝熱傳導量（W）；k＝熱傳導係數（W/mK）；A＝垂直於傳熱方向之截面積（m^2）；
T＝物質二端之溫差（K）；d＝物質二端之距離（m）。

熱對流公式

$$\dot{Q} = hA(T_1 - T_2) \quad (W)$$

h＝對流熱傳係數（W/m^2K），其取決於流動面結構和屬性。
A＝垂直於傳熱方向之截面積（m^2）
T＝溫差 (K)

熱輻射公式

$$\dot{q} = \varepsilon\sigma A(T_1 - T_2)^4 \qquad kW/m^2$$

T＝溫差 (K)
ε 是黑體之輻射率（emissivity）（輻射到表面之效率）若為絕對黑體則 ε = 1。
σ 是斯蒂芬－玻茲曼（Stefan-Boltzman）常數（$5.67 \times 10^{-8}\,W/m^2K^4$）。

$$I = \varepsilon \times \sigma \times A \times T^4$$

I 為輻射總能量（稱輻射強度）（W/m^2）
T 為絕對溫度（K）
A 是表面積（m^2）
σ 是斯蒂芬－玻茲曼（Stefan-Boltzman）常數（$5.67 \times 10^{-8}\,W/m^2K^4$）。

$I \propto \dfrac{1}{d^2}$，式中 I 為輻射熱　d 為距離

建築物 t^2 火災成長模式，分為慢速成長（Slow）、中速成長（Medium）、快速成長（Fast）以及極快速成長（Ultra-Fast Fire Growths）。

$$\dot{Q} = \alpha(t - t_0)^2$$

其中，$\dot{Q}$ 為火災熱釋放率、t_0 為火災醞釀期至起火現象發生，α 為火災成長係數（kW/s^2）

第二章

烷類燃燒下限 × 燃燒熱 (kcal/mole) = 1059

$$HRR = \propto \times \dot{m} \times \Delta H_c$$

HRR 為熱釋放率（kW）；$\propto$ 為燃燒效率；$\dot{m}$ 為燃燒速率（g/s）；ΔH_c 是燃燒熱（kJ/g）

依 Le Chatelier 定律指出混合氣體燃燒上下限，S_1、S_2、S_3... 為各氣體組成百分比，U_1、U_2、U_3... 為各氣體之燃燒上限值，D_1、D_2、D_3... 為各氣體之燃燒下限值。

混合氣體燃燒上限值，$M_U = \dfrac{1}{\dfrac{S_1}{U_1} + \dfrac{S_2}{U_2} + \dfrac{S_3}{U_3} ...} \times 100\%$

混合氣體燃燒下限值，$M_D = \dfrac{1}{\dfrac{S_1}{D_1} + \dfrac{S_2}{D_2} + \dfrac{S_3}{D_3} ...} \times 100\%$

$$當量濃度 = \frac{1}{1 + 4.76n}$$

燃燒下限 $\dfrac{0.55}{1 + 4.76n}$（其中 n 為氧莫耳數）

$0.55 \times$ 當量濃度 = 燃燒下限　　最低氧濃度 LOC = 燃燒下限 × 氧莫耳數

液體燃燒下限 $= \dfrac{P_0}{P}$，$P_0 = $ 閃火點之飽和蒸氣壓，P 為 1 大氣壓（760mmHg）

$$可燃氣體危險度 = \frac{燃燒上限 - 燃燒下限}{燃燒下限}$$

$$燃燒上限 = 6.5 \times \sqrt{燃燒下限}$$

$$\dot{m} = \frac{Q_F - Q_L}{L_V} \times A$$

$\dot{m}$ 是燃燒速率（g/s），其中上面一點是表示隨時間而變化。
Q_F 是從火焰到表面的熱通量（kW/m^2）
Q_L 是從表面熱損失的熱通量（kW/m^2）
A 是燃料表面積（m^2）
L_V 是氣化熱（相當於液體蒸發潛熱）（kJ/g）

理論空氣量

$Lw = [11.6 \times C + 34.8 \times (H - \dfrac{O}{8}) + 4.3 \times S]\%$ (kg)

$Lv = [8.9 \times C + 26.7 \times (H - \dfrac{O}{8}) + 3.3 \times S]\%$ (m³)

第三章

$\dfrac{0.21V}{(V+x)}$ = 設定氧濃度　　$\dfrac{x}{(V+x)}$ = 設定滅火濃度

空氣體積為 V，氧佔 0.21V，x 為不燃性氣體之體積

完全燃燒

甲烷 $CH_4 + O_2 \rightarrow CO_2 + 2H_2O$

乙烷 $C_2H_6 + \dfrac{7}{2}O_2 \rightarrow 2CO_2 + 3H_2O$

丙烷 $C_3H_8 + O_2 \rightarrow 3CO_2 + 4H_2O$

丁烷 $C_4H_{10} + \dfrac{13}{2}O_2 \rightarrow 4CO_2 + 5H_2O$

第四章

木造建築 $h = p \times d^2$

h 為建築高度（m）；p 為延燒係數；d 為防火距離（m）

木材炭化深度 $x = 1.0\left(\dfrac{Q}{100} - 2.5\right)\sqrt{t}$

x 為炭化深度（mm）；Q 為加熱溫度（°C）；t 為加熱時間（min）

第六章

依 Graham 擴散定律指出，氣體擴散速度（r）與密度（d）平方根成反比

$$\dfrac{r_1}{r_2} = \sqrt{\dfrac{d_2}{d_1}}$$

$$可燃氣體危險度 = \dfrac{燃燒上限 - 燃燒下限}{燃燒下限}$$

第八章

在 TNT 炸藥之爆炸壓力強度與其炸藥量之 1/3 次方成正比，而爆炸時爆轟波能量隨著距離 1/3 次方成反比。

$$\frac{z}{E^{1/3}} \text{ 或 } \frac{z}{W_{TNT}^{1/3}}$$

式中
E 為爆轟波能量；z 為從起爆處之距離；W_{TNT} 為相同於 TNT 爆轟波能量

第九章

最盛期穩態燃燒速率（$\dot{R}$）： $$\dot{R} = 5.5 \times A \times H^{1/2} \text{ (kg/min)}$$ A 為開口面積（m^2）；H 為開口高度（m）
在最盛期穩態燃燒情況，建築物木製品： $$t = \frac{W \times A_F}{\dot{R}} = \frac{W}{5.5} \times \frac{A_F}{A_W \sqrt{H}}$$ t = 火災持續時間（min）；W = 單位面積可燃物量（kg/m^2）；A_F = 地板面積（m^2）； $\dot{R}$ = 燃燒速率（kg/min），$\frac{A_F}{A\sqrt{H}}$ 為繼續時間因子
燃料控制燃燒：$\dfrac{\rho \times g^{1/2} \times A \times H^{1/2}}{A_F} > 0.290$ ρ 為空氣密度（kg/m^2）；g 為重力加速度（9.81 m/s^2）；A 為淨開口面積（m^2） H 為淨開口高度（m）；A_F 為燃料（床）表面積（m^2）
通風控制燃燒：$\dfrac{\rho \times g^{1/2} \times A \times H^{1/2}}{A_F} < 0.235$ ρ 為空氣密度（kg/m^2）；g 為重力加速度（9.81 m/s^2）；A 為淨開口面積（m^2） H 為淨開口高度（m）；A_F 為燃料（床）表面積（m^2）
閃燃發生最低能量值： $$\dot{Q} = 7.8A_T + 378(A \times \sqrt{h})$$ $\dot{Q}$ 為熱釋放率（Heat release rate, kW） A_T 為區劃空間內部所有表面積（不含開口通風面積）（m^2） A 為區劃空間內所有通風之淨開口面積（m^2） h 為區劃空間內通風之淨開口高度（m）

第十章

$$D = \log\left(\frac{I_o}{I}\right)^{10} \text{ [dB]}$$

$$D = \log\left(\frac{I_o}{I}\right) \text{ [Bel]}$$

D = 光密度（1 Bel = 10 dB）；I_o = 無煙時光強度；I = 有煙時光強度

$$D_L = \frac{D}{L} = \frac{K}{2.3} D$$

D_L 為每公尺光密度（m^{-1}）；K 為消光係數；L = 煙層厚度（m）；D = 光密度

遮光率（%）與光密度 (D) 之關係式

D = 2 − log(100 − S)　　（單位 Bel）　　（1 Bel = 10 dB）

$$I = I_0 e^{-KL}$$

K = 消光係數；I_0 = 無煙時光強度；I = 有煙時光強度；L = 煙層厚度（m）

$$K \times S = 能見度係數$$

K = 消光係數；S = 能見度距離（m）；能見度係數：發光性為 8，反光性為 3

$$D_m = \frac{D_L \times V}{\Delta M}$$

質量光密度 $D_m(m^2/g)$、每公尺光密度 $D_L(m^{-1})$、燃料質量損失 $\Delta M(g)$ 與火災室體積 $V(m^3)$

$$\dot{M} = 0.188Py^{\frac{3}{2}}$$

M = 空氣捲入火羽流質量流率，也是一種煙生成率（kg/s）
P = 火焰周長（m）
y = 從地板面至煙氣層下界面之距離，也就是沒有煙層垂直高度（m）

火災中煙量下降速度，對逃生者具有非常大影響

$$t = \frac{20A}{P \times \sqrt{g}}\left[\frac{1}{\sqrt{y}} - \frac{1}{\sqrt{h}}\right]$$

t = 煙層下降至 y 高度所需時間（sec）；A = 樓地板面積（m^2）；g = 9.8m/sec^2
y = 煙層下降至地面之高度（m）；P = 火災周長（m）；h = 天花板高度（m）

在風力之靜壓（Stationary Pressure）作用施加於一棟建築物，能表示為

$$\Delta p = 0.5 \times C_f \times \rho_a \times V^2$$

Δp 為風對建築物產生壓力（Pa），C_f 是形狀因子（Form Factor）、ρ_a 是外部空氣密度（kg/m^3）、V 是風速（m/s）。

流入火場內空氣的體積與流出火場外煙的體積，熱膨脹作用可表示如下：

$$\frac{Q_{out}}{Q_{in}} = \frac{T_{out}}{T_{in}}$$

Q_{out} 為流出火場外煙之體積流率（m^3/s）；Q_{in} 為流入火場內煙之體積流率（m^3/s）
T_{out} 為流出火場外煙之絕對溫度（K）；T_{in} 為流入火場內煙之絕對溫度（K）

熱浮力表示如下：

$$\Delta P = 3460 \left(\frac{1}{T_{out}} - \frac{1}{T_{in}} \right) h$$

ΔP 為壓力差（Pa），T_{out} 為室外空氣溫度（K），T_{in} 為室內火場溫度（K），h 為天花板面熱煙層至中性層之高度距離（m）。

發煙率計算式

$$\dot{M} = 0.188 y^{\frac{3}{2}}$$

M = 空氣捲入火羽流質量流率，也是一種發煙率（kg/s）；P = 火焰周長（m）
y = 從地板面至煙氣層下界面之距離，也就是沒有煙層垂直高度（m）

$$\frac{h_{上}}{h_{下}} = \frac{A_{下}^2 \times T_{內}}{A_{上}^2 \times T_{外}}$$

$$\frac{h_{上}}{h_{下}} = \left(\frac{T_{內}}{T_{外}} \right)^{1/3}$$

$$\frac{\rho_{內}}{\rho_{外}} = \frac{T_{外}}{T_{內}}$$

$h_{上}$ 與 $h_{下}$：分別為中性層至上部開口及下部開口間之垂直距離
$A_{上}$ 與 $A_{下}$：分別為上部開口及下部開口之開口面積（Cross-Sectional Areas）
$T_{內}$ 與 $T_{外}$：分別為建築物內部及外部空氣之絕對溫度（Absolute Temperatures）
$\rho_{內}$ 與 $\rho_{外}$：分別為建築物內部及外部空氣之密度

在火災室流出空氣質量或體積流量（m_a, m^3/sec）方面，取決於室內外流動壓力差（ΔP）、空氣密度（ρ, kg/m^3）與開口通風面積（A, m^2）等。

$$m_a = C \times A \times \sqrt{\frac{2\Delta P}{\rho}}$$

C 為開口係數，一般為 0.75

在一室內產生正壓空間，設有三個開口面積分別為 A_1、A_2，和 A_3 相互並聯時，其等效流動面積為：$A_e = A_1 + A_2 + A_3$

另在一室內產生正壓空間，設有三個開口面積分別為 A_1、A_2 和 A_3 相互串聯時，其等效流動面積為：$A_e = \left(\frac{1}{A_1^2} + \frac{1}{A_2^2} + \frac{1}{A_3^2} \right)^{-\frac{1}{2}}$

在一室內產生正壓空間，僅設有 2 個開口面積分別為 A_1 和 A_2 相互串聯時，其等效流動面積為：$Ae = \left(\dfrac{1}{A_1^2} + \dfrac{1}{A_2^2}\right)^{-\frac{1}{2}}$

需要多少力量才能打開門

$$F = F_A + F_P = F_A + \frac{K \times W \times A \times \Delta P}{2(W - d)}$$

式中，W 和 A 為門之寬度（m）和面積（m²）；ΔP 為門兩邊的壓差（Pa）；d 為門把手到門邊緣之距離（m）；係數 K = 1.00，F_A 為克服門自鎖力所需之力

計算壓力差值，能從開口中性層（Neutral Plane）到開口高度（h）：

$$\Delta P = (\rho_{out} - \rho_{in})\, g\, h$$

ΔP 為壓力差，ρ_{out} 是周圍空氣的密度，ρ_{in} 是熱煙氣體密度，g 是重力常數，h 是中性層到開口高度

機械排放

剩餘濃度 ＝ 滅火濃度 $\times e^{\frac{-1}{60/次數}t}$ 　　t 為排放時間

第十一章

功率 P = I × V，如功率（P）1100 W 電磁爐，電壓（V）為 110 V，則電流（I）是 10 A

$$P = I^2 R$$

熱量（W）、電流（I）、電阻（R）

容許電流與溫度上升 ΔT 方面，從電線之電功率（P）乘以熱阻抗（R_t, ℃/W），即可獲得該傳熱路徑上的溫升（ΔT）情況。

$$\Delta T = T_1 - T_2 = P \times R_t$$

$$Q = I^2 \times R \times t$$

Q 為熱量（焦耳，J），I 為電流（安培，A），R 為電阻（歐姆，Ω），t 為時間（秒，s）

靜電（電量 Q = C 電容 × V 電壓），（能量 $E = \dfrac{1}{2}$ Q 電量 × V 電壓）

（能量 $E = \dfrac{1}{2}$ C 電容 × V^2 電壓），（能量 $E = \dfrac{1}{2} \dfrac{電量\, Q^2}{電容\, C}$）

火災學重點總整理

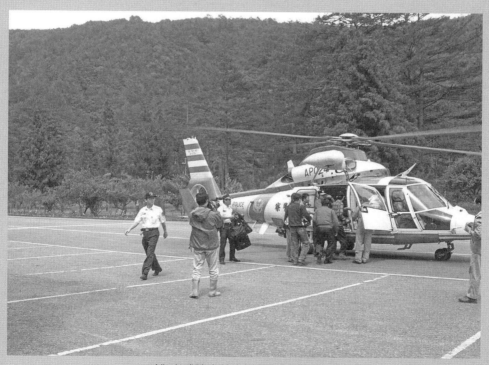

（作者武陵森林火災消防指揮搶救）

第1章　緒論

氧化與燃燒異同

項目		氧化	燃燒
相異點	氧化速度	慢	快
	化學反應	慢	快
	產生熱量	小	大
	產生光亮	無	有
	發生要素	氧、物質	氧、可燃物、熱量
相同點		皆為氧化反應	

輻射能量與距離平方成反比

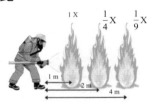

熱傳三公式

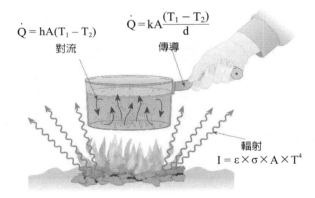

$$\dot{Q} = hA(T_1 - T_2)$$
對流

$$\dot{Q} = kA\frac{(T_1 - T_2)}{d}$$
傳導

輻射
$$I = \varepsilon \times \sigma \times A \times T^4$$

建築物 t² 火災成長模式

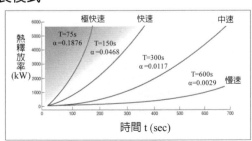

熱慣性

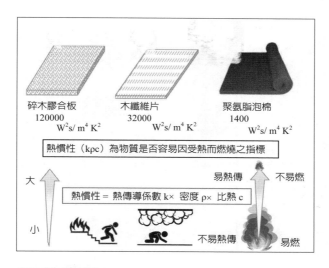

碎木膠合板　　　木纖維片　　　聚氨脂泡棉
120000　　　　32000　　　　1400
$W^2s/m^4 K^2$　　　$W^2s/m^4 K^2$　　　$W^2s/m^4 K^2$

熱慣性（kρc）為物質是否容易因受熱而燃燒之指標

大　　　　　　　　　　易熱傳　　不易燃

熱慣性 = 熱傳導係數 k× 密度 ρ× 比熱 c

小　　　　　　　　　　不易熱傳　　易燃

第2章　燃燒原理

燃燒與火災異同

項目		燃燒	火
相異點	火焰	可能沒有	一定有
	連鎖反應	可能沒有	一定有
相同點		• 皆為燃燒且快速氧化反應 • 皆需三要素	

	項目	燃燒	火災
相異點	物質	單一物質	多重物質
	規模	小	大
	使用	控制	未控制
	發展	室內外差異小	室內外差異大
	控制	燃料控制燃燒	室內分燃料及通風控制燃燒

火災與化學性爆炸異同

項目		火災	爆炸
相異點	氧化燃燒速度	相對慢	極快
	化學反應	相對慢	極快
	壓力波	無	有
	燃料和氧化劑	未混合	已混合
	階段	初期、成長、最盛及衰退期	瞬間
相同點		皆需氧化劑、可燃物、熱量及連鎖反應	
		皆有可能是固、液態或瓶裝氣態	
		總燃燒熱值二者是相同的	

五大燃燒形式

擴散燃燒	蒸發燃燒	分解燃燒	表面燃燒	自己燃燒
（瓦斯乙炔）	（汽油酒精）	（木材紙張）	（木炭硫磺）	（含氧物質）

第3章　滅火原理

火災爆炸原因 —— 發火源種類

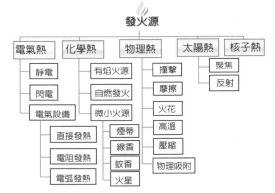

火焰燃燒與滅火要素

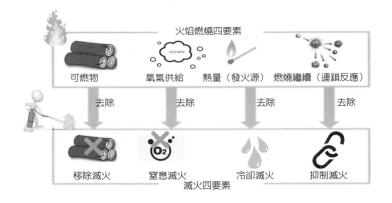

水吸熱能力

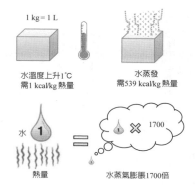

第4章　固體火災學理

分解與表面燃燒型態

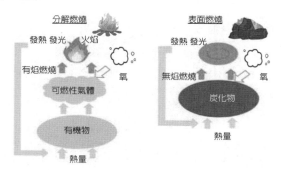

悶燒與表面燃燒相異點

燃燒型態	悶燒	表面燃燒
相同點	1. 燃燒速度慢 2. 在固體表面與空氣界面氧化反應，均為無焰燃燒	
相異點	有分解反應	無分解反應
	發生於表面或內部	僅發生於表面
	常發生在火勢初期階段	發生在火勢衰退熄滅階段
	供氧不足、溫度較低	供氧可能充足、溫度較高
	能轉變有焰燃燒	無法轉變有焰

固體燃燒型態

分解燃燒	表面燃燒	自己燃燒	蒸發燃燒	悶燒
如木材	如木炭	如火箭燃料	如塑膠	如沙發菸蒂

固體燃燒速度影響因素

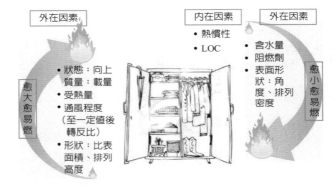

外在因素

愈大愈易燃

- 狀態：向上
  質量：載量
- 受熱量
- 通風程度
  （至一定值後
  轉反比）
- 形狀：比表
  面積、排列
  高度

內在因素
- 熱慣性
- LOC

外在因素

- 含水量
- 阻燃劑
- 表面形
  狀：角
  度、排列
  密度

愈小愈易燃

木材燃燒流程

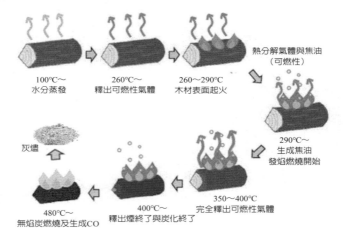

100℃～
水分蒸發

260℃～
釋出可燃性氣體

260～290℃
木材表面起火

熱分解氣體與焦油
（可燃性）

290℃～
生成焦油
發焰燃燒開始

350～400℃
完全釋出可燃性氣體

400℃～
釋出煙終了與炭化終了

480℃～
無焰炭燃燒及生成CO

灰燼

第5章 液體火災學理

液體燃燒屬性

液體閃火點、著火點及發火點

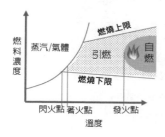
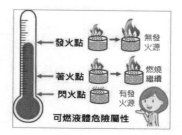

石油類分級表

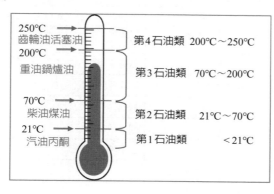

閃火點與著火點異同

項目	閃火點（引火點）	著火點（燃點）
定義	由外來火源直接供給熱能，至某一液相溫度時出現液面上閃火現象。此時溫度稱為引火點或閃火點。	由外來火源直接供給熱能，至某一液相溫度時出現液面上閃火且持續燃燒現象。此時溫度稱為著火點或燃點。
物質	液體及相當少之固體	固體、液體、氣體
速度	蒸發速度＜燃燒速度	蒸發速度＞燃燒速度
發生時溫度	較低	稍高
相同點	1. 需蒸發出一定可燃性蒸氣量。 2. 與空氣中氧混合比例在燃燒範圍內。 3. 需達到一定溫度。	

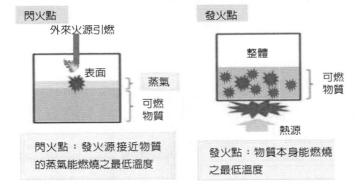

閃火點　外來火源引燃　表面　蒸氣　可燃物質
閃火點：發火源接近物質的蒸氣能燃燒之最低溫度

發火點　整體　可燃物質　熱源
發火點：物質本身能燃燒之最低溫度

閃火點與發火點異同

項目	閃火點（引火點）	發火點（自燃點）
定義	由外來火源供給熱能，至某一液相溫度時出現液面上閃火現象。	不受外來火源供給熱能，本身反應發熱至某一特定高溫時，出現自燃發火，並持續燃燒現象。
物質	液體及相當少之固體	固體、液體、氣體
速度	蒸發速度＜燃燒速度	蒸發速度＞燃燒速度
發生時溫度	較低	較高
起火源	直接	間接或本身發熱
外在熱源	需外在熱源	已不需外在熱源
火災危險	1. 引火為外來火源，明顯較能採取預防。 2. 需作密閉儲存。 3. 需控制儲存溫度與壓力，以免引火危險。	1. 因無外來熱源，因此不易防範。 2. 需控制儲存溫度與壓力，且通風良好以免自燃危險。
相同點	1. 需有一定可燃性氣體或蒸氣量。 2. 與空氣中氧混合比例在燃燒範圍內。 3. 需達到一定溫度。	

液體燃燒速度影響因素

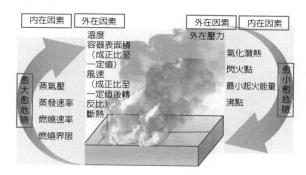

引火性液體

高閃火點液體

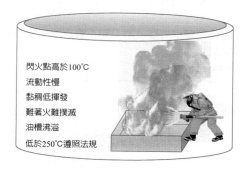

液體防火防爆

第6章　氣體火災學理

碳氫化合物分類

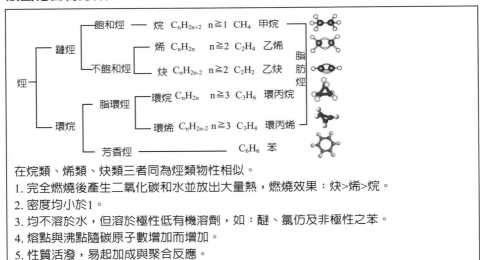

在烷類、烯類、炔類三者同為烴類物性相似。

1. 完全燃燒後產生二氧化碳和水並放出大量熱，燃燒效果：炔>烯>烷。
2. 密度均小於1。
3. 均不溶於水，但溶於極性低有機溶劑，如：醚、氯仿及非極性之苯。
4. 熔點與沸點隨碳原子數增加而增加。
5. 性質活潑，易起加成與聚合反應。

氣體（蒸氣）燃燒速度影響因素

混合與擴散燃燒異同

項目	預混合火焰（混合燃燒）	擴散火焰（擴散燃燒）
相異點	燃料與氧混合後遇火源起火	已有火源，燃料才與氧混合邊擴散邊燃燒
	不穩定燃燒	穩定燃燒
	燃燒速率相當快	燃燒速率相對慢
	火焰發生於混合範圍處	火焰僅發生於兩種氣體交界處
	起火能量低，燃燒煙少	起火能量高，燃燒煙多
	較少不完全燃燒	較多不完全燃燒
	偏藍色火焰	偏黃色火焰
	先有預混合火焰存在，才能有擴散火焰	
相同點	都需要火三要素（氧氣、熱量、燃料）	

天然與液化瓦斯差異

項目	天然氣（NG）	液化石油氣（LPG）
輸送	管路	桶裝
氣體種類	壓縮氣體	液化氣體
主成分	甲烷及少量乙烷	丙烷及少量丁烷
氣體比重	$\dfrac{CH_4}{N_2 \times 79\% + O_2 \times 21\%} = \dfrac{16}{28.84} = 0.55$ （往上升，易消散，危險性較低）	$\dfrac{C_3H_8}{N_2 \times 79\% + O_2 \times 21\%} = \dfrac{44}{28.84} = 1.52$ （往下沉，易囤積，危險性較高）
完全燃燒耗氧量	$CH_4 + 2O_2 \rightarrow CO_2 + 2H_2O$ 需 2 莫耳純氧	$C_3H_8 + 5O_2 \rightarrow 3CO_2 + 4H_2O$ 需 5 莫耳純氧
爆炸下限 n＝氧莫耳數	$\dfrac{0.55}{1+4.8n} = \dfrac{0.55}{1+4.8(2)} = 5.2\%$	$\dfrac{0.55}{1+4.8n} = \dfrac{0.55}{1+4.8(5)} = 2.2\%$ 爆炸下限低危險高

開放與密閉空間氣體爆炸

	開放空間	密閉空間	
		室內爆炸	狹長管道
壓力波強度	較弱	較強	較強並增強為爆轟
爆炸影響	若氣體洩漏少，造成影響較小，但洩漏涵蓋範圍廣，爆炸損害可觀	洩漏量被侷限，爆炸威力與開口大小成反比	爆炸威力增強成雙向進行

第7章　滅火劑適用

細水霧

項	目	滅火機制內容
主要滅火機制	冷卻	區劃空間內釋放水霧能充斥大量水霧粒子，水之蒸發潛熱為 539 cal/g，能移除火災室高熱，顯著降低高溫，達到冷卻作用。
	稀釋氧氣及可燃蒸氣	水霧遇到火災熱後，蒸發為水蒸氣，大量膨脹表面積效應，氧氣受到排擠作用，使燃燒區域氧氣大為縮減。
	可燃物表面溼潤與降溫	使可燃物表面溼潤，吸收其熱能，使其難以熱裂解及分解，新氣相燃料之生成遭到抑制，火勢難以再成長。
次要滅火機制	降低輻射回饋	大量水霧粒子產生遮蔽及吸收輻射熱，使其難以有熱量反饋。
	流場動態效應	水微粒體積小重量輕，可延長水粒在空氣中漂浮時間，並藉由強勁氣流迴旋流場動態效應，到達所遮蔽物體內的火源。

乾粉藥劑種類

項	目	內容	化學式
第一種乾粉	碳酸氫鈉（$NaHCO_3$）	碳酸氫鈉即小蘇打粉，適用 BC 類火災，為白色粉末，為增加其流動性與防溼性，會加入一些添加劑。碳酸氫鈉易受熱分解為碳酸鈉、CO_2 和水	$2NaHCO_3 \rightarrow Na_2CO_3 + H_2O + CO_2$ $Na_2CO_3 \rightarrow Na_2O + CO_2$ $Na_2O + H_2O \rightarrow 2NaOH$ $NaOH + H^+ \rightarrow Na + H_2O$ $NaOH + OH^- \rightarrow NaO + H_2O$
第二種乾粉	碳酸氫鉀（$KHCO_3$）	適用 BC 類火災，效果會比第一種乾粉佳，為紫色乾粉，受熱分解為碳酸鉀、CO_2 與水。本身吸溼性較高，儲藏時應注意防溼	$2KHCO_3 \rightarrow K_2CO_3 + H_2O + CO_2$（化學式轉變大量吸熱反應） $2KHCO_3 \rightarrow K_2O + H_2O + 2CO_2$ $K_2O + H_2O \rightarrow 2KOH$ $KOH + OH^- \rightarrow KO + H_2O$ $KOH + K^- \rightarrow K_2O + H^+$
第三種乾粉	磷酸二氫銨（$NH_4H_2PO_4$）	適用 ABC 類火災，為淺粉紅粉末，又稱多效乾粉。磷酸二氫銨受熱後形成磷酸與 NH_3，後形成焦磷酸與水，偏磷酸，最後五氧化二磷。與燃燒面產生玻璃薄膜，覆蓋隔絕效果，但乾粉冷卻能力不及泡沫或 CO_2 等，火勢熄滅後注意復燃	$NH_4H_2PO_4 \rightarrow NH_3 + H_3PO_4$ $2H_3PO_4 \rightarrow H_4P_2O_7 + H_2O$ $H_4P_2O_7 \rightarrow 2HPO_3 + H_2O$ $2HPO_3 \rightarrow P_2O_5 + H_2O$

項	目		內容	化學式
第四種乾粉	碳酸氫鉀及尿素（KHCO₃ + H₂NCONH₂）		適用 BC 類火災，為偏灰色，美國 ICI 產品，又稱錳鈉克斯（Monnex）乾粉。在滅火上，除抑制連鎖外，在熱固體燃料面熔化形成隔絕層，達到物理窒息	$KHCO_3 + H_2NCONH_2 \rightarrow KC_2N_2H_3O_3 + H_2O$

泡沫滅火原理

項	目		內容
滅火原理	溫度	冷卻性	當泡沫受熱破裂，將水轉化為水蒸氣
		滲透性	沒有轉化為水蒸氣的泡沫溶液，可滲入 A 類可燃物質
	可燃物	隔絕	物體表面形成覆著層持續一段時間，形成一道隔離層
		抑制蒸發	於油表面形成乳化層，抑制油蒸發為可燃氣體
	氧氣	窒息	油表面形成乳化層，阻隔氧氣供應，產生窒息效果
		稀釋	泡沫中水受熱轉化為水蒸氣稀釋空氣，降低氧氣濃度

泡沫種類

項	目	內容
化學泡	化學泡被空氣泡取代	化學泡沫以碳酸氫鈉（A 鹼性）與硫酸鋁（B 酸性）反應細小泡沫，生成膠狀氫氧化鋁及硫酸鈉，泡沫中氣體為二氧化碳 $6 NaHCO_3 + Al_2(SO_4) \rightarrow 3 Na_2 SO_4 + 2Al(OH)_3 + 6 CO_2$
空氣泡	水成膜泡沫（AFFF）	於蛋白質泡沫形成水溶性薄膜，其中 AFFF 3% 稱輕水泡沫。因含有氟化合成長鏈烴，具界面活性適合飛機燃料事故滅火
	氟蛋白泡沫（FFA）	蛋白聚合物與有氟化的界面活性劑，可迅速擴散覆蓋燃料面。實例常見於油槽液體下注入方法，及透過泡沫消防槍
	水成膜氟蛋白泡沫（FFFP）	薄膜的氟化界面活性劑快速展開分佈，形成自行閉合薄膜，使用水沫裝置但產生的泡沫流掉很快，防止復燃作用有限
	蛋白泡沫	透過天然蛋白質化學浸漬進行細菌分解和水解得到。這些原液可產生穩定性優良、耐熱性好
	高膨脹泡沫	靠送風機形成機械氣泡，透過界面活性發泡劑溼潤濾網，生成 20：1～1000：1 倍泡沫，常見於全區放射冠泡體積，如地下室或船艙
	抑制蒸氣泡沫	抑制未點燃易燃液體蒸氣，泡沫覆蓋時不會攪動燃料，可應用於酸性或鹼性危險物質
	低溫用泡沫	含低溫抑制劑，環境溫度低至 –29℃環境使用
	抗醇型泡沫	適用於醇類、稀釋劑、丙酮、丙烯腈、胺等於極性溶劑火災，避免破裂消泡，抗醇型泡沫液價格高
	界面活性泡沫	界面活性劑含有水中溶解之親水基化學物質

海龍替代品滅火設備種類

種類	項目	成分或名稱	審核認可		內容
			NFPA	臺灣	
惰性氣體	IG-541	$N_2$52%、Ar40%、$CO_2$8%	✓	✓	主要使用氮（N_2）及氬（Ar）降低氧濃度。
	IG-01	Ar 99.9%[1]	✓	✓	
	IG-55	Ar50%、$N_2$50%	✓		
	IG-100	$N_2$100%	✓		
鹵化烷化物	FE-13	HFC-23（三氟甲烷 CHF_3）	✓	✓	大多以高壓液化儲存，主要將破壞臭氧層之溴（Br_2）拿掉，藉由切斷火焰之連鎖反應達到滅火目的。
	FE-25	HFC-125（五氟乙烷 C_2HF_5）	✓	✓	
	FM-200	HFC-227（七氟丙烷 C_3HF_7）	✓	✓	
	FC-3-1-10	CEA(PFC)-410（十氟丁烷 C_4F_{10}）	✓		
	FK-5-1-12	NOVEC 1230（全氟化酮）	✓	✓	
	NAFS- Ⅲ	$CHClF_2$ 等（氟氯碳化物）	✓	✓	

海龍替代滅火藥劑比較

滅火藥劑	Inergen (IG-541)	FM-200 (HFC-227)	PFC-410 (CEA-410)	NAFS-III	FE-13 (HFC-23)	Halon1301
化學式	N_2 52% Ar 40% CO_2 8%	CF_3CHFCF_3	C_4F_{10}	HCFC	CHF_3	CF_3Br
製造商	Ansul	Great Lakes	3M	NAF	Dupont	
滅火原理	稀釋氧氣	抑制連鎖	抑制連鎖	抑制連鎖	抑制連鎖	抑制連鎖
破壞臭氧指數	0	0	0	0.044	0	16
溫室效應	0.08	0.3-0.6（中）	（高）	0.1（低）	（高）	0.8
大氣滯留時間	-	短 31-42 年	非常長 500 年	短 7 年	長 208 年	107 年
蒸氣壓 （77°F）	2205 psi 高壓系統	66 psi 低壓系統	42 psi 低壓系統	199 psi 低壓系統	686 psi 高壓系統	241 psi
等效替代量	10.5	1.70	1.67	1.09	1.93	1
安全性	安全	安全	安全	安全	安全	不安全
滅火濃度	30%	5.9%	5.9%	7.2%	12%	3.5%

滅火藥劑	Inergen (IG-541)	FM-200 (HFC-227)	PFC-410 (CEA-410)	NAFS-III	FE-13 (HFC-23)	Halon1301
熱分解物	無	HF	HF	HF	HF	HF
儲存狀態	氣態	液態	氣態	氣態	液態	氣態

金屬滅火劑

D 類滅火劑		成分	滅火原理	滅火對象
固體乾粉	MET-L-X	氯化鈉	形成外殼層隔絕氧	鎂、鈉、鉀、鈉鉀合金、鈦和鋁粉
	鈉-X	碳酸鈉	形成外殼層隔絕氧	鈉
	Lith-X	石墨添加劑	隔絕氧及吸熱	鋰、鈉、鎂、鋯與鈉鉀合金
	TEC	氯化鉀、氯化鈉和氯化鋇	隔絕氧	鎂、鈾和鈈
	G1	石墨炭添加磷酸酯	隔絕氧及吸熱	鎂、鈉、鉀、鈦、鋰、鈣、鋯、鈦、鈾、鈈、鋅和鐵
液體	TMB	硼與甲醇	形成外殼層隔絕氧	鎂

第8章　爆炸工學

爆炸類型

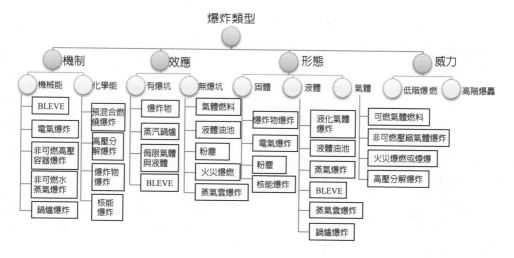

物理性與化學性爆炸異同

爆炸型式		物理性爆炸	化學性爆炸
相異	燃燒	不燃燒	燃燒
	觸動	壓力	熱量
	發火源（熱量）	不需	必須
	反應	瞬間反應	傳播反應
相同		A 侷限環境、B 氣體急激膨脹、C 壓力波	

爆炸防制之安全工學

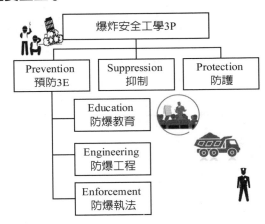

固體爆炸物質敏感度影響因素

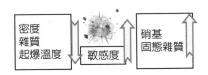

1. 溫度：物質起爆溫度低，爆炸敏感度高。
2. 密度：物質密度低，爆炸敏感度高。
3. 結晶：物質結晶體不同，爆炸敏感度也不同。
4. 雜質：物質有雜質，爆炸敏感度高。但鬆軟或液態雜質則敏感度降低。
5. 化學結構與組成：硝基（NO_2）多，分子內含游離氧原子，會在分子內燃燒，迅速釋放分解熱，爆炸敏感度提高。

粉塵爆炸與可燃氣體爆炸異同點

項目		粉塵爆炸	可燃氣體爆炸
相異點	相態	固體	氣體
	起火能量	大	小
	空氣中	必須被懸浮	本身洩漏擴散
	燃燒	較不完全	較完全
	二次爆炸	會	不會
	釋放能量	較大	較小
	釋放壓力	較小	較大
	燃燒速度	較慢	較快
	燃燒時間	較長	較短
	爆炸上限	未明確（無法均勻濃度分布）	有明確
相同點		三要素（氧氣、熱量與可燃物）	

粉塵爆炸防制

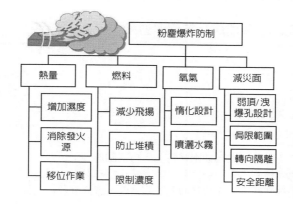

粉塵爆炸影響因素

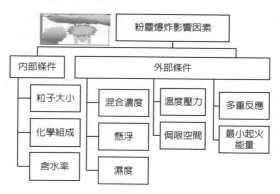

爆炸性物質

爆炸性物質

於可燃有機物本身可能有毒性，對溫度具敏感性，或能與金屬或酸鹼反應，因化學活性產生分解或氧化時，能形成急遽壓力上升，釋放一定能量，並帶有壓力波之物質。在其特性：毒性、吸溼性、爆炸性、敏感度高、與酸鹼金屬化學反應。

BLEVE 發生徵兆

1. 容器金屬外殼出現呼呼聲響（Pinging Sound）
2. 容器變色如櫻桃紅
3. 小金屬片剝落（Flaking）
4. 容器外殼起泡或凸起
5. 容器表面出現蒸氣（Steam）
6. 壓力釋放閥出現刺耳聲音
7. 容器表面出現撕裂跡象（Tear）

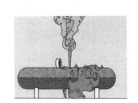

BLEVE（或蒸氣雲爆炸）防制與對策

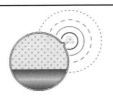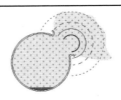

1. **燃料面**
   A. 排料：容器內燃料抽出輸送至遠方或載離。
   B. 緊急遮斷閥：先關閉緊急遮斷閥停止燃料供應。
   C. 洩漏檢知器：一洩漏時偵測可能濃度，就先緊急行處理。
2. **熱能面**
   A. 斷熱設計：容器外部斷熱處理，避免外部熱傳到容器內部。
   B. 固定式撒水或水沫設備：於儲槽頂部設冷卻撒水設備降溫。
   C. 固遙控式水砲塔：大多數BLEVE容器失效是由於金屬過熱，以大水量射水冷卻是一關鍵性作法。
3. **減災面**
   A. 過壓洩放裝置：洩放裝置動作，能使內部壓力減低也能使液體溫度不致太高，如安全閥、安裝爆氣氣道或洩爆孔。
   B. 地下槽體設計：地下槽體侷限爆炸範圍。
   C. 隔離：設計防爆牆等，侷限爆炸範圍或程度。
   D. 爆炸抑制裝置：由洩漏檢知器檢知，緊急釋放不燃性氣體或滅火劑。

洩漏後不同時間經過遇起火源形成可能災害結果

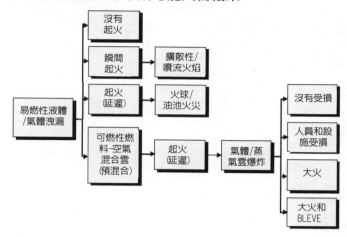

高壓氣體爆炸與 BLEVE 異同

爆炸		高壓氣體爆炸	BLEVE
相異	狀態	氣體	液體
	爆炸機制	主要是高壓	主要是高溫
	爆炸引發	容器內高壓氣體	容器內高溫蒸氣
相同	可燃與否	二者皆不必然是可燃性	
	容器	密閉性	
	容器結構	必須破裂	
	爆炸影響	二者皆產生壓力波，但不一定有火災	

油池火災與火球火災異同

項目		油池火災（Pool Fire）	火球火災（Fireball）
相異	火焰類型	起火時為液面上預混合火焰，隨後擴散到整個表面層，由擴散之蒸發火焰來維持燃燒	發生在非常濃厚之燃料層，因燃料層太濃，以致不能發生預混合火焰情況，僅在燃料層邊緣與氧發生預混合火焰
	燃料蒸氣層	較不濃厚	濃厚
	燃料類型	液體	液體或氣體
	燃燒類型	1. 蒸發燃燒 2. 一開始是先小規模混合燃燒再擴散蒸發燃燒	1. 液體是蒸發燃燒 2. 液化氣體是較大規模先混合燃燒再擴散燃燒
相同		發生皆需火三要素（燃料、氧與熱量） 一開始二者具有預混合與擴散 2 種火焰類型同時存在現象	

蒸氣爆炸與 BLEVE 異同

項目		蒸氣爆炸	BLEVE
相異點	物質	水、氯、LPG 或 LNG	LPG 或 LNG
	過熱過程	傳熱型	失衡型
	發火源	可能不必須，由高壓造成	必須
	火災	可能沒有	有
	爆炸機制	物理性爆炸	先物理性再化學性爆炸
相同點	液體	低沸點液體進入高溫系統之過熱液體，溫度已超過液體沸點，一旦外殼破裂、液體洩漏、壓力降低，過熱液體會突然膨脹引起爆炸	
	爆炸類型	蒸氣爆炸	

高壓氣體分類

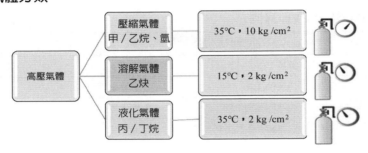

一般容器爆炸前兆

工業危險設施爆炸前兆

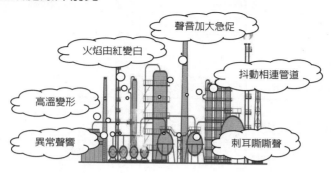

低階爆燃與爆轟差異

	低階爆燃	爆轟
爆炸型態	低階	高階
溫度	較低	相當高
最大壓力	1.5 atm	15 atm
時間	持續較長	持續較短
波速	340 m/s 以下	340 m/s 以上
波型	壓力波	爆轟波
前鋒	反應前鋒落後於壓力前鋒	反應前鋒與壓力前鋒並行
延燒來源	熱傳導等質量傳送機制	震波傳送機制
反應物前鋒	亞音速	超音速

第9章　區劃空間火災發展

有焰燃燒和悶燒異同

項目		有焰燃燒	悶燒
相異	相態氧化	燃料和氧是處於相同狀態之均相氧化（Homogeneous Oxidation）	燃料和氧是處於不同狀態之多相氧化（Heterogeneous Oxidation）
	反應	2 種氣體混合進行燃燒反應	燃料是固體，氧是氣體，進行氧化發熱反應
	物質	固、液、氣體	只有固體
	材質	可燃材質	只有多孔、纖維狀或堆疊可燃材質
	供氧	較充足	非常不足
	燃燒	速度快	速度極慢

項目		有焰燃燒	悶燒
	火焰	有	無
	連鎖反應	有	無
	燃燒生成物	毒性較少	毒性較多（CO）
	相同	皆需火三要素（燃料、氧及熱量）	

燃料控制與通風控制火災

燃料控制燃燒方程式，如次：

$$\frac{\rho \times g^{1/2} \times A \times H^{1/2}}{A_F} > 0.290$$

在通風控制燃料方程式，如次：

$$\frac{\rho \times g^{1/2} \times A \times H^{1/2}}{A_F} < 0.235$$

為空氣密度（kg/m^2）；g為重力加速度（9.81 m/s^2）；A為淨開口面積（m^2）
H為淨開口高度（m）；A_F為燃料（床）表面積（m^2）
此關係式只適用木材類火災，因其沒有反映熱輻射回饋影響。

燃料控制與通風控制火災差異

型態	燃料控制火災	通風控制火災
公式	$\frac{\rho \times g^{\frac{1}{2}} \times A \times H^{\frac{1}{2}}}{A_F} > 0.290$	$\frac{\rho \times g^{\frac{1}{2}} \times A \times H^{\frac{1}{2}}}{A_F} < 0.235$
場合	內部火載量少、開口大	內部火載量大、耐火構造建築物
火災成長	慢，開口煙量少	快，開口煙量多
消防搶救	較穩態發展，入內危險較低	不穩定危險，會出現煙爆或爆燃等
控制因子	燃料	氧氣（通風）
空間	室內或室外	室內
火災階段	初期、成長期、最盛期及衰退期	成長期、最盛期
室內火焰	與室外燃燒類似	被煙遮蔽
燃燒	充分燃燒，熱煙重量較輕	未充分燃燒，大量濃煙

影響閃燃因素

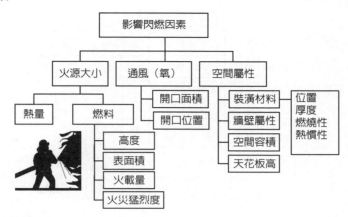

閃（爆）燃防範對策

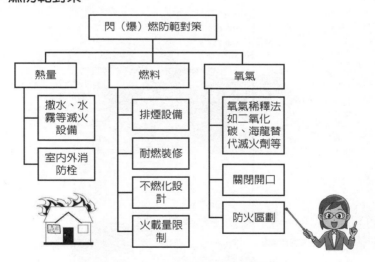

閃燃與爆燃差異

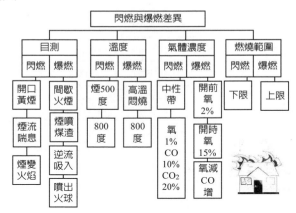

閃燃徵兆

爆燃徵兆

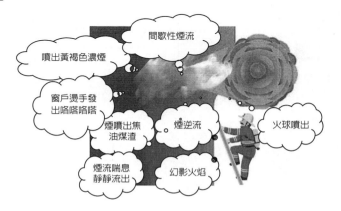

閃燃與爆燃異同

項目		閃燃	爆燃
相異	燃燒型態	火勢有足夠氧氣燃燒型態	火勢沒有足夠氧氣悶燒型態
	壓力型態	火災室形成正壓型態	火災室形成負壓型態
	濃度型態	熱煙層濃度燃燒下限時發生	熱煙層濃度燃燒上限時發生
	觸動型態	火災室上方熱煙層位置觸動起火	空氣入口位置觸動起火
	空間特徵	大量煙與高溫除火災室外，亦形成在隔鄰區劃空間	大量煙與高溫僅形成在火災室
	時間特徵	可能在消防隊到達前就已發生	在消防隊到達後火場作業時發生
	氣相燃料	少，發生威力較小	多，發生威力強大
	發生機制	主要取決於熱量	取決於氧氣
相同		火三要素（氧氣、可燃物與足夠熱量）	

上下樓層開口防止火焰延燒策略

建築物火災不同時期防火目標與火災控制對策

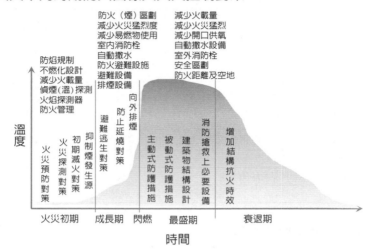

防焰規制
不燃化設計
減少火載量
偵煙（溫）探測
火焰探測器
防火管理

防火（煙）區劃
減少火災猛烈度
減少易燃物使用
室內消防栓
自動撒水
防火避難設施
避難設備
排煙設備

減少火載量
減少火災猛烈
減少開口供氧
自動撒水設備
室外消防栓
安全區劃
防火距離及空地

溫度

向外排煙

防止延燒

避難逃生對策

抑制煙發生源

初期減火對策

火災探測對策

火災預防對策

主動式防護措施

被動式防護措施

建築物結構設計

消防搶救上必要設備

增加結構抗火時效

火災初期　成長期　閃燃　最盛期　衰退期

時間

最盛期火災

建築物最盛期火災因素影響：
1. 可燃物之數量和類型。
2. 物質之密度、形狀和排列。
3. 淨開口空氣量。
4. 區劃空間尺寸和幾何形狀。
5. 區劃空間邊界層（天花板、牆壁及地板）結構屬性。
在避免開口部噴出火燄向上延燒，可採行策略如：
1. 燃料面
   A. 減少火載量。
   B. 減少火災猛烈度如油類、發泡性塑膠使用。
   C. 防焰物品。
   D. 不燃化設計及室內耐燃裝修。
2. 氧氣面
   A. 縮小窗口尺寸。
   B. 窗戶雙層玻璃及加強玻璃厚度，相當抗壓及抗溫能力，防止破裂。
3. 熱能面
   A. 縱形窗設計，因橫形窗易使火焰伸出，在外部壁面形成負壓區，使火焰流熱能緊貼外部壁面。
   B. 增加窗戶垂直間隔之側壁高度。
   C. 窗戶上下緣建造突出物，吸收火焰流熱能。
   D. 防火區劃、防火門窗，使火焰熱能受到阻隔。
   E. 撒水設備，能顯著大幅控制火災室之熱能。
   F. 鐵絲網玻璃已在危險物品廠房普遍使用，增加吸熱表面積，減低火焰外伸。

第10章　區劃空間火災煙流

黑煙與白煙異同

項目	黑煙	白煙
相異點	不完全燃燒	完全燃燒
	不定形碳粒子	主要為水蒸氣
	固體	液體
	建築物火災成長期	建築物火災初期
	高碳氫化合物燃燒	輕質燃料或含水分多燃料燃燒
	多數球形粒子凝集成為一團	2 個以上粒子碰撞成一個粒子而沉降
	具毒性（大量 CO）	無毒性
相同點	火災生成物煙粒小	

質量光密度

無量綱光密度（Specific Optical Density, Ds）、單位長度光密度 D_L（m^{-1}）、燃料表面積（A）與火災室體積（V）關係如次：

$$D_s = \frac{D_L \times V}{A}$$

質量光密度（Mass Optical Density, $D_m \cdot m^2/g$）、單位長度光密度 D_L（m^{-1}）、燃料質量損失（$\Delta M, g$）與火災室體積（V, m^3）關係，如次：

$$D_m = \frac{D_L \times V}{\Delta M}$$

煙下降速度

$$t = \frac{20A}{P \times \sqrt{g}}\left[\frac{1}{\sqrt{y}} - \frac{1}{\sqrt{h}}\right]$$

t = 煙層下降至 y 高度所需時間（sec）；A = 樓地板面積（m^2）；g = 9.8 m/sec^2

y = 煙層下降至地面之高度（m）；P = 火災周界範圍（m）；h = 天花板高度（m）

火場中人體可忍受環境準則

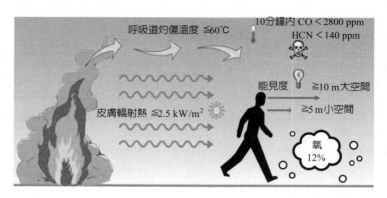

建築物內煙流自然力與強制力

自然對流	1. 煙囪效應 2. 通風面積與位置 3. 自然風力 4. 熱膨脹 5. 熱浮力
強制對流	6. 空調系統 7. 電梯活塞效應

開口流量

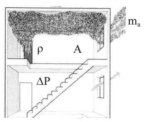

在火災室流出空氣質量或體積流量（m_a, m^3/sec），取決於室內外流動壓力差（ΔP, P_a）、空氣密度（ρ, kg/m^3）與開口通風面積（A, m^2）等。

$$m_a = C \times A \times \sqrt{\frac{2\Delta P}{\rho}}$$

式中C為開口部流量係數為0.7或0.75，取決於幾何形狀及湍流度。

建築物火災煙控方式

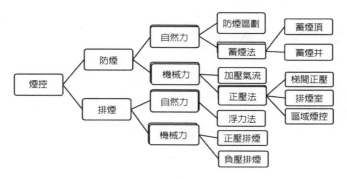

防煙區劃與防火區劃差異

項目	防煙區劃	防火區劃
對象	防止煙流蔓延	防止火勢蔓延
區隔	上部耐燃材質防煙垂壁形成區隔	以耐燃材質之牆板、樓板、門窗、防煙垂壁形成整體區隔
空間	相通無牆面的區劃	完全密閉區劃

煙控方法

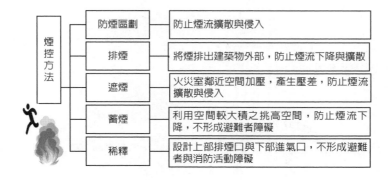

第11章 建築火災概論

耐火構造建築火災學特性

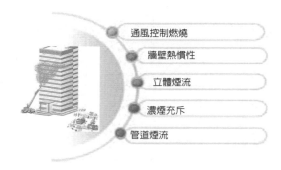

通風控制燃燒

牆壁熱慣性

立體煙流

濃煙充斥

管道煙流

超高層火災學特性

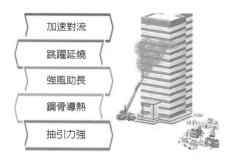

加速對流

跳躍延燒

強風助長

鋼骨導熱

抽引力強

地下建築火災學特性

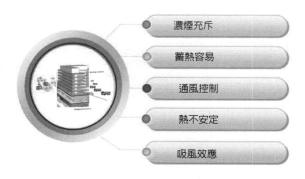

濃煙充斥

蓄熱容易

通風控制

熱不安定

吸風效應

鐵皮屋火災學特性

第12章　電氣火災概論

電氣火災原因分類

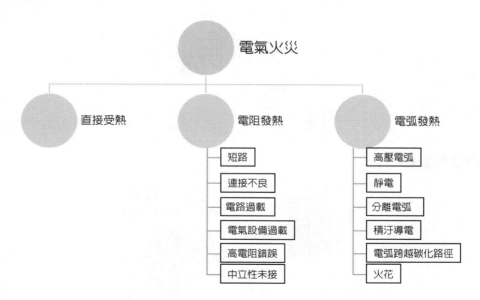

負載率與繞組電流之關係

負載率（%）	繞組電流 / 全負載電流（%）
50	100 以下
75	140
100	180
125	220

電氣火災原因

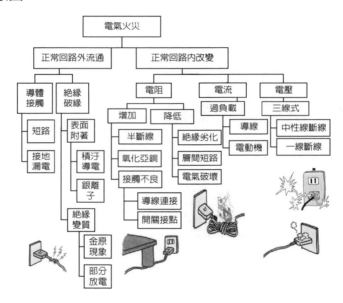

積汙導電火災過程

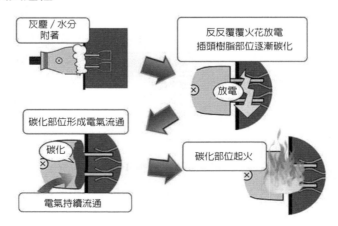

積汙導電與金原現象異同

	積汙導電	金原現象
相異點	a) 限於表面發生。 b) 附著物如水或粉塵，主要是濕度。 c) 早期碳化石墨化現象。	a) 絕緣體本身變質劣化後電流形成內部通路。 b) 木材體等，不一定是濕度。 c) 深度碳化石墨化現象。
相同點	a) 有機物絕緣體石墨化。 b) 形成碳化導電路。 c) 電化學變化。 d) 電弧跨越碳化路徑現象。	

電氣火災防範

靜電放電釋放能量（NFPA 77）

靜電放電類型	最大釋放能量（mJ）	物質
電暈放電	0.1	電線、散裝袋
刷形放電	1 - 3	彈性靴和襪子
錐形放電	1 - 10	在料斗或筒倉粉末堆電阻率 $>10^9$ Ω-m
沿面放電	1000 - 3000	塑膠管或導管
火花放電	> 10000	未接地導體，如袋式除塵器或包裝機

靜電防範

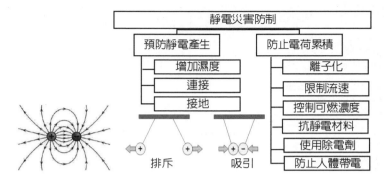

第13章　化學火災概論

自燃發火二種自燃異同

項目		受熱自燃	自熱自燃
相異	初始熱量來源	外界熱源	物質本身發熱
	延燒方向	從內向外燒	從外向內燒
相同	不接觸明火情況自動發生之燃燒		
	皆需氧、可燃物與熱量		

影響自燃發火因素

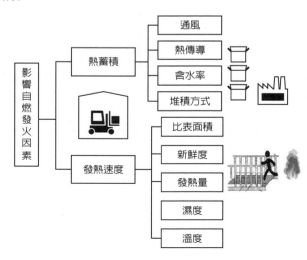

自燃發火性物質分類

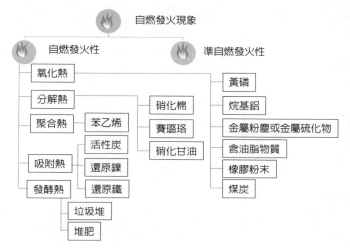

自燃發火類型

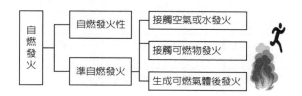

準自燃發火與自燃發火差異

項目	準自燃發火	自燃發火
化學反應	1. 空氣接觸即發火 2. 與溼氣發生水解放熱反應 3. 與水相互作用發生劇烈化學反應	經氧化、分解、聚合、吸附或發酵熱，蓄熱大於散熱而自燃
接觸介質	空氣常溫或水、溼氣等催化劑	空氣常溫
發火時間	較快	較慢

公共危險物品之混合危險

公共危險物品	第 1 類	第 2 類	第 3 類	第 4 類	第 5 類	第 6 類
第 1 類		×	×	×	×	×
第 2 類	×		×	○	●	×
第 3 類	×	×		●	×	×
第 4 類	×	○	●		●	●
第 5 類	×	●	×	●		×
第 6 類	×	×	×	●	×	

表中 × 表有混合危險者，●表有潛在危險者，○表無混合危險者

公共危險物品各類共通特性

	特性	滅火方法
第 1 類	無機助燃固體，含氧會因加熱衝擊等分解，釋放氧促進燃燒	同時存在可燃物，冷卻滅火（除過氧化物外），冷卻至分解溫度下停止分解
第 2 類	低溫起火迅速擴大燃燒，比重大於 1	冷卻滅火（除金屬粉、鎂用乾燥砂外）
第 3 類	常溫起火、與水反應起火	冷卻滅火（除禁水性用窒息滅火）
第 4 類	釋出可燃蒸氣，累積靜電，為有機化合物，蒸氣比重大於 1，大多不溶於水	窒息滅火（泡沫、乾粉）、稀釋氧濃度（二氧化碳）
第 5 類	熱不穩定性，加熱衝擊等分解起火，為有機可燃化合物，比重大於 1	大量水冷卻滅火
第 6 類	含氧會因加熱衝擊等分解，釋放氧促進燃燒，為無機助燃化合物，比重大於 1	同時存在可燃物之火災，冷卻滅火，冷卻至分解溫度下停止分解

混合危險分類

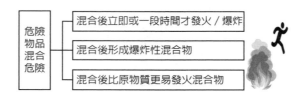

危險物品混合危險
- 混合後立即或一段時間才發火 / 爆炸
- 混合後形成爆炸性混合物
- 混合後比原物質更易發火混合物

混合危險影響因素

混合危險影響因素

化學組成 | 混合濃度 | 溫度壓力 | 空間屬性 | 最小起火能量

混合危險預防措施

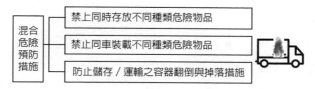

混合危險預防措施
- 禁上同時存放不同種類危險物品
- 禁止同車裝載不同種類危險物品
- 防止儲存／運輸之容器翻倒與掉落措施

NFPA 704 危險物質標示

健康危害
4 — 致命
3 — 高度危險
2 — 中度危險
1 — 低度危險
0 — 正常

火災危害
閃火點
4 — 73°F以下
3 — 100°F以下
2 — 200°F以下
1 — 200°F以上
0 — 不燃

特殊危害
氧化性 — OX
酸性 — ACID
鹼性 — ALK
腐蝕性 — COR
禁水性 — W̶
放射性 —

爆炸危害
4 — 能爆轟
3 — 衝擊與受熱能爆轟
2 — 激烈化學變化
1 — 受熱時不穩定
0 — 穩定

公共危險物品事故 HAZMAT 應變程序

危險物品應變作業程序-HAZMAT

- 危險辨識H
- 行動方案A
- 區域管制Z
- 組織管理M
- 請求支援A
- 災後復原T

危險物品現場區域管制

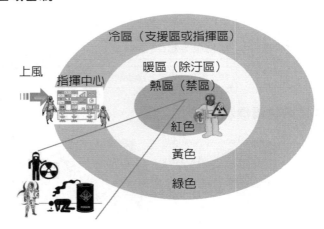

油槽火災危險徵兆

沸溢與濺溢現象異同

項目		沸溢	濺溢
相異	發生範圍	高度與範圍大（整槽）	高度與範圍較小（液面）
	發生間隔	發生時間間隔較長	發生時間間隔較短
	發生水分	槽底水墊層	滅火水
	溢出強度	高	低
	溢出時間	連續性	間斷
	火滅後	不發生	可能發生
相同		開放槽頂、全液面火災、高沸點及黏稠大油質、水分、熱波、儲存液位高、燃燒經過時間長	

國家圖書館出版品預行編目資料

圖解火災學／盧守謙作. －－二版. －－臺北
市：五南圖書出版股份有限公司，2021.09
面；　公分
ISBN 978-626-317-039-1（平裝）

1.火災　2.消防

575.87　　　　　　　　　　110012566

5T48

圖解火災學

作　　者 ― 盧守謙（481）

協同作者 ― 陳承聖

發 行 人 ― 楊榮川

總 經 理 ― 楊士清

總 編 輯 ― 楊秀麗

副總編輯 ― 王正華

責任編輯 ― 金明芬

封面設計 ― 王麗娟

出 版 者 ― 五南圖書出版股份有限公司

地　　址：106台北市大安區和平東路二段339號4樓

電　　話：(02)2705-5066　　傳　　真：(02)2706-6100

網　　址：https://www.wunan.com.tw

電子郵件：wunan@wunan.com.tw

劃撥帳號：01068953

戶　　名：五南圖書出版股份有限公司

法律顧問　林勝安律師事務所　林勝安律師

出版日期　2019年10月初版一刷
　　　　　2021年 9 月二版一刷

定　　價　新臺幣550元

經典永恆·名著常在

五十週年的獻禮——經典名著文庫

五南,五十年了,半個世紀,人生旅程的一大半,走過來了。

思索著,邁向百年的未來歷程,能為知識界、文化學術界作些什麼?

在速食文化的生態下,有什麼值得讓人雋永品味的?

歷代經典·當今名著,經過時間的洗禮,千錘百鍊,流傳至今,光芒耀人;

不僅使我們能領悟前人的智慧,同時也增深加廣我們思考的深度與視野。

我們決心投入巨資,有計畫的系統梳選,成立「經典名著文庫」,

希望收入古今中外思想性的、充滿睿智與獨見的經典、名著。

這是一項理想性的、永續性的巨大出版工程。

不在意讀者的眾寡,只考慮它的學術價值,力求完整展現先哲思想的軌跡;

為知識界開啟一片智慧之窗,營造一座百花綻放的世界文明公園,

任君遨遊、取菁吸蜜、嘉惠學子!